T0073318

Xpert.press

Die Reihe **Xpert.press** vermittelt Professionals
in den Bereichen Softwareentwicklung,
Internettechnologie und IT-Management aktuell
und kompetent relevantes Fachwissen über
Technologien und Produkte zur Entwicklung
und Anwendung moderner Informationstechnologien.

Manfred Broy · Marco Kuhrmann

Projektorganisation und Management im Software Engineering

Springer Vieweg

Manfred Broy, Marco Kuhrmann
Fakultät für Informatik, Lehrstuhl für Software &
Systems Engineering
Technische Universität München
Garching, Deutschland

ISSN 1439-5428
ISBN 978-3-642-29289-7   ISBN 978-3-642-29290-3 (eBook)
DOI 10.1007/978-3-642-29290-3

Die Deutsche Nationalbibliothek verzeichnet diese Publikation in der Deutschen Nationalbibliografie; detaillierte bibliografische Daten sind im Internet über http://dnb.d-nb.de abrufbar.

Springer Vieweg

Springer Vieweg ist eine Marke von Springer DE. Springer DE ist Teil der Fachverlagsgruppe Springer Science+Business Media
www.springer-vieweg.de

Geleitwort

Projektarbeit ist anders als Routinebetrieb. Unternehmen, die einen Flughafen betreiben oder Stahl herstellen, sind nicht darin geübt, große Projekte durchzuführen. Das zeigt sich derzeit deutlich beim Bau des Hauptstadtflughafens und bei den Stahlwerken von ThyssenKrupp in Süd- und Nordamerika. In Berlin hat man gemeint, sich einen Generalunternehmer sparen und das Projekt als Flughafengesellschaft selbst managen zu können. Eine teure Fehleinschätzung.

Fortschritt bei Bauvorhaben ist augenscheinlich: man sieht das Gebäude wachsen. Nicht so bei der Softwareentwicklung, denn Softwaresysteme sind abstrakte Gebilde, sie gehören zum Komplexesten, was Menschen geschaffen haben. Selbst wenn schon viele Zeilen Code da sind, kann man nicht ohne weiteres erkennen, ob sie leisten, was sie sollen, und wie viel noch fehlt. Diese Unsichtbarkeit von Software macht es schwer, sie zu beurteilen, etwa hinsichtlich Qualität und Entwicklungsstand.

Das Management von Softwareprojekten ist keine leichte Aufgabe. Es ist schwierig, Software mit hoher Qualität, in meist knapp bemessener Zeit und zu akzeptablen Kosten herzustellen. Dafür braucht man hochqualifizierte Mitarbeiter, die im Team und auch selbständig arbeiten, die systematisch und kreativ, termingerecht und sorgfältig vielfältige Aufgaben bewältigen (Spezifizieren, Programmieren, Testen, Integrieren, Dokumentieren). Ihre Führung und Anleitung verlangt vom Projektmanager fachlich-technische Kompetenz und persönliche Qualitäten zugleich. Der ideale Projektleiter ist kommunikativ, motivierend und überzeugend, zielgerichtet und durchsetzungsstark.

Immer wieder habe ich Extreme beobachtet: einerseits formal-bürokratisches Vorgehen mit überzogener Struktur, Reglementierung, Kontrolle und Dokumentation, bei dem der Projektleiter sich hauptsächlich mit Planungstools beschäftigt, und andererseits Laisserfaire nahezu ohne Struktur und Dokumentation, wobei alle vermeintlich alles im Kopf haben und kommunikativ munter werkeln. In beiden Fällen mangelt es an Führung. Ein Projektleiter muss den richtigen Mittelweg finden. Selbstverständlich bedarf es in großen Projekten mit zig oder gar Hunderten von Entwicklern einer formaleren Vorgehensweise, Steuerung und Kontrolle als bei kleinen Projekten, die in freierem Stil geleitet werden können und sollten.

In erster Linie kommt es auf die Führung des Teams an, erst in zweiter Linie sind die stärker systematisierbaren Tätigkeiten des Planens, Kontrollierens und Verwaltens wichtig.

Dieses Buch behandelt beides. Es zeigt, wie Projekte zu organisieren und in die beteiligten Unternehmen einzubinden sind, welche Führungsformen es gibt und welche Wirkung sie zeigen. Eingehend beschrieben werden die verschiedenen Vorgehensmodelle und die Methoden, Techniken und Werkzeuge zur Projektplanung, -steuerung und -kontrolle, insbesondere zur Aufwandsschätzung, einer besonders heiklen Aufgabe der Projektleitung. Damit ist auch eine Grundlage geschaffen für betriebswirtschaftliche und vertragsrechtliche Aspekte.

Dieses Buch bietet eine umfassende Darstellung des Managements von Softwareprojekten. Es gibt wohlweislich keine konkreten Handlungsanleitungen, sondern zeigt das Instrumentarium auf, dessen sich der Projektmanager bedienen kann. Die Auswahl und Anpassung seiner Mittel muss er im konkreten Fall schon selber besorgen. Möge ihm das Buch eine Hilfe sein.

Grünwald, Dezember 2012   Ernst Denert

Vorwort

Mit dem Begriff *Software Engineering* adressieren wir ein ingenieurmäßiges Vorgehen bei der Entwicklung umfangreicher, leistungsstarker Softwaresysteme. Dies umfasst Aufgaben der Softwaretechnik, das heißt der fachlichen, methodischen und technischen Entwicklung und Realisierung von Software in allen Phasen der Systementwicklung und des Softwarelebenszyklus und Themen der Projektorganisation und des Managements von Softwareprojekten. Daneben finden sich projektübergreifende Aufgaben zur Sicherstellung der Fähigkeiten eines Unternehmens zur Entwicklung softwareintensiver Systeme wie Unternehmensorganisation, Schulung, Aus- und Weiterbildung, Bereitstellung der Infrastruktur für die Softwareentwicklung, aber auch die Erhöhung des Reifegrades in Unternehmen durch kontinuierliche Verbesserung der Entwicklungsprozesse für Software.

Das Software Engineering hat in nur wenigen Jahrzehnten in der Praxis eine hohe wirtschaftliche und technische Bedeutung erlangt. Produkte wie Automobile, Flugzeuge, mobile Telefone oder Blue Ray Player enthalten heute in aller Regel eingebettete Systeme mit umfangreichen Softwareanteilen. Die inzwischen oftmals komplexen Verwaltungs-, Vertriebs- und Versorgungsprozesse der Industrie und Verwaltung stützen sich maßgeblich auf Informatikinfrastruktur ab, deren Funktionalität und Leistungsfähigkeit fast ausschließlich von der realisierten Software bestimmt wird. Somit kommt der Fähigkeit der Wirtschaft, schnell kosten- und nutzungsgerecht Software hoher Qualität zu entwickeln, entscheidende wirtschaftliche Bedeutung zu. Die Konkurrenzfähigkeit ganzer Branchen und die Existenz vieler Unternehmen hängen vital von der Qualität der Softwaresysteme ab und der Fähigkeit, diese angemessen weiter zu entwickeln. Immer stärker stützen sich die Infrastrukturen wie Stromversorgungsnetze, Verkehrssteuerung für Straße, Schiene, Luft, aber auch Geldüberweisungssysteme, Medizinsysteme und Verwaltungseinrichtungen kritisch auf die Funktionsfähigkeit von Software ab.

Software Engineering – Zwischen Wissenschaft und Praxis Gerade das Software Engineering hat – neben einigen technisch gesicherten Erkenntnissen – auch eine Reihe von Einsichten angesammelt, die rein pragmatisch sind, da sie sich auf der Erfahrung aus einer Reihe von Projekten stützen und nicht im eigentlichen Sinn wissenschaftlich korrekt nachgewiesen sind. Damit zeigt das Software Engineering eine für praktische Ingenieurwissenschaften typische Mischung aus Grundlagenerkenntnissen mit wissenschaftlich gesicherten Theorien und praktischen Erfahrungen bis hin zum Fingerspitzengefühl. Bei der Beschäftigung mit dem Gebiet des Software Engineerings bieten sich daher zwei grundlegend verschiedene Vorgehensweisen an. In einem betont wissenschaftlichen Vorgehen werden die wichtigsten Methoden und Ansätze des Software Engineerings aufgezählt und wissenschaftlich bewertet. Im Vordergrund steht dann eine kritische Auseinandersetzung mit der Qualität und Relevanz der besprochenen Ansätze. Dies ist die Voraussetzung und Grundlage für weitergehende, wissenschaftliche Arbeiten zum Thema Software Engineering. Eine völlig andere Zielsetzung ist die Erstellung eines praxisorientierten Leitfadens für den Softwareingenieur, bei dem nicht möglichst viele Ansätze alternativ dargestellt, sondern vielmehr eine Folge von ineinander greifender Methoden behandelt werden, die den besten Kompromiss darstellen.

Dieses Buch versucht, einen Mittelweg zu gehen. Zum einen will es die wissenschaftlichen Grundlagen nicht vernachlässigen und die wichtigsten Ansätze darstellen, kritisch bewerten und zueinander in Beziehung setzen. Zum anderen beansprucht es doch einen gewissen Leitfadencharakter, sodass ein Projektmanager eine gewisse Anleitung erfährt, wie er bei der Durchführung eines Softwareprojekts vorgeht. Bewusst sind in den Text Aufgaben eingegliedert, da man die Organisation und das Management von Softwareprojekten nicht nur passiv erlernen kann, sondern selbst entsprechende Entwicklungsteilaufgaben aktiv durchführen muss. Für viele der aufgeführten Aufgaben gibt es dabei aber nicht *die* einzige richtige Lösung, sondern in fast allen Fällen eine Vielzahl von Lösungen, die unterschiedliche Qualitätsprofile aufweisen.

Auffällig für den heutigen Stand der praktischen Softwareentwicklung ist, dass es eine Vielzahl von Softwareprojekten gibt, in denen mittlerweile wohlbekannte, allgemein akzeptierte, grundlegende Prinzipien des Software Engineerings aus Unwissenheit oder Fahrlässigkeit sträflich vernachlässigt oder verletzt werden. Es ist ein Ziel dieses Buchs, solche vermeidbaren Fehler in Softwareprojekten auszuschließen.

Zu betonen ist schließlich, dass dieses Buch natürlich in keiner Weise Erfahrungen in der Softwareentwicklung ersetzen kann. Erst bei der aktiven Durchführung einer Reihe von Softwareprojekten werden viele der angesprochenen Themen dem Leser stärker bewusst.

Danksagung Das vorliegende Buch ist über einen Zeitraum von mehr als 20 Jahren im Rahmen einer mehrfach angebotenen Vorlesungsreihe zum Thema Software Engineering, mit den Schwerpunkten Softwaretechnik sowie Projektorganisation und Management, entstanden. Eingeflossen sind dabei Erfahrungen bei der Durchführung der Vorlesung und den begleitenden Übungen, aus den mehrfach stattgefundenen Softwaretechnikpraktika, in denen 10 bis 20 Studenten über ein Semester größere Softwareprojekte durchgeführt haben und nicht zuletzt aus Erkenntnissen in der Zusammenarbeit mit führenden Wirtschaftsunternehmen zu Themen der Softwareentwicklung.

Vor diesem Hintergrund ist es uns ein Bedürfnis, Studenten, Doktoranden, Mitarbeitern, und Kollegen sowie Gesprächs- und Projektpartnern aus der Industrie für ihre Beiträge und kritischen Anregungen zu danken. Insbesondere gilt unser Dank Prof. Dr. Helmut Krcmar für Input in Form der Folien, die er in seinen Veranstaltungen verwendet hat. Weiter danken wir Dr. Herbert Ehler, PD. Dr. Bernhard Schätz, Veronika Bauer und Manuel Then für anregende Diskussionen und die Unterstützung bei der Erarbeitung der Vorlesungsmanuskripte, welche in dieses Buch mit eingeflossen sind. Weiterhin danken wir unseren stets kritischen Reviewern Dr. Jens Calamé, Dr. Oliver Linssen sowie Prof. Dr. Dr.-Ing. E.h. Ernst Denert und Alfons Demmler. Ohne sie wäre es nicht möglich gewesen, dem vorliegenden Text eine hinreichend tiefe wissenschaftliche Dimension und stark praktische Note zu geben. Nicht vergessen wollen wir auch Hermann Engesser, der uns dieses Buchprojekt ermöglicht hat und, vor allem, Dorothea Glaunsinger für ihre Geduld und Hilfe.

Zu betonen ist schließlich, dass dieses Buch natürlich in keiner Weise praktische Erfahrungen in der Softwareentwicklung ersetzen kann. Erst bei der aktiven Durchführung von Softwareprojekten kann das in diesem Buch beschriebene Wissen und die Methodik nachhaltig verstanden werden. Wir hoffen aber, dass dieses Buch dem Leser dabei nützlich ist, auch in der praktischen Projektdurchführung die eigenen Vorstellungen vom Thema Software Engineering zu festigen und weiter zu entwickeln.

München, Garching, April 2013   Manfred Broy
                                                                       Marco Kuhrmann

Inhaltsverzeichnis

Teil I
Grundlagen und Begriffsbildung

Grundlagen

1

Zusammenfassung

Software Engineering hat die ingenieurmäßige Entwicklung umfangreicher Softwaresysteme zur Aufgabe. Beim ingenieurmäßigen Vorgehen sind Kosten, Termine und Qualität die zentralen und kritischen Zielgrößen. Software Engineering umfasst zum einen die Softwaretechnik, die sich auf die fachlichen, methodischen und technischen Aufgaben der Softwareentwicklung konzentriert und zum anderen Fragen der Projektplanung, der Projektorganisation und der Projektdurchführung, die unter dem Oberbegriff *Management und Organisation von Softwareprojekten* zusammenfasst werden. Dieses Kapitel beschreibt die wesentlichen Aufgaben der Organisation und des Managements von Softwareprojekten und den Zusammenhang zu den unternehmerischen, fachlichen, methodischen und softwaretechnischen Aufgaben in Softwareprojekten.

1.1 Einleitung

Fragen der Projektorganisation und des Projektmanagements sind nicht nur für Softwareprojekte von Bedeutung, sondern für jegliche Art von Projekten. Lange bevor das *Software Engineering* entstanden ist, haben sich deshalb Ingenieure mit den Themen der Projektorganisation und des Managements auseinandergesetzt. Es gibt viele Probleme und Aufgaben, die unabhängig vom Umstand sind, ob das Projekt die Entwicklung von Software umfassen. Zu betonen ist hierbei, dass das allgemeine Gebiet der Projektorganisation und des Managements und das Gebiet der Softwareentwicklung in einer fruchtbaren, thematischen Wechselwirkung steten. Zum einen hat das Software Engineering viele gute und wichtige Ansätze und Methoden aus dem allgemeinen Gebiet der Projektorganisation und des Managements übernehmen können, zum anderen haben die Besonderheiten von Software zu ganz speziellen Techniken geführt, wie die der sehr sorgfältigen Behandlung von Vorgehensmodellen und allgemein Projekten der Produktentwicklung zu Gute kommen.

M. Broy, M. Kuhrmann, *Projektorganisation und Management im Software Engineering*, 3
Xpert.press, DOI 10.1007/978-3-642-29290-3_1, © Springer-Verlag Berlin Heidelberg 2013

Das Software Engineering selbst umfasst Vorgehensweisen, Methoden, Beschreibungsmittel, Werkzeuge und Prinzipien für die kostengerechte und die qualitativ angemessene Entwicklung von Softwaresystemen, die in einem organisatorischen oder technischen Rahmen spezifische, an Anwendungen orientierte Aufgabenstellungen zu bewältigen haben. Ziel des *Managements und der Organisation* von Softwareprojekten ist die ökonomische und kostengünstige Entwicklung von Software in geeigneter Qualität.

Themen Das Software Engineering stützt sich auf klassische Gebiete der Informatik und auch auf Aufgabenfelder der Betriebswirtschaftslehre (vgl. zum Beispiel Gadatsch et al. [82]). Die zentralen Inhalte des Software Engineerings können dabei grob in die folgenden zwei Bereiche unterteilt werden:

1. *Fachliches, Technik und Methodik*: Zu den fachlichen, technischen und methodischen Aufgaben des Software Engineerings gehören im Einzelnen: Problemanalyse (Systemanalyse), Anforderungsspezifikation, Systementwurf, Softwarearchitektur, Implementierung, Integration, Qualitätssicherung und Test, Installation, Wartung und Weiterentwicklung.
2. *Organisation und Management von Softwareprojekten*: Dies umfasst: Projektorganisation und Projektmanagement, darunter insbesondere Projekt- und Qualitätsplanung, Kostenschätzung und -kontrolle, Vertragsgestaltung, Vermarktung, sowie die Projekt- und Qualitätsüberwachung und -steuerung.

Beide Aufgabenfelder sind eng miteinander verknüpft und kaum trennbar. Die Vielfalt der Aspekte und deren wechselseitige Abhängigkeiten bedingen einen Großteil der Schwierigkeiten und der *Komplexität* bei der Entwicklung großer Softwaresysteme. Dabei erstrecken sich die Aufgaben nicht nur auf technische Fragen, sondern auch auf die Zusammenarbeit der Projektbeteiligten und -durchführenden in Teams.

Teams und Projekte Aktuelle Softwareprojekte haben längst einen Umfang erreicht, der die Bearbeitung durch nur einen oder einige wenige Entwickler ausschließt. Daher arbeiten in Projekten typischerweise umfangreiche, heterogene Projektteams mit unterschiedlichsten Qualifikationen, Fachwissen und Ausbildungen zusammen an der Erstellung eines Softwaresystems. Da Projekte üblicherweise unter Termin-, Kosten- und Qualitätsdruck stehen, ist die Teamorganisation für die Produktivität und den Projekterfolg mitentscheidend. Nur eine gute und zielgerichtete Organisation von Projektteams hilft, die termin- und sachgerechte Fertigstellung sowie die kosteneffiziente Projektdurchführung sicherzustellen.

Verteilte Teams und Projekte Die Anforderungen an eine tragfähige Projektorganisation steigen in aktuellen Projekten auch nicht nur wegen der steigenden Komplexität und Größe der Projekte, sondern auch aufgrund der zunehmenden räumlichen und organisatorischen Verteilung von Projektteams unter Einbeziehung von externen Dienstleistern rund um den

Globus (zum Beispiel Sangwan et al. [164] oder Välimäki et al. [191]). Die Planung, Organisation und Aufgabenverteilung in global verteilten Projekten ist hierbei eine der schwierigsten Aufgaben. Die Organisation und das Management muss insbesondere in verteilten Projekten nicht mehr „nur" die technischen, methodischen und die teambezogenen Aspekte berücksichtigen, sondern darüber hinaus auch organisatorische Herausforderungen wie zeitverzögertes/zeitversetztes Arbeiten durch unterschiedliche Zeitzonen, Verständigungs- und Sprachprobleme aufgrund unterschiedlicher Kulturen bewältigen [91].

Beobachtungen in der Praxis Die Komplexität und die Heterogenität großer Software-projekte implizieren beträchtliche *Risiken*. Nicht selten wird über das Scheitern von bedeut-samen Projekten berichtet, wobei der mißglückte Start der *Ariane 5* 1996 [65] das wohl am meisten zitierte Beispiel ist. Auch andere „leidende" Projekte werden häufig als Beispie-le herangezogen, wie zum Beispiel die Deutsche *LKW-Maut* (geplanter Start: 31. August 2003 – tatsächlicher Zeitpunkt vollumfänglicher Funktion: 01. Januar 2006), die Liefer-verzögerungen beim *Airbus A380* wegen durch inkompatible Softwareversionen zu kurz berechneter Kabel oder die *Arbeitslosengeld-II-Anwendung*, zu der die *Computerwoche* vom 15. März 2004 (Online) titelte: „Zeitbombe für die Bundesagentur?" Eine „Hitliste" der größten Softwarepannen hat das Unternehmen SQS erstellt [175]. Hier sind unter anderem verzögerte Gehaltszahlungen zu finden oder Bankautomaten, die Geld verschenken. Jedes verzögerte oder fehlgeschlagene Projekt zieht Schäden in Millionen- oder gar Milliarden-höhe nach sich – im schlimmsten Fall sogar Gefahren für von Leib und Leben beteiligter Menschen. Allerdings sind die Ursachen oft nicht technische Gründe, sondern ein Mangel in der „Projektfähigkeit" der Durchführenden. Umfragen und Studien, wie die SUCCESS Studie [41] oder der viel zitierte und kritisierte CHAOS Report [178] zeigen, dass die Miss-tände eher durch Schwächen in der Organisation der Projekte verursacht werden.

Die oben genannten Projekte sind die *spektakulären* Fehlschläge. Hinzu kommt eine beträchtliche Dunkelziffer von Softwareprojekten mit schmerzhafter Überschreitung von Termin- und Kostenvorgaben oder unzureichender Qualität – gar nicht zu reden von den riesigen Kosten, verursacht durch Fehler und Unzulänglichkeiten von Software im Betrieb. Dabei sei jedoch erwähnt, dass auch Projekte anderer Ingenieurdisziplinen mit Problemen zu kämpfen haben, wie beispielsweise die Elbphilharmonie in Hamburg oder der „Haupt-stadtflughafen" Berlin-Brandenburg.

Erkenntnis – Menschliche Faktoren sind dominant

Nicht selten scheitern Softwareprojekte nicht aus technischen sondern aus organisa-torischen Gründen. Ungeachtet der geschickten Projektorganisation bleibt der wohl wichtigste und entscheidende Faktor für den Projekterfolg die Kompetenz und Pro-fessionalität der *Mitarbeiter* auf allen Ebenen der Hierarchie. Der Auswahl der Mit-arbeiter und Führungskräfte (Einstellungspolitik), ihrer Motivation, Expertise, Wei-terbildung und Schulung kommt nach DeMarco [58] eine zentrale Bedeutung zu.

1.1.1 Ziele dieses Buchs

Gerade aufgrund der Tatsache, dass an der Entwicklung großer Softwaresysteme umfangreiche Teams beteiligt sind, ergeben sich weitreichende technische und insbesondere organisatorische Anforderungen an die Projektorganisation und das Management. Da die Aufgabenverteilung in großen Projekten, die unterschiedlichen Verantwortlichkeiten, sowie die fachliche und methodische Vielschichtigkeit der Aufgabenstellung bedingen, dass kein Projektverantwortlicher alle Details eines Projekts in vollem Umfang erfassen kann, ist es unerlässlich, den Projektverantwortlichen Methoden an die Hand zu geben, um den Projektstatus hinsichtlich Kosten, Qualität und Terminsicherheit zutreffend einzuschätzen und planerisch sowie steuernd darauf zu reagieren. Dies erfordert, dass aufgrund wissenschaftlich gesicherter Ansätze allgemeine Maßstäbe und aussagekräftige Metriken zu entwickeln sind, die es dem Management erlauben, den Status eines Projekts zu beurteilen und zu steuern.

Ein zentrales Bestreben ist die Entwicklung von Theorien und Methoden, die eine objektive Einschätzung der wesentlichen Bestandteile eines Projekts im Hinblick auf die Qualität und Fertigstellung der Ergebnisse aber auch auf die Qualität der Methoden, Prozesse und der beteiligten Mitarbeiter ermöglichen. Dies kennzeichnet eines der langfristigen Ziele der Disziplin *Projektorganisation und Management im Software Engineering*.

Mit diesem Buch fassen wir die wesentlichen Aspekte der Organisation und des Managements von Projekten als Teils des Software Engineerings zusammen. Dieses Buch gibt im Speziellen einen Einstieg in die für Softwareprojekte besonders relevanten Themen:

- Vorgehensmodelle im Software Engineering
- Unternehmens- und Projektorganisation
- Managementaufgaben im Lebenszyklus eines Softwareprojekts

Alle ausgewählten Themen werden beispielhaft durch Methoden, Erfahrungen, Anwendungsbeispiele und Übungsaufgaben flankiert. Ziel dieses Buchs ist es, das Thema *Projektorganisation und Management* für Informatiker und Softwareingenieure einzuführen und eine Hilfe für die Organisation und die Durchführung von Softwareprojekten zu geben.

1.1.2 Für wen ist dieses Buch?

Das vorliegende Buch ist als *Lehrbuch* konzipiert. An der Technischen Universität München wird am Lehrstuhl für Software & Systems Engineering seit vielen Jahren die Vorlesung „Projektorganisation und Management in der Softwareentwicklung" angeboten, welche die Vorlage für dieses Buch liefert. Das Buch richtet sich an Studierende in Bachelor- und Master-/Diplom-Studiengängen der Informatik, Wirtschaftsinformatik und verwandter Disziplinen.

Dieses Buch ist jedoch auch eine Unterstützung für den Praktiker, insbesondere für Berufs- und Quereinsteiger, um Softwareprojekte zu organisieren und durchzuführen.

1.1.3 Erforderliches Vorwissen

Themen der Anforderungs- und Systemanalyse, des Architekturentwurfs, der Codierung oder des Testens, sind *nicht* Gegenstand dieses Buchs. Wir setzen Grundkenntnisse in dem oben genannten „handwerklichen" Bereich der Technik und Methodik der Softwareentwicklung voraus. Ebenso ist es hilfreich, bereits grundlegende Kenntnisse der Betriebswirtschaftslehre und erste Projekterfahrung mitzubringen.

1.1.4 Aufbau des Buchs

Dieses Buch besteht aus vier Teilen (Abb. 1.1). Im Teil 1 werden die Grundlagen behandelt und die Begriffsbildung vorgenommen. In diesem Rahmen werden die *Unternehmens- und Projektorganisation*, der *Lebenszyklus von Softwareprojekten* und *Vorgehensmodelle im Software Engineering* beschrieben. Im Teil 2 werden die Organisation und das Management in den einzelnen Abschnitten des Projektlebenszyklus dargestellt. Neben den übergreifenden Aufgaben des Managements werden die einzelnen Aufgaben während der *Projektentstehung*, der *Projektdefinition*, der *Projektdurchführung* und im *Projektabschluss* im Detail behandelt. Teil 3 des Buchs fasst die weiterführenden Themen *Metriken und Messung*, *Reifegradmodelle und Prozessverbesserung* und *Werkzeuge* zusammen. Im Anhang finden sich neben Ergänzungen und Erläuterungen zu COCOMO/COCOMO II und CMMI auch die Unterlagen für das Beispielprojekt „Code & Talk", welches insbesondere in den Übungsaufgaben verwendet wird. Die Kapitel, die Übungsaufgaben enthalten, sind in Abb. 1.1 mit einem „Ü" gekennzeichnet.

Dieses Buch befasst sich mit der Organisation und dem Management von Softwareprojekten. Es steht somit in Beziehung zur etablierten Literatur des Projektmanagements, wie etwa Patzak und Rattay [152], Burghardt [40] oder Hindel et al. [90]. Es beschreibt keine in sich geschlossene Vorgehensweise für das Projektmanagement, wie beispielsweise PRINCE2 [147] oder PMBOK [158]. Das vorliegende Buch ist *kein* Projektmanagementkompendium. Es baut vielmehr einen systematischen Rahmen auf, in dem wesentliche Themen zur Projektorganisation und zum Management vermittelt werden können. Alle Inhalte zum Projektmanagement können zu in der Praxis eingesetzten Standards in Beziehung gesetzt werden. Tabelle 1.1 zeigt das am Beispiel des PMBOK.

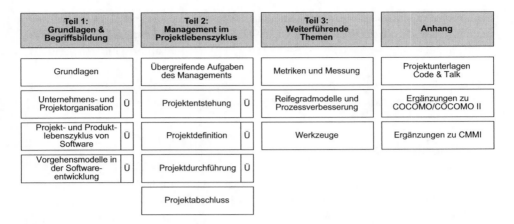

Teil 1: Grundlagen & Begriffsbildung		Teil 2: Management im Projektlebenszyklus		Teil 3: Weiterführende Themen	Anhang
Grundlagen		Übergreifende Aufgaben des Managements		Metriken und Messung	Projektunterlagen Code & Talk
Unternehmens- und Projektorganisation	Ü	Projektentstehung	Ü	Reifegradmodelle und Prozessverbesserung	Ergänzungen zu COCOMO/COCOMO II
Projekt- und Produkt- lebenszyklus von Software	Ü	Projektdefinition	Ü	Werkzeuge	Ergänzungen zu CMMI
Vorgehensmodelle in der Software- entwicklung	Ü	Projektdurchführung	Ü		
		Projektabschluss			

Abb. 1.1 Aufbau und Kapitelstruktur des Buchs

Tab. 1.1 Abbildung zum/Einordnung in das PMBOK

PMBOK	Buch
Initializing	Kapitel 6 Projektentstehung
Planning	Kapitel 7 Projektdefinition
Executing & Controlling	Kapitel 8 Projektdurchführung
Closing	Kapitel 9 Projektabschluss

1.2   Management von Softwareprojekten

Die Projektorganisation und das Management von Softwareprojekten verfolgen im Kern wirtschaftliche Ziele. Insbesondere die Optimierung des ökonomischen Kosten-/Nutzen-verhältnisses in Softwareprojekten sind wesentliche Anliegen, die zwangsläufig Markt- und Qualitätsbetrachtungen einschließen.

Aus dem Spannungsfeld zwischen wirtschaftlichen und technischen Gesichtspunkten leiten sich die unterschiedlichen Ziele und Aufgaben des Managements im Software Engineering ab, aber auch klare Unterschiede zu Projekten, die nicht die Entwicklung von Software zum Gegenstand haben.

1.2.1 Grundlegende Begriffe

Zu Beginn dieses Abschnitts werden grundlegende Begriffe eingeführt:

▸ **Definition 1.1 (Organisation)** Dem Begriff Organisation (griechisch: órganon – „Werkzeug") werden drei Bedeutungen zugeschrieben: Struktur, Funktion und Institution:

Struktur Die strukturelle Organisation steht für die organisatorische Gliederung von Institutionen (in Bereiche, Abteilungen, etc.) und Arbeitsgruppen (Aufbauorganisation) und von Tätigkeiten (Ablauforganisation).

Funktion Die funktionale Organisation steht für den Prozess des Organisierens, durch den fortlaufende unabhängige Handlungen zu sinnvollen Folgen zusammengefügt werden, so dass vernünftige Ergebnisse erzielt werden.

Institution Eine institutionelle Organisation ist ein soziales oder rechtliches Gebilde (etwa ein Unternehmen), das aus dem planmäßigen und zielorientierten Zusammenwirken von Menschen entsteht, sich zur Umwelt abgrenzt und – als kooperativer Akteur – mit anderen Akteuren interagieren kann.

Wir verwenden im Weiteren den Begriff Organisation im Wesentlichen im Sinne der Strukturierung von Unternehmen und Projekten.

▸ **Definition 1.2 (Management)** Management (engl. to manage → italienisch: maneggiare, „handhaben") kann sowohl *Leitungsaufgaben* in Projekten und Unternehmen bezeichnen, als auch die *Gruppe der Personen*, die diese Aufgaben ausüben und entsprechende Managementkompetenzen benötigen. Typische Aufgaben des Managements sind: Planung, Delegation, Organisation, Führung und Kontrolle (im Sinne von Fortschritts- und Erfolgskontrolle).

Die Gesamtheit aller Tätigkeiten, die mit der erfolgreichen Abwicklung eines Projektes zusammenhängen, mündet im sogenannten *Regelkreis des Projektmanagements* (Abb. 1.2) zur Überwachung und Steuerung von Projekten. Dieser Regelkreis wird in einem Projekt kontinuierlich durchlaufen.

In der *Planung* werden die Soll-Vorgaben für die Projektdurchführung festgelegt. In der Projektdurchführung werden Kennzahlen ermittelt, welche als Eingabe für die *Überwachung* des Projekts dienen. Auf Basis der Kennzahlen werden zum Beispiel Soll-Ist-Vergleiche durchgeführt, um den aktuellen Projektstatus zu ermitteln. Auf Abweichungen oder sonstige Ereignisse wird reagiert, indem in der *Steuerung* Maßnahmen festgelegt und in Gang gesetzt werden. Diese haben in der Regel Auswirkungen auf die Planung des Projekts, welche entsprechend anzupassen ist. Im Berichtswesen werden abschließend alle Informationen zusammengetragen und in einer für alle Stakeholder nachvollziehbaren Weise dokumentiert.

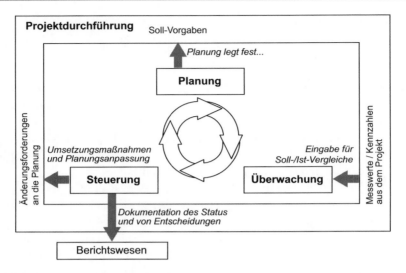

Abb. 1.2 Regelkreis des Projektmanagements

▶ **Definition 1.3 (Projekt, ISO)** Ein Projekt[1] ist nach [64][2] ein Vorhaben, bei dem innerhalb einer vorgegebenen Zeitspanne ein spezifiziertes Ziel erreicht werden soll und das sich dadurch auszeichnet, dass es im Wesentlichen ein einmaliges (individuelles) zeitlich begrenztes Vorhaben ist.

▶ **Definition 1.4 (Projekt, PRINCE2)** Ein Projekt ist nach [147] eine für einen befristeten Zeitraum geschaffene Organisation, die mit dem Zweck eingerichtet wurde, eine oder mehrere Erzeugnisse in Übereinstimmung mit einem vereinbarten Business Case zu liefern. Es zeichnet sich darüber hinaus durch eine fortlaufende wirtschaftliche Rechtfertigung aus.

▶ **Definition 1.5 (Projekt, PMBOK)** Ein Projekt ist nach [158] eine zeitlich beschränkte Anstrengung zur Erzeugung eines einmaligen Erzeugnisses (Produktes) oder Dienstes.

---

[1] Projekt in der allgemeinen Bedeutung eines besonderen Vorhabens geht auf das lateinische Verb proicere: „nach vorn werfen", „projizieren" zurück.
[2] Die Serie DIN 6990x bezieht sich auf eine Reihe von Normen zum Thema *Projektmanagment*. Wir beziehen uns in der Regel auf die Norm 69901, weisen aber explizit darauf hin, dass Begriffe auch aus anderen Teilen der Norm entstammen können.

Arbeitsdefinition
Verkürzt und vereinfacht ausgedrückt lässt sich ein Projekt wie folgt charakterisieren:

- Ein Projekt zielt auf die Lösung eines eigenständigen Problems.
- Ein Projekt zielt auf die Erarbeitung eines Ergebnisses.
- Ein Projekt hat einen Anfang und ein Ende – es ist zeitlich begrenzt.
- Ein Projekt hat ein klares Ziel.
- Ein Projekt ist ein einmaliges Vorhaben.
- Ein Projekt grenzt sich von anderen Vorhaben ab.
- Einem Projekt steht eine begrenzte Menge von Ressourcen zur Verfügung.
- Ein Projekt benötigt einen organisatorischen Rahmen, der alle Aufgaben unterstützt, um das Projektziel zu erreichen.

Mithilfe dieser Charakteristika umschreiben wir den Projektbegriff, den wir diesem Buch zugrunde legen.

Ein Projekt fasst somit verschiedene Aspekte, wie Ressourcen, Ergebnisse oder Rollen zusammen. Für die Einordnung in die Inhalte und das weitere Verständnis dieses Buchs, dient der Ordnungsrahmen aus Abb. 1.3. Die hier aufgeführten und in Beziehung gesetzten Begriffe spiegeln die grundlegende Terminologie wider, die im Weiteren im Detail erläutert werden.

Projekte zielen auf die Erarbeitung von Ergebnissen. Diese Ergebnisse sind in der Regel der primäre Grund für die Durchführung eines Projekts. Je nach Projekt können diese Ergebnisse sehr unterschiedlich sein. Beispiele sind

- ein neu entwickeltes, lauffähiges Softwaresystem
- Teilergebnisse für die Entwicklung von Software (Anforderungen, Architekturentwurf, Testkonzept, etc.)
- die Migration einer Software auf eine andere Hardwareplattform

Typischerweise erarbeiten Projekte primäre Ergebnisse. Dies sind die Resultate des Projekts, welche der Grund für die Durchführung eines Projekts sind. Daneben werden in Projekten noch eine ganze Reihe von sekundären Teilergebnissen erarbeitet, die Mittel zum Zweck und auf dem Weg der Erarbeitung der primären Ergebnisse nützlich sind. In beiden Fällen sprechen wir von *Artefakten*, die wir in Anlehnung an Méndez et al. [138] wie folgt definieren.

▶ **Definition 1.6 (Artefakt)** Ein Artefakt ist ein primäres oder sekundäres Arbeitsergebnis, das in einem Projekt durch bestimmte Projektaktivitäten erstellt, bearbeitet oder genutzt

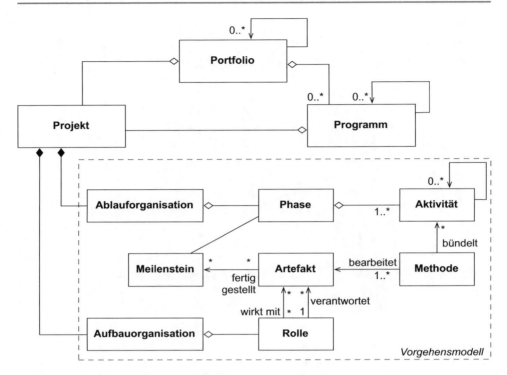

Abb. 1.3 Ordnungsrahmen (Ontologie) für Projekte in Form eines Metamodells

wird. Rollen sind verantwortlich für die Erstellung von Artefakten. Artefakte sind Gegenstand der Qualitätssicherung, der Versionskontrolle, haben einen Typ, einen Inhalt und eine innere Struktur.

Artefakte sind für uns äußerst wertvolle Konzepte, da sie es erlauben, über konkrete Ergebnistypen und Ergebnisse zu sprechen, ohne auf die Details ihrer Erstellung, etwa Methoden oder konkrete Aktivitäten, eingehen zu müssen. Beispiele für Artefakte sind Ausarbeitungen (Anforderungsdokumentation, Architekturentwurf, Testfallbeschreibung, Programme, etc.) aber auch Dokumente wie Verträge, Protokolle etc. Ein Artefakt kann durch folgende Aspekte gekennzeichnet werden:

- sein Inhalt, Zweck
- durch wen und durch welche Aktivitäten es geschaffen wird
- durch wen und in welchen Aktivitäten es genutzt wird
- wie es repräsentiert wird (Papier, Datei, Inhalt einer Datenbank)
- wie es strukturiert ist (Gliederung)
- mit welchen Mitteln sein Inhalt dargestellt wird (Text, Formel, Diagramm)

Die Menge aller Artefakte eines Projekts beschreibt alle primären und sekundären Ergebnisse des Projekts. Wesentlichen Projektergebnisse sollten sich grundsätzlich in Artefakten (und seien es nur Aktennotizen) niederschlagen.

1.2.1.1 Unterschiede zu Projekten anderer Ingenieurdisziplinen

Dieses Buch konzentriert sich auf Projekte, die im weiten Sinn auf Themen der Softwareentwicklung ausgerichtet sind. Die Durchführung solcher Projekte fällt in die Disziplin „Software Engineering".

> **Software Engineering ist eine Ingenieurdisziplin**
> Das Software Engineering weist mit dem Ziel der Entwicklung nutzbarer Produkte und Systeme alle Merkmale einer *Ingenieurdisziplin* auf, nämlich der Erreichung formalisierter technischer Zielsetzungen unter Einhaltung technischer und ökonomischer Rahmenbedingungen.

Viele Aufgaben der Projektorganisation und des Managements von Softwareprojekten unterscheiden sich nicht grundlegend von denen in Entwicklungsprojekten, die nicht Software, sondern Maschinen, elektrotechnische Erzeugnisse, Bauwerke oder auch allgemein Produkte zum Ziel haben. Allerdings gibt es eine Reihe *signifikanter Unterschiede*. Der wahrscheinlich wichtigste betrifft die *Immaterialität* von Software. Die Folgen dieses wesentlichen Unterschieds sind:

1. *Es gibt nur den Entwicklungsprozess und die Inbetriebnahme* und keinen wirklichen Produktions- bzw. Fertigungsprozess.
2. Es gibt Unterschiede in den *Kostenstrukturen*.
3. *Vertriebs- und Wartungsstrukturen* unterscheiden sich deutlich.
4. Software greift tief in menschliche, betriebswirtschaftliche und technische Prozesse ein und erfordert ein umfassendes Verständnis der Anwendungsfelder und der Kundenbedürfnisse.
5. Es gibt *zusätzliche Chancen und Risiken* durch zeitige Kundeneinbindung und Änderung von Kundenanforderungen während der Entwicklung.
6. *Software ist ein abstraktes Artefakt.* Die Erarbeitung und Analyse von Kundenanforderungen ist oft nur iterativ (manchmal auch nur experimentell) möglich.
7. Software beschreibt *dynamisches Verhalten* und unterliegt einer ständigen *Evolution*, womit sie eine inhärent hohe Komplexität aufweist.

Folgen Software wird entwickelt, nicht produziert. Dass kein Fertigungsprozess wie bei allen materiellen Produkten erforderlich ist, führt zu einer völlig anderen Organisations- und Kostenstruktur. Insbesondere ist ein unterschiedlicher Informations- und Erkenntnisfluss die Folge. Werden bei materiellen Produkten Fehler in der Entwicklung unter Umständen noch in der Planung und Durchführung der Fertigung erkannt, fehlt diese zusätzliche Überprüfung in der Softwareentwicklung gänzlich.

Hinweis

Der Begriff Produkt wird in unterschiedlicher Weise verwendet:

- Statt von Artefakten wird auch bedeutungsgleich von Produkten gesprochen – dann bezeichnet ein Produkt ein primäres oder sekundäres Arbeitsergebnis eines Projekts.
- Oft wird das Gesamtergebnis eines Projekts als Produkt bezeichnet.
- Bei vertriebenen Dienstleistungen oder Waren spricht man ebenfalls von Produkten. So gibt es Software, die als Massenprodukt vertrieben wird.

Im Sinne der letzten Definition ist ein Produkt ein Wirtschaftsgut.

Software ist aufgrund ihrer Immaterialität auch wenig anschaulich – sie ist ein *abstraktes Artefakt*. Zudem sind die Erfahrungswerte in der Softwareentwicklung noch deutlich eingeschränkter als in den klassischen Ingenieurdisziplinen mit ihren langen Traditionen und Erfahrungen. Erschwerend kommt hinzu, dass im Softwarebereich immer noch in schneller Folge technische Innovationen erfolgen. Innovationen ziehen oft auch ein breites Spektrum von technischen und methodischen Änderungen im Entwicklungsprozess nach sich. Aus diesen Gründen ist auch bei den für die Projektorganisation Verantwortlichen solides Wissen der Regeln und Prinzipien der Softwareentwicklung unabdingbar. Anders als in Gebieten, in denen gesicherte Erfahrungsdaten vorliegen und klare Regeln und Faustformeln zur Projektplanung und Durchführung vorhanden sind, erfordern Softwareprojekte von Managern fundierte Kenntnisse über die Besonderheiten der Softwareentwicklung.

▶   **Anmerkung** Softwareprojekte sind weniger als Projekte anderer Art nach rein wirtschaftlich orientierten und messbaren Methoden plan- und steuerbar. Dort wird nach bewährten Regeln vorgegangen, wohingegen es in der Softwareentwicklung nur eingeschränkt gesicherte Erfahrungen gibt.

1.2.2   Ziele des Managements im Software Engineering

Ziel des Software Engineering ist die *kostengünstige* und *termingerechte* Erstellung *zuverlässiger* und *nutzergerechter* Softwaresysteme in *angemessener Qualität* zur Lösung anwendungsspezifischer Aufgabenstellungen unter vorgegebenen Rahmenbedingungen. Daraus leiten sich die folgenden Teilziele ab:

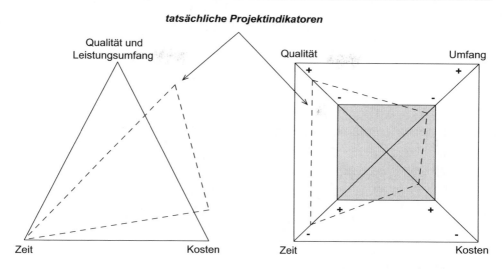

Abb. 1.4 Das „Magische Dreieck des Projektmanagements" und das „Teufelsquadrat" nach H. Sneed. Beide Darstellungen illustrieren die wechselseitigen Abhängigkeiten zwischen Zeit, Umfang, Qualität und Kosten.

Beherrschung von Zeit und Kosten Unter den oben genannten Besonderheiten von Softwareprojekten ist die Beherrschung der Kosten eine der größten Herausforderungen. Alle Parameter des sogenannten „Magischen Dreiecks" bzw. des „Teufelsquadrats" nach Sneed [173] (Abb. 1.4) wirken direkt oder indirekt auf die Projektkosten. Die Beherrschung der Projektkosten hängt hierbei wesentlich von der Zuverlässigkeit der Kostenschätzung unter Berücksichtigung der Schätzungen für Entwicklungsaufwand und -dauer ab. Die Kostenstruktur muss konkurrenzfähig sein, damit sich ein Unternehmen im wirtschaftlichen Wettbewerb am Markt behaupten kann. Hierzu ist es unterlässlich, die Einhaltung der geschätzten Kosten, Termine und Aufwände kontinuierlich zu kontrollieren.

Abbildung 1.4 (rechts) beschreibt das Teufelsquadrat der Projektgrößen Zeit, Qualität, Umfang und Kosten (Aufwand). Grob erklärt gilt: Die Fläche des gestrichelten Vierecks ist immer gleich groß; wählt man drei Größen, ergibt sich die vierte daraus. Weniger Zeit wirkt sich kritisch auf die Höhe der Kosten, die Qualität und den Leistungsumfang aus.

Erreichung von Qualitätszielen Neben Zeiten und Kosten ist die Sicherstellung einer möglichst hohen Qualität der Software ein wesentliches Ziel. Das Management muss die Erreichung von Qualitätszielen in der Regel aus den drei Perspektiven der Nutzer, der Entwickler und des Betriebs betrachten (zum Beispiel nach der Norm ISO/IEC 25000 [100], dem Nachfolger der ISO 9126 [99]). Hierbei sind aus Nutzersicht zum Beispiel die Anforderungen im Hinblick auf Angemessenheit und der Umsetzung der Funktionalität, der Effizienz, Performanz, Korrektheit und Zuverlässigkeit zu erfüllen. Aus der Perspektive des

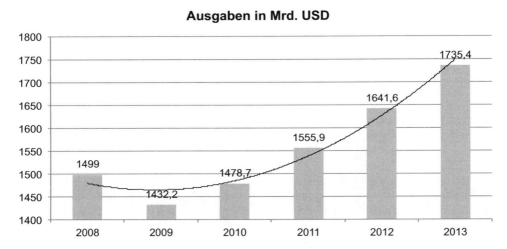

Abb. 1.5 Weltweite IT-Investitionen nach [98]

Betriebs sind zum Beispiel Anforderungen hinsichtlich der Wartbarkeit und geringer Betriebskosten zu erfüllen.

Sicherung von Investitionen Softwareprojekte haben üblicherweise hohe Investitionsvolumen, sowohl auf der Seite des Auftraggebers als auf auf der Seite des Auftragnehmers. Verschiedene Studien, zum Beispiel die der IDC [98], zeigen den Trend, dass das weltweite Investitionsvolumen im IT-Markt auf die 1,8 *Billionen* US-Dollar zusteuert (Abb. 1.5). Auch für den Deutschen IT-Markt ermittelt die IDC [97] ein steigendes Investitionsvolumen. So wird für das Jahr 2012 das Überschreiten der Grenze von 60 Milliarden Euro erwartet, und darüber hinaus eine Entwicklung auf fast 70 Milliarden Euro für das Jahr 2014 prognostiziert. Für alle an einem Softwareprojekt beteiligten Parteien ist daher die Sicherung der Investition ein wesentliches Ziel. Auftraggeber investieren in ein Softwaresystem, um beispielsweise Geschäftsprozesse zu optimieren und somit die eigene Effizienz zu steigern. Auftragnehmer investieren in ein Softwareprojekt, um beispielsweise in einen neuen Markt einzusteigen oder eine vorhandene Marktposition zu sichern. In beiden Fällen muss sich eine Investition „zeitnah" auszahlen.

Einhaltung von Rahmenbedingungen Ein weiteres, nicht zu unterschätzendes Ziel des Managements ist die Einhaltung von Rahmenbedingungen, die zum Beispiel durch Standards, Normen oder gesetzliche Vorschriften gegeben werden. Die offensichtlichsten Rahmenbedingungen werden durch die Verträge gesetzt (zum Beispiel Qualitätsvorgaben, Liefertermine und -umfänge sowie Kosten für die Produkterstellung). Daneben gilt es jedoch noch zahlreiche weitere Rahmenbedingungen zu erfüllen, wie die Einbettung einer Software in einer gegebenen Hardware- oder Softwareinfrastruktur, die Einhaltung von Vorgaben der IT-Strategie des Auftraggebers oder die Einhaltung rechtlicher Vorgaben, beispielsweise hinsichtlich des Datenschutzes.

1.2.3 Herausforderungen und Schwierigkeiten

Die Erreichung der oben genannten Ziele ist in Softwareprojekten jedoch nicht immer einfach. Software Engineering ist ein vergleichsweise junges Gebiet, das so schnell in seiner Bedeutung und im Umfang seiner Aufgaben gewachsen ist, dass seine Methoden oft kaum mit den Innovationen und Anforderungen neuer Anwendungen Schritt halten. Es ist dementsprechend auch in den zurückliegenden Jahren nicht in vollem Umfang gelungen, Zuverlässigkeit, Termintreue und Entwicklungskosten bei der Softwareentwicklung zufriedenstellend zu beherrschen [178, 41, 72]. An den folgenden, typischen Beobachtungen für Softwareprojekte lässt sich diese Problematik anschaulich darstellen:

1. Kostenschätzungen für Softwareprojekte erweisen sich immer wieder um Faktoren zu niedrig. Als Folge können Projekte oft nur bei signifikanter Überschreitung des Budgets zum Abschluss gebracht werden.
2. Terminschätzungen erweisen sich oft als zu optimistisch. Infolge dessen wird Software oft verspätet ausgeliefert oder auf den Markt gebracht.
3. Die Qualität und Funktionalität der Software entspricht nicht immer den Erwartungen und Erfordernissen. Die Software enthält in manchen Fällen katastrophale Fehler, in anderen Fällen zeigt sie sich instabil oder arbeitet nicht mit der erforderlichen Performanz.

Kosten Die Kostenentwicklung in Softwareprojekten ist besonders eindrucksvoll, wenn man sie mit der Kostenentwicklung bei Hardware vergleicht. Die Kosten für Hardware fallen im Verhältnis zu ihrer Leistungsfähigkeit seit Jahrzehnten exponentiell. Es gilt nach Moore's Law [143] die Faustregel, dass sich die Leistungsfähigkeit der Hardware bei etwa gleichem Preis alle 18 Monate verdoppelt.

Für die Entwicklungskosten von Software gibt es hingegen keine allgemein gültigen Aussagen. Sicher ist, dass sich das Verhältnis der Hardwarekosten in Bezug auf die Softwarekosten seit Jahren dramatisch verschiebt. In eingebetteten Systemen nehmen die Softwarekosten mittlerweile deutlich mehr als 40–45 % ein. Dieses Verhältnis verschiebt sich pro Jahr in Richtung auf die Softwarekosten um 3–5 %. Sichtbar ist auch, dass durch die Globalisierung und Praktiken wie Outsourcing die Personalkosten erheblich differieren, womit sich die Personalkostenstruktur von Projekt zu Projekt, auch bei vergleichbarem Projektgegenstand, drastisch unterscheiden kann. Wie sich die Softwarekosten vergleichbarer Softwaresysteme über die letzten 30–40 Jahre entwickelt haben, ist im Gegensatz zu den Hardwarekosten kaum pauschal zu sagen. Einerseits ist durch den zunehmenden Einsatz vorgefertigter Anteile wie etwa Datenbanken, anpassbarer Frameworks oder von Generatoren eine enorme Produktivitätsverbesserung zu erzielen. Anderseits kostet der

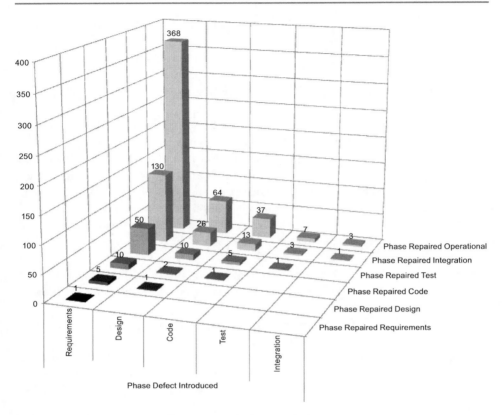

Abb. 1.6 Bugfixing-Kosten nach Bennett und Wennberg [31]

Aufwand für individuell erstellte Programme trotz problemorientierter Programmiersprachen kaum weniger als vor 20 Jahren.

Behandlung von Änderungen Eines der großen Probleme der Softwareentwicklung ist sicherlich der ständig erforderliche Änderungsaufwand („Management of Change", siehe auch *Change Management* als Disziplin). Sich ändernde Anforderungen haben eine Reihe von Gründen. Einerseits resultieren Änderungen aus dem besseren Verständnis durch den Lernprozess in der Projektdurchführung und aus Änderungen in den Rahmenbedingungen. Andererseits bedingen auch Fehler in den Entwicklungstätigkeiten Anforderungsänderungen. Die Beseitigung von Fehlern ist nach Bennett und Wennberg [31] in der Regel um Größenordnungen zeitintensiver und kostspieliger (Abb. 1.6) als Maßnahmen, die das Entstehen von Fehlern von vornherein vermeiden oder diese frühzeitig aufspüren.

Sind Projekte auf diese (zwangsweise) auftretenden Änderungen nicht oder nicht ausreichend vorbereitet, sind Verschiebungen im Terminplan, Änderungen im Funktionsumfang und letztendlich Steigerungen in den Projektkosten die Folge. Werden Fehler erst während des Betriebs bemerkt, müssen entweder „work-arounds" für die Anwender erarbeitet oder kostspielige Bugfixes entwickelt werden.

▶ **Wichtig!** Je später ein Fehler erkannt und beseitigt wird, umso teurer, schwieriger und wiederum fehleranfälliger ist seine Beseitigung.

1.2.4 Prinzipien und Erfolgsfaktoren

Der Entwurf großer Programmsysteme stellt hohe Anforderungen an die Fähigkeiten der Entwickler und des Managements. Nur die konsequente, disziplinierte Beachtung von Prinzipien kann helfen, die Komplexität der Entwicklungsaufgabe zu beschränken und den Kostenaufwand in Grenzen zu halten.

1.2.4.1 Prinzipien

Die Organisation, Ausgestaltung und Durchführung der Aufgaben der Projektorganisation und des Managements sind jeweils spezifisch für ein Projekt. Trotzdem sind für eine gute Projektorganisation folgende Prinzipien unabdingbare Voraussetzung:

1. Klare Projektziele und transparente, realistische Projektpläne
2. Einbindung aller relevanten Interessengruppen (Stakeholder)
3. Klar geregelte, durchschaubare Verantwortungsstrukturen (Rollenkonzept) mit definierten Entscheidungsbefugnissen und festgelegten, transparenten Entscheidungsprozessen
4. Unabhängige Kontrollinstanzen für die Qualitäts- und Fortschrittssicherung der Arbeiten im Projekt mit einer klaren, effektiven Eskalationsstruktur
5. Offene Kommunikationskultur und festgelegte Schnittstellen zwischen den Interessengruppen zur Minimierung (unproduktiver) Kommunikation
6. Hohe Motivation der Mitarbeiter
7. Guter Ausbildungsstand der Mitarbeiter
8. Gute Arbeitsbedingungen und Arbeitsumgebung
9. Erfahrene Projektmanager und Entwickler

Viele dieser Prinzipien finden sich nach Wallmüller [196] oft im unternehmensweiten Qualitätsmanagement wieder. Das Qualitätsmanagement als Organisationsaufgabe, zum Beispiel nach ISO 9001 [43], legt die grundsätzlichen Regeln für die Interaktion in den Projekten fest, definiert jedoch auch die Ziele, die das Unternehmen zum Beispiel nach Weuster [199] in seiner langfristigen Entwicklung verfolgt.

▶ **Achtung!** Zuviel Organisationsaufwand führt zu Softwarebürokratie und ist kontraproduktiv. Zu wenig Organisationsaufwand führt leicht zu Verschwendung von Ressourcen und Koordinationsproblemen.

1.2.4.2 Erfolgsfaktoren

Neben den oben aufgeführten Prinzipien sind eine Reihe von Erfolgsfaktoren zu beachten, die die Prinzipien ergänzen und bündeln. Die Erfolgsfaktoren sind sowohl für einzelne Projekte als auch für die Organisation relevant, treten aber in Abhängigkeit des aktuellen Kontexts in verschiedenen Ausprägungen auf. Wesentliche Erfolgsfaktoren sind:

Mitarbeiter Die Motivation, Kompetenz und Professionalität der Mitarbeiter sind, ebenso wie ihre Motivation, kritische Erfolgsfaktoren. Durch die schnellen Entwicklungszyklen in der IT-Branche muss das Wissen kontinuierlich auf den neuesten Stand gebracht werden. Stetige Weiterbildung ist ein Schlüssel zum Kompetenzaufbau. Die Weiterbildung ist in vielen Organisationen in die Programme zur Personalentwicklung integriert und ist dort eine Komponente zur Motivation der Mitarbeiter.

Eine der zentralen Aufgaben des Managements ist es, die Mitarbeiter zu motivieren und Projektziele zu den Zielen der Mitarbeiter zu machen [58]. Hoch kompetente aber unmotivierte Mitarbeiter leisten nur einen geringen oder gar keinen Beitrag zum Projekterfolg. Auch das Risiko des Kompetenzverlusts, wenn hochqualifiziertes Personal das Unternehmen verlässt, ist nicht zu unterschätzen. Meist ist dies mit Folgeeffekten verbunden, wie zum Beispiel Demotivation der verbleibenden Kollegen, Mehrarbeit zur Kompensation des Ressourcenausfalls oder Verzögerungen durch höheren Aufwand in der Kommunikation und Einarbeitung neuer Mitarbeiter.

Kundenorientierung Ein wesentlicher Erfolgsfaktor für Softwareprojekte ist eine konsequente Kundenorientierung [152]. Nur wenn das Softwaresystem bei Auftraggebern und Nutzern auf Akzeptanz stößt, ist der langfristige Erfolg gesichert. Es ist wichtig, alle relevanten Stakeholder zu erfassen, sie in eine effiziente Kommunikationsstruktur einzubinden und klare Ziele mit ihnen zu vereinbaren.

Prozessorientierung Die Organisation und das Management sind zweckmäßigerweise prozessorientiert. Softwareprojekte müssen sich in ein umfangreiches Ökosystem aus verschiedenen Geschäftsprozessen und Betriebsprozessen einfügen. Hierbei spielt die geschickte Auswahl und Anpassung eines Entwicklungsprozesses eine wichtige Rolle. Seine Gestaltung hat sich dabei den Unternehmenszielen unterzuordnen [196, 43].

Dokumentation und Artefakte – Ergebnisorientierung Die Dokumentation des Entwicklungsprozesses, seiner Ergebnisse und der erzeugten Software sind für die Entwicklungsarbeit selbst und für die Wartung und Weiterentwicklung von großer Wichtigkeit. Gerade bei dem hohen Anteil der Wartungs- und Weiterentwicklungskosten im Verhältnis zu den eigentlichen Entwicklungskosten ist eine angemessene Dokumentation von unschätzbarem Wert. Wir unterscheiden folgende Arten der Dokumentation:

- Dokumente des Projektmanagements, wie Projektpläne, Risikoliste, Protokolle

- Entwicklungsdokumente, wie Spezifikationen, Lasten- und Pflichtenhefte, Architektur-beschreibungen etc.
- Code
- Vertriebsschriften
- Anlagen zu Verträgen
- Einführungsschriften
- Handbücher

Die Dokumentation sollte stets Hand in Hand mit der Entwicklungsarbeit erstellt werden. Eine „Nachdokumentation" ist aufwendig und lässt eine Reihe positiver Auswirkungen der Dokumentation in der Entwicklung ungenutzt.

Modularisierung und Wiederverwendung   Modularisierung leistet einen wesentlichen Beitrag zur Reduktion der Komplexität durch Strukturierung der Entwicklungsaufgabe. Durch modulare Strukturierung kann eine große Aufgabe schrittweise nach dem Prinzip „Teile und Herrsche" („Divide et Impera", „Divide and conquer") in immer kleinere Teil-aufgaben aufgeteilt werden, die unabhängig voneinander eigenständig bearbeitet werden können und aus denen sich eine Lösung für die Gesamtaufgabe zusammensetzen lässt. Die-se Vorgehensweise erfordert geeignete Modularisierungskonzepte auf der Beschreibungs-ebene und in der Methodik.

> **Hinweis**
> Nach Schätzungen [186] könnten bei großen Entwicklungsprojekten weite Teile der Codierung gespart werden, wenn konsequent bereits entwickelte Programme an geeigneten Stellen wieder verwendet würden. Die geschickte Wahl der Systemarchi-tektur und der Komponenten, durch die auch eine weitgehende Wiederverwendung erreicht wird, ist eine wichtige aber schwierige Aufgabe. Es lohnt sich in der Regel, hierauf besondere Aufmerksamkeit zu richten, da sich dadurch der Gesamtumfang eines Systems und somit der Erstellungs- und Änderungsaufwand drastisch redu-zieren kann.

1.2.5   Betriebswirtschaftliche Aspekte

In den vorangegangenen Abschnitten sind als wesentliche Zielgrößen immer wieder *Kos-ten* und *Zeit* genannt worden. Diese Größen haben auf den ersten Blick wenig mit der eigentlichen Softwareentwicklung zu tun, sind jedoch wichtige Zielgrößen für ein Soft-wareprojekt. Im Software Engineering sind neben den technischen Fragen auch Themen der Betriebswirtschaft relevant. Die betriebswirtschaftlichen Merkmale von Softwarepro-jekten betreffen unter anderem die Form des Vertriebs und die Art der Abrechnung der

Entwicklungskosten. In diesem Abschnitt werden einige der wichtigen betriebswirtschaftlichen Merkmale aufgegriffen.

1.2.5.1 Projekttypen

Ein wesentlicher Gesichtspunkt zur Bestimmung der betriebswirtschaftlichen Merkmale
eines Softwareprojekts ist der *Projekttyp*.

▶ **Definition 1.7 (Projekttyp)**   Ein Projekttyp ist eine Charakterisierung von Projekten, die
sich bzgl. ihrer Projektgegenstände, Anwendungsdomänen und ihrer Projektmerkmale ähneln.

Projekte, die einem Projekttyp zugeordnet werden, ähneln sich beispielsweise in ihrem
Ablauf oder in der Vertragsgestaltung. Aus der Erfahrung heraus lässt sich *jedes* einzelne
Projekt einem bestimmten Typ zuordnen. Die wohl bekanntesten Projekttypen sind:

- Projekte zur Produkt-, Software- und Systementwicklung
- Beratungsprojekte
- Migrationsprojekte
- Schulungs- und Trainingsprojekte

Darüber hinaus gibt es ein Fülle weiterer Klassifikationen, die bestimmte Aufgaben stärker
betonen, zum Beispiel Systemintegrationsprojekte oder Projekte im Umfeld der Software-
wartung. Auch der „Roll-Out" einer (Standard-)Software wird üblicherweise als Projekt
durchgeführt. Neben den genannten Projekttypen gibt es auch in den letzten Jahren verstärkt Projekte im Rahmen von Outsourcing/Offshoring (zum Beispiel Transitionsprojekte,
Transformationsprojekte, Due Dilligence Projekte etc.), in denen es um dem Transfer von
Personal, Assets, Aufträgen, Wissen, aber auch von laufenden Kundenprojekten geht. Die
unterschiedlichen Projekttypen erfordern zum Teil radikal unterschiedliche Vorgehensweisen insbesondere in der Projektorganisation und im Management, aber auch in der
Softwaretechnik [40].

▶   **Anmerkung** Wir konzentrieren uns im Weiteren vornehmlich auf Softwareent-
wicklungsprojekte.

Jedem Projekttyp liegen in der Regel auch unterschiedliche Geschäftsmodelle oder
Unternehmensstrategien zugrunde. Dies trifft oftmals auch auf Projekte ein und desselben
Projekttyps zu, wenn zum Beispiel eine Unterscheidung dahingehend getroffen werden
muss, ob es sich bei einer Software um ein Standardprodukt des Unternehmensportfolios oder um eine einmalige Auftragsentwicklung handelt. Aus Sicht des Vertriebs wird
üblicherweise die folgende Kategorisierung für Softwareprojekte verwendet:

Software als Produkt oder Teil eines Produkts In dieser Kategorie bieten Unternehmen Software als eigenständige Produkte beziehungsweise als Bestandteil einer Produktfamilie an. In diesem Produktgeschäft wird unter anderem der Massenmarkt mit Software versorgt. Beispiele für solche Softwareprodukte sind Betriebssysteme oder Office-Pakete.

Die Entwicklungskosten sind zunächst eine Investition mit dem Ziel, dass sie sich später durch den Verkauf amortisieren. Die Anforderungen werden im Hinblick auf die Vermarktbarkeit des Produkts festgelegt. Das Produktgeschäft braucht völlig andere Methoden der Anforderungsfestlegung und Vertriebsstrukturen. Es muss der Marktbeobachtung sowie der Kundenwerbung und -betreuung besonderes Augenmerk schenken. Natürlich ist auch die Entwicklung eines Softwareprodukts ein Projekt und kann gegebenenfalls wieder im Auftrag durchgeführt werden.

Individualsoftware Individualsoftware wird üblicherweise im Rahmen einer Auftragsentwicklung erstellt. Hierbei wird maßgeschneidert Spezialsoftware entwickelt, die den Anforderungen genau eines oder einer sehr kleinen Menge von Spezialkunden gerecht wird. Beispiele für solche Softwaresysteme finden sich in der IT-Unterstützung von Geschäftsprozessen, Software für Motorsteuergeräte oder Software für die Raumfahrt.

Die Entwicklungskosten für eine maßgeschneiderte Individualsoftware werden im Rahmen eines Vertrags vereinbart und in der Regel Zug um Zug mit Projektfortschritt oder bei Auslieferung des Ergebnisses fällig. Damit entscheidet der Auftraggeber letztlich über den genauen Umfang und die Funktionalität der Software.

1.2.5.2   Vertragsformen

Für den Erfolg eines Softwareprojekts ist auch die Form des Budgets und die Art der Abrechnung der Projektkosten bedeutsam. Die zentrale Frage ist immer: *Wie ist der Lieferumfang festgelegt?* – Werden nur ausführbare Programme an den Kunden geliefert oder auch die Quellcodes? Muss der Code der Software bei einem Treuhänder hinterlegt werden? Die genauen, rechtlich verbindlichen Regelungen dazu werden in Verträgen festgehalten (vgl. Zahnt [200]). Wir unterscheiden bei Softwareprojekten die folgenden grundsätzlichen Vertragsformen:

- Werkvertrag
- Dienstleistungsvertrag

Die Themen Verträge, Vertragskonstellationen und Konsequenzen der Vertragsgestaltung werden im Abschn. 6.4.3.2 im Detail beschrieben.

1.3   Softwareprojekte und Unternehmensstrategie

Die Durchführung von Softwareprojekten obliegt Unternehmen[3] und ist somit in eine Unternehmensorganisation eingebettet. Immer stärker ist der Trend zur *Projektorientierung* von Unternehmen zu beobachten, in dem Projekte nicht mehr nur als Routineaufgaben „der Linie" durchgeführt werden. Somit wandelt sich das Bild des Unternehmens hin zu einer Organisationsstruktur („Projekthaus"), die hoch dynamisch innovative Produkte und Dienstleistungen im Rahmen von Projekten entwickelt. Die Aufgaben der Projektorganisation und des Managements von Softwareprojekten sind daher auch in Aufgaben der Unternehmensführung eingebunden. In diesem Abschnitt stellen wir die aus Sicht von Softwareprojekten und ihrer Organisation relevanten Themen der Unternehmensstrategie dar und betrachten hierbei allgemeine Aufgaben, strategische Erfolgsfaktoren und die Einbettung der Aufgaben der Projektorganisation und des Managements.

1.3.1   Strategische Erfolgsfaktoren

Die Strategie eines Unternehmens dient dazu, mittel- und langfristige Ziele für das Unternehmen herauszuarbeiten und somit ein Profil im Markt zu etablieren und zu schärfen. Insbesondere im harten Wettbewerb ist es zwingend für Unternehmen, sich über Alleinstellungsmerkmale, wie zum Beispiel spezielle Kompetenzen, oder über Merkmale, wie Qualität der Produkte oder Termintreue, von der Konkurrenz abzuheben. Hierzu müssen im Rahmen der Entwicklung einer Unternehmensstrategie auch die wesentlichen strategischen Erfolgsfaktoren herausgearbeitet werden. Bei der Vereinbarung von Unternehmenszielen ist festzulegen, wie gesetzte Ziele erreicht werden können, wobei möglichst alle Erfolgsfaktoren berücksichtigt werden sollten. Zu den wichtigsten strategischen Erfolgsfaktoren zählen im allgemeinen:

- Ausrichtung auf die Kunden
- Realistische Ziele für das Unternehmen und seine zukünftige Entwicklung
- Entwicklung von handhabbaren und aussagekräftigen Metriken zur Messung des Grads der Zeilerreichung
- Klare Fokussierung auf das Kerngeschäft
- Effizienter Werkzeug- und Methodenbaukasten für die Softwareentwicklung
- Etablierung kontinuierlicher Verbesserungsprozesse

Strategische Erfolgsfaktoren sind immer in Relation zu den Charakteristika des Geschäfts bzw. der Geschäftsfelder eines Unternehmens zu sehen. So sind beispielsweise für Produktsoftware andere Erfolgskriterien zu betonen als für das Projektgeschäft (Auftragsentwicklung). Welche softwaretechnischen Hilfsmittel hierbei zum Einsatz kommen, zum Beispiel

---

[3] Unter dem Begriff Unternehmen subsumieren wir alle Organisationsformen, wie Industrieunternehmen, Behörden oder auch Forschungseinrichtungen.

Methodik, Vorgehensmodell und Projektartefaktmodell oder Werkzeuge, hängt von vielen Faktoren ab. Die Auswahl kann entweder anhand der Anforderungen des Marktes erfolgen oder durch die Erfahrungen der am Strategieentwicklungsprozess Beteiligten bestimmt werden. Konkrete methodische oder technische Elemente (bestimmte Werkzeuge oder Programmierparadigmen) einer Strategie lassen sich jedoch nur schwer generalisieren. De facto liegen wenige gesicherte statistische Zahlen vor, welche eine grundsätzliche Überlegenheit gewisser Methoden, Techniken oder Werkzeuge belegen.

Unternehmensziele Die Unternehmensziele können in Form einer Roadmap beziehungsweise eines Strategiepapiers vorliegen und sind in der Regel in verschiedenen Vorgaben implementiert (zum Beispiel im Rahmen eines unternehmensweiten Qualitätsmanagements). Als Ergebnis muss sowohl für das Unternehmen als Ganzes als auch für einzelne Projekte geklärt sein, wer die unternehmerische Verantwortung für ein Projekt oder mehrere Projekte (zum Beispiel im Rahmen eines Programms oder eines Portfolios) trägt und wie Projekte sich in die Gesamtstrategie des Unternehmens einbetten. Patzak [152] zählt beispielhaft die folgenden Bestandteile für Unternehmensstrategien auf:

- Wachstumsstrategie
- Innovationsstrategie
- Ertragsstrategie
- Kundenfokussierung
- Kostenführerschaft
- Qualitätsstrategie
- Mitarbeiterorientierung

Für jeden dieser Bestandteile werden unterschiedliche Erfolgsfaktoren stärker betont. Auch unterscheiden sich die Typen der Projekte, die im Rahmen einer solchen Ausrichtung durchgeführt werden. Ein Beispiel stellen strategische Projekte dar, die wirtschaftlich nicht rentabel sind, jedoch zum Beispiel im Rahmen der Kundenfokussierung dazu dienen können, neue Kunden zu gewinnen – was gleichzeitig auch eine Wachstumsstrategie mit adressieren kann.

Aufgaben des Managements Es ist die Aufgabe der Projektorganisation und des Managements auf Basis einer Unternehmensstrategie Grundsätze und Vorgaben zu entwickeln und das Unternehmen darauf auszurichten. Die kritische Frage ist oft das Erreichen einer gewissen Einheitlichkeit der Lösungen, die in den einzelnen Projekten erarbeitet werden, im Hinblick auf Teamorganisation, Softwarearchitektur oder verwendete Plattformen. Dadurch soll der Einarbeitungsaufwand von Mitarbeitern in neue Projekte verringert und die Wiederverwendung bereits vorhandener Lösungen verbessert werden.

Es ist oft üblich, eine unternehmensweite Softwarestrategie zu entwickeln, die einheitliche Methoden und Werkzeuge aber auch langfristige Zielsetzungen im Hinblick auf die Projektfähigkeit berücksichtigt. Hier sind die Verbesserung gewisser Fähigkeiten (zum Beispiel automatisiertes Testen) oder die Steigerung bestimmter Qualitätszahlen und somit die Steigerung der Wettbewerbsfähigkeit die Ziele. Aber auch die langfristige Planung der Software- und Softwareentwicklungsinfrastruktur, einschließlich der Auswahl/Favorisierung von Hardwareplattform(en), von Programmiersprache(n) und der gewünschten Werkzeugunterstützung sind hier zu beachten.

Hinweis
Vorgaben zur Projektorganisation und zum Management auf Unternehmensebene führen in Einzelprojekten in der Regel dazu, dass das Management des Einzelprojekts auf zentrale Hilfestellungen, zum Beispiel in Form eines *Projektbüros* (Project Management Office, PMO) oder eines unternehmensweiten Vorgehensmodells, zurückgreifen kann.

Weiterhin ist es wesentlich, dass das Management nicht nur an Zielen auf der Unternehmensebene arbeitet, sondern auch aufzeigt, welchen Einfluss diese Ziele auf die Projekte haben und wie sich die Ziele in den Projekten erreichen lassen. Oftmals wird beispielsweise das unternehmensweite Qualitätsmanagement mit gemischten Gefühlen betrachtet, da verbreitet die Meinung herrscht, das Qualitätsmanagement würde nur Mehraufwand generieren. Hier ist es die Aufgabe des Managements, die Bedeutung des Qualitätsmanagements darzustellen, ebenso wie den Nutzen für einzelne Projekte, zum Beispiel die Verfügbarkeit von Best Practices für Testverfahren, Unterstützung bei der Erfassung von Kennzahlen und Ähnliches.

Hinweis
Nicht zu unterschätzen ist die Bedeutung einer unternehmensspezifischen *Softwarekultur*. Sie schafft eine Orientierungshilfe für Entscheidungen, macht deutlich, welchen Stellenwert das Unternehmen dem Thema „Software" einräumt und schafft die Möglichkeit zur Identifikation der Mitarbeiter mit dem Unternehmen. Gerade das Etablieren einer Kultur ist eine langfristig zu planende Aufgabe und ein wesentlicher strategischer Erfolgsfaktor.

1.3.2　Bestandteile einer Unternehmensstrategie

Die Aufgaben des Unternehmers sind vielfältig [152]. Für ein Unternehmen, das Software entwickelt beziehungsweise Softwareprojekte durchführt, gilt es insbesondere folgende Aufgaben im Blick zu behalten.

Unternehmenspositionierung und -strategie Die Ausrichtung eines Unternehmens ist eine wichtige Komponente des langfristigen wirtschaftlichen Erfolgs. Es müssen Geschäftsfelder erschlossen und ein Kundenstamm aufgebaut werden. Das zentrale Element hierzu ist der *Businessplan*, der die Geschäftsidee(n), den Investitionsbedarf und die Sicherstellung der Liquidität abschätzt. Zusätzlich muss ein Unternehmen die Wettbewerber im Auge behalten und Alleinstellungsmerkmale definieren. Bei der Unternehmensplanung und der Unternehmensstrategie ist daher die langfristige Planung der folgenden Punkte besonders zu berücksichtigen:

- Unternehmensgeschäftsfelder
- Kunden
- Produkte
- Partner
- Außendarstellung

Diese Aufgaben führen zu einer Entwicklung von Zielvorgaben für das Unternehmen, seine Untergliederungen (Organisationseinheiten) und der Mitarbeiter im Rahmen der Personalentwicklung.

Personal Ein Unternehmen steht und fällt mit der Zahl, Motivation und Qualifikation seiner Mitarbeiter. Elementare Aufgaben auf der Organisationsebene sind somit die

- Personalentwicklung und die
- Personalführung.

In der Personalentwicklung sind längerfristige Perspektiven für den Personalaufbau und die Entwicklungsmöglichkeiten der einzelnen Mitarbeiter, Möglichkeiten und Optionen in der Karriereplanung, Weiterbildung und Personalvorsorge zu entwickeln. Unter den in der Personalentwicklung gesetzten Rahmenbedingungen ist die Motivation und Führung des Personals durch die Führungskräfte zu gewährleisten.

In der Personalführung sind durch die Führungskräfte die Vorgaben des Unternehmens an die Mitarbeiter zu kommunizieren und in individuelle Zielvereinbarungen zu integrieren. Die Personalführung ist eine sehr vielschichtige Aufgabe, da sie neben fachlichen Aspekten eine Vielzahl „weicher" Faktoren beinhaltet.

Wissensmanagement Softwareentwicklung ist eine wissensintensive Tätigkeit. Unternehmen tun gut daran, ihr Wissen zur Softwareentwicklung systematisch zu erfassen und zur Nutzung durch die Mitarbeiter aufzubereiten, gezielt zur Verfügung zu stellen und weiter zu entwickeln. Jedes durchgeführte Projekt, unabhängig von seiner Größe und von seinem Ausgang, erlaubt dem durchführenden Unternehmen einen Wissensgewinn. Dieser Wissensgewinn kann auf unterschiedlichen Gebieten liegen:

- Neues Domänenwissen in einem Geschäftsfeld
- Wissen über nicht-/erfolgreiche Vorgehensweisen (Best Practices)
- Steigerung der Qualifikation des Personals

Im Wissensmanagement (Knowledge Management) geht es für ein Unternehmen daher um die Organisation der zentralen Wissensfelder. Ziele sind die Wissensgewinnung (Kompetenzaufbau) und die Wissenssicherung. Darüber hinaus muss erworbenes Wissen in neuen Projekten zur Wirkung gebracht werden, um zum Beispiel einmal gemachte Fehler nicht zu wiederholen und somit die Produktivität und die Qualität zu steigern. Im Rahmen des Knowledge Managements müssen Unternehmen daher über Methoden verfügen, gewonnenes Wissen aus Projekten zu extrahieren und es anderen/neuen Projekten zur Verfügung zu stellen.

Prozessentwicklung und -verbesserung Üblicherweise wird ein sehr großes Augenmerk auf die Aufbauorganisation eines Unternehmens (vgl. hierzu auch Kap.. 2) gelegt. In projektorientierten Unternehmen verlieren Hierarchien durch die hohe Dynamik von Projekten und die Notwendigkeit der interdisziplinären Zusammenarbeit jedoch an Bedeutung oder werden durch agile Vorgehensweisen wie zum Beispiel Scrum (Abschn. 4.3.1) nahezu abgeschafft. Es ist daher essenziell für Unternehmen, die Prozesse in den Projekten und im Projektumfeld zu definieren und kontinuierlich weiter zu entwickeln. Oftmals geschieht dies im Rahmen eines unternehmensweiten Qualitätsmanagements, in dem durch die Definition, Messung und kontinuierliche Weiterentwicklung bzw. Verbesserung der Prozesse darauf abgezielt wird, die Projektfähigkeit zu stabilisieren und auszubauen. Im Kap. 11 befassen wir uns intensiver mit dieser Thematik und betrachten die verbreiteten Verfahren zur Ermittlung und Steigerung der Prozessreife, zum Beispiel aus dem Umfeld CMMI [113].

1.3.3 Aufgaben des Projektmanagements im Unternehmen

Projektorganisation und Management können nicht isoliert von allgemeinen unternehmerischen Fragen betrachtet werden. Projektmanager und Softwareentwickler müssen über wesentliche unternehmerischen Zusammenhänge Bescheid wissen und ihr Handeln darauf ausrichten. Eine wichtige Randbedingung für das Management und die Projektteams ist, dass üblicherweise nicht nur ein einziges Projekt im Unternehmen durchgeführt wird. Gerade in projektorientierten Unternehmen wird oft eine Vielzahl von Projekten parallel durchgeführt. Sehr häufig finden sich in einem solchen Umfeld die Begriffe *Portfolio* und *Programm*, die wir in Anlehnung an Patzak und Rattay [152] wie folgt definieren.

▸ **Definition 1.8 (Projektportfolio)** Ein Projektportfolio ist eine Menge von Projekten, die übergreifend koordiniert werden. Ziel ist die optimierte Nutzung von Ressourcen durch ein übergreifendes Management.

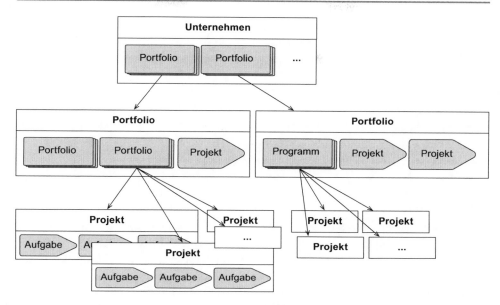

Abb. 1.7 Positionierung von Projekten, Portfolios und Programmen

Typische Beispiele für Projektportfolios sind alle Systementwicklungsprojekte, alle Forschungsprojekte oder alle Beratungsprojekte eines Unternehmens. Im Projektportfoliomanagement werden alle Aufgaben gebündelt, die der Erkennung von Abhängigkeiten zwischen den Einzelprojekten dienen, sowie den Ressourcen- und Wissenstransfer (Synergieeffekte) zwischen den Einzelprojekten eines Portfolios unterstützen.

▸ **Definition 1.9 (Programm)** Ein Programm umfasst eine Menge von inhaltlich zusammengehörenden Projekten (und gegebenenfalls zugehöriger Einzelaufgaben), die dem Erreichen strategischer Unternehmensziele dienen und deren Durchführung für sich allein genommen wenig wirtschaftlich oder nicht projektwürdig sind.

Typische Beispiele für Programme sind häufig in den öffentlichen Förderprogrammen für Forschungs- und Verbundprojekte zu finden oder adressieren strategische wirtschaftliche Themen, wie zum Beispiel die 2011 ausgerufene Energiewende und die damit einhergehenden, in Programmen gebündelten Einzelprojekte. Die Aufgabe des Programmmanagements ist die Organisation aller Aufgaben zu den Projekte im Kontext der strategischen Unternehmensziele.

Aus Sicht des Unternehmens ergibt sich damit eine Art Hierarchie (Abb. 1.7), in die Projekte eingeordnet sind. Die Projektorganisation und das Management haben in solchen Strukturen Aufgaben, die über die reine, operative Leitung und Durchführung eines einzelnen Projekts hinaus gehen. Diese Aufgaben lassen sich in die folgenden Verantwortungskategorien einordnen:

- Unternehmerische Verantwortung
- Durchführungsverantwortung (Planung, Steuerung)
- Fachliche, methodische und technische Verantwortung für die Realisierung

Im Bereich der unternehmerischen Verantwortung leisten die Projektorganisation und das Management Beiträge für die Vermarktung von Projekten und deren Ergebnisse. Konkrete Aufgaben sind zum Beispiel die Marktbeobachtung, die Projektakquise oder die Kreation von Produkt- bzw. Projektideen. Weiterhin finden sich in diesem Verantwortungsbereich auch Aufgaben zu rechtlichen Aspekten, wie zum Beispiel dem Vertragswesen oder die Regelungen zu Markenrechten oder Patenten.

Im Verantwortungsbereich der Durchführung finden sich insbesondere die organisatorischen Aufgaben wieder. Hinzu gehören beispielsweise die Organisation und Koordination von Entwicklungsprozessen, Prozesse zur Entscheidungsfindung und -durchsetzung, Ressourcen- und Aufgabenmanagement, sowie die operative Durchführung von Projekten, unter Einfluss der Überwachung und Steuerung von Projekten im Hinblick auf die Projektziele, Kosten und Qualität.

Im letzten Verantwortungsbereich steht das jeweilige Produkt im Fokus. Hier ist es die Aufgabe der Projektorganisation und des Managements, die Entwicklung mit den strategischen Vorgaben und der Kultur des Unternehmens in Einklang zu bringen. Insbesondere die Systemgestaltung ist hiervon betroffen, da nach der Analyse des Bedarfs und seiner Ursachen Lösungen zu entwickeln und umzusetzen sind. Im Umfeld eines Unternehmens kommt dieser Aufgabe eine besondere Bedeutung zu, da hier üblicherweise ein hohes Synergiepotenzial vorhanden ist, welches sich zum Beispiel durch standardisierte Lösungsbausteine oder den Personal- oder Wissenstransfer nutzen lässt.

Unternehmens- und Projektorganisation

2

Zusammenfassung

Projekte werden in und durch Unternehmen durchgeführt. Die Art, wie Unternehmen selbst strukturiert sind, hat hierbei direkte Auswirkungen darauf, wie Projekte organisiert und bearbeitet werden. Ein grundlegendes Verständnis von Organisationsformen von Unternehmen ist somit essentiell. Organisationsformen treten auf, wenn Teams zusammengestellt oder Rollen eines gegebenen Vorgehensmodells besetzt werden. In diesem Kapitel werden zunächst die grundlegenden Organisationsformen in Unternehmen und Projekten behandelt. Projektrollen und Aufgaben in Projekten bilden den Grundstock zur Ableitung konkreter Projekt- und Teamstrukturen.

2.1 Einleitung

Die Organisation von Unternehmen aber auch von Projekten umfasst die Aufbau- und die Ablauforganisation.

▸ **Definition 2.1 (Aufbauorganisation)** Die Aufbauorganisation befasst sich hauptsächlich mit der Strukturierung eines Unternehmens oder eines Projekts in organisatorische Einheiten wie Personalstellen, Teams und Abteilungen. Darunter verstehen wir die Gliederung der Organisationseinheit insbesondere der Mitarbeiter in Teams und Abteilungen und die Regelung der Verantwortlichkeiten ("Rollen") für die Aufgaben.

▸ **Definition 2.2 (Ablauforganisation)** Der Begriff Ablauforganisation bezeichnet in der Organisationstheorie die Ermittlung und Definition von Arbeitsprozessen unter Berücksichtigung von Raum, Zeit, Sachmitteln und Personen. Darunter verstehen wir die Gliederung der Tätigkeiten und Abläufe der Organisationseinheit in *Prozesse* zur Erfüllung ihrer Aufgaben.

M. Broy, M. Kuhrmann, *Projektorganisation und Management im Software Engineering*,   31
Xpert.press, DOI 10.1007/978-3-642-29290-3_2, © Springer-Verlag Berlin Heidelberg 2013

▶ **Definition 2.3 (Prozess)** Ein Prozess ist nach Hindel et al. [90] ein Folge von Aktivitäten mit eventuell parallelen und alternativen Aktivitäten, die Eingangsdaten in Ausgabedaten transformieren. Die einzelnen Aktivitäten werden gegebenenfalls hierarchisch weiter zerlegt.

Die Aufbauorganisation beschreibt die Gliederung eines Unternehmens in Geschäftsbereiche, Abteilungen und weiter in Gruppen und Teams. Diese Gliederung verstehen wir hinsichtlich der Aufgaben und Zuständigkeiten, sowie der Zuordnung der Mitarbeiter zu Verantwortungs- und Zuständigkeitsbereichen und zu Führungspersonen. In der Organisationstheorie werden diese Aspekte in der sogenannten *Leitungsorganisation* zusammengefasst (Schulte-Zurhausen [169]):

▶ **Definition 2.4 (Leitungsorganisation)** Die Leitungsorganisation umfasst die Struktur aller Leitungsbeziehungen in einem Unternehmen.

Die Leitungsorganisation zielt auf „den Bereich der Willensbildung und -durchsetzung" [169]. Eine Grundsatzfrage bei der Organisation ist die Trennung oder Vereinigung von Personalverantwortung und fachlicher Verantwortung. In der Strukturierung von Unternehmen und Teams (Arbeitsgruppen) kommt es daher in der Praxis zur Variantenbildung im Stellengefüge (Konfigurationen). Dennoch lassen sich aus Sicht der Leitungsorganisation zwei grundsätzliche Arten festlegen:

- Die *Primärorganisation* stellt die hierarchische Grundstruktur der Leitungsbeziehungen dar. Sie beinhaltet alle dauerhaften Organisationseinheiten, die durch eine hierarchische Beziehung miteinander verbunden sind.
- Die *Sekundärorganisation* beschreibt die hierarchieübergreifenden und hierarchieergänzenden Arbeitsgruppen, zum Beispiel Projektteams oder Abteilungen für Querschnittsaufgaben. Sie werden in der Regel temporär eingerichtet.

Zur einfachen Darstellung der Aufbauorganisation hat sich das *Organigramm* (Organisationsdiagramm, auch Organisationsstrukturplan [82], vgl. Abb. 2.1) bewährt.

Aufbauorganisation und Ablauforganisation stehen in einem Abhängigkeitsverhältnis und strukturieren die Aufgabenfelder eines Unternehmens oder eines Projekts nach unterschiedlichen Gesichtspunkten. Während es bei der Aufbauorganisation um die *Schaffung von organisatorischen Potenzialen* geht, beschäftigt sich die Ablauforganisation mit dem *Prozess der Nutzung* dieser Potenziale. Beide Aspekte müssen sorgfältig aufeinander abgestimmt sein, um reibungslose Abläufe im Unternehmen zu sichern. Zentrale Ziele einer Organisationsform sind eine klare Kompetenzregelung, ein flexibles Ressourcenmanagement und transparente Unternehmensstrukturen [169, 152, 40]. Es hat sich gezeigt, dass die „traditionellen" Organisationsformen der Unternehmen für die Bewältigung von Projektaufgaben gerade in der Softwareentwicklung meist nicht ideal und ausreichend sind.

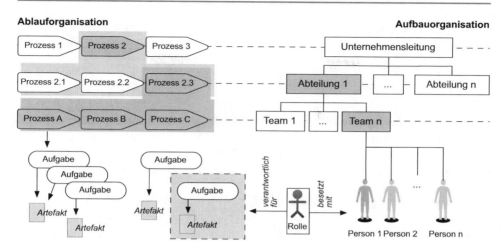

Abb. 2.1   Schematische Darstellung von Aufbau- und Ablauforganisation, Aufgaben, Rollen und deren Beziehungen

> **Hinweis**
>
> Fragen der Aufbauorganisation in Unternehmen und Projekten weisen viele Gemeinsamkeiten aber auch wesentliche Unterschiede auf. Der vielleicht wichtigste Unterschied liegt in dem Umstand, dass Projekte im Gegensatz zu Unternehmen von begrenzter zeitlicher Dauer sind. Somit ist die Zuordnung von Personen zu Aufgaben im Projekt durch die Projektdauer beschränkt, während im Unternehmen Personen in der Regel unbefristet tätig sind. Die Organisation im Projekt schöpft in der Regel Mitarbeiter aus dem Personal der Unternehmen, die das Projekt durchführen. Somit ergibt sich eine Verzahnung zwischen der Aufbauorganisation der beteiligten Unternehmen und der Aufbauorganisation des Projekts.

Die einzelnen Organisationsaspekte spiegeln sich in Projekten praktisch durch die Art und Weise wider, wie Prozesse, Artefakte oder die Systemstruktur einer Software strukturiert sind. So können sich beispielsweise die Strukturen von Projektteams und Teilsystemen denen der Software gleichen.

Projektteams, Rollen und Aufgaben   Projektergebnisse werden von den Menschen im Projektteam erarbeitet. Jede der im Projekt tätigen Personen nimmt in der Regel eine oder mehrere *Rollen* ein, die für definierte *Aufgaben* zuständig ist (siehe auch Abb. 2.1).

▶ **Definition 2.5 (Aufgabe)**   Eine Aufgabe ist eine im Rahmen eines Projektes zu erzielende Leistung mit festgelegten Ergebnissen (in der Regel Artefakte, die an den Auftraggeber geliefert werden).

▶ **Definition 2.6 (Rolle)**   Der Begriff Rolle bezeichnet eine bestimmte Funktion, die eine Person oder Organisationseinheit wahrnimmt. Eine Rolle definiert ein Aufgaben- und ein Fähigkeitsprofil. Rollen werden von Einzelpersonen, Teams oder Organisationseinheiten ausgeübt. Eine Rolle bezeichnet die Menge aller Fähigkeiten, Kenntnisse und Verhaltensweisen, die eine Person benötigt, um eine bestimmte Aufgabe wahrzunehmen.

Rollen sind in Vorgehensmodellen (vgl. Kap. 4) jeweils in Form einer Beschreibung ihrer Zuständigkeiten und Befugnisse und eines Fähigkeitsprofils spezifiziert. In Abhängigkeit vom eingesetzten Vorgehensmodell können sich Menge und Beschreibungsumfang von Rollen signifikant unterscheiden. Darüber hinaus finden sich in der Regel Hinweise zur Besetzung der Rolle im Projekt (Rechte und Pflichten) und mit welchen anderen Rollen (Interessens-)Konflikte bestehen können.

▶ **Definition 2.7 (Aufgaben-Rollen-Zuordnung)**   Die Rollenzuordnung bezeichnet die Zuordnung der Aufgabe zu unter Umständen mehreren Rollen, die von einer oder mehreren Personen wahrgenommen werden. Wenn wir also von Aufgaben sprechen, meinen wir die Artefakte (als Ergebnisse einer Aufgabe) losgelöst vom Bearbeiter. Rollen werden durch Mitarbeiter besetzt. Durch diese Rollenzuordnung wird der Bezug zwischen der Aufgabe und dem Bearbeiter hergestellt.

Ein nützliches Instrument zur Darstellung der Zuordnung von Rollen zu Aufgaben ist die sogenannte *RACI-Matrix* [158], die darstellt, welche Rollen welche Verantwortungen haben. Die Abkürzung RACI setzt sich hierbei wie folgt zusammen:

Responsible: Eine Rolle (eine Person) ist verantwortlich für die Durchführung einer Aktivität oder für die Fertigstellung eines Artefakts, etwa die Erstellung eines Systementwurfs oder die Durchführung der Projektplanung. Die Durchführungsverantwortung kann hierbei sowohl fachlicher als auch disziplinarischer Natur sein.

Accountable: Eine Rolle (eine Person) ist verantwortlich im Sinne von *rechenschaftspflichtig* für getroffene Entscheidungen, etwa für die Freigabe eines Projekts. Die Verantwortlichkeit wird hierbei in der Regel über die kaufmännische Verantwortung (Kostenverantwortung) definiert.

Consulted: Eine Rolle (eine Person), die konsultiert wird, um fachlichen Rat für die Bearbeitung einer Aufgabe zu geben (auch als Fachverantwortung bezeichnet).

Informed: Eine Rolle (eine Person), die über Aktivitäten oder über Zwischenergebnisse/Ergebnisse informiert werden muss. Dies wird auch als Informationsrecht bezeichnet, welches beispielsweise unterschiedliche Stakeholder haben.

2.2 Organisationsformen für Unternehmen

In der Projektorganisation unterscheiden wir grundsätzlich zwischen *Projektverantwortung* und *Personalverantwortung* für die Mitarbeiter in einem Unternehmen oder einem Projekt.

Personalverantwortung Der Bereich Personalverantwortung umfasst die Betreuung, Förderung und Verwaltung der Mitarbeiter. Dazu gehören folgende Aufgaben:

- Personaleinstellung und Vertragsgestaltung
- Projektzuordnung und Einsatzplanung
- Karriereplanung und Entlohnungssysteme
- Infrastruktur: Räume, Arbeitsplatz und Arbeitsmittel
- Aus- und Weiterbildung

Projektverantwortung Der projektbezogene Verantwortungsbereich umfasst alle projektspezifischen Themen. Darunter fallen die folgenden Aufgaben:

- Festlegung des Projektinhalts und der Projektziele und Setzen von Prioritäten
- Aufstellung von Arbeits- und Terminplänen
- Bereitstellung von Ressourcen (Personal, Material, Arbeitsmittel)
- Zuordnung von Aufgaben auf Projektmitarbeiter
- Projektbudget, Aufwandskontrolle, Abrechnung
- Projektfortschrittskontrolle
- Vertretung des Projekts nach außen

Hinzu kommen auch übergreifende Aufgaben, wie etwa die Einwerbung von Projekten. Aufgabenfelder wie die Arbeitsinfrastruktur sind dabei nicht immer klar getrennt, da auch Projekte eine (eigene) Infrastruktur benötigen. Die Organisation der Projekt- und der Personalverantwortung kann unabhängig (von verschiedenen Personen ausgeübt) oder in *Personalunion* umgesetzt sein. In Projekten kommt es mitunter zu Interessen- und Zielkonflikten, wenn die Projekt- und die Personalverantwortung nicht in derselben Hand liegen.

2.2.1 Linienorganisation

In der Linienorganisation werden die Projekt- und die Personalverantwortung divisional oder funktional strukturiert. Dies kann zum Beispiel anhand der technischen Zerlegung in Aufgaben sowie Systeme, Teilsysteme, Produkte, Versionen und Komponenten eines Produktes erfolgen. Die Organisationsstruktur orientiert sich an der Architektur und gleicht dann weitgehend der Komponentenhierarchie und umgekehrt. Dies schafft klare einfache Organisationsstrukturen, hat aber den Nachteil geringer Flexibilität der Zuordnung von

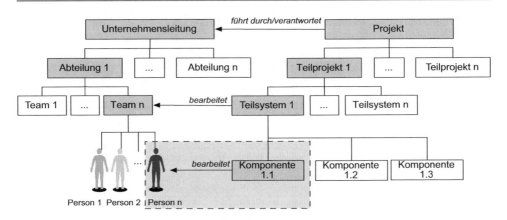

Abb. 2.2 Zuordnung zwischen Architekturelementen eines Systems und Organisationseinheiten

Entwicklungskapazität und Inflexibilität bei der Architekturgestaltung (vgl. Tab. 2.1). Übergreifende Aufgabenbereiche werden zudem leicht vernachlässigt. Die Abb. 2.2 zeigt dies am Beispiel einer Komponentenzerlegung und der Zuordnung zu Positionen in der Linie.

Bei größeren Arbeitsgruppen ist die zusätzliche Einrichtung einer Gruppe für Querschnittsaufgaben wie zum Beispiel die allgemeine Qualitätssicherung sinnvoll. Die Aufgaben einer solchen Arbeitsgruppe umfassen beispielsweise:

- Integration und Test
- Messung und Leistungsbewertung
- Qualitätskontrolle etwa durch Inspektionen und Reviews
- Änderungskontrolle und Fehlermanagement

Eine weitere Arbeitsgruppe kann mit der Erstellung der Dokumentation (Erstellung von Benutzerhandbüchern, Lernmedien, Medien für das Produktmarketing) beauftragt werden.

Hinweis
Zu den Querschnittsaufgaben gehört auch die Sicherung statistischer und empirischer Daten, deren Analyse und die Festlegung sich daraus ergebender Konsequenzen für zukünftige Projekte.

Allgemein und losgelöst von technischen Fragestellungen findet sich die Linienorganisation oft als Grundmuster in vielen Organisationen als Primärorganisation wieder[1]. Ab-

---

[1] In Schulte-Zurhausen [169] als *Einliniensystem* beschrieben: Jede untergeordnete Stelle erhält nur von einer übergeordneten Stelle Anweisungen.

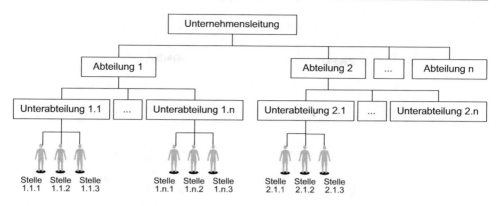

Abb. 2.3 Allgemeines Schema einer Linienorganisation

Tab. 2.1 Vorteile und Nachteile der Linienorganisation (Auswahl)

Vorteile
Klare Verantwortlichkeiten
„Kommandokette"
Spezialisierung der Organisationseinheiten

Nachteile
Hohe Anforderungen an die Disziplin
Lange Kommunikationspfade
Größe des Verantwortungsbereichs zu groß/zu klein
Inflexibilität hinsichtlich der abteilungsübergreifenden Zusammenarbeit

bildung 2.3 zeigt eine allgemeine Darstellung einer Linienorganisation als Organigramm. Die einzelnen Abteilungen sind hierbei in der Regel mit spezifischen Aufgaben betraut, wobei es auch Querschnittsabteilungen gibt.

Linienorganisationen sind vor allem in Behörden und großen Unternehmen anzutreffen, wobei es zum Beispiel in Behörden neben Abteilungen auch noch sogenannte Referate gibt, die als Arbeitsgruppen die verschiedenen Aufgaben übernehmen. Linienorganisationen sind auch für Unternehmen mit hoher Stabilität bei den Aufgaben geeignet.

Stab-Linienorganisation In der Stab-Linienorganisation (von Patzak und Rattay [152] auch als Einfluss-Projektorganisation bezeichnet; Abb. 2.4) wird wie in der Linienorganisation die Verantwortung direkt anhand der technischen Zerlegung in Komponenten organisiert.

Zusätzlich wird jedoch eine *Stabsstelle* geschaffen, die allgemeine Koordination und Überwachungsaufgaben wahrnimmt. Dadurch werden klassische Nachteile der reinen Linienorganisation wie Überlastung und zu wenig unmittelbare Einwirkungsmöglichkeiten

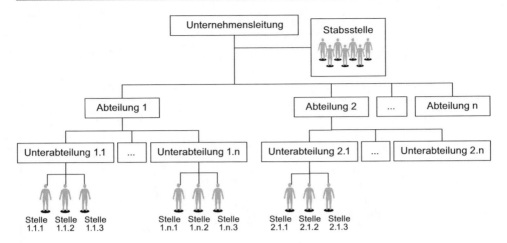

Abb. 2.4   Allgemeines Schema einer Stab-Linienorganisation

der Unternehmensleitung vermieden. Allerdings wird durch die Einrichtung einer Stabsstelle noch keine zusätzliche Flexibilität der Kapazitätszuordnung erreicht. Deshalb wird
im Zusammenhang mit der Stabsstelle auch von einem „Wasserkopf" gesprochen, der Arbeiten innerhalb der Linie verlangsamt oder sogar behindern kann.

2.2.2   Matrixorganisation

In der Matrixorganisation ist Projektverantwortung von der Personalverantwortung getrennt. Damit hat jeder Mitarbeiter zwei Vorgesetzte, den Personalvorgesetzten (auch disziplinarischer Vorgesetzter) und seinen jeweiligen (fachlichen) Projektleiter.

Um generelle Personalengpässe oder Überkapazitäten zu vermeiden, ist bei der Matrixorganisation eine projektübergreifende Personalplanung erforderlich. Zentrales Element
der Matrixorganisation (Abb. 2.5) ist die Regelung der Koordination zwischen Personal-
und Projektverantwortung. Eine wichtige Frage ist die Aufteilung der unternehmensweiten Verantwortung hinsichtlich des Personals und der Projekte. So kann man beide Seiten
als „Profit Center" führen, mit eigenen Budgets, Ertragsvorgaben und klar geregelten Abrechnungsmodalitäten. Die Stelle für die Personalverantwortung kann man jedoch auch
als „Cost Center" führen, das keine Ertragsvorgaben hat.

Die Erfahrung zeigt, dass eine Matrixorganisation auf „natürliche Weise" in einer Linienorganisation entstehen kann. Projekte, die aus einzelnen Linien „ausbrechen", bilden
eine Matrix auf kooperativer Ebene. Der große Nachteil einer solchen gewachsenen Matrixstruktur besteht darin, dass die Sichtbarkeit der Organisationsstruktur nur gering ist
und die Mitarbeiter im Zweifelsfall für das Projekt nicht zugreifbar sind, wenn sie mit Li

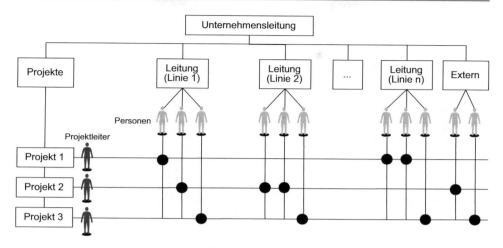

Abb. 2.5 Allgemeines Schema einer Matrixorganisation

Tab. 2.2 Vorteile und Nachteile der Matrixorganisation (Auswahl)

Vorteile
Straffe Projektführung möglich
Flexible Kapazitätszuordnung
Aufgabenteilung in Führungshierarchie
Starke Konzentration auf die Kernaufgaben

Nachteile
Viele Führungskräfte
Hoher Koordinationsaufwand
Risiko eines unkontrollierten Projektegoismus
Interessen- und Zielkonflikte zwischen der Projektorganisation und der Linienorganisation
Konflikte der Mitarbeiterzuordnung zwischen parallel laufenden Projekten
Reibungsverluste durch Koordination der Projekt- und Personalverantwortung

nienaufgaben betraut werden. Kritisch wird das, wenn zum Beispiel eine Abteilung ihr Geschäftsergebnis auf Kosten der Projekte zu optimieren versucht.

Bei Firmen mit zahlreichen Projekten ist die Matrixorganisation zweifellos empfehlenswert, da sie einen guten Kompromiss zwischen Flexibilität und effizienter Projektorganisation darstellt. Auch die noch flexiblere nachfolgend dargestellte Multiprojektorganisation empfiehlt sich für solche Konstellationen.

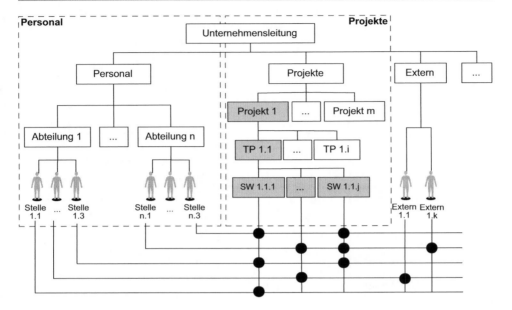

Abb. 2.6   Schema einer Multiprojektorganisation

2.2.3   Multiprojektorganisation

Die Flexibilität beim Ressourceneinsatz in der Matrixorganisation lässt sich noch dadurch erhöhen, dass Spezialisten nicht nur in einem sondern gleichzeitig in mehreren Projekten eingesetzt werden. Damit ist ein Mitarbeiter zur gleichen Zeit in mehreren Projekten jeweils nur zu einem Teil seiner Arbeitszeit tätig und hat neben dem Personalvorgesetzten mehrere Projektleiter als fachliche Vorgesetzte. Zu den Vor- und Nachteilen der Matrixorganisation (vgl. Tab. 2.2) kommen bei der Multiprojektorganisation (Abb. 2.6) noch die in Tab. 2.3 aufgeführten hinzu.

2.2.4   Wahl einer Organisationsform

Da Organisationsstrukturen in Unternehmen üblicherweise über die Jahre gewachsen sind, ist die freie Wahl einer Organisationsstruktur für Projekte in der Regel nur bedingt möglich. Die Wahl der Organisation eines Unternehmens oder einer Abteilung hängt letztlich stark von der entsprechenden Projektcharakteristik ab. Sind die Aufgaben und Projekte sehr statisch, über lange Zeiträume gleichartig mit nur wenig schwankendem Aufwand über die Zeit, so kann die Linienorganisation durchaus angebracht sein. Für softwareintensive Unternehmen („Projekthäuser") ist dies jedoch eher untypisch. In jedem Fall müssen

Tab. 2.3 Vorteile und Nachteile der Multiprojektorganisation (Auswahl)

Vorteile
Flexible kurzzeitige und partielle Kapazitätszuordnung
Optimale Versorgung der Projekte mit Expertise
Schneller Erfahrungstransfer zwischen ähnlichen gleichzeitig durchgeführten Projekten
Starke Konzentration auf die jeweiligen Kernaufgaben
Nachteile
Erhöhte Ressourcenkonkurrenz zwischen Projekten
Hoher Koordinationsaufwand
Komplexe Vorgesetztenstruktur
Planabweichungen in Projekten schlagen auf andere Projekte durch
Notwendigkeit einer eigenen „Organisationssäule"

bei der Auswahl einer geeigneten Organisationsform mindestens die folgenden Fragen ausreichend beantwortet werden:

- Wer entscheidet (zum Beispiel über das Budget, über Personaleinsatz)?
- Wer ordnet konkrete Maßnahmen an (zum Beispiel bei einer Eskalation)?
- Wie wird Transparenz hinsichtlich der Führungs- und Entscheidungsstrukturen hergestellt?

Kritisch ist stets auch die Regelung der unternehmensweiten Verantwortung. Daher ist es nicht selten, dass sich die Organisationsstrukturen von Unternehmen und Projekten unterscheiden und sogar im Konflikt zueinander stehen. Aufgrund der einfacheren Verwaltbarkeit wird auf der Unternehmensebene oft die Linienorganisation bevorzugt, während auf der Ebene der Projekte eher die flexibleren Strukturen zu finden sind. Ein Extrembeispiel stellen hierbei Projekte dar, die Scrum (Abschn. 4.3.1) mit seiner Philosophie des selbstorganisierenden und gleichberechtigten Teams einsetzen. Ein Scrum-Team steht prinzipiell außerhalb der Linie. Teammitglieder „verschwinden" in der Black-Box des Projektteams und werden damit dem Zuständigkeitsbereich der Führungskräfte entzogen, weshalb zum Beispiel disziplinarische Vorgesetzte einzelner Teammitglieder sogar als Störfaktoren für ein Projekt auftreten können.

Eine weitere Folge, die sich aus der Organisationsstruktur ergibt ist die Einbindung der unterschiedlichen Stakeholder in ein Projekt. Projekte umfassen in der Regel viele Personen und Personengruppen, etwa Kunden oder Partner. Diese sind den Erfordernissen eines Projekts entsprechend einzubinden (Stichwort: Kundenmanagement, Partnermanagement). Entsprechend der Organisationsstruktur erfolgt diese Einbindung direkt oder über Stellvertreter. Neben dem Aufbau eines Projektteams (Abschn. 2.4.2) muss das Management also auch dafür Sorge tragen, dass beispielsweise Kunden regelmäßig über den Projektfortschritt informiert werden, etwa im Rahmen des Reportings (Abschn. 7.3.4).

2.3   Rollen

In Vorgehensmodellen (Kap. 4) werden neben der Ablauforganisation auch Elemente der Aufbauorganisation in Form von Rollenmodellen integriert. Im Folgenden behandeln wir die Aufbauorganisation innerhalb eines Projekts.

2.3.1   Rollenmodelle

Die Gesamtheit aller Rollen in Organisationen und Projekten (vgl. Abb. 2.7) wird in der Terminologie der Vorgehensmodelle als *Rollenmodell* bezeichnet. Dieses Rollenmodell umfasst hierbei nicht nur die Rollen des Projektteams (zum Beispiel Projektleiter, Entwickler, etc.) sondern auch organisatorische Rollen (etwa Qualitätsmanager, Datenschutzbeauftragte oder auch den Personalrat). Somit fasst ein Rollenmodell alle an Projekten beteiligten Stakeholder zusammen und stellt insbesondere das Projekt selbst, aber auch die Schnittstellen des Projekts zu weiteren Organisationseinheiten dar.

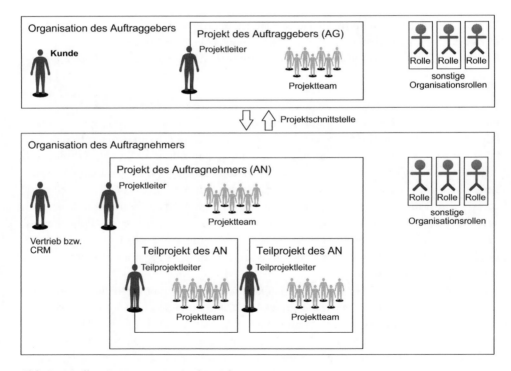

Abb. 2.7   Rollen in Organisation und Projekt

2.3.1.1   Grundsätzliche Rollen

Rollen sind wesentliche Elemente der Unternehmens- und Projektorganisation. Zunächst betrachten wir *grundsätzliche* Rollen, die in nahezu jeder Projektkonstellation auftreten, bzw. mit sehr hoher Wahrscheinlichkeit zu finden sind:

- Auftraggeber – in der Regel auch Kunde, Entscheider und Geldgeber
- Auftragnehmer – für die inhaltliche Projektdurchführung verantwortlich

Diese grundsätzlichen Rollen legen den organisatorischen Rahmen für ein Projekt fest und spannen einen Raum auf, in dem die jeweilige konkrete Unternehmens- und Projektorganisation agieren kann. In Abb. 2.7 wird dies durch die Organisationen von Auftraggeber und Auftragnehmer gezeigt. Innerhalb dieser organisatorischen Rahmen können Unterstrukturen, zum Beispiel für Projekte, aufgebaut werden.

Die Existenz solcher grundsätzlichen Rollen und der mit ihnen verbundenen Organisationsstrukturen führt dazu, dass jedes an einem Projekt beteiligte Unternehmen eine eigene Organisationsstruktur im Hinblick auf die Rollenmodelle hat. Dies bedeutet, dass in beauftragten Projekten zwei Projektleiter existieren; einmal auf der Seite des Auftraggebers (hier in der Funktion des Kunden bzw. des Anwendervertreters) und einmal auf der Seite des Auftragnehmers als Leiter des Entwicklungsteams. In der Regel unterscheiden sich diese Rollenmodelle hinsichtlich der Terminologie, nicht jedoch hinsichtlich der Aufgaben, die mit den Rollen verbunden sind.

Hinweis

Im V-Modell XT (Abschn. 4.3.3) werden die mit diesen beiden grundsätzlichen Rollen verbundenen Projekte jeweils durch einen eigenen *Projekttyp* beschrieben. Jeder Projekttyp beinhaltet selbst wieder feiner gegliederte Projektstrukturen und bedient sich darüber hinaus aus einem gemeinsamen Pool von Rollen.

2.3.1.2   Grundsätzliche Aufgaben

Weiterhin gibt es in Projekten Rollen für die operativen Aufgaben der Projektorganisation und des Managements. Solche umfassen die folgenden Aufgabenbereiche:

- Projektmanagement (einschließlich Projektleitung)
- Qualitätsmanagement
- Konfigurations- und Änderungsmanagement

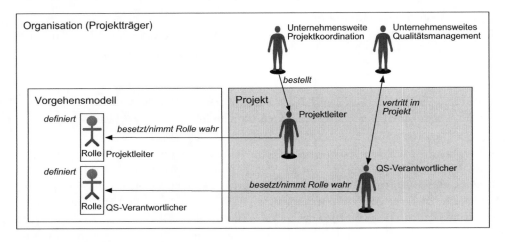

Abb. 2.8 Beziehung von Organisations- und Projektteamrollen

In Projekten, die als Projektgegenstand die System- bzw. Softwareentwicklung haben, gibt es darüber hinaus auch immer Rollen für

- Anforderungen
- Systemspezifikation und Entwurf (Architektur)
- Implementierung/Programmierung
- Testen und Integration

Jedes Vorgehensmodell, das zur Organisation und Strukturierung von Projekten verwendet wird, bietet für diese Aufgaben entsprechend ausdifferenzierte Rollen an. Das V-Modell XT überträgt die Aufgaben der Projektleitung beispielsweise der Rolle *Projektleiter* oder die Aufgaben der Implementierung/Programmierung der Rolle *Entwickler*.

2.3.1.3 Organisations- und Projektteamrollen

Projekte haben *immer* Schnittstellen zur umgebenden Organisationsstruktur. In Abb. 2.8 sind die beiden V-Modell-Rollen *QS-Verantwortlicher* und *Projektleiter* beispielhaft dargestellt. Gleichzeitig wird auch skizziert, in welcher Beziehung diese Projektteamrollen zur Organisation stehen. Der Projektleiter wird üblicherweise durch eine organisationsweite bzw. zentrale Projektkoordination bestellt. Hiermit wird die Verantwortlichkeit für das Projekt festgelegt. Weiterhin werden die Kommunikations-, Berichts- und Entscheidungspfade festgelegt. Der QS-Verantwortliche hingegen hat die Aufgabe, das Qualitätsmanagement im Projekt zu vertreten und dazu die entsprechenden Vorgaben zu übernehmen, anzupassen und zu organisieren. In Projekten gibt es viele solcher Schnittstellen, insbesondere zum Kunden und zum Betrieb. Im weiteren Verlauf dieses Abschnitts werden wir solche Schnittstellen aufgreifen und beschreiben.

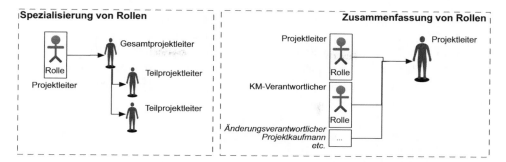

Abb. 2.9 Spezialisierung und Zusammenfassen von Rollen am Beispiel des Projektleiters

2.3.1.4 Gliederung von Rollen

Rollen und die damit verbundenen Aufgabenbereiche können hierarchisch gegliedert sein. So kann die Rolle des Auftragnehmers in „Unterrollen" unterteilt sein, die sich aus der jeweiligen Unternehmens- und Projektorganisation ergeben (Qualitätsmanagement des Auftragnehmers oder Projektleiter des Auftragnehmers). Jede Rolle verfügt über ein Aufgaben- und ein Fähigkeitsprofil. Grundsätzlich kann aus jeder Einzelaufgabe eine eigenständige Unterrolle gebildet werden, was in sehr großen Projekten mit hohen Anforderungen an Spezialisierung nicht ungewöhnlich ist. Beispiele für solche Spezialisierungen (Abb. 2.9) können in den Aufgaben der Architektur gefunden werden (Architekt für: Benutzerschnittstelle, Datenmodell, usw.). Aber auch eine Aufteilung von Rollen im Hinblick auf Arbeitsteilung ist möglich. Beispielsweise ist es üblich einen *Gesamt*projektleiter zu benennen, der verschiedene Aufgaben an *Teil*projektleiter delegiert.

Gerade in kleinen Projekten ist auch der umgekehrte Weg möglich, also das Zusammenfassen verschiedener Rollen und der mit ihnen assoziierten Aufgaben in einer Rolle. Mit Bezug auf die Rollenbesetzung spricht man hier auch von „Personalunion".

> **Hinweis**
> Zu beachten ist auch, dass es einen „Rollenwechsel" geben kann: Ein Auftragnehmer nimmt dann beispielsweise gegenüber seinen eigenen Unterauftragnehmern die Auftraggeberrolle ein.

2.3.2 Aufgaben und Rollen in Projekten

Grundsätzlich ist bei der Rollenbesetzung die Art des Projekts zu berücksichtigen. Rollenprofile können sich bei demselben Namen für große und kleine Projekte deutlich unterscheiden, zum Beispiel hinsichtlich der Kompetenzen oder des Aufgabenbereichs (vgl.

Abb. 2.9). Üblicherweise findet sich in großen Projekten eine höhere Zahl von Rollen, weil die Aufgaben detaillierter aufgeschlüsselt sind, während zum Beispiel in kleinen Projekten oftmals nur vom „Team" die Rede ist. Diese Rollenmodelle spiegeln sich auch in den Vorgehensmodellen für die Softwareentwicklung wider. Reichhaltige Modelle wie zum Beispiel der Rational Unified Process oder das V-Modell XT verfügen mitunter über mehr als 30 Rollen, während zum Beispiel Scrum mit 3 Rollen auskommt.

Hinweis

Die Beschreibungen der Rollen in den folgenden Abschnitten orientieren sich am V-Modell XT [79]. Die Rollen des V-Modell XT sind prinzipiell organisationsstrukturunabhängig, sodass eine Besetzung in Teams sowie die Zuordnung von Positionen in der betreffenden Organisation bzw. im Projekt jeweils spezifisch erfolgen muss. Jede Rolle im V-Modell XT ist entweder für Produkte verantwortlich oder wirkt an der Erstellung von Produkten mit. Die Verantwortlichkeiten sind eindeutig, sodass es kein Produkt im V-Modell XT gibt, für das die Verantwortung nicht klar geregelt ist. Gleichzeitig ist es jederzeit möglich, dass einem Projektmitglied mehrere Rollen zugewiesen werden können (Personalunion) oder dass eine Rolle von mehreren Mitarbeitern besetzt wird (zum Beispiel mehrere Prüfer für die Qualitätssicherung).

Im Folgenden wird nur auf ausgewählte, besonders zentrale Rollen eingegangen. Wichtige Rollen, die im Weiteren nicht explizit angesprochen werden, sind etwa der Projektkaufmann, der Produktmanager oder der Systemarchitekt.

2.3.2.1 Der Projektleiter

Der Projektleiter wird vom Management ernannt und bevollmächtigt. Er ist verantwortlich für das Erreichen der Projekt- und Vertragsziele im Rahmen der Vorgaben hinsichtlich Zeit, Kosten, Ressourcen und Qualität, über die er Rechenschaft ablegen muss. Er ist befugt, die Interessen des Auftraggebers oder aber des Auftragnehmers zu vertreten und trägt die Verantwortung für das Projektmanagement im Rahmen der vereinbarten Verträge und/oder des genehmigten Budgets. Der Projektleiter trifft Entscheidungen und setzt diese durch, um die Projektergebnisse zu erzielen. Er hat folgende Aufgaben:

1. Projektumfang definieren.
2. Projektteam organisieren und motivieren.
3. Eine „Folge kleiner Erfolge" auf dem Weg zum Projektziel gewährleisten.
4. Das magische Dreieck aus Zeit-, Kosten- und Qualitätsvorgaben ausbalancieren.
5. Lieferanten und Unterauftragnehmer managen.
6. Abnahmen/Lieferungen organisieren.

Der Projektleiter hat die Verantwortung für das gesamte Projekt. Üblicherweise liegt jedoch die Verantwortung für den wirtschaftlichen Erfolg bei einer anderen Rolle (Produkt- oder Projektmanager, siehe unten). Hat der Kunde/Auftraggeber dem Projekt einen Projektleiter auf seiner Seite zugewiesen, arbeitet der Projektleiter des Auftragnehmers eng mit dem Projektleiter des Kunden zusammen (siehe AG/AN-Schnittstelle, Abschn. 4.3.3.5).

Projektleiter vs. Projektmanager

Insbesondere bei der Rolle des Projektleiters ist eine sprachliche Besonderheit zu beachten: Die Rolle, genauer: das Rollenprofil, das im V-Modell XT als Projektleiter bezeichnet wird, findet sich insbesondere im englischsprachigen Raum unter der Bezeichnung Projektmanager wieder.

Zur Klärung dieser terminologischen Mehrfachbelegung: Der Projektleiter trägt die Verantwortung für (genau) ein Projekt (Projektrolle), während der Projektmanager (nach V-Modell XT) die Organisation und Koordination mehrerer Projekte wahrnimmt (sog. projektspezifische Rolle, die in Abstimmungs- und Entscheidungsprozesse eingebunden ist, jedoch nicht „aktiv" im Projekt mitarbeitet, vgl. hierzu Abb. 2.8). Der Projektmanager (nach V-Modell XT) entspricht im Wesentlichen den Programm- bzw. Portfoliomanagern aus dem englischsprachigen Raum.

2.3.2.2 Der Qualitätsmanager

Der Qualitätsmanager ist im Sinne des *Qualitätsmanagements* (Abschn. 5.5) zuständig für den Aufbau von Kultur, Prozessen, Standards, Werkzeugen und organisatorischen Elementen, die das Messen, Erreichen und kontinuierliche Verbessern von Artefakt- und Prozessqualität sicherstellen. Der Qualitätsmanager hat folgende Aufgaben:

1. Entwicklung einer Qualitätsdefinition, in der eindeutig definiert ist, was in der Organisation und für alle Projekte unter Qualität zu verstehen ist.
2. Entwickeln eines Qualitätsprogramms mit Standards, Verfahren, Schulungsmaßnahmen und Werkzeugen, um einen hohen Qualitätsstandard in den Projekten zu erreichen.
3. Regelmäßige Überprüfung des Entwicklungsprozesses, um zu gewährleisten, dass Qualitätsvorgaben eingehalten werden.
4. Mitwirkung bei der Überprüfung und Abnahme der Artefakte zu den Meilensteinen bis hin zur Freigabe von Artefakten im Hinblick auf die Qualität.
5. Definieren, sammeln, protokollieren und berichten von Kenngrößen, um die Effektivität des Qualitätsprogramms beziehungsweise Handlungsbedarf zur Erreichung aufzuzeigen.
6. Definition und Pflege eines Prozesses, um das Qualitätsprogramm selbst zu bewerten und ständig zu verbessern.

Operative Maßnahmen des Qualitätsmanagements wie das Testen selbst gehören hingegen nicht zum Aufgabengebiet des Qualitätsmanagers. Die Rolle des Qualitätsmanagers ist eine *organisatorische* Rolle, die projektübergreifend etabliert ist, um alle Projekte nach einem einheitlichen Qualitätsverständnis durchzuführen und dieses zu definieren.

> **Hinweis**
> In vielen Unternehmen ist darüber hinaus auch das Qualitätsmanagement, bzw. die QM-Abteilung dafür verantwortlich, das im Unternehmen verwendete Vorgehensmodell zu definieren und zu pflegen.

Der QS-Verantwortliche In den einzelnen Projekten ist ergänzend die eigenständige Projektrolle eines Qualitätsverantwortlichen (Rolle: QS-Verantwortlicher ↦ QS = Qualitätssicherung, siehe Abschn. 5.5) zu besetzen, der die organisatorischen Vorgaben aufnimmt, auf den Projektkontext anpasst und die Umsetzung im Projekt überprüft und durchsetzt. Die Rolle des QS-Verantwortlichen sollte einer anderen Person als dem Projektleiter übertragen werden, um eine Unabhängigkeit und Unvoreingenommenheit der Qualitätssicherung zu gewährleisten. Dazu dient auch die Festlegung, dass der QS-Verantwortliche nicht dem Projektleiter untergeordnet ist, sondern beispielsweise direkt dem Lenkungsausschuss.

2.3.2.3 Der Lenkungsausschuss

Der Lenkungsausschuss (auch Projektträger oder Projektausschuss) übernimmt im Wesentlichen die Aufgaben wie Controlling sowie Entscheidungen im Rahmen der Projektsteuerung, Abstimmung und Entscheidungsfindung außerhalb des Entscheidungsspielraums der Projektleitung. Der Projektleiter ist dem Lenkungsausschuss gegenüber berichtspflichtig und muss ihn regelmäßig über den Projektfortschritt informieren. Der Lenkungsausschuss entscheidet an *Entscheidungspunkten* letztlich auch, ob und wie ein Projekt fortgeführt oder abgebrochen wird (vgl. Abb. 2.10).

Die Besetzung des Lenkungsausschusses ist üblicherweise abhängig von der Organisationsstruktur und dem Projektkontext. Ihm können folgende Rollen angehören:

- der Projektleiter (üblicherweise nur beratend jedoch nicht stimmberechtigt)
- der Projektmanager
- der Qualitätsmanager
- der Anwender-/Nutzerpersonenkreis, der das System nutzen soll (Auftraggeber)
- Vertreter des Entwicklungsteams (Architekt, Anforderungsanalytiker, etc.)

In großen Projekten wird das Projektteam üblicherweise weiter unterstrukturiert, sodass Teams mit eigenständigen Aufgaben und Führungsstrukturen entstehen (siehe auch Abschn. 2.2). In diesem Fall sollten auch die einzelnen Teilprojektleiter im Lenkungsausschuss vertreten sein.

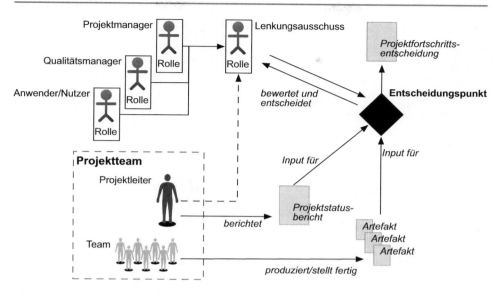

Abb. 2.10   Vorgehen am Entscheidungspunkt

2.3.2.4   Das Projektbüro

Bei großen Projekten, insbesondere solchen, die sich aus vielen Teilprojekten zusammensetzen, ist ein einzelner Projektleiter mit der Vielfalt der Aufgaben überlastet und benötigt
eine entsprechende Unterstützung. Diese Unterstützung kann ein Projektbüro (Project Management Office) bieten. Die Rolle des Projektbüros ist breit gefächert und schließt in der
Regel folgende Tätigkeiten ein:

1. Projektplanung
2. Wissensmanagement, fachliches Wissen
3. Projektverfolgung und -steuerung
4. Projektauditierung und -review (optional)
5. Erstellung von Projektstatusberichten
6. Konfigurationsmanagement
7. Management von offenen Punkten
8. Risikoverfolgung und Risikominderungsplanung

Ein Projektbüro kann von mehreren Projekten zur gemeinsamen Nutzung eingerichtet
werden [16] – es ist somit ein zentraler Dienstleister für die Projekte. Ein Teil der Tätigkeiten des Projektbüros kann evtl. auch von internen Dienststellen zuständig für Finanzen,
Verwaltung oder Verträge wahrgenommen werden. Sofern das Projektbüro als zentrale
Instanz in einem Unternehmen etabliert ist, hat es nicht nur unterstützende Aufgaben,
sondern fungiert in der Regel auch als Koordinator und Multiplikator. Als zentraler Dienstleister kann das Projektbüro Erfahrungen schnell zwischen den einzelnen betreuten Pro-

jekten transferieren. Auf der anderen Seite kann das Projektbüro auch Vorgaben an die Projekte, zum Beispiel Qualitätsvorgaben, Vorgehensmodelle oder Architekturvorgaben, weitergeben und deren korrekte Umsetzung überwachen. Insbesondere in Unternehmen, die umfangreiche Programme oder Projektportfolios haben, sind Projektbüros ein wesentliches Instrument zur Koordination der Einzelprojekte.

Oftmals findet sich anstelle eines Projektbüros auch die Projektrolle eines *Projektassistenten*, der die oben beschriebenen unterstützenden Aufgaben für die Projektleitung üblicherweise für nur ein Projekt übernimmt.

2.3.3 Probleme mit Rollen

Rollenmodelle finden sich in allen Vorgehensmodellen und Unternehmen wieder. Jedoch führt jedes Unternehmen und jedes Vorgehensmodell eine eigene Terminologie, sodass Rollen nicht immer direkt miteinander vergleichbar sind. Ein anschauliches Beispiel ist der Projektleiter des V-Modell XT, der die Aufgaben wahrnimmt, die andere Vorgehensmodelle der Rolle des Projektmanagers zuweisen. Einen Projektmanager kennt das V-Modell XT indes auch, jedoch nicht als Projekt-, sondern als Organisationsrolle, welcher der Projektleiter berichtspflichtig ist.

Ein weiterer Gesichtspunkt beim Besetzen von Rollen ergibt sich insbesondere dann, wenn eine Rolle nicht dazu da ist, „etwas zu tun" (aktivitätsorientiertes Paradigma), sondern wenn eine Rolle Verantwortung für ein Projektergebnis übernehmen soll (artefaktorientiertes Paradigma). Hier sind an Rollen auch Entscheidungskompetenzen gebunden, die mit den Entscheidungszuständigkeiten einer Organisationsstruktur im Konflikt stehen können. Beispielhaft seien die Organisationsstrukturen der öffentlichen Verwaltung zu nennen, die das Konzept des Projektmanagers üblicherweise gar nicht kennen und die Verantwortung je nach Organisationsstruktur auf Ebene der Referats-, Abteilungs- oder sogar der Behördenleitung positionieren. Neben einer Interpretation der Terminologie von Rollen ist jeweils auch die Einbindung und Positionierung in der Organisationsstruktur zu beachten.

2.4 Organisation von Projekten

Projekte werden in Unternehmen durchgeführt, die selbst über eine Organisationsstruktur verfügen. Diese Struktur spiegelt sich in der Regel auch in der Strukturierung der Projekte wider. Projekte müssen sich in die Organisationsstrukturen der beteiligten Unternehmen einfügen.

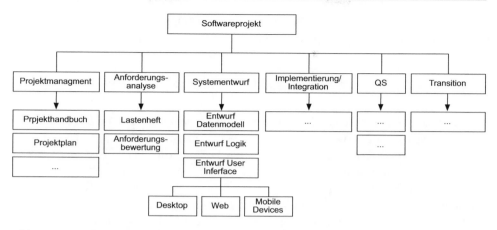

Abb. 2.11 Beispiel eines Projektstrukturplans anhand der Projektphasen

2.4.1   Strukturierung von Projekten

Projekte zu strukturieren heißt Techniken der Modellbildung anzuwenden sowie Projekte zu abstrahieren und auf wichtige Informationen zu reduzieren. Patzak [152] weist drauf hin, dass eine solche Strukturierung zum Verlust des Gesamtbildes führen kann. Daher wird die Strukturierung üblicherweise anhand einer (oder beider) der Techniken *Projektstukturplan* oder *Projektablaufplan* vorgenommen (siehe auch Abschn. 7.6.1).

▸ **Definition 2.8 (Projektstrukturplan)**   Ein Projektstrukturplan (PSP, engl. Work Breakdown Structure, WBS) beschreibt die hierarchischen Ordnungsbeziehungen im Sinne der Gliederung und Zusammenhänge zwischen Arbeitspaketen, also die Zerlegung der Projektaufgabe in einzelne Arbeitspakete.

▸ **Definition 2.9 (Projektablaufplan)**   Ein Projektablaufplan beschreibt die (wesentlichen) prozessualen Abhängigkeiten zwischen den Vorgängen in einem Projekt, also die Reihenfolge der Arbeitspakete, die sich aus den zeitlichen und/oder kausalen Abhängigkeiten ergibt.

Als übliche Technik zur Strukturierung (und auch zur Visualisierung) von Projekten dient der *Projektstrukturplan* (PSP [40], Abschn. 7.6.1). Abbildung 2.11 zeigt ein Beispiel eines Projektstrukturplans für ein Softwareprojekt, der anhand der Projektphasen aufgebaut wurde. Neben dem querschnittlichen Projektmanagement finden sich zum Beispiel die Anforderungsanalyse oder die Qualitätssicherung als oberste Gliederungselemente, welche dazu dienen, die Projektergebnisse zu strukturieren. Ziel des Projektstrukturplans ist die Zergliederung des Gesamtprojekts in Arbeitspakete beherrschbarer Größe mit klarer Zuordnung der Verantwortlichkeiten. Je nach gewählten Strukturierungskriterien ergibt sich die Struktur eines Projekts und die Positionierung in der Organisation. Der Projektstrukturplan liefert die Grundlage für die Zusammenstellung von Teams.

2.4.2 Teams

Neben der organisatorischen und fachlichen Strukturierung muss in einem Projekt auch die Mannschaft strukturiert werden. *Teams* als Mittel zur Personalstrukturierung benötigen klare Zuständigkeiten und Kompetenzregelungen. Ein Team benötigt (je nach Größe) einen *Teamleiter* und seine Stellvertreter, sowie *Zuständige* (Verantwortliche) für Einzelaufgaben (technische Aufgaben zur Erarbeitung der technischen Ergebnisse, Dokumentation, Verwaltung der Ergebnis, Koordination, Qualitätssicherung etc.).

Die herausragende Aufgabe ist die Projekt- bzw. die Teamleitung. Diese wird geprägt durch den Führungsstil und die eingesetzten Techniken. Wichtig sind die Motivation der Mitarbeiter, die Transparenz der Ziele und Entscheidungen, die Offenheit der Kommunikationskultur und die klare Regelung der Zuständigkeiten. Aus verschiedenen Quellen zur Teamorganisation, sowohl aus der Informatik wie auch aus den Geisteswissenschaften, sind viele Merkmale *erfolgreicher* Teams bekannt. Die wesentlichen, die sich auch aus Erfahrung bestätigen lassen, sind:

- Ausgewogenheit des Teams, sowohl fachlich als auch sozial
- Anerkennung des Teams
- Vertrauen zum Team
- Klare Aufgaben- und Kompetenzregelung
- Klare Zielstellung
- Offene Kommunikationsatmosphäre
- Möglichkeit zur kritischen Diskussion

Die wichtigste Aufgabe der Projektorganisation und des Managements ist es, die Rahmenbedingungen herzustellen, damit Teams erfolgreich arbeiten können.

Hinweis

Die Schaffung einer guten Arbeitsatmosphäre im Projekt erfordert es oft, dass der Projekt-/Teamleiter sich auch selbst zurück nehmen kann und nicht jeden Aspekt der Teamarbeit definieren, steuern und kontrollieren muss. Aus der Erfahrung heraus ist dies für viele, insbesondere junge, Führungskräfte sehr schwer, da sie vielfach dem Irrtum erliegen können, in allen Disziplinen die Besten sein zu müssen (Projektleiter codiert mit den Entwicklern um die Wette) oder sich nur noch auf die Delegation von Aufgaben beschränken (das Team arbeitet „für mich").

Wie bei den Organisationsformen im Unternehmen können technische sowie fachliche Führungsaufgaben und Aufgaben des Managements unterschieden werden. Entscheidend für die Teamorganisation ist wieder inwieweit Führungsaufgaben in einer Hand vereint oder getrennt sind.

2.4.2.1 Teamorganisation

Rollenmodelle von Vorgehensmodellen sind in der Regel unabhängig von der Organisationsstruktur der Unternehmen. Somit müssen für Projekte Teams aus den Personalressourcen der Organisation heraus gebildet werden. Dabei gibt es verschiedene Vorgehensweisen, die in Abhängigkeit der Organisationsstruktur angewendet werden können.

Grundsätzlich ist ein Team eine Arbeitsgruppe, die in der Regel in sich weiter strukturiert ist, in die Projektorganisation eingebettet ist (man spricht von einer Sekundärorganisation) und gemeinsam arbeitet, um ein Ziel zu erreichen. Teamstrukturen gibt es in unterschiedlichen Ausprägungen. Die heute wohl wichtigsten Formen sind die „klassischen" Teams vor Ort (face-to-face) und die Teamstrukturen im Rahmen des Global Software Engineering (verteilte, verstreute oder virtuelle Teams).

Hinweis

Die Konsequenzen der Verteilung von Teams in einen global verteilten Kontext [140, 164] sollten auch für auf den ersten Blick nichtverteilte Projekte keinesfalls unterschätzt werden. Verschiedene Untersuchungen haben ergeben, dass „Symptome" der Verteilung bereits einsetzen, wenn Teammitglieder nicht mehr in räumlicher Nähe arbeiten, etwa weil sie in unterschiedlichen Häusern auf einem Campus untergebracht sind.

2.4.2.2 Hierarchische Teamorganisation

In der hierarchischen Teamorganisation werden Teams analog zur Linienorganisation in einer Verantwortungshierarchie aufgebaut. In einem Projekt wird dann ein Abteilungs- oder Unterabteilungsleiter zum Projektleiter bestellt und bringt sein Projektteam aus der Linie in der bereits etablierten Struktur mit. Die Verantwortungsstruktur ergibt sich für die einzelnen Mitarbeiter somit direkt aus der Position des Einzelnen in der Linie. Diese Organisationsform lässt es zu, dass unter der Annahme, dass der Projektleiter durch einen Abteilungsleiter besetzt wird, sich ein Projektteam wie folgt aufbauen lässt:

- Unterabteilung 1: Anforderungen
- Unterabteilung 2: Architektur
- ...
- Unterabteilung n: Test

Die jeweiligen Unterabteilungsleiter nehmen dann die Positionen des „Chefarchitekten"
oder des „Chefprogrammierers" ein, während das nachgeordnete Personal entsprechend
der Aufgabe der Abteilung und der persönlichen Qualifikation eingeplant wird.

Der Aufbau eines hierarchischen Teams wird erschwert, wenn ein Projekt abteilungs-
übergreifend aufgebaut wird und keine direkte Weisungsbefugnis des Projektleiters gegenüber den Mitgliedern des Projektteams besteht. Diese Problematik betrifft besonders die
Projektorganisation, in der Mitarbeiter oftmals in mehrere Projekte eingebunden sind und
der Projektleiter der sprichwörtliche „König ohne Königreich" ist. Insbesondere in Unternehmen, in denen das Personal in einer Linie organisiert ist, Projekte jedoch nach Matrix-
oder Multiprojektorganisation aufgesetzt werden, findet sich oft die Problematik, dass Li-
nienaufgaben vor Projektaufgaben gehen.

2.4.2.3 Demokratische Teamorganisation

Die demokratische Teamorganisation beschreibt eine Aufbauorganisation, bei der auf
Hierarchieebenen und eine klare Weisungsbefugnis verzichtet wird und stattdessen kollek-
tive Gruppenentscheidungen und Gruppenverantwortung gelten sollen. Durch das Fehlen
von eindeutigen Stellenbeschreibungen, Statussymbolen und hierarchischen Strukturen
soll die Motivation der Mitarbeiter durch die Partizipation an sämtlichen Entscheidungen
und durch die völlige Transparenz über das betriebliche Geschehen maximiert werden.
Die Problematik der Gruppendynamik, langwierige Entscheidungs- und Koordinations-
prozesse sowie vorprogrammierte aber gegebenenfalls auch gewollte Konflikte sind als
mögliche Nachteile zu beachten. Es ist daher anzunehmen, dass die Effizienz dieser Organisationsform bei zunehmender Organisationsgröße abnimmt.

Durch Hinwendung zu kooperativen Führungsstilen ist mit einer zunehmenden Bedeutung dieser Organisationsform zu rechnen. Kreativität und Selbstverwirklichung lässt
diese Form jedenfalls zu. Sie verträgt sich gut mit Vorstellungen der agilen Entwicklung,
wo diese Organisationsform, zum Beispiel im Scrum, weit verbreitet ist.

Beispiel: Microsoft Solutions Framework

Eine demokratische Teamorganisation finde sich zum Beispiel auch im Microsoft Solutions Framework (MSF). Dieses definiert Rollen, die für Einzelpersonen ausgeprägt
sind (zum Beispiel den Project Manager) aber auch sogenannte *Advocacy Groups*. Das
sind Rollen, die für eine Interessensgruppe stehen (zum Beispiel Architecture/Design,
Operations, etc.). Auch MSF beinhaltet keine interne, fixe Teamhierarchie. Vielmehr
spricht es von Teams of Peers (Team von „Gleichgestellten" [189]).

2.4.2.4 Herausforderungen bei der Teamorganisation

Teams als *funktionsfähige* Arbeitsgruppen aufzubauen ist eine wesentliche Aufgabe für das
Management. Hier werden die durch Vorgehens- und Organisationsmodelle geregelten
Pfade verlassen, da Aspekte der Soziologie und Psychologie zu berücksichtigen sind. Viele
dieser Aspekte haben damit zu tun, wie der Mensch „funktioniert" (vgl. Myers-Briggs-
Typindikator [146]). Denk- und Verhaltensmuster, Erfahrungen und Werte können sich

stark unterscheiden. Besonders deutlich werden diese Aspekte in global verteilten Projekten, in denen Kulturunterschiede als eine der größten Herausforderungen gelten.

Hinweis

Vorgehensmodelle beschränken sich auf Regelung, Organisation und Wissenssammlung. Themen der Führung, Mediation, Konfliktmanagement, kurz *Soft Skills*, werden durch Vorgehensmodelle in der Regel nicht adressiert. Vorgehensmodelle objektivieren die Sicht auf ein Projekt. Soziale Kompetenzen und die Fähigkeit zur Teamarbeit und zur Mitarbeiterführung müssen Projektleiter aus anderen Quellen schöpfen.

Einen recht guten Einstieg in das Verständnis der Persönlichkeitsstruktur des Menschen geben Hossiep et al. [93]. Sie zeigen verschiedene Modelle und erklären, warum Menschen in verschiedenen Situationen unterschiedlich agieren und reagieren. Für das Management sind Kenntnisse dazu wichtig, da nur so ein ausgewogenes Team zusammengestellt werden kann. Viel wichtiger ist jedoch, dass das Wissen um die Psychologie essenziell für das Konfliktmanagement im Team ist. Seminare im Bereich der Weiterbildung von Führungskräften, zum Beispiel zu den Themen Konfliktmanagement, Kommunikation, Verhandlungstaktik oder Führung im Allgemeinen, behandeln über weite Strecken psychologische und gruppendynamische Themen.

Teamentwicklung Wichtig bei der Zusammenstellung von Teams ist ein Grundverständnis davon, welche gruppendynamischen Prozesse während der Teambildung ablaufen. Das wohl bekannteste Modell hierfür stammt von Tuckman [188]:

Forming   Das Team wird gebildet. Zu Beginn herrscht Unsicherheit darüber, wie in dem Team gearbeitet werden kann und was die Position des Einzelnen im Team ist. In dieser Formierungsphase orientiert sich das Team zunächst und tastet sich hinsichtlich der Grundeinstellungen der einzelnen Personen ab.

Storming   In der Konfliktphase testen die Teammitglieder sich untereinander, aber auch die Führungskraft aus. Diese Phase dient der Herstellung der Rangordnung im Team. Oft entstehen hier Cliquen, die bestimmte Positionen vertreten, die Konflikte provozieren und austragen.

Norming   In der Normierungsphase bildet sich nun das eigentliche Team, indem die persönlichen Ziele des Einzelnen den Gesamtzielen der Gruppe untergeordnet werden. Es werden im Team ein Arbeitsmodus und ein Wertesystem vereinbart, mit denen sich jedes Teammitglied gut identifizieren kann. Die Gruppe und das Ziel stehen nun im Vordergrund.

Performing In der Arbeitsphase wird nun das Projekt bearbeitet. Da Konflikte zu Rangordnung und der Position des Einzelnen geklärt sind, konzentriert sich das

Team nun auf die eigentliche Aufgabe. Erst in dieser Phase kann eine Selbstorganisation im Team stattfinden und erst hier ist eine kreative, effiziente Arbeit möglich.

Adjourning Die Phase der Teamauflösung wird betreten, wenn ein Projekt beendet wird.

Diese Phasen finden sich in allen neu zusammengestellten Gruppen. Das Verständnis dieser Phasen ist wichtig, weil sie von jedem Team durchlaufen werden. Daher ist es auch im Hinblick auf die Projektperformanz problematisch, für jedes Projekt stets ein komplett neues Team zu bilden. Eines der wesentlichen Ziele des Managements muss es sein, funktionierende Teams zu bilden und diese so lange wie möglich stabil zu halten.

Hinweis

Die Phasen der Teambildung können auch wiederholt in Projekten auftreten, zum Beispiel immer dann, wenn neue Personen in das Team kommen. Grundsätzlich ist das nicht schlecht, da auch der „Neue" seine Postion im Team finden muss. Beachten sollte das Management hingegen Folgendes: Wenn ein Team eine hohe Personalfluktuation aufweist, geht ein großer Teil der Arbeitszeit im Projekt dadurch verloren, dass das Team immer wieder die Teambildungsphasen durchläuft. Die Erfahrung zeigt, dass dies sogar bis zur *Arbeitsunfähigkeit* des Teams führen kann, da es permanent mit dem Austragen von Konflikten beschäftigt ist.

2.4.3   Ausflug: Führungsstile

Untrennbar mit der Organisation von Teams verbunden ist der Führungsstil des Projektleiters. Führungsstile sind nicht notwendigerweise mit organisatorischen Festlegungen verbunden, dafür mehr mit den *Soft Skills* eines Projektleiters. Beispiele für Führungsstile sind:

- Autoritär
- Kompetenzgeprägt
- Partnerschaftlich/Team-orientiert

Jeder dieser Führungsstile hat seine Stärken und Schwächen. Wie gut er im Einzelfall funktioniert hängt von den Besonderheiten der Menschen in einem Team ab.

2.4.3.1   Autoritärer Führungsstil

Der autoritäre Führungsstil ist üblicherweise in Organisationen/Projekten zu finden, die stark an Hierarchien orientiert sind, zum Beispiel in der Linienorganisation. Hier wird von Vorgesetzten sogar erwartet, dass sie autoritär Entscheidungen treffen und die Richtung für Team und Projekt vorgeben. Die Rolle eines „autoritären Projektleiters" erfordert viel

Wissen im Software Engineering und Fähigkeiten der zwischenmenschlichen Interaktion, da der Projektleiter die zentrale Anlaufstelle für alle „Sorgen und Nöte" im Projekt ist und darüber hinaus Entscheidungen treffen muss. Vorteilhaft an diesem Führungsstil ist die Sicherheit, die der Projektleiter dem Team geben kann. Nachteilig daran ist, dass (unangenehme) Entscheidungen auch „ausgehalten" werden müssen.

> **Hinweis**
>
> Essenziell für einen (autoritär führenden) Projektleiter ist auch, dass er überhaupt Entscheidungen trifft. Häufig sind Situationen zu finden, in denen Entscheidungen durch einen Projektleiter gar nicht getroffen werden, weil er sie unnötig hinausschiebt (um Konflikte zu vermeiden) oder sich nicht kompetent fühlt (Mangel an fachlicher oder an zugestandener Entscheidungskompetenz). Solche Situationen sind für Projekte hoch kritisch!

2.4.3.2   Kompetenzgeprägter Führungsstil

Im kompetenzgeprägten Führungsstil wirkt der Projektleiter vor allem durch seine ausgeprägte Kompetenz und Erfahrung. Im Idealfall erwirbt er sich dadurch so viel Achtung im Projekt, dass seine Vorgaben und Anweisungen schon dadurch im Team Beachtung finden.

2.4.3.3   Team-orientierter Führungsstil

Im Team-orientierten (auch kooperativen) Führungsstil sind die Mitglieder des Teams gleichberechtigt (vgl. Scrum oder MSF: Team of Peers). Teams organisieren sich selbst und interagieren intern nach selbstgegebenen Regeln und nach außen über entsprechend vereinbarte Kanäle. Eine explizite Rolle „Projektleiter" gibt es oftmals gar nicht, wie zum Beispiel im Scrum.

Der Team-orientierte Führungsstil gibt dem Team sehr viel Eigenverantwortung, erwartet jedoch eine hohe fachliche und soziale Kompetenz von den Teammitgliedern. Der Projekt- bzw. Teamleiter kann in solchen Situationen entweder vorgegeben sein oder situationsbedingt bestimmt werden. Ein gutes Beispiel, das eine situationsbedingte Führung zeigt, findet sich in Diskussionsrunden. Der Führer der Gruppe ist in der Regel derjenige, der die Diskussion leitet. Je nach Verlauf kann sich diese Führungsposition hin zu den aktiven Teilnehmern der Diskussion verschieben. Der Diskussionsleiter hat dann die Aufgabe, sich die Führung wieder zurückzuholen. Auf genau dieselbe Art und Weise muss ein Projektleiter mit Team-orientiertem Führungsstil als Moderator auftreten. Er muss in der Lage sein, Themen anzustoßen, die Dinge im Projekt „laufen" zu lassen, aber dann auch wieder die Kontrolle zurückzuholen. Schafft er dies nicht, entsteht zwangsläufig ein Machtvakuum, in dem jeder „mal" die Richtung vorgibt.

Hinweis

Eine Diskrepanz zwischen offiziellem und tatsächlichem Projektleiter ist durchaus nicht ungewöhnlich. In vielen Projekten gibt es einen offiziellen Projektleiter und „irgendwo" im Projekt noch die *Graue Eminenz*, bei der sich die Teammitglieder Entscheidungen des Projektleiters bestätigen lassen. Ein guter Projektleiter zeichnet sich insbesondere dadurch aus, zu wissen, wer diese Rolle einnimmt und diese Person aktiv in das Projektgeschehen einzubinden.

Zusammenfassung

Projekte und Unternehmen, die Projekte durchführen, sind in Strukturen organisiert. Organisationsstrukturen sind erforderlich, um Aufgaben und Zuständigkeiten zu regeln, um Projektteams zusammenzustellen und zu koordinieren. Darüber hinaus liefern Organisationsstrukturen Mittel, um Projekte in beherrschbare Einheiten zu zerlegen und diese Einheiten Teams oder einzelnen Personen zuzuordnen. Eine Organisationsstruktur ist insbesondere auch für die Mitarbeiter wichtig, um die eigenen Positionen im Unternehmen und im Projekt zu verstehen. An dieser Stelle stellen die Organisationsstrukturen als *Aufbaumodell* einen wichtigen Teil von Vorgehensmodellen (siehe Kap. 4) dar.

Im zurückliegenden Kapitel haben wir die grundsätzlichen Organisationsformen für Unternehmen und Projekte diskutiert. Darüber hinaus haben wir Aufgaben und Rollen besprochen und am Beispiel von Vorgehensmodellen die konkrete Abbildung diskutiert. Sowohl die Organisationsstruktur als auch das Rollenmodell eines Vorgehensmodells müssen in Projekten zur Anwendung gebracht werden. Dazu haben wir am Beispiel des Projektstrukturplans die Organisation von Projekten im Allgemeinen und den Aufbau von Teams im Speziellen diskutiert.

Das Verständnis von Organisationsstrukturen, ihrer Zusammenhänge im Bezug auf Rollenmodelle und ihrer Implementierung in Projekten gehören zum grundlegenden Handwerkszeug des Managements.

2.5   Übungsaufgaben

Übung 2.1 (Rollen und Verantwortlichkeiten – 1)

In Projekten wird zwischen Rollen und Personen unterschieden.

a) Positionieren Sie die organisatorischen Rollen wie Auftraggeber (und so weiter) zu Rollen wie dem Projektleiter.
   - Was sind die Unterschiede?
   - Wie treten diese Rollen in einem Projekt auf?

b) Welche Aufgaben haben die im Projektauftrag zum Projekt „Code & Talk" aufgeführten Rollen bzw. die ihnen zugeordneten Personen im Projekt? Erstellen Sie hierzu eine RACI-Matrix.

c) Warum ist es sinnvoll, die Rollen Projektleiter und Qualitätsverantwortlicher (QS-Verantwortlicher) mit unterschiedlichen Personen im Projekt zu besetzen?

Übung 2.2 (Rollen und Verantwortlichkeiten – 2)

In Projekten gibt es unterschiedliche Aufgaben- und Verantwortungsbereiche für zum Beispiel das Management, den Architekturentwurf oder den Test. Besonders deutlich wird dies bei der Identifikation/der Einschätzung von Risiken und der Behandlung von Fehlern. Gegeben seien folgende Szenarien:

- Im Requirements Engineering wurden Fehler gemacht (genauer: im Pflichtenheft sind inkonsistente, unvollständige, unrichtige und falsch interpretierte Anforderungen enthalten), die erst im Rahmen der Abnahme aufgedeckt werden können.
- Im Rahmen des Architekturentwurfs wurden Fehler gemacht, die in der (ersten) Integration offensichtlich werden.

Diskutieren Sie in diesem Kontext:

a) Wer ist für Maßnahmen verantwortlich, solche Fehler (frühzeitig) zu entdecken?
b) In wessen Zuständigkeitsbereich fallen die Fehlerkorrekturen?
c) Welche Schlüsse lassen sich aus den zeitlichen Abständen zwischen Fehlerverursachung und Fehlerbehebung ziehen?

Übung 2.3 (Organisationsformen von Unternehmen und Projekten)

Projekte werden durch Unternehmen durchgeführt. Sowohl Projekte als auch Unternehmen sind nach unterschiedlichen Gesichtspunkte organisiert.

a) Geben Sie zu jeder der folgenden Organisationsformen die wichtigsten Merkmale, Vor- und Nachteile an.
  – Linienorganisation
  – Matrixorganisation
  – Multiprojektorganisation
b) Formulieren Sie zu jeder Organisationsform aus Teilaufgabe a) eine kurze Empfehlung, bei welchen Projekten sie angewendet werden soll. Orientieren Sie sich hierbei zum Beispiel an den Kriterien: Teamgröße oder Projektlaufzeit.

Übung 2.4 (Organisation von Projektteams)

Die Struktur von Projektteams ist gekennzeichnet durch bestimmte Rollen (Projektgruppen) und deren zugehörigen Kompetenz- und Entscheidungsebenen.

a) Geben Sie für das Projekt „Code & Talk" die Struktur des Projektteams des Auftragnehmers „We implement IT" in Form eines *Organigramms* an und beschreiben Sie
   die zu den einzelnen Rollen gehörenden Kompetenz- und Entscheidungsebenen.

b) Wie ist die Projektorganisation zu erweitern, wenn im Projekt bis zu drei Unterauftragnehmer eingebunden werden? Berücksichtigen Sie hier insbesondere eine mögliche internationale Verteilung der Projektteams.

c) Diskutieren Sie für die Teilaufgaben a) und b) Alternativen hinsichtlich der internen
   Projektorganisation und der Projektorganisation inklusive Unterauftragnehmern.

Projekt- und Produktlebenszyklus von Software

3

Zusammenfassung

Projekte haben wir als einmalige Vorhaben mit begrenzten Ressourcen (Zeit, Budget, Personal) charakterisiert. Wie aus den Erfahrungen aus anderen Ingenieurdisziplinen bei der Durchführung von Projekten übertragbar ist, leiten sich aus den Zielen, Herausforderungen und Prinzipien konkrete Aufgaben für das Projektmanagement von Softwareprojekten ab. Diese Aufgaben ordnen sich in einen *Projektlebenszyklus* ein. Der Projektlebenszyklus strukturiert ein Projekt hinsichtlich der Aufgabenbereiche und der Dimensionen *Zeit* und *Disziplin*. Dieses Kapitel führt das Lebenszyklusmodell für Projekte ein, setzt es zu Produktlebenszyklusmodellen in Beziehung und ordnet die Aufgaben und Tätigkeiten der Projektorganisation und des Managements in dieses Modell ein.

3.1 Einleitung

In einem Projekt wird Software durch eine Reihe von ineinander greifenden und sich zum Teil überlagernden Entwicklungsschritten und -phasen erstellt. Die Phasen und die dazu gehörenden Entwicklungsschritte werden in der Regel in *Vorgehensmodellen* (siehe Kap. 4) definiert und beschrieben. Vorgehensmodelle sind hierbei üblicherweise spezifisch auf Organisationen oder Projekte zugeschnitten. Es ist daher wichtig, unabhängig von konkreten organisationsspezifischen Vorgaben und Rahmenbedingungen, ein grundsätzliches Verständnis über die Struktur von Projekten zu haben. Dieses grundsätzliche Verständnis vermittelt ein Modell des *Lebenszyklus von Softwareprojekten*.

Im Lebenszyklusmodell eines Softwareprojekts wird anhand von Phasen und Aufgaben die grundlegende Struktur eines Projekts festgelegt und überblicksartig beschrieben. Durch die Anordnung und die Abhängigkeiten von Phasen und einzelnen Aufgaben entsteht im Lebenszyklus eine (zeitliche) Ordnung. Anhand von Tätigkeits- bzw. Aufgabenbereichen

M. Broy, M. Kuhrmann, *Projektorganisation und Management im Software Engineering*,   61
Xpert.press, DOI 10.1007/978-3-642-29290-3_3, © Springer-Verlag Berlin Heidelberg 2013

(Disziplinen) können einzelne Abschnitte des Lebenszyklusmodells schrittweise verfeinert und weiter konkretisiert werden.

Abgrenzung zu Vorgehensmodellen in der Softwareentwicklung
Während Vorgehensmodelle üblicherweise den Fokus auf die Entwicklungsphasen in der Entwicklung von Software legen, betrachten wir im Folgenden das Lebenszyklusmodell von Projekten aus der Sicht der Projektorganisation und des Managements.

3.2   Produkt-, Projekt- und Softwarelebenszyklus

Grundsätzlich betrachten wir im Zusammenhang mit Softwareentwicklung drei Lebenszyklusmodelle:

Produktlebenszyklus   Der Produktlebenszyklus beschreibt den Lebenszyklus für ein Produkt (siehe Abb. 3.1).

Projektlebenszyklus   Der Projektlebenszyklus beschreibt den Lebenszyklus für ein (Software-)Projekt mit den Phasen *Projektentstehung*, *Projektdurchführung* und *Projektabschluss*.

Softwarelebenszyklus   Der Softwarelebenszyklus beschreibt den Lebenszyklus für ein Softwaresystem, bestehend aus den Entwicklungsphasen, dem Betrieb und der Außerbetriebnahme.

Diese drei Konzepte von Lebenszyklen sind eng miteinander verbunden. Softwareentwicklung kann Teil einer Produktentwicklung oder gar Gegenstand einer Produktentwicklung sein. Die Entwicklung von Software findet in Projekten statt. Dabei kann ein Projekt die gesamte Softwareentwicklung abdecken oder aber nur Teile davon. Umfangreiche Softwareprojekte können auch in eine Reihe von eigenständigen Projekten gegliedert werden.

3.2.1   Produkt- und Projektlebenszyklus

Software ist ein *Produkt* oder Teil eines Produkts und wird durch Unternehmen im Rahmen eines Produktentwicklungsprozesses erstellt, der in ein übergreifendes *Product Lifecycle Management* [19] eingebettet ist. Dieser Prozess umfasst den gesamten Lebenszyklus des Produkts, von seiner Entstehung, Entwicklung und Produktion bzw. Fertigstellung, Markteinführung oder Inbetriebnahme und Betrieb, sowie seiner Herausnahme aus dem

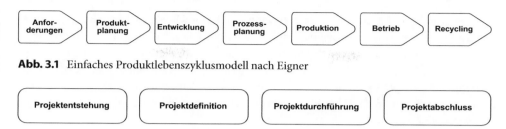

Abb. 3.1 Einfaches Produktlebenszyklusmodell nach Eigner

Abb. 3.2 Phasen des Projektlebenszyklusmodells

Markt (Stilllegung). Abbildung 3.1 zeigt einen exemplarischen Produktentwicklungsprozess nach Eigner [70].

Die Entwicklung von Software wird in Form von Projekten durchgeführt. Dabei ist es wichtig, im Unternehmen klare Regelungen zu haben, ab wann ein Projekt anfängt (üblicherweise mit der Übergabe der Verantwortung an den Projektleiter) und wann das Projektergebnis an den jeweiligen Produktmanager übergeben wird.

Unter dem *Lebenszyklus eines Softwareprojekts* (kurz: Projektlebenszyklus) wird folglich der Gesamtlebensweg eines Projektes über alle Phasen von der Entstehung bis zum Projektabschluss verstanden. Ein Projekt folgt grob dem in Abb. 3.2 skizzierten Lebenszyklus. Im Abschn. 3.3 werden die einzelnen Phasen detailliert beschrieben.

So wird in der Regel eine Idee für die Entwicklung von Software entwickelt und grob geplant (*Projektentstehung*) bevor sie durch eine Managemententscheidung freigegeben, detailliert ausgearbeitet (*Projektdefinition*) und in einem Softwareprojekt (*Projektdurchführung*) umgesetzt wird. Nach der Übergabe der Software wird das Projekt abgeschlossen (*Projektabschluss*) und je nach Art des Projekts vertrieben (Produktgeschäft) oder betrieben (etwa bei der Auftragsentwicklung für einen Kunden). Die Entwicklung einer Software kann hierbei auch in mehreren eigenständigen Projekten erfolgen. Die eigentliche Softwareentwicklung findet dabei im Rahmen der Projektdurchführung statt.

Beispiel

Typischerweise besteht die Entwicklung umfangreicher Softwaresysteme aus einer Reihe hierarchisch gegliederter Projekte. So kann etwa die Erarbeitung der Ziele und Anforderungen (zum Beispiel durch die Erstellung eines Lastenhefts) im Rahmen eines eigenständigen Projekts erfolgen. Ferner kann die Ausschreibung und Angebotsprüfung bis hin zum Vertragsschluss ein eigenständiges Projekt sein. Danach mag sich die detaillierte Architekturentwicklung bis hin zur Abnahme wieder als ein Projekt anschließen. In diesem Fall bilden die Ergebnisse der abgeschlossenen Projekte jeweils eine Grundlage für die Planung und Durchführung der darauffolgenden Projekte. Die einzelnen Projekte können wiederum als Bestandteile eines umfassenden Projekts gesehen werden.

Dies zeigt, dass für eine Softwareentwicklung oft eine Gliederung in eine Hierarchie von ineinander verzahnten Projekten erforderlich ist. Im einfachsten Fall wird die Software durch ein Projekt entwickelt. In der Regel wird die Entwicklung jedoch in eine Reihe kleinerer Projekte gegliedert. Dann sind die Phasen des Projektlebenszyklus nicht streng sequentiell zu verstehen. Für das Gesamtprojekt und die Unterprojekte erfolgt eine Grobplanung, die dann in den Unter- und Teilprojekten in eigenen Projektlebenszyklen weiter verfeinert wird.

3.2.2   Softwarelebenszyklus

Bei der Entwicklung von Software handelt es sich um einen Fall der Entwicklung von Systemen. Zwar spricht man auch von *Softwareprodukten*, jedoch entfällt bei Software im Gegensatz zu materiellen Produkten der Vorgang der Produktion. Bei Softwareprodukten, die als materielle Ware (zum Beispiel auf Datenträgern wie DVDs in Printmedien oder im „Regalverkauf" wie Windows- oder Office-DVDs) vertrieben werden, findet eine Produktion statt. Diese Form des Vertriebs verliert jedoch an Bedeutung, da Software verstärkt in Form von *Apps* über einen App-Store vertrieben wird. Die Entwicklung und Weiterentwicklung – kurz: die Evolution – von Software umfasst hierbei grob die folgenden Aufgaben:

- Anforderungsfestlegung (Ziele, Anforderungen, Spezifikationen)
- Grob- und Feinentwurf (Architektur, Programmstruktur)
- Implementierung
- Test und Integration
- Erprobung und Inbetriebnahme
- Wartung und Weiterentwicklung
- Außerbetriebnahme

Diese Phasen der Softwareentwicklung sind nicht notwendigerweise streng zeitlich hintereinander zu durchlaufen sondern können sich zeitlich überlappen. Sie können auch in einer Reihe von eigenständigen Projekten iterativ oder inkrementell durchlaufen werden. Die Entwicklung kann iterativen und inkrementellen Mustern folgen (Kap. 4).

> **Hinweis**
> Man beachte, dass gewisse Überlappungen und ein Wechselspiel zwischen den Phasen des Projektlebenszyklus und denen des Softwarelebenszyklus bestehen. So finden die Anforderungsdefinition und die Architekturentwicklung für eine Software zwar in der Projektdurchführung statt. Allerdings haben die Ergebnisse dieser Phasen wiederum Auswirkungen auf die Planung. Die Anforderungsdefinition und

die Entwicklung einer Grobarchitektur kann in einem Projekt, das sich in ein Angebotsprojekt und in ein Realisierungsprojekt untergliedert, bereits zwingend zur Erstellung eines Angebots notwendig sein. Diese Aufgaben finden daher in der Projektdurchführung des Angebotsprojekts statt. Aus Sicht des Gesamtprojekts sind diese Aufgaben jedoch Bestandteil der Projektentstehung. Beim Realisierungsprojekt nach Abschluss des Vertrags wird dann die Feinspezifikation der Architektur erstellt.

Das Wechselspiel zwischen Projektlebenszyklus und Softwarelebenszyklus zeigt, dass es empfehlenswert ist, ein genaues Verständnis für die Abhängigkeiten zu entwickeln und diese auch in der Projektplanung und Durchführung zu beachten und zu nutzen.

3.2.3   Einbettung von Projekten in Unternehmen

In Abhängigkeit von der konkreten Organisationsstruktur des Unternehmens sind die Verantwortlichkeiten für die Softwareentwicklung und das Projektgeschäft klar geregelt. Durch die Verflechtung der verschiedenen Interessengruppen entstehen in Softwareprojekten eine Reihe von *Stakeholdern* im Projektumfeld. Bei Entscheidungsprozessen ist daher das Projektumfeld mit einzubeziehen. In Abb. 3.3 ist eine solche beispielhafte Einbindung dargestellt. Insbesondere in der Projektentstehung sind sowohl das zuständige Unternehmen als auch das Portfolio- oder Programmmanagement in die Entscheidung eingebunden, ob ein Projekt durchgeführt wird oder nicht.

Projekte in Unternehmen   Sofern auf der Unternehmensebene entschieden wird, ein Softwareprojekt zu initiieren oder auf eine Ausschreibung zu reagieren, kann dies beispielsweise bedeuten, dass ein Projektvorschlag und ein Angebot erstellt werden soll. Dazu ist unter anderem auch zu prüfen, ob eine Projektanfrage in die Unternehmensportfolios oder -programme passt. Mit dem jeweiligen Management werden solche Entscheidungen abgestimmt und die erforderlichen Rahmenbedingungen, zum Beispiel die Benennung eines Durchführungsverantwortlichen oder die Bereitstellung von Ressourcen, geschaffen. Damit wird deutlich, dass die Projektorganisation und das Management sich primär auf nichttechnische Aufgaben, die für den Projekterfolg wichtig sind, konzentriert. Dies umfasst *projektübergreifende* und *projektbezogene* Tätigkeiten.

Rückkopplung aus Projekten   Auch nach Abschluss des Projekts findet eine Rückkopplung statt. Das fertige Softwaresystem wird, sofern es sich um eine Auftragsentwicklung handelt, an den Kunden geliefert. Gleichzeitig werden die Erkenntnisse des Projekts im Rahmen des Knowledge Managements gesichert. Handelt es sich um ein internes Projekt, wird das Projektergebnis an den unternehmensinternen Betrieb übergeben. Ferner wird überprüft, ob das Projekt die in es gesetzten Erwartungen erfüllt hat.

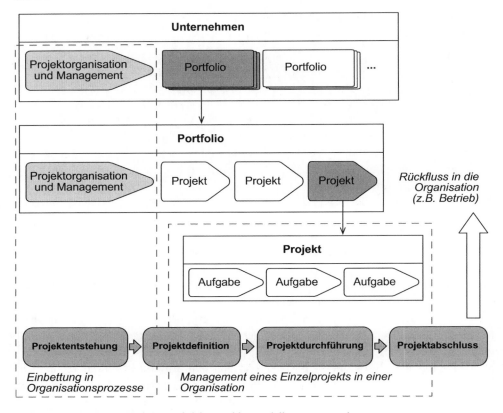

Abb. 3.3   Positionierung des Projektlebenszyklusmodells im Unternehmen

3.2.3.1   Projektbezogene Aufgaben

Projektbezogene Aufgaben stehen in unmittelbarem Zusammenhang mit einem (konkreten) Projekt. Hierzu zählen die Entwicklung einer Projektidee, die Projektakquise, die Projektvorbereitung, die Projektdurchführung und der Projektabschluss.

Bei der Entwicklung einer Projektidee werden der Markt oder die Anforderungen eines Kunden analysiert. Auch die Entwicklung einer Projektidee aus der Eigeninitiative der Mitarbeiter heraus, kann den Anstoß für ein neues Produkt geben. Je nach Art des Projekts steht die Projektvereinbarung als erstes Ergebnis an. Hier werden zum Beispiel in Verträgen Vereinbarungen hinsichtlich der Projektziele oder der verfolgten Visionen gemacht. Im Rahmen der Projektvorbereitung wird das Projekt definiert. Es werden Schätzungen und Planungen durchgeführt, Ressourcen bereitgestellt und – sofern noch nicht geschehen – die Arbeiten im Projekt (formal) beauftragt. In der Projektdurchführung wird das sogenannte operative Tagesgeschäft bearbeitet. Dieses umfasst die Überwachung und Steuerung des Projektfortschritts aber auch die Führung der Projektteams. Den Abschluss eines Projekts bilden die Übergabe der Projektergebnisse für die Nutzung, die Abrechnung und die Erkenntnissicherung. Gegebenenfalls wird dazu nach dem eigentlichen Projektabschluss eine Nachbearbeitung des Projekts durchgeführt.

3.2.3.2   Projektübergreifende Aufgaben

Neben den im konkreten Projekt selbst anfallenden Tätigkeiten ist das Management auch über die Projektgrenzen hinweg aktiv. In projektübergreifenden (unternehmensbezogenen) Tätigkeiten finden Arbeiten statt, deren Fokus mehrere Projekte oder gar die gesamte Organisation umfassen. Hierzu zählen zum Beispiel Aufgaben, die die Unternehmensorganisation oder die Entwicklung einer Unternehmensstrategie umfassen. Aber auch Aufgaben aus dem Bereich Prozess- und Kompetenzverbesserung und -sicherung zählen dazu. Beispiele für solche projektübergreifenden Tätigkeiten sind:

- Management von Projektportfolios oder Programmen
- Festlegung von Vorgehensweisen, Methoden und Techniken
- Sicherung und Steigerung der Kompetenzen des Personals (Qualifikation)
- Pflege und Ausbau der (Projekt-)Infrastruktur
- Qualitäts- und Prozessoptimierung

Dabei verantwortet das Management weniger die inhaltlichen, fachlichen oder technischen Inhalte, sondern alle Maßnahmen, die dazu dienen, die fachlichen und technischen Kompetenzen zu fördern und zu steuern.

3.3   Phasen im Projektlebenszyklus

Phasen haben sich als einfaches Mittel zur Strukturierung der Softwareentwicklung bewährt. Für den Aufbau des Modells des Projektlebenszyklus verwenden wir das Grundmodell aus Abb. 3.4. Das Grundmodell besteht aus den vier Phasen *Projektentstehung*,

Abb. 3.4   Allgemeine Phasen in Projekten

Projektdefinition, Projektdurchführung und *Projektabschluss und Übergabe der Ergebnisse* (kurz: Projektabschluss).

Jede dieser Phasen des Grundmodells wird weiter verfeinert, zum Beispiel in Anlehnung an Patzak und Rattay [152]. Allgemeine Phasenmodelle für die Software- und Systementwicklung finden sich in unserem Grundmodell als Verfeinerung der Phase *Projektdurchführung* wieder, wobei die Phasengrenzen nicht trennscharf sind, da es je nach Projektsituation zu Überlappungen kommen kann. Jede Phase legt einen Schwerpunkt auf bestimmte Aufgaben- bzw. Tätigkeitsbereiche und ist in sich weiter untergliedert. Die Durchführung der Phasen kann unterschiedlich erfolgen – rein sequenziell oder verzahnt. Dabei gilt, dass voneinander zumindest teilweise unabhängige Phasen parallel, also zeitgleich, durchgeführt werden können. Eine Rückkopplung zwischen den Phasen ist dabei möglich. Allerdings erfordert ein solches, flexibles Vorgehen ein versierteres Management, da dann die einzelnen Phasen nicht mehr zeitlich scharf voneinander getrennt sind und damit die Abstimmungsprozesse schwieriger werden. Jede Phase gliedert sich in eine Reihe von Aufgaben, Aktivitäten und Tätigkeiten. Zusammen mit ihren kausalen Abhängigkeiten bilden die Phasen den *Entwicklungsprozess* (Ablaufstruktur oder Ablaufmodell). Jede Tätigkeit erarbeitet bestimmte Ergebnisse, die *Arbeitsprodukte* (Artefakte) des Entwicklungsprozesses. Die Produkte stehen wiederum in festgelegten Abhängigkeiten zu einander (Ergebnisstruktur oder Ergebnismodell). Das Ergebnismodell und der Entwicklungsprozess stehen in engem Zusammenhang und weisen in der Regel strukturelle Ähnlichkeit auf. Zusammen mit weiteren Teilmodellen, zum Beispiel dem Rollenmodell, das festlegt, welche Projektmitarbeiter für welche Arbeiten zuständig sind, bilden sie das Vorgehensmodell (siehe Kap. 4). Die Projektplanung, die Durchführung und Überwachung orientieren sich jeweils an den in den Phasen gesetzten Schwerpunkten bezüglich der Produkterstellung und den mit ihr verbundenen Tätigkeiten.

3.3.1 Übergreifende Aufgaben des Managements

Neben den Tätigkeiten in den einzelnen Phasen gibt es wichtige Kern- und Querschnittsaufgaben, die gerade die Projektorganisation und das Management besonders betreffen:

- Risikomanagement
- Problem-, Fehler- und Änderungsmanagement
- Qualitätsmanagement und Qualitätssicherung
- Konfigurations- und Versionsmanagement

Daneben finden sich die „klassischen" Aufgaben des Projektmanagements wie Planung, Fortschrittskontrolle und Berichtswesen, Aufwandsdokumentation etc.

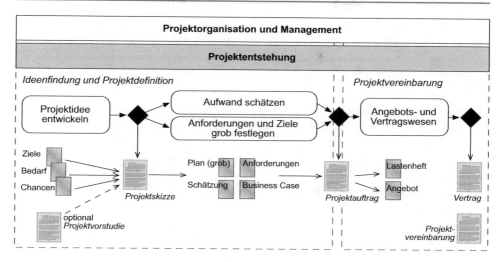

Abb. 3.5 Allgemeine Aufgaben und Artefakte in der Projektentstehung

3.3.2 Projektentstehung

Aus wirtschaftlicher Sicht ist die Projektentstehung (Abb. 3.5) im Hinblick auf die Frage der Projektdurchführungsentscheidung besonders kritisch. In der Projektentstehung findet die Entwicklung und Bewertung von Projektideen statt. Aus Projektideen, die weiter verfolgt werden sollen, entstehen detaillierte Skizzen und Projektaufträge, die als Grundlage für die Anbahnung von Projekten dienen.

3.3.2.1 Ideenfindung und Projektdefinition

Der erste Schritt hin zu einem Projekt ist die Entwicklung einer *Projektidee*. Eine Projektidee kann selbstständig, zum Beispiel in Reaktion auf einen Bedarf oder ein konkretes Problem, entstehen oder in Reaktion auf einen Bedarf von außen, zum Beispiel in Form einer Ausschreibung, herangetragenen Bedarf eines potenziellen Kunden. Liegt die Projektidee vor, muss sie zunächst bewertet werden. Dies erfordert eine schnelle, oft intuitive Beurteilung, ob es sich lohnt, eine Projektidee weiter zu verfolgen und weiteren Aufwand in die detaillierte Ausarbeitung der Projektidee, die Bewertung der Machbarkeit und die Entscheidung zu investieren, das Projekt durchzuführen. Dazu sind die folgenden Fragen zu klären:

- Bestimmung und Analyse der Ursache/des Problems/des Bedarfs
- Prüfung der Machbarkeit und Risiken, insbesondere der Wirtschaftlichkeit

Als Ergebnis dieser ersten Untersuchung liegt in der Regel eine *Projektskizze* vor, welche das durch das Projekt zu bearbeitende Problem herausarbeitet und den konkreten Bedarf zur Lösung des Problems beschreibt. Die Hauptaufgabe der Projektorganisation und des Managements ist es sicherzustellen, dass die wesentlichen Projektziele und Anforderungen an das Projektergebnis erfasst werden und dass diese optimal mit den Prozessen im Umfeld abgestimmt werden. Die Projektskizze selbst ist die erste Entscheidungsgrundlage und ist daher wiederum zu prüfen.

Ergibt eine erste Prüfung (zum Beispiel im Rahmen einer Projektvorstudie), dass die Projektidee weiter verfolgt werden soll, müssen konkrete Überlegungen zu Kosten, Aufwand, technischen Herausforderungen, Wirtschaftlichkeit und Projektrisiken angestellt werden. Hierzu sind die folgenden Tätigkeiten durchzuführen:

- Erhebung der ersten, groben Anforderungen
- Erstellung der ersten Schätzungen bzgl. Aufwand und Kosten
- Erstellung eines groben Projektstukturplans und Projektplans
- Untersuchung der Wirtschaftlichkeit und Erstellung des Business Case

Ziel ist eine detaillierte Beschreibung aller wesentlichen Aspekte unter Angabe von Alternativen, Chancen und Risiken, sodass die Erteilung eines *Projektauftrags* erfolgen kann.

3.3.2.2 Projektvereinbarung

Nach der detaillierten Problembeschreibung und der Erteilung des Projektauftrags wird die rechtliche Organisation des Projekts festgelegt. Hier ist zu entscheiden, ob das Projekt als Eigenentwicklung mit intern verfügbaren Ressourcen durchgeführt wird, oder ob eine Ausschreibung und Vergabe an einen externen Dienstleister erfolgen soll. Soll das Projekt als Eigenentwicklung durchgeführt werden, sind die dazu erforderlichen Organisationseinheiten in die weitere Planung zu integrieren. Das Ziel ist es, zu einer *Projektvereinbarung* zu kommen, die das Projekt fixiert und in die Aufgaben der beteiligten Organisationseinheiten integriert.

Soll das Projekt durch einen extern beauftragten Dienstleister durchgeführt werden, sind dazu *Ausschreibungsunterlagen* zu erstellen und zu veröffentlichen. Im Folgenden wird ein Angebots- und Vergabeverfahren durchgeführt, welches mit dem Abschluss eines *Vertrags* endet.

Unabhängig davon, welche der zuvor genannten Alternativen für die Projektdurchführung zur Anwendung kommt, sind in die folgenden Aufgaben zu bearbeiten:

- Erstellung des Lastenhefts bzw. Erstellung eines Angebots
- Detaillierte Kalkulation des Projekts
- Detaillierung Planung des Projekts
- Sicherung der Finanzierbarkeit des Projekts (zum Beispiel Zahlungsplan)
- Erstellung der Projektvereinbarung/des Vertrags

Gerade in der Projektentstehung ist besondere Umsicht angeraten, um kostspielige Fehleinschätzungen auszuschließen.

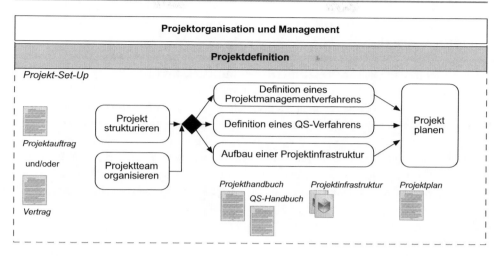

Abb. 3.6   Allgemeine Aufgaben und Artefakte in der Projektdefinition

3.3.3   Projektdefinition

In der Projektdefinition (Abb. 3.6) wird ein vereinbartes Projekt konkret ausgestaltet. Zentrale Aufgaben der Organisation und des Managements in dieser Phase des Projektlebenszyklus sind die Zusammenstellung des Projektteams, die Festlegung der organisatorischen Spielregeln im Projekt, beispielsweise hinsichtlich Projektmanagement und Qualitätssicherung, sowie Planungsaufgaben und, nicht zuletzt, der „offizielle" Projektstart durch einen Projekt-Kick-Off.

3.3.3.1   Projekt-Set-Up

Erstmalig im Projektlebenszyklus wird das Projektmanagement nun im konkreten Kontext des Projekts aktiv. Die erste Aufgabe des Projektmanagements vor dem Einstieg in die fachlichen Arbeiten ist das Set-Up des Projekts. Hier müssen folgende Tätigkeiten durchgeführt werden:

- Strukturierung des Projekts (zum Beispiel Teilprojekte, Arbeitspakete)
- Aufbau und Bereitstellung der Projektinfrastruktur
- Bildung des Projektteams
- Klärung der Zuständigkeiten im Projekt
- Besetzung der Projektrollen und Verteilung der Aufgaben
- Erstellung des Projekthandbuchs
- Organisation des Projekt-Kick-Off

Das Projekt-Set-Up hat das Ziel, den operativen Projektrahmen für das Projektteam zu definieren und alle Beteiligten auf die Projektziele einzustimmen. Das Set-Up sollte mit einem

Projekthandbuch abschließen, welches die „Spielregeln" für das Projekt für alle Beteiligten transparent wieder gibt.

3.3.3.2 Definition eines Projektmanagementverfahrens

Ein wesentlicher Teil des Projekt-Set-Ups ist die Definition eines konkreten, für das Projekt passend ausgestalteten Projektmanagementverfahrens. Da es eine Vielzahl möglicher Methoden und Verfahren zur Unterstützung des Projektmanagements gibt, ist es essenziell, eine geeignete Kombination solcher Verfahren festzulegen, um eine effiziente und nachvollziehbare Projektplanung und -durchführung zu unterstützen. Gleichzeitig müssen die gewählten Verfahren auch zum Projekt passen, um unnötig hohen Managementaufwand zu vermeiden. Die wesentlichen Elemente eines Projektmanagementverfahrens sind das

- Risikomanagement,
- Problem- und Änderungsmanagement,
- Versions- und Konfigurationsmanagement und das
- Berichtswesen.

Die Festlegung dieser übergreifenden Aufgaben des Projektmanagements (siehe auch Kap. 5 und Abschn. 7.3) wird im Projektteam bekanntgegeben, abgestimmt und für alle Teammitglieder zugreifbar dokumentiert, zum Beispiel im Projekthandbuch (Abschn. 7.2.3.1). Im Rahmen der Definition des Projektmanagementverfahrens werden insbesondere auch die Kennzahlen (Kap. 10) festgelegt, welche die Projektorganisation und das Management in der späteren Projektdurchführung dabei unterstützen, den Projektfortschritt festzustellen.

3.3.3.3 Definition eines QS-Verfahrens

Neben der Festlegung eines Verfahrens für das Projektmanagement ist es ebenso wichtig, festzulegen, welche Art von Qualitätssicherung in einem Projekt durchgeführt werden soll und in welchem Umfang dies erfolgt. Dazu wird in der Projektdefinition ein QS-Verfahren festgelegt. Vorgaben für das QS-Verfahren kann ein unternehmensweit installiertes Qualitätsmanagement (Abschn. 5.5) liefern, welches beispielsweise auch Kennzahlen (Kap. 10) festlegt, welche die Messung der Produkt-, Projekt- und Prozessqualität unterstützen. Bei der Definition eines QS-Verfahrens (Abschn. 7.4) werden insbesondere die passenden Qualitätssicherungsmethoden ausgewählt, die helfen, die vorgegebenen Qualitätsziele zu erreichen. Weiterhin wird eine Verbindung zum Projektmanagement hergestellt, damit konkrete QS-Maßnahmen in der Projektorganisation und -planung berücksichtigt werden können. Das für das Projekt spezifisch zusammengestellte QS-Verfahren wird dem Projektteam im Rahmen der Projektdefinition ebenfalls bekanntgegeben, abgestimmt und für alle Teammitglieder zugreifbar dokumentiert, zum Beispiel im QS-Handbuch (Abschn. 7.2.3.2).

3.3.3.4 Aufbau einer Projektinfrastruktur

Damit das Projektteam effizient arbeiten kann, bedarf es einer Infrastruktur für das Projekt, welche festzulegen, aufzubauen und bereitzustellen ist. Im Rahmen der Projektdefinition ist daher auch die Projektinfrastruktur festzulegen (Abschn. 7.5), welche sowohl Hardware, Software, Kommunikationsinfrastruktur, wie auch zentrale Projektablagen umfasst. Da wesentliche Arbeiten in Softwareprojekten weit reichend durch Werkzeuge unterstützt werden (Kap. 12), sind diese ebenfalls auszuwählen und festzulegen und gegebenenfalls zu beschaffen.

3.3.3.5 Projektplanung

Bereits während der Projektentstehung werden grobe Planungsvorgaben gemacht. Im Rahmen der Projektdefinition liegt ein Aufgabenschwerpunkt der Organisation und des Managements darin, eine initiale Projektplanung durchzuführen (Abschn. 7.6). In der Projektplanung werden daher alle Rahmenbedingungen und Projektparameter analysiert, das Projekt strukturiert und auf dieser Grundlage in eine Planung des Projekts durchgeführt. Je nach Art, Umfang und Komplexität des Projekts werden unterschiedliche Pläne erstellt, beispielsweise Meilensteinpläne, Arbeits- und Zeitpläne, Ressourcenpläne, Zahlungspläne oder QS-Pläne. Die aus der Projektdefinition heraus resultierenden Pläne bilden die Grundlage für Projektdurchführung. Sie enthalten die Vorgaben (Soll), welche die Arbeit im Projekt bestimmen, und legen damit auch die Referenz für die Messung (Ist) des Projektfortschritts fest. Bei der Durchführung der Initialplanung muss das Management besonderes Augenmerk darauf legen, dass die initialen Pläne hinreichend Struktur und Information enthalten, damit die Projektarbeit starten kann. Gleichzeitig müssen die Pläne jedoch auch genügend Spielraum und Flexibilität aufweisen, um auf sich ändernde Projektsituationen hin angepasst werden zu können.

3.3.4 Projektdurchführung

In der Projektdurchführung wird ein beauftragtes Projekt umgesetzt. In dieser Phase sind durch die Projektorganisation und das Management Tätigkeiten mit den Schwerpunkten Anforderungsverfeinerung, Erarbeitung und Qualitätssicherung der Projektergebnisse, sowie der Übergabe (Abb. 3.7) zu organisieren und zu planen. Die Hauptaufgabe der Projektorganisation und des Managements liegt nun in der Organisation, Planung, Kontrolle und Steuerung des operativen „Tagesgeschäfts" im Projekt. Hier sind die folgenden Tätigkeiten (in der Regel kontinuierlich) durchzuführen:

- Organisation der Projektarbeit (planen, verteilen, etc.)
- Management der Projektressourcen (Mitarbeiter, Budget, etc.)
- Controlling (messen, steuern, entscheiden) bzgl. Qualität, Kosten, Zeit
- Kontinuierliche (Um-)Planung hinsichtlich Projektzielen, Kosten, etc.
- Dokumentation und Berichtswesen
- Probleme und Konflikte erkennen und lösen

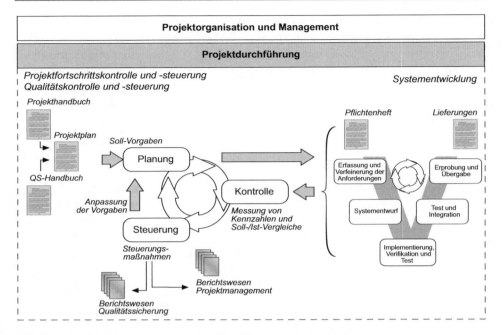

Abb. 3.7 Allgemeine Aufgaben und Artefakte in der Projektdurchführung

3.3.4.1 Projektfortschrittskontrolle und -steuerung

In der Projektfortschrittskontrolle (Abschn. 8.2) wird der aktuelle Arbeitsstand des Projekts mithilfe von Kennzahlen erfasst (Messung des Ist-Zustands) und mit den Vorgaben aus der Planung (Soll) verglichen. Auftretende Abweichungen werden analysiert und es werden passende Steuerungsmaßnahmen festgelegt und eingeleitet. In der Fortschrittskontrolle liegt die Überwachung der wesentlichen Projektparameter (zum Beispiel Zeit, Kosten, Zielerreichung, siehe auch Kap. 10) im Fokus der Organisation und des Managements. Weitere wichtige Aspekte sind insbesondere die Änderungskontrolle und das Berichtswesen, welches dazu dient, den aktuellen Projektstatus transparent zu machen und alle beteiligten Stakeholder über den Projektfortschritt zu informieren.

3.3.4.2 Qualitätskontrolle und -steuerung

Ergänzend zur Projektfortschrittskontrolle ist auch die Entwicklung der Qualität im Projekt zu überwachen und zu steuern (Abschn. 8.3). Auch hier sind die Vorgaben (etwa durch explizit formulierte Anforderungen oder Kennzahlen, siehe Kap. 10) hinsichtlich der zu erreichenden Qualitätsziele mit dem Ist-Zustand zu vergleichen. Abweichungen sind zu analysieren und passenden Steuerungsmaßnahmen sind festzulegen und einzuleiten. Wichtig ist in der Qualitätskontrolle und -steuerung insbesondere die Verflechtung mit dem Projektmanagement, da auch Tätigkeiten und Steuerungsmaßnahmen der Qualitätssicherung Kapazitäten im Projekt binden und dieses bei der Um-/Planung berücksichtigt werden muss. Im Rahmen der Qualitätskontrolle und -steuerung ist ebenfalls ein Berichts-wesen zu etablieren, sodass neben der organisatorischen und planerischen Entwicklung des Projekts auch die Entwicklung der Qualität transparent gemacht und kommuniziert werden kann.

3.3.4.3   Systementwicklung

In der Phase der Systementwicklung wird das geplante Softwaresystem umgesetzt. Die Um-setzung umfasst unterschiedliche Entwicklungsaufgaben, von Entwurfsaufgaben, über die Implementierung/Codierung, bis hin zur Dokumentation, Schulung der Anwender und der Auslieferung der Software oder von Teilen davon.

En der Systementwicklung werden die Aufgaben der Kontrolle und Steuerung des Pro-jektfortschritts und der Qualität im Projekt auf die besonderen Belange dieser Entwick-lungsaufgaben hin angepasst (Abschn. 8.4). Es liegt in der Verantwortung der Projektorga-nisation und des Managements sicherzustellen, dass zum Beispiel Terminpläne hinsichtlich Lieferungen eingehalten werden, dass die vereinbarten Funktionsumfänge erreicht werden (Stichwort: Releasemanagement) und dass die Qualität der Lieferungen angemessen ist.

3.3.5   Projektabschluss

Mit der Übergabe der Projektergebnisse wird das Projekt abgeschlossen. Die im Projekt gesammelten Erkenntnisse müssen nun gesichert und weiteren Projekten zugänglich ge-macht werden (vgl. Abb. 3.8). Die *Projektabnahme* (Abschn. 9.2) und der *Projektabschluss* (Abschn. 9.3) sind wesentliche Bestandteile eines Projekts.

Die Projektorganisation und das Management hat in diesem Zusammenhang die fol-genden Aufgaben:

- Übergabe der Projektergebnisse
- Vorbereitung und Durchführung des Projektabschlusses
- Abrechnung des Projekts
- Durchführung einer bewertenden Rückschau auf das Projekt (Retrospektive)
- Sicherung wiederverwendbarer Projektergebnisse
- Sicherung der Projekterfahrungen (Best Practices)
- Auflösen des Projektteams und Freigabe der Projektressourcen

Gerade ein sorgfältiger Projektabschluss kann einen enormen Beitrag zur Prozessverbes-serung erbringen.

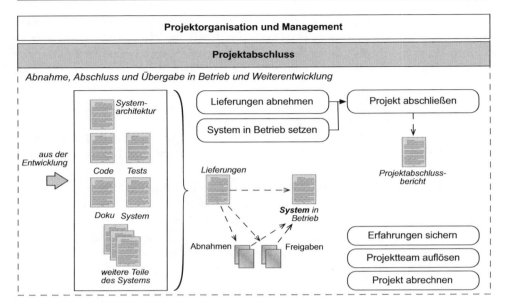

Abb. 3.8 Allgemeine Aufgaben und Artefakte im Projektabschluss

3.4   Phasen der Softwareentwicklung

Das Lebenszyklusmodell für Software stellt eine grobe Strukturierung der Software-
evolution dar und ordnet über Phasen die Arbeitsschwerpunkte anhand ihrer Disziplinen
und Abhängigkeiten zu. Dabei beschreibt das Lebenszyklusmodell bereits Tätigkeiten
und Artefakte, die in jedem Projekt in ähnlicher Form erstellt werden müssen. Der *Entwicklungsprozess* reichert das Lebenszyklusmodell um Rollen und konkrete Abläufe an.
Zusammen bilden das Lebenszyklusmodell und der Entwicklungsprozess ein Vorgehensmodell.

3.4.1   Einflussfaktoren im Entwicklungsprozess

Die Projektdurchführung allgemein und der Entwicklungsprozess im Speziellen werden
von einer Reihe von Faktoren, die für die Kennzielgrößen Kosten, Termine und Qualität
entscheidend sind, beeinflusst. Typische Faktoren sind die zur Verfügung stehenden Ressourcen und die Vorgaben für die Projektdurchführung.

Zur Verfügung stehende Ressourcen Projekte „leiden" meist an begrenzten, oftmals zu
knapp bemessenen Ressourcen. Bei der Definition eines angemessenen Entwicklungsprozesses muss das Management daher die ausreichende Verfügbarkeit der folgenden Res-

sourcen bei der Planung berücksichtigen und deren wirtschaftlichen Einsatz sicher stellen:

- Personal (Zahl, Qualität, Motivation, Ausbildungsstand und Gratifikationen)
- Finanzbudgets (Investitionen, Spesen)
- Werkzeuge (Rechner, Entwicklungshilfsmittel)
- Räumlichkeiten, Arbeitsumgebung
- Rahmenbedingungen (Zielsprachen und -systeme)
- Vorgaben (Termine, Beistellungen, etwa Dokumente, vorgefertigte Systemteile)

Die Projektziele müssen auf die Ressourcen abgestimmt werden – und umgekehrt. Zu knapp kalkulierte Ressourcen sind ein ernstes Projektrisiko. Stehen nicht ausreichend Ressourcen, etwa aufgrund fehlender Mittel, zur Verfügung, müssen die geplanten Projektergebnisse im Umfang darauf zugeschnitten werden. Erweist sich auch das als unmöglich, muss die Sinnhaftigkeit des Projekts erneut geprüft werden.

Vorgaben für die Projektdurchführung Neben den Ressourcen haben auch die Vorgaben an das Projekt Auswirkungen auf die Projektdurchführung. So kann es beispielsweise erforderlich sein, festgelegte Regelungen einzuhalten. Folglich muss die Projektorganisation und das Management bei der Definition des Entwicklungsprozesses die folgenden Vorgaben bei der Planung und Durchführung eines Projekts berücksichtigen:

- Verträge, Vorgaben, Rahmenbedingungen
- Ziele und Anforderungen (sowie Einschränkungen zu deren Stabilität)
- Terminplan
- Budgetplan
- Qualitätsvorgaben
- Vorgaben zur Verantwortungsaufteilung

Insbesondere die verpflichtende Anwendung von Standards oder Vorschriften, etwa Zulassungsverfahren, können erhebliche Auswirkungen auf die Kosten haben.

3.4.2 Phasen im Entwicklungsprozess

Phasen sind ein einfaches Mittel zur Strukturierung der Softwareentwicklung. Für die tatsächliche Durchführung haben sich strikte und starre Phasenmodelle jedoch nur als begrenzt geeignet erwiesen [162].

In Abb. 3.9 ist ein allgemeiner Entwicklungsprozess gezeigt. Die Darstellung orientiert sich am V-Modell, um sowohl die Dekomposition einer Entwicklungsaufgabe als auch die Integration der einzelnen Arbeitsergebnisse zum Gesamtergebnis zu zeigen. Weiterhin erlaubt es diese Darstellung, Abstraktionsebenen einzuführen und somit etwa Systementwurf

Abb. 3.9 Allgemeine Phasen
im Entwicklungsprozess in
Anlehnung an das V-Modell

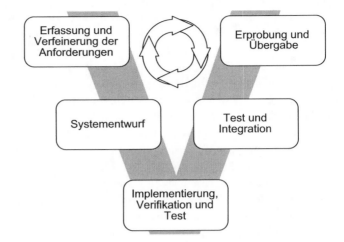

und Integration zum System auf einer Abstraktionsebene zu positionieren. Die weitere
Struktur dieses Kapitels orientiert sich ebenfalls an dieser Darstellung.

Phasenmodelle in der Praxis In der Praxis werden trotz der Abhängigkeiten bestimmte
Phasen oft nicht vollständig ausgeführt, bevor in eine darauf folgende Phase eingetreten
wird. Häufig werden spätere Phasen statt auf vollständige Ergebnisse abgestützt auf Basis
von Teilergebnissen früherer Phasen begonnen. Dies hat zwar den Nachteil von Mehraufwand, falls die Teilergebnisse fehlerhaft sind und sich die Ergebnisse noch ändern können, sodass die ausgeführten Arbeiten in den späteren Phasen angepasst werden müssen.
Der Vorteil besteht in der schnellen Rückkopplung von späteren auf frühere Phasen (beispielsweise in Kernprozessen bezüglich der Anforderungen oder in der Lokalisierung von
Effizienzengpässen) und der Anpassung der frühen Phasen an die neu gewonnenen Erkenntnisse.

> **Hinweis**
> Wir kommen auf diese Problematik unter dem Stichwort Prototyping und iterative
> sowie inkrementelle Entwicklung (siehe Abschn. 4.2.2) ausführlich zurück. Aktuelle
> Vorgehensmodelle der Praxis beruhen weitgehend auf diesen Techniken.

Die zeitlich parallele Ausführung von wechselseitig unabhängigen Aktivitäten setzt voraus, dass genügend Ressourcen (Personal, Maschinen etc.) zur Verfügung stehen. Zudem
ist höherer Planungsaufwand erforderlich, um sicherzustellen, dass in späteren Phasen
frühzeitig benötigte Resultate auch rechtzeitig vorliegen. Dies sicherzustellen ist eine der
wichtigsten Aufgaben der Projektorganisation und des Managements.

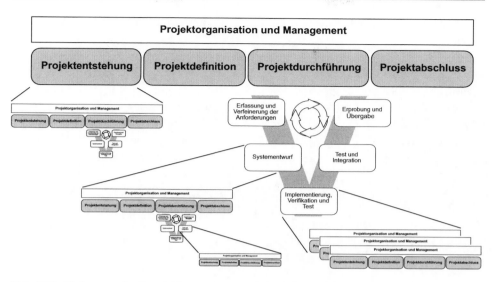

Abb. 3.10   Einbettung des Entwicklungsprozesses in das Lebenszyklusmodell für Projekte und Aufbau von Projekthierarchien

Projektlebenszyklus und Entwicklungsprozess   Ein Entwicklungsprozess benötigt immer einen Projektkontext. Daher ist der Entwicklungsprozess in den Lebenszyklus eines Projekts eingebunden. In Abb. 3.10 ist dies exemplarisch dargestellt. Hierbei ist es jedoch nur eine Möglichkeit, *nur* ein Projekt mit *nur* einem eingebetteten Entwicklungsprozess zu haben. Mit zunehmendem Umfang eines Projekts ist es üblich, teile eines Gesamtprojekts als eigenständige Projekte auszukoppeln (siehe Abschn. 3.2.1).

Abbildung 3.10 zeigt hierzu auch eine exemplarische Projekthierarchie. In diesem Beispiel wird beispielsweise die Projektentstehung (Abschn. 3.3.2) im Rahmen eines eigenständigen Projekts durchgeführt. Dies kann sinnvoll sein, wenn es beispielsweise eine grobe Projektidee gibt, diese jedoch erst im Rahmen einer Projektvorstudie präzisiert werden soll. Auch die Systementwicklung (Abschn. 3.3.4.3) selbst wird im Beispiel weiter gegliedert. So wird beispielsweise der Systementwurf als eigenständiges Projekt durchgeführt, wobei selbst in diesem Unterprojekt wieder Teile als eigenständige Projekte durchgeführt werden. Die hierarchische Gliederung von Projekten kann auch in einer Weise erfolgen, in der eine umfangreiche Aufgabe in mehrere kleinere Aufgaben aufgeteilt wird, welche dann parallel bearbeitet werden. In Abb. 3.10 ist dies beispielhaft für die Implementierungsphase dargestellt. Die Implementierung wird hier durch eigenständige Teilprojekte parallel durchgeführt. In der Praxis wird dieses Muster insbesondere angewendet, wenn eine Software (global) verteilt entwickelt wird. Auch ist es üblich, das Testen als eigenständiges Projekt aufzusetzen.

Die sich hieraus für die Projektorganisation und das Management ergebene Komplexität erfordert ein grundlegendes Verständnis für die Lebenszyklen von Software und Projekten, um eine tragfähige und effiziente Organisation von Einzel- und Multiprojekten zu ermöglichen.

> **Hinweis**
> Die Entwicklung von umfangreichen Softwaresystemen erfordert Kenntnisse zur Anwendung von Methoden aus sehr unterschiedlichen Disziplinen. Hinzu kommen fachliche Gesichtspunkte aus dem Anwendungsgebiet, wie die Beherrschung des Domänenwissens oder der Innovationsgrad, sowie technische Gesichtspunkte, wie die Komplexität der Entwicklungsaufgabe oder die Wahl und Qualität der technischen Lösungen. Nicht zu unterschätzen sind ferner „weiche" Faktoren, wie der Wille zum Projekterfolg, die Einigkeit im Team und die Fähigkeit der beteiligten Interessenvertreter zur Kooperation. Solche Einstellungen und Fähigkeiten werden in der Regel *nicht* durch einen Entwicklungsprozess erzwungen und erfordern eine hohe Qualifikation des Managements über die fachlichen Kompetenzen hinaus.

3.4.2.1   Erfassung und Verfeinerung der Anforderungen

Zu Beginn einer Softwareentwicklung steht eine Geschäftsidee oder ein Bedarf. Daraus ergeben sich Ziele und eine Vorstellung für die zu erstellende Software. Auf dieser Basis werden die Kernanforderungen im Lastenheft erfasst und dokumentiert. Diese Kernanforderungen beschreiben, welche Aufgabe das zu erstellende Softwaresystem lösen soll, welche Funktionalität es bereitstellt und welche Nebenbedingungen und Qualitätsanforderungen es grundsätzlich zu erfüllen hat. Zu Beginn der Softwareentwicklung sind diese (Grob-) Anforderungen zu verfeinern. Die Verfeinerung der Anforderungen kann im weiteren Projektverlauf kontinuierlich und iterativ erfolgen. Gleichzeitig muss bei der Verfeinerung der Anforderungen aber auch sicher gestellt werden, dass keine unnötigen Anforderungen („Wunschzettelmentalität") in die Umsetzung mit eingebracht werden. In Konsequenz sind mit der Detaillierung der Anforderungen auch die ersten Schätzungen zu präzisieren.

Das Ziel der Verfeinerungen der Anforderungen ist die Erstellung eines *Pflichtenhefts*, in dem alle Kernanforderungen berücksichtigt und in einer Weise verfeinert sind, dass die Umsetzung der Anforderungen im Projekt im gegebenen Projektrahmen möglich ist und alle mit der Entwicklung verfolgten Ziele erreicht werden können. Dazu sind die folgenden Tätigkeiten durchzuführen:

- Bewertung und Priorisierung der Kernanforderungen
- Verfeinerung und Konkretisierung der groben Anforderungen
- Prüfung und Kalibrierung der Schätzungen
- Verfeinerung der Projektplanung
- Erstellung des Pflichtenhefts

3.4.2.2 Systementwurf

Im Systementwurf wird die System- und die Softwarearchitektur festgelegt. Die Architektur legt wichtige Qualitätsattribute der Software fest. Die Projektorganisation und das Management muss deshalb besonders darauf achten, dass hier adäquate Entscheidungen getroffen werden. Die sorgfältige Dokumentation und Spezifikation der Architektur ist für die Implementierung und Integration unverzichtbar.

Als zentrales Ergebnis dieses Entwicklungsabschnitts entsteht die *Architektur* des Softwaresystems. Im Fokus der Tätigkeiten der Projektorganisation und des Managements liegen alle organisatorischen Aufgaben, welche die Erstellung der Architektur unterstützen. Neben den reinen planerischen Tätigkeiten schließt dies auch die intensive Abstimmung mit der Qualitätssicherung ein. Wenn nicht schon im Rahmen der Verfeinerung der Anforderungen, setzen spätesten nun die Organisation, Vorbereitung und Planung der Qualitätssicherung, gerade im Hinblick auf die konstruktiven Maßnahmen, ein.

3.4.2.3 Implementierung, Verifikation und Test

Bei der Implementierung und im Modultest wird in der Regel am stärksten mit hohem Personalaufwand gearbeitet. Hier sind die Projektorganisation und das Management gefordert, ein gute Koordination sicherzustellen und hohe Qualitätsmaßstäbe zu garantieren. Im Fokus der Aufgaben in diesem Entwicklungsabschnitt steht die Abarbeitung der Arbeitspakete zur Erstellung des Systems. Hier entsteht eine Vielzahl von Projektartefakten, wie zum Beispiel Modelle, Code, Ressouce Files oder (Unit) Testfälle. Die Auflösung von Abhängigkeiten und in Folge die geschickte Verteilung der Arbeit ist die Hauptaufgabe des Managements.

DeMarco [58] weist aber auch darauf hin, dass die Implementierung nicht zu früh starten sollte, nur um das Personal zu beschäftigen. Dies generiert Kosten und Kommunikationsaufwand und führt zwangsweise zu Qualitätsproblemen im Projekt. Umso präziser die Implementierungsaufgaben abgestimmt und spezifiziert sind, umso zielgerichteter kann die Arbeit erfolgen.

3.4.2.4 Test und Integration

Alle implementierten Bestandteile des System müssen zum Gesamtsystem (entsprechend der Systemzergliederung, die im Systementwurf vorgenommen wurde) integriert werden. Die Integration geht Hand in Hand mit geeigneten Maßnahmen der Qualitätssicherung, etwa (automatisierte) Tests oder Reviews. Ein Ziel dieser Integrationstests ist die Prüfung, ob alle Bestandteile auch im Verbund korrekt zusammen spielen. Schließlich ist das voll integrierte System im Hinblick auf die Systemanforderungen zu verifizieren.

3.4.2.5 Erprobung und Übergabe in Betrieb und Wartung

Die Vorbereitung der Auslieferung, die Installation und die Nutzungsfreigabe erfordern besonderes Augenmerk im Hinblick auf die Kundenzufriedenheit. Hier wird die Qualität und Nutzbarkeit eines Systems erstmals voll sichtbar. Bereits während der Entwicklung (Codierung) ist es nicht unüblich, frühe Integrationsstufen an den Kunden zur Begutachtung zu übergeben. Dadurch wird sichergestellt, dass Diskrepanzen erkannt und Feedback bei der weiteren Entwicklung berücksichtigt werden kann. Die Hauptaufgabe des Managements liegt in diesem Abschnitt in der Organisation, Planung und Überwachung der Integration sowie im Öffnen von Kommunikationspfaden zum Kunden. Das Ziel dieses Entwicklungsabschnitts ist es, nach der letzten Iteration das entwickelte Softwaresystem vollständig in den Betrieb überführen zu können. Konkret sind durch das Management die folgenden Tätigkeiten zu organisieren:

- Planung der Auslieferung(en) gemäß der Projektvereinbarung
- Planung von (Teil-)Abnahmen

3.4.3   Betrieb und Weiterentwicklung

Der Betrieb und die Weiterentwicklung einer Software sind nicht mehr Bestandteil der eigentlichen Entwicklung (Abschn. 3.2.1). Trotzdem sind bereits während der Durchführung einer Softwareentwicklung Überlegungen zum weiteren Lebenszyklus der Entwicklungsergebnisse anzustellen. Die langfristige Modifikation, Anpassung und Weiterentwicklung von Software stellt das Management vor schwierige Aufgaben. Insbesondere sind gewisse Indikatoren/Kennzahlen (KPI: Key Performance Indicator) ständig zu beobachten, an denen sich Qualität und Stand der Software ablesen lässt. Schwierig ist die Entscheidung der Frage, wann eine Altsoftware durch eine Neuentwicklung abgelöst werden soll (Abb. 3.1, Recycling).

Betrieb und Weiterentwicklung sind in der Regel kontinuierliche, zeitlich nicht begrenzte Aufgaben und sind daher üblicherweise nicht als Projekte zu organisieren. Allerdings lassen sich Teilaufgaben, etwa die Migration auf eine neue Hardware, als Projekte organisieren.

Zusammenfassung

Softwareprojekte bündeln viele unterschiedliche Aufgaben und binden darüber hinaus eine Vielzahl von Stakeholdern ein. Weiterhin sind Softwareprojekte in die Organisationsstrukturen, die Produktentwicklungsprozesse und gegebenenfalls in das Portfolio-/ Programmmanagement eingebunden. Ein systematischer Ansatz, der hilft, Projekte in ihrer Gänze zu betrachten und sie in die umgebenden Strukturen und Prozesse einzuordnen ist daher eine wesentliche Voraussetzung für die erfolgreiche Projektdurchführung.

Im zurückliegenden Kapitel wurde ein Lebenszyklusmodell für Softwareprojekte vorgestellt. Dieses Lebenszyklusmodell wurde im Produktentwicklungsprozess und in den Konzepten zur Multiprojektorganisation (Portfolio- und Programmmanagement) eingeordnet. Das Lebenszyklusmodell umfasst die folgenden groben Phasen:

- Projektentstehung
- Projektdefinition

- Projektdurchführung
- Projektabschluss

Jede dieser Phasen wurde mit ihren Kernbestandteilen kurz vorgestellt. In den folgenden Kapiteln werden die Aufgaben der Projektorganisation und des Managements anhand dieser Phasen im Detail besprochen.

3.5 Übungsaufgaben

Übung 3.1 (Produkt- und Projektlebenszyklus)

Der Lebenszyklus eines Projekts ist den Softwarelebenszyklus eingebettet. Ein Projekt kann sowohl die Neuentwicklung einer Software zum Ziel haben, wie auch Teilaufgaben zu ihrer Weiterentwicklung und Pflege.

a) Beschreiben Sie kurz die Einbettung eines Softwareprojektes in den Softwarelebenszyklus. Welche Artefakte müssen vorhanden sein, um ein Projekt zu starten und wer ist für die Erstellung dieser Artefakte verantwortlich?

b) Beschreiben Sie, wie ein Softwareprojekt mit dem Ziel der Weiterentwicklung einer bereits existierenden Software (zur Einführung gewisser Funktionalität) in den Softwarelebenszyklus eingebettet ist? Welche Unterschiede bestehen zur Neuentwicklung einer Software?

Übung 3.2 (Lebenszyklus von Softwareprojekten)

Der Lebenszyklus von Projekten lässt sich in Phasen einteilen, die geprägt sind durch unterschiedliche Schwerpunkte.

a) Identifizieren Sie die wesentlichen Phasen im Lebenszyklus von Projekten.

b) Identifizieren Sie typische Aufgabenkomplexe, die in Projekten auftreten.

c) Geben Sie an, welche Teilaufgaben zu den Aufgabenkomplexen in den einzelnen Phasen des Lebenszyklus eines Projektes zu erledigen sind und beschreiben Sie grob den Verlauf der Aufwände zu diesen Teilaufgaben verteilt über die verschiedenen Phasen.

d) Welche Unternehmensebenen sind in welchen Entscheidungen in den jeweiligen Phasen involviert?

Übung 3.3 (Entwicklungsprozess)

Wie ordnet sich der Lebenszyklus eines Softwareprojekts in den Entwicklungsprozess (Lebenszyklus) von Software ein? Welche Projektspezifika sind bei der Auswahl eines Entwicklungsprozesses zu berücksichtigen und wie?

Vorgehensmodelle in der Softwareentwicklung

4

Zusammenfassung

Die erfolgreiche Entwicklung von Software ist für Unternehmen und die verantwortlichen Personen eine Herausforderung. Vorgehensmodelle geben für Entwicklungsvorhaben Organisationsstrukturen vor, beschreiben, welche Aufgabenfelder zu bearbeiten sind und welche Kompetenzen erforderlich sind, um diese Aufgaben verantwortlich wahrzunehmen. Vorgehensmodelle gibt es in unterschiedlichsten Ausprägungen – alle sinnvoll nur in bestimmten Projektkonstellationen. Dieses Kapitel gibt eine Einführung des umfangreichen Gebiets der Vorgehensmodelle. Es führt in die Basismodelle ein und stellt exemplarisch Vertreter vor.

4.1 Einleitung

Die Erfolgsaussichten eines Softwareprojekts werden von allen im vorangegangenen Kapitel aufgezählten Einflussfaktoren gleichermaßen bestimmt. Die Hauptaufgaben der Projektorganisation und des Managements sind eine realistische Planung, das Setzen von Vorgaben, die Sicherstellung einer angemessenen Kommunikation im Projekt, die Koordination der Projektaufgaben, die Kontrolle des Projektfortschritts und schließlich die Konfliktlösung. Es ist eine wesentliche Aufgabe der Projektorganisation und des Managements, einen für ein konkretes Projekt geeigneten Entwicklungsprozess zu definieren und diesen auch umzusetzen. Aus der Erfahrung heraus ist es hierfür entscheidend, einen stabilen Durchführungsrahmen für das Projekt zu definieren und abhängig von den Projektbesonderheiten einen geeigneten Entwicklungsprozess festzulegen.

Vorgehensmodelle sind hierbei das Bindeglied zwischen den Aufgaben der Projektorganisation und des Managements und den methodischen und technischen Aufgaben der Projektdurchführung in der Softwaretechnik. Vorgehensmodelle sind essenziell, da sie wesentliche Fragen der Organisation beantworten und die Grundlage für die Planung, Projektüberwachung und die Projektsteuerung bilden. Klar beschriebene und strukturierte,

M. Broy, M. Kuhrmann, *Projektorganisation und Management im Software Engineering*,   85
Xpert.press, DOI 10.1007/978-3-642-29290-3_4, © Springer-Verlag Berlin Heidelberg 2013

unternehmensweite Vorgehensmodelle sind ein wesentliches Erfolgskriterium einer gut
organisierten Softwareentwicklung in einem Unternehmen. Dadurch werden Softwareprojekte in ihrer Struktur greifbar, vergleichbar und bewertbar. In Unternehmen, die eine
hinreichende Größe haben und Eigenentwicklung betreiben, ist ein unternehmensweites
Vorgehensmodell sogar zwingend, um die Softwareentwicklung koordiniert und strukturiert durchzuführen. Nach Gnatz [83] und Kuhrmann [116] verwenden wir für Vorgehensmodelle folgende Definition:

▶ **Definition 4.1 (Vorgehensmodell)** Ein Vorgehensmodell beschreibt systematische, ingenieurmäßige und quantifizierbare Vorgehensweisen, um Aufgaben einer bestimmten
Klasse wiederholbar zu lösen.

Ein Vorgehensmodell beschreibt darüber hinaus auch die Schnittstellen des Projekts zur
Organisation, in die das Projekt eingebettet ist. Weiterhin ist es ein Instrument zur Integration der Methoden, die für die Lösung eng umgrenzter Teilaufgaben verwendet werden,
zum Beispiel für das Requirements Engineering oder das Testen. Den Begriff *Methode* definieren wir in Anlehnung an Brinkemper [37] wie folgt:

▶ **Definition 4.2 (Methode)** Eine Methode ist eine spezifische und wiederholbare Vorgehensweise, bestehend aus Vorgaben und Regeln, die einen (nachweisbar erfolgverspre-
chenden) Lösungsansatz für ein definiertes Problem beschreibt. Eine Methode strukturiert
das Vorgehen (die Aktivitäten) in einem definierten Problembereich und gibt Hinweise zu
den zu erstellenden Artefakten.

Beispiel

In einem Vorgehensmodell können verschiedene Methoden miteinander kombiniert
werden. Oftmals stehen für eine Aufgabe auch mehrere mögliche Methoden zur Auswahl. So kann die Beschreibung der Anforderungen beispielsweise mithilfe von UML-
Modellen oder mithilfe strukturierter Texte erfolgen. Die Definition von Methoden
sowie die situationsbezogene Auswahl und Integration von Methoden zu einem projektspezifischen Vorgehensmodell wird auch als *(Situational) Method Engineering* [37]
bezeichnet.

Vorgehensmodelle und die in ihnen kombinierten Methoden enthalten Strukturen,
Vorgaben und Festlegungen, die sowohl die Aufbau- als auch die Ablauforganisation
(Abschn. 2.1) von Projekten betreffen:

Aufbauorganisation Es werden die Strukturen von Teams und Aufgabenprofilen beschrie-
                    ben. Darüber hinaus werden auch Artefaktmodelle festgelegt, die eine
                    Ordnungsstruktur für die Arbeitsergebnisse und ihre Abhängigkeiten
                    zueinander vorgeben.

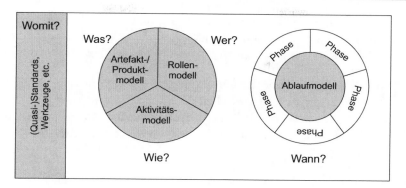

Abb. 4.1 Bestandteile eines Vorgehensmodells

Tab. 4.1 Beispielhafte Inhalte eines Vorgehensmodells nach W-Fragen

Frage	Prozessele-ment	Beispiel
Was?	Artefakt	Projektplan, Modelle, Code, Berichte, Anwenderdokumentation
Wer?	Rolle	Projektleiter, Entwickler, Tester
Wie?	Aktivität	„Erstelle UML-Modell für Anforderungen.", „Schreibe Unit Tests."

Ablauforganisation   Es werden der grundsätzliche Prozess in seinen groben Phasen, sowie detaillierte Entwicklungsschritte beschrieben.

Pragmatisch hat es sich etabliert, Vorgehensmodelle anhand so genannter W-Fragen zu strukturieren und ihre entsprechenden Bestandteile (Abb. 4.1) festzulegen. In der Aufbauorganisation wird dem entsprechend die Frage beantwortet: *„Wer erarbeitet Was und Wie geht er dabei vor?"* Tabelle 4.1 zeigt hierzu einige Beispiele. Durch die Beantwortung der W-Fragen entstehen dann Aussagen wie: *„Der Projektleiter erarbeitet den Projektplan."* oder *„Der Entwickler schreibt Unit Tests zum Testen des Codes."* Die Ablauforganisation ergänzt hierzu die Frage, *Wann* ein Ergebnis erarbeitet und eine Aktivität durchgeführt wird. Hierzu werden Gliederungselemente definiert, die verschiedene Tätigkeiten im Projekt zusammenfassen und strukturieren. Das bekannteste Gliederungselement in der Ablauforganisation von Projekten ist die *Phase*.

▶ **Definition 4.3 (Phase)** Eine Phase (Entwicklungsphase) beschreibt ein logisch zusammenhängendes Aufgabenfeld in der Entwicklung. Eine Phase kann hierarchisch weiter in Teilphasen und Entwicklungsabschnitte untergliedert sein.

Häufig wird mit Phasen eine gewisse zeitliche Reihenfolge assoziiert, die wie im Kontext des Wasserfallmodells [162] eine zeitlich strikte Nacheinanderausführung der Phasen suggeriert. In dieser beschränkten Sicht einer Festlegung einer zeitlichen Abfolge wollen wir den Phasenbegriff jedoch nicht verwenden. Die zeitliche Anordnung von Aktivitäten erfassen wir im Entwicklungsprozess durch die Definition von Fortschrittsstufen. Wir verwenden in Anlehnung an das V-Modell XT [79] den Begriff *Projektfortschrittsstufe*.

▸ **Definition 4.4 (Projektfortschrittsstufe)**   Eine Projektfortschrittsstufe kennzeichnet einen Projektabschnitt und bündelt alle Entwicklungsschritte dieses Abschnitts. Ziel einer Projektfortschrittsstufe ist das Fertigstellen einer Menge von Projektergebnissen (Artefakte, Produkte) zu einem Meilenstein, wobei die erstellenden Aktivitäten, sofern zwischen ihnen keine kausalen Abhängigkeiten bestehen, auch parallel ausgeführt werden können.

Die einem konkreten Problem angemessene Auswahl konkreter Vorgehensweisen (Methoden) sowie der zu absolvierenden Projektfortschrittsstufen und ihre Integration zu einem konsistenten Vorgehensmodell kann durch die Strukturierung und Ausgestaltung eines generischen Vorgehensmodells erfolgen. Dies wird als *Tailoring*[1] [116, 106] bezeichnet.

▸ **Definition 4.5 (Tailoring)**   Tailoring ist ein Prozess der Anpassung eines gegebenen, generischen Vorgehensmodells auf einen konkreten Entwicklungskontext. Im Rahmen des Tailorings werden anhand von Projektcharakteristiken notwendige Umfänge und die erforderliche Ausgestaltungstiefe des *projektspezifischen* Vorgehensmodells festgelegt.

4.2   Grundsätzliche Vorgehensmodelle

In der Softwaretechnik stehen eine Reihe *grundsätzlicher* Vorgehensmodelle (vgl. Chroust [45]) für die Softwareentwicklung zur Verfügung. Sie weisen in der Regel viele Gemeinsamkeiten auf. Eine wesentliche Aufgabe der Projektorganisation und des Managements ist die Wahl und Festlegung des geeigneten Vorgehensmodells vor Projektbeginn. Hierbei sind viele Vorgaben und Projektcharakteristika zu beachten. Oft ist es sinnvoll, das Vorgehen sehr individuell auf die Projektsituation zuzuschneiden (Tailoring). Dabei ist darauf zu achten, dass für alle Projektbeteiligten das Vorgehensmodell transparent und wohlbegründet erscheint. Oft ist es sinnvoll, nicht alle Einzelheiten des Vorgehens in einem Projekt bereits zu Beginn statisch festzulegen, sondern dynamisch und abhängig vom Projektverlauf weitere Festlegungen zu treffen. Bei statischem Vorgehen sind zwar die Planung und das Controlling einfacher, allerdings sind der geschickte Einsatz der Mitarbeiter und die Ausrichtung der Resultate auf Erkenntnisse in der Projektdurchführung nicht möglich.

---

[1] Tailoring und (Situational) Method Engineering sind konzeptuell eng verwandt. So hat sich in den letzten Jahren insbesondere im Umfeld des V-Modell XT bewährt, ein gegebenes generisches Vorgehensmodell aufgrund verschiedener Projektcharakteristika [106], sogenannter Projektmerkmale, an eine bestimmte Projektsituation anzupassen. Dies erfolgt in der Regel durch Reduktion der vorgegebenen Inhalte, sodass nur noch solche Inhalte im projektspezifischen Vorgehensmodell verbleiben, die für das Projekt relevant sind. Dieses Vorgehen entbindet die Projektleitung üblicherweise *nicht* davon, weitere Methoden zur Ausgestaltung des projektspezifischen Vorgehensmodells zu ergänzen.

Die Wahl des Vorgehensmodells für eine Entwicklungsaufgabe ist in bestimmten Unternehmen und Anwendungsgebieten verbindlich vorgeschrieben. In manchen Softwareprojekten wird das Vorgehensmodell auch schon in der Ausschreibung vom Auftraggeber vorgegeben. Typischerweise orientiert sich die Wahl des Vorgehensmodells auch am Anwendungsgebiet und dem Charakter des Projekts. Größere Firmen besitzen ihre eigenen Vorgehensmodelle, die in der Regel Weiterentwicklungen und detaillierte Ausprägungen der im Folgenden beschriebenen grundsätzlichen Vorgehensmodelle sind.

4.2.1   Das Phasenmodell für die Softwareentwicklung

Das Phasenmodell ist der „klassische" Ansatz zur Organisation der Softwareentwicklung. Der bekannteste Vertreter dieser Klasse von Vorgehensmodellen ist das *Wasserfallmodell*. Das Wasserfallmodell [162] entspricht einer streng sequenziellen Vorgehensweise in abgegrenzten Phasen. Jede Phase erzeugt ein Ergebnis, einen „Meilenstein", auf dem die nachfolgende Phase aufbaut. Es wird von Boehm [34] als „Wasserfallmodell" bezeichnet, da Ergebnisse einer Phase immer in die folgende Phase fließen. Es wird auch als konventionelles Vorgehensmodell bezeichnet.

Entgegen der landläufigen Meinung, das Wasserfallmodell sei ein rein sequenzielles Vorgehen, gibt es zwischen den einzelnen Phasen Rückkopplungen, jedoch nur zur jeweils benachbarten, vorausgehenden Phase. Dadurch wird eine sehr klare und einfache Projektstruktur erreicht. Auf den ersten Blick vereinfacht das Wasserfallmodell die Aufgaben der Projektorganisation und des Managements erheblich. Allerdings gilt das nur bei oberflächlicher Betrachtungsweise. Für die Planung setzt diese Vorgehensweise eine Projektdurchführung voraus, in der keine unerwarteten Schwierigkeiten auftreten.

Ehrenrettung
Oftmals wird Royce [162] als „Erfinder" des oft kritisierten Wasserfallmodells angesehen. Tatsächlich kritisiert er genau dieses Vorgehen selbst: *„I believe in this concept, but the implementation described above is risky and invites failure. [...] In effect the development process has returned to the origin and one can expect up to a 100-percent overrun in schedule and/or costs."*

4.2.1.1   Philosophie
Die grundlegende Philosophie des Wasserfallmodells ist die Aufteilung des Prozesses anhand der Schwerpunkte der Entwicklungstätigkeiten in klassische Phasen der Entwicklung. Folgende Phasen werden im Wasserfallmodell verwendet:

- Analyse und Anforderungsermittlung
- Architekturentwurf

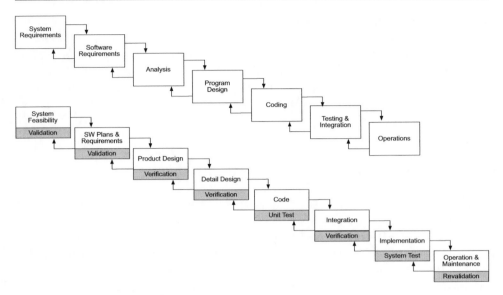

Abb. 4.2 Wasserfallmodell nach Royce (oben) und Boehm (unten)

- Implementierung
- Verifikation und Integration
- Betrieb und Wartung

Das Wasserfallmodell gibt es in unterschiedlichen Ausprägungen (vgl. Chroust [45]). Die beiden bekanntesten sind einmal das Phasenmodell nach Royce und das Phasenmodell nach Boehm (siehe Abb. 4.2).

Jede Phase schließt mit einem Meilenstein, zu dem eine definierte Ergebnismenge vorliegen muss. Jede Phase bündelt eine Reihe von Aktivitäten, die vollständig und in der richtigen Reihenfolge ausgeführt worden sein müssen. Am Ende jeder Aktivität liegt ein fertiggestelltes Ergebnis vor – in der Regel sind dies Dokumente, zum Beispiel eine Architekturspezifikation. Da die Ergebnisse jeweils Eingaben für die folgenden Aktivitäten sind, müssen Aktivitäten vollständig abgeschlossen werden, bevor eine Folgeaktivität beginnt (eine zeitlich parallele Ausführung von Aktivitäten ist somit nur eingeschränkt möglich).

4.2.1.2 Bewertung

Der Vorteil des Wasserfallmodells liegt in seiner einfachen, klaren Struktur und der weitgehenden Übereinstimmung des Artefakt- und Prozessmodells. Das vereinfacht scheinbar die Planung, Organisation und Steuerung, führt aber zu inhaltlichen Problemen.

Der Nachteil des Wasserfallmodells besteht in seiner fehlenden Flexibilität, insbesondere im Hinblick auf Änderungen in frühen Phasen und der Auswirkung auf späte Phasen. Insbesondere ist das Modell schwerfällig in Fragen der Rückkopplung von späten auf frühe

Phasen (wie etwa bei der Identifikation von Fehlern in der Endabnahme, die eine Anpassung der Anforderungen erfordern). Die Überwachung des Entwicklungsfortschritts ist formal zwar einfach, aber die Kontrolle der Entwicklungsrisiken und die Reaktion darauf ist schwierig, da Probleme in einer der Phasen das gesamte Projekt verzögern. Der Nachteil des Wasserfallmodells liegt in folgenden Effekten.

- Planungs- und Entwicklungsfehler werden spät bemerkt.
- Risiken werden (zu) spät erkannt.
- Umplanungen stehen im Gegensatz zur Philosophie und sind kostspielig und schwer zu bewerkstelligen.
- Eine Rückkopplung aus der Implementierungsphase findet sehr spät statt.

Einen Teil dieser Probleme vermeiden konsequente Qualitätsüberprüfungen. Nichts desto trotz ist das Wasserfallmodell Grundlage und Ausgangspunkt für viele weitere strukturierte Vorgehensweisen. Durch seine Organisation in Phasen eignet es sich sehr gut für die Umsetzung bekannter, risikoarmer Verfahren, wie etwa Ausschreibungs- und Vergabeverfahren der öffentlichen Hand.

4.2.2   Das Spiralmodell

Das Spiralmodell von Boehm [35] gibt ein iteratives Vorgehen vor, das die Kontrolle und Minimierung der Projektrisiken zum Ziel hat. Damit ist es ein risikogetriebenes Vorgehensmodell für die Softwareentwicklung (Wartung betrachtet es nicht explizit). Das Spiralmodell ist ein Beispiel für die Verwendung der grundlegenden Konzepte des iterativen und inkrementellen Vorgehens.

4.2.2.1   Iteratives Vorgehen
Das Prinzip des Spiralmodells ist das wiederholte Durchlaufen der klassischen Entwicklungsphasen in Iterationen von jeweils vier Schritten und der kontinuierlichen Bereitstellung von Prototypen:

Schritt 1 (Analyse)   Im ersten Schritt werden Rahmenbedingungen, Ziele, Anforderungen und Lösungsalternativen beschrieben und für die Umsetzung freigegeben.

Schritt 2 (Evaluierung)   Im zweiten Schritt erfolgt die Evaluierung der umgesetzten Lösungsalternativen. Auf dieser Basis können Risiken erkannt werden. Daraufhin werden adäquate Strategien zur Minderung/Vermeidung der Risiken erarbeitet.

Schritt 3 (Realisierung)   In Abhängigkeit von den identifizierten Risiken, wird im dritten Schritt das Vorgehen für die Realisierung festgelegt. Die Realisierung wird entsprechend durchgeführt.

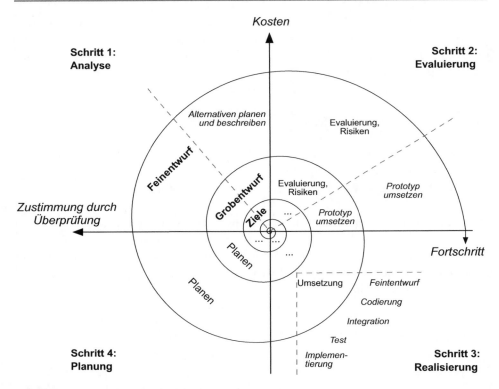

Abb. 4.3 Konzept des Spiralmodells

Schritt 4 (Planung)   Im vierten Schritt erfolgt das Review der vorangegangenen Schrit-
                           te und die Planung der nächsten Iteration.

Darstellung: Das Spiralmodell Diese Schritte bilden die Quadranten in Abb 4.3. Durch
die iterative Vorgehensweise wird das zu entwickelnde System iterativ auf- und ausgebaut.
Eine Linie, die das Fortschreiten der Entwicklung kennzeichnet und in die Quadranten
eingetragen wird, liefert das typische Spiralmuster, dem dieses Modell seinen Namen ver-
dankt. Zentral beim Spiralmodell ist die Erstellung von Prototypen, die eine kontinuierliche
Prüfung des Systems und Lernkurven erlauben. Die Prüfung und Evaluierung dient dazu, Risiken frühzeitig zu erkennen und angemessen darauf reagieren zu können. Durch
immer wieder neues Bewerten und Zuschneiden der Funktionalität lässt sich das Risiko
unangemessener Funktionalität und ausufernder Kosten begrenzen. Die stetige Weiterentwicklung der Prototypen profitiert vom Wissenszuwachs und den Lernkurven, wobei der
Prototyp bis zum finalen, betriebsbereiten System wächst. Auch die anderen Ergebnisse der
Zyklen, wie Anforderungen oder Architekturen, werden in jeder Iteration verfeinert.

 Das Vorgehen in den einzelnen Iterationen, insbesondere für die Entwicklung der Software, kann variieren. Die Variation ist abhängig von den erkannten bzw. verbleibenden

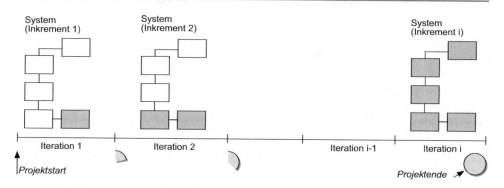

Abb. 4.4 Schrittweises Wachsen eines Softwaresystems nach inkrementellem Vorgehen

Risiken und muss im 3. Schritt für das weitere Vorgehen ausgewählt werden. Somit ist das Spiralmodell kein Vorgehensmodell im eigentlichen Sinne. Vielmehr ist es ein Rahmen, der in Abhängigkeit der Kritikalität mit konkreten Vorgehensweisen auszugestalten ist. Dabei kann der Fokus auf der Prototyprealisierung verbleiben oder aber auch ein wasserfallartiges Vorgehen zum Einsatz kommen.

Im 4. Schritt wird darüber hinaus auch ermittelt, ob ein Projekt in mehrere Teilprojekte in dem Sinne aufgeteilt werden kann, dass für einzelne Teilsysteme jeweils separate Spiralen etabliert werden. Insbesondere bei der Entwicklung von Produktfamilien [110, 189] kann das von Vorteil sein. Jedoch macht das Spiralmodell selbst keine Aussagen darüber, wie die Teilprojekte wieder zu synchronisieren sind. Daher sind an das Projektmanagement höhere Ansprüche zu stellen.

4.2.2.2 Inkrementelles Vorgehen

Beim inkrementellen Vorgehen wird zuerst nur ein eingeschränkter Kern der Funktionalität des angestrebten Systems entwickelt und dann schrittweise weiter ausgebaut und vervollständigt (siehe Abb. 4.4). Dadurch werden die Risiken in der Systementwicklung begrenzt und der Entwicklungsfortschritt überprüfbar gehalten. Auch die Kontrolle von Kosten ist bei einem inkrementellen Vorgehen relativ einfach umzusetzen. Insbesondere können Entwicklungsaufwand und Kostenrahmen flexibel aufeinander abgestimmt werden. Im Wesentlichen gelten die gleichen Aussagen wie für das Spiralmodell.

Ein wichtiger Aspekt der inkrementellen Entwicklung betrifft die Wahl der zeitlichen Abstände der Fertigstellung einzelner Ausbaustufen. In extremen Ansätzen [30, 110, 189] werden täglich neue lauffähige Versionen erstellt, die parallel auf ihre Nutzbarkeit untersucht werden. Natürlich kann man die Abstände auch größer wählen. Die Idee des inkrementellen Vorgehens kann auf das gesamte Vorgehen in Projekten Anwendung finden, aber auch innerhalb einzelner Entwicklungsphasen angewandt werden. So können etwa Anforderungen oder die Architektur inkrementell entwickelt werden.

Inkrementell/iteratives Vorgehen   Das inkrementelle Vorgehen findet sich heute sehr oft
in Kombination mit dem iterativen Vorgehen als sogenanntes inkrementell/iteratives Paradigma in aktuellen Vorgehensmodellen wieder. Sowohl die agilen als auch die „klassischen"
Vorgehensmodelle binden dieses Paradigma in ihre Entwicklungsprozesse ein. Insbesondere beim Erstellen von Prototypen ist dieses Paradigma hilfreich.

Der Unterschied zwischen iterativem und inkrementellem Vorgehen ist diffizil. Beim
iterativen Vorgehen werden der gesamte Entwicklungszyklus oder Teile davon mehrfach
durchlaufen, um Lerneffekte zu nutzen und Verbesserungen zu erzielen. Beim inkrementellen Vorgehen werden Systeme in Stufen ausgebaut. Inkrementelles Vorgehen erfordert
dazu zwingend auch iteratives Vorgehen. Die Umkehrung gilt nicht. Inkrementelles Vorgehen kann auf ganze Softwaresysteme oder Teilaspekte angewendet werden. So kann auch
der Architekturentwurf oder die Anforderungserhebung inkrementell durchgeführt werden.

4.2.3   Prototyping

Ein weiteres Konzept, das auch in Spiralmodell genutzt und intensiv für die Softwareentwicklung adaptiert wurde, ist das *Prototyping*. In vielen Projekten stehen die Anforderungen an das zu entwickelnde System nicht von Anfang an fest. Hier ist es oftmals erforderlich,
sich dem Zielsystem schrittweise mithilfe von Prototypen anzunähern.

Prototypen realisieren früh ausgewählte oder kritische Funktionen und zeigen ihre Realisierung unter realitätsnahen Umständen. Funktionen können schrittweise auf- und ausgebaut werden (evolutionäres Prototyping). Darüber hinaus können verschiedene Realisierungsoptionen ausprobiert und verglichen werden (experimentelles Prototyping) – vgl.
auch Chroust [45]. Vorteile bestehen dabei für Anwender und Entwickler gleichermaßen.
Entwickler können die Anforderungen der Anwender validieren, sie haben die Möglichkeit, die Machbarkeit eines gewählten Ansatzes zu ermitteln, sowie Performanz- und Aufwandsschätzungen durchzuführen. Die Anwender erhalten durch das Prototyping früh
einen Eindruck des Systems. Dies gilt vor allem für die spätere Nutzerschnittstelle (GUI).

> **Hinweis**
> Prototyping ist keine ad-hoc Vorgehensweise sondern systematisiert die Erstel-
> lung ablauffähiger Demonstratoren zur Evaluierung und zum Experimentieren. Der
> Zweck eines Prototyps muss vor seiner Erstellung genau festgelegt werden, um er-
> höhten Aufwand durch unnötige Details zu vermeiden. Das Spiralmodell entspricht
> dabei eher dem experimentellen Prototyping, das inkrementelle Vorgehen dem evo-
> lutionären Prototyping.

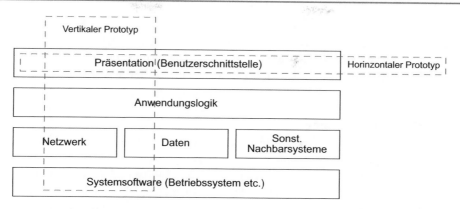

Abb. 4.5 Horizontale und vertikale Prototypen nach Balzer [25]

4.2.3.1 Arten und Muster von Prototypen

Prototypen eignen sich für verschiedene Anwendungszwecke, anhand derer sie sich klassifizieren lassen. Die gebräuchlichen Arten sind:

Demonstratoren finden hauptsächlich in der Akquise bzw. in den frühen Phasen eines Projekts Anwendung. Sie zeigen grob die Richtung auf, in die sich eine Software entwickeln kann, sind üblicherweise jedoch noch „weit" von der finalen Realisierung entfernt.

Labormuster dienen dazu, technische Fragestellungen zu untersuchen und zum Beispiel die Tragfähigkeit einer Architektur zu beurteilen.

Pilotsysteme sind umfangreiche Prototypen, die bereits große Teile der finalen Funktion der Software enthalten. Im Gegensatz zu Labormustern sind bei Pilotsystemen bereits die Anwender mit eingebunden und können das System testen und bewerten. Pilotsysteme sind Prototypen hohen Reifegrads, die das Bindeglied zwischen „Wegwerf-Prototypen" und dem Zielsystem darstellen.

Muster für Prototypen Prototypen werden in der Regel nach zwei unterschiedlichen Mustern aufgebaut (Abb. 4.5).

Ein horizontaler Prototyp realisiert nur einen ausgewählten Ausschnitt einer Architektur. Üblich sind so genannte GUI-Prototypen, die nur die Benutzerschnittstelle demonstrieren, ohne eine darunter liegende technische Funktionalität umzusetzen. Dazu können GUI-Prototypen sowohl als ablauffähige Programme angefertigt werden, aber beispielsweise auch als „Mock-Ups", etwa in Form einer Powerpoint-Präsentation. Ziel dieser Prototypen ist es, den Anwender frühzeitig mit der Benutzerschnittstelle vertraut zu machen und Feedback zu erhalten. Vertikale Prototypen (auch Durchstich genannt) dienen dazu, ausgewählte Aspekte zu untersuchen. Das bedeutet, dass ein Teil des Systems über alle

Schichten der Architektur hinweg erstellt wird; also beginnend von der Benutzerschnitt-stelle bis zur Datenhaltung. Diese Art Prototyp dient dazu, komplexe Funktionalität zu erproben oder prinzipielle Realisierbarkeit zu demonstrieren und dem Anwender zur Prü-fung zu übergeben. Beachtet werden muss bei solchen Prototypen, dass ihre Erstellung mit Programmieraufwand verbunden ist.

4.2.3.2 Rapid Prototyping

Das Erstellen von Prototypen findet in vielen Projekten Anwendung. Ein wesentlicher Trei-ber dahinter ist die Verwendung moderner Entwicklungswerkzeuge. Moderne Entwick-lungsumgebungen gestatten es, zum Beispiel Benutzerschnittstellen schnell und grafisch zu modellieren und lauffähig dem Anwender zu präsentieren. Die prototypischen Benut-zerschnittstellen verfügen hierbei in der Regel über keinerlei Funktionalität, gestatten es jedoch, schnelle Feedbackschleifen zu etablieren. Das schnelle Zusammenstellen von Pro-totypen wird auch als Rapid Prototyping [24] bezeichnet. Diese Technik eignet sich nicht nur für Benutzerschnittstellen, sondern zum Beispiel auch für Datenmodelle, Smartphone Apps und ähnliches.

4.2.3.3 Bewertung

Prototyping ist eine hilfreiche Technik, um frühzeitig (und kontinuierlich) die Anwender des zukünftigen Systems wirkungsvoll in die Entwicklung mit einzubeziehen. Dadurch lässt sich das Risiko eines Fehlschlags des Projekts mindern und frühzeitig die Akzeptanz bei den Anwendern adressieren. Da Prototypen oftmals nur einzelne Aspekte untersuchen, werden in der Regel mehrere unterschiedliche Prototypen erstellt, wobei es gleichzeitig möglich ist, auch mehrere alternative Realisierungsoptionen zu evaluieren.

Für die Projektorganisation und das Management besteht die schwierigste Aufgabe in der Festlegung, ob und in welchem Umfang Prototypen erstellt werden sollen und in ihrer Auswertung. Daher ist es besonders wichtig, von Anfang an die Ziele genau festzulegen, die mit Prototypen verfolgt werden, und die Verfahren, wie der Prototyp im Hinblick auf diese Ziele ausgewertet wird.

> **Hinweis**
> Es darf nicht vergessen werden, dass ein Prototyp zunächst keine produktiv einsetz-bare Software ist und häufig wieder verworfen wird („Wegwerf-Prototyp"). Durch Refactoring lassen sich Teile zwar auch in die Weiterentwicklung übernehmen, in jedem Fall ist die Erstellung von Prototypen mit Aufwand verbunden, der geplant, erbracht und schlussendlich auch bezahlt werden muss. Dies ist bei der Planung des Projekts und der Vertragsgestaltung unbedingt zu berücksichtigen. Insbesonde-re ist vor der Erstellung eines Prototyps eindeutig festzulegen, welche Fragen durch den Prototyp beantwortet werden sollen und wie mit dem Prototyp weiter verfahren werden soll.

4.2.4 Agile Methoden

Ein Ansatz, der in letzter Zeit viel Anklang findet, sind „agile" Methoden (Stichwort „eXtreme Programming" [30] und „codezentriertes Vorgehen"). Darunter wird eine Bündelung von Maßnahmen und Vorgehensweisen verstanden, die im Gegensatz zu sogenannten schwergewichtigen Vorgehensweisen mit hohem Regelungs- und Organisationsaufwand (kritischer Vorwurf: „Softwarebürokratie") einen leichtgewichtigen Ansatz mit höherer Flexibilität gegenüberstellen. In den letzten Jahren haben sich viele agile Vorgehensweisen entwickelt. Die bekanntesten sind das eXtreme Programming (XP) nach Beck [30] und Scrum (Schwaber [170]).

4.2.4.1 Ideen, Konzepte und Prinzipien

Zentrale Bestandteile der agilen Methoden sind frühes Einsteigen in die Codierung, starke Einbeziehung der Nutzer, beständiges Testen und die Weiterentwicklung der Architektur. Diese Werte [33] wurden im „Agilen Manifest[2]" niedergeschrieben. Werte beschreiben die grundlegende Philosophie der agilen Entwicklung, und zwar:

- Individuals and interactions over processes and tools
- Working software over comprehensive documentation
- Customer collaboration over contract negotiation
- Responding to change over following a plan

Bei den Werten ist hierbei Folgendes zu beachten: Die Aussage *A over B* bedeutet ausdrücklich <u>nicht</u>, dass auf *B* verzichtet werden kann, sondern das *A* einen höheren Stellenwert als *B* haben sollte. So ist es ein Missverstehen agiler Ansätze, wenn mit Verweis auf Agilität argumentiert wird, dass in einem Projekt keine Dokumentation erstellt wurde. Ergänzt werden diese „agilen" Werte durch sogenannte Prinzipien, wie Zweckmäßigkeit, Kundennähe oder dass der Code „allen" (im Projekt) gehört. In jedem Fall lässt Agilität viel Spielraum.

4.2.4.2 Agile Techniken und Methoden

Genau betrachtet definieren agile Vorgehensweisen Praktiken und Methoden, die als Baukasten in Projekten kombiniert und angewendet werden können [181]. Tabelle 4.2 listet einige prominente Vertreter solcher Praktiken und Methoden auf. Solche Elemente agilen Vorgehens kann man durchaus auch in großen Projekten und insbesondere in den als schwergewichtig bezeichneten Vorgehensmodellen mit einbringen [112, 160]. So ist das Test-driven Development zum Beispiel eine breit akzeptierte Methode, die beispielsweise auch im Rational Unified Process [115] oder im V-Modell XT [79] Anwendung finden kann.

---

[2] Manifesto for Agile Software Development: http://agilemanifesto.org.

Tab. 4.2 Ausgewählte agile Praktiken und Methoden

Praktik/Methode	Erläuterung
Refactoring	Kontinuierliche Restrukturierung von Code, ohne Änderung der Funktion. Umfasst unter anderem das Entfernen von Coderedundanzen (Klonen), Umbenennen von Bezeichnern und weitere Maßnahmen zur Verbesserung der Lesbarkeit [77].
Pair Programming	Zwei Entwickler arbeiten gemeinsam an einem Programm: Einer codiert, der andere führt ein kontinuierliches Review durch [30].
Test-driven Development	Der Codierungsprozess orientiert sich an zuvor definierten Testfällen. Code wird nur in einem Umfang erstellt, der genügt, die Testfälle erfolgreich zu durchlaufen [29].
Continuous Integration	Kontinuierliche Integration des Codes, sodass Integrationsprobleme unmittelbar erkannt werden können. Üblicherweise erfolgt die Integration zum Beispiel im Rahmen eines „Daily Build" [95] und umfasst insbesondere auch die Testautomatisierung, den kontinuierlichen und automatischen Test von Software mithilfe von Unit Tests.
Planning Game	Anforderungen werden zwischen den Anwendern und den Entwicklern in Form von „User Stories" erfasst und verhandelt. Die Anwender geben die Informationen und die Entwickler schätzen den Aufwand für die Umsetzung der User Story.

4.2.4.3   Bewertung

Agile Methoden sind mittlerweile in der Praxis allgegenwärtig und werden an vielen Stellen etwas leichtfertig als „die" Lösung für die Probleme in der Softwareentwicklung angesehen. Eine kritische Diskussion ist hingegen ratsam, wie sie etwa Friedrichsen und Johann in [80] führen. Rein agile Vorgehensweisen eigen sich der Erfahrung nach nur für Projekte überschaubaren Umfangs (bis zu etwa 7 Mitarbeiter, Laufzeiten bis zu einem Jahr), obwohl sich verstärkt Berichte zur erfolgreichen Anwendung finden, etwa [52, 105, 86], die jedoch, genau betrachtet, eine „Aufweichung" agiler Methoden vornehmen (Greter und Keller [86] führen beispielsweise eine „disziplinierte Agilität" auf). Highsmith [89] und Mah [135] geben beispielsweise an, dass sich insbesondere Managementtechniken der agilen Methoden auch für große Projekte eignen, jedoch sind Bestätigungen durch umfassende, vergleichende Studien hierzu noch nicht verfügbar. Friedrichsen und Johann widersprechen der Aussage von Highsmith und Mah in [80] sogar, da insbesondere in großen Projekten politische Interessen zu einer Misstrauenskultur („Cover your ass" Strategie) führen können, die der agilen Idee entgegenstehen. Weiterhin sind agile Projekte darauf angewiesen, dass sich alle am Projekt beteiligten Parteien auf das Vorgehen verständigen und sich daran halten [180].

Insbesondere aber ist die Vertragsgestaltung für agile Vorgehensweisen schwierig, da Auftraggeber gerne Festpreisprojekte mit genau festgeschriebenen Anforderungen vergeben, um ihr eigenes Risiko zu begrenzen. Dies erfordert ein hinreichend genaues Festlegen der Anforderungen vor Vertragsschluss, was nur schwer mit den agilen Konzepten vereinbar ist.

Auch zu berücksichtigen ist, dass agile Methoden auf „Änderungsfreudigkeit" setzen, sodass Anwender wie auch Entwickler neue Anforderungen in ein Projekt einbringen können, beziehungsweise existierende ändern oder verwerfen können. In rechtlicher Hinsicht sind das Vertragserweiterungen (Change Requests), die zusätzliche Kosten verursachen und zusätzliches Budget erfordern. Oftmals ist das ein rechtliches Hindernis, da die vertragliche Vereinbarung in der Regel auch Kriterien für Abnahmen (inkl. Beweislastumkehr, siehe Haar [88]) vorsieht. In agilen Verfahren ist eine Teilabnahme jedoch schwierig, da das System bis zur Inbetriebnahme in weiten Teilen „veränderbar" ist.

> **Hinweis**
>
> Agile Vorgehen können in „vagen" Szenarien mit unklaren Anforderungen ihre Vorteile ausspielen. Diese können jedoch in „stabilen" Projekten mit klaren Anforderungen nicht zur Geltung kommen. Die Entscheidung für oder gegen ein agiles Vorgehen ist somit stark an den Projektcharakter gekoppelt.

4.3   Konkrete Vorgehensmodelle

Im letzten Abschnitt wurden die grundlegenden Philosophien vorgestellt, auf denen die modernen Vorgehensmodelle beruhen. Die dabei grob beschriebenen Vorgehensmodelle eignen sich nur bedingt für die unmittelbare Anwendung in Projekten. Sie benötigen eine Ausgestaltung in methodischer, fachlicher und technischer Hinsicht. Im Folgenden werden beispielhaft einige populäre Vorgehensmodelle, wie Scrum, der Rational Unified Process und das V-Modell XT und deren Inhalte, insbesondere aus Sicht der Projektorganisation und des Managements vorgestellt.

4.3.1   Scrum

Scrum [170] ist eine etablierte Vorgehensweise, die aus der Idee der *lean production* kommt. In Scrum organisieren sich Teams weitgehend selbstständig anhand von *Ritualen* (Daily Scrum etc.). Die Grundannahme von Scrum ist es, dass Projekte komplex und somit nicht von Anfang an detailliert planbar sind. Daher wird für ein Projekt zunächst ein grober Rahmen vereinbart, in dem sich das Team dann selbstorganisierend bewegen kann.

Tab. 4.3 Scrum Artefakte

Artefakt	Beschreibung
Product Backlog	Enthält alle (bis zum jeweiligen Zeitpunkt) bekannten Anforderungen an die Software. Wird durch den Product Owner erstellt und gepflegt.
Sprint Backlog	Wird durch das Projektteam erstellt und spiegelt durch eine Auswahl der Inhalte des Product Backlog die Zielvorgaben für einen Sprint wieder. Während eines Sprints wird das Sprint Backlog nicht um neue Einträge erweitert.
Release	Jeder Sprint schließt mit einem lieferfähigen Release ab, welches in der Regel durch den Kunden geprüft wird.

4.3.1.1 Organisation von Scrum-Projekten

Scrum besitzt kein detailliert ausgeprägtes Rollenmodell, wie der Rational Unified Process oder das V-Modell XT. Vielmehr verteilt Scrum die Aufgaben im Projekt auf lediglich drei Rollen:

- Product Owner
- Team
- Scrum Master

Die Verantwortung für das Ergebnis übernimmt der *Product Owner*, der im Wesentlichen mit dem fachlichen Projektleiter zu vergleichen ist. Er wählt die umzusetzenden Anforderungen aus einem *Product Backlog* aus, priorisiert diese und sorgt für die Erreichung der gesetzten fachlichen Ziele. Die Implementierung wird durch das *Team* durchgeführt, das selbstorganisierend innerhalb einer Time Box (sog. *Sprints*) bestimmt, welche Elemente des Product Backlogs umgesetzt werden. Das Team hat das Recht, eine Auswahl zu treffen, verpflichtet sich dafür aber auch, das durch die Auswahl gesetzte Ziel zu erreichen.

Der *Scrum Master* ist dafür zuständig, dass der Scrum-Prozess im Projekt umgesetzt wird. Er sorgt dafür, dass das Team produktiv arbeiten kann. Der Scrum Master ist kein Mitglied des Projektteams. Er hat *keine* Weisungsbefugnisse im Projekt und mischt sich nicht in die Kommunikation zwischen Projektteam und Product Owner ein. Allerdings hat er die Pflicht, darauf zu achten, dass sich das Projektteam ohne Einflussnahme des Product Owners selbst organisieren kann. Somit ist der Scrum Master eine Art Mentor und Kontrollinstanz für das Projekt.

4.3.1.2 Scrum Artefakte und Prozess

Genau wie beim Rollenmodell ist Scrum auch hinsichtlich der Vorgaben zu *Artefakten* und zum *Prozessmodell* sehr schmal[3]. Im Wesentlichen fokussiert Scrum das gesamte Projekt auf die Artefakte *Product Backlog*, *Sprint Backlog* und das *Release* (vgl. Tab. 4.3).

Das Product Backlog enthält alle Anforderungen an die zu realisierende Software (Features). Das Product Backlog muss zu Beginn eines Projekts nicht vollständig sein und

---

[3] Die Scrum-Prozessbeschreibung nimmt in [170] nur etwa 15 Seiten ein.

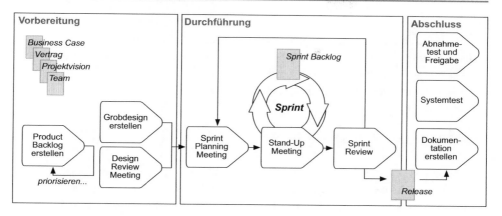

Abb. 4.6   Der Scrum Prozess

kann mit dem Wissenszuwachs im Projekt fortgeschrieben werden, also um neue Anforderungen ergänzt werden [21]. Diese werden regelmäßig priorisiert und bewertet. Hoch
priorisierte Features werden in das Sprint Backlog übernommen. Das Sprint Backlog enthält alle Aufgaben, die das Team im anstehenden Sprint bearbeitet. Der Erfüllungsgrad der
Aufgaben wird täglich in einem Burndown-Chart dargestellt.

Der *Sprint* ist das zentrale Element des Scrum-Prozessmodells (Abb. 4.6). Er kennzeichnet eine Iteration in Form einer Time Box (Scrum sieht hierfür maximal 30 Kalendertage
pro Sprint vor). Time Boxing (siehe Abschn. 7.6.6.3) beschreibt das Konzept eines fixen
Fertigstellungstermins für gegebene Aufgaben, zu dessen Einhaltung falls nötig inhaltliche
Abstriche in Kauf genommen werden. Jeden Tag soll ein *Daily Scrum* durchgeführt werden.
Dieses Ritual dient dazu, dass im Rahmen eines kurzen Projekttreffens jeder im Projektteam berichtet, was sein aktueller Arbeitsstatus ist, was er bis zum nächsten Daily Scrum
bearbeiten will und wo er möglicherweise Probleme im Projekt hat, die der Scrum Master
lösen muss. Ziel ist es, dass möglichst jeder im Projekt über den aktuellen Status informiert
ist.

Nach jedem Sprint soll eine lauffähige Version der Software (Release) vorliegen, die
durch den Kunden mithilfe eines Reviews geprüft wird. Änderungsforderungen, die der
Kunde im Rahmen des Reviews aufstellt, werden wieder in das Product Backlog einge-
pflegt. Ebenfalls am Ende eines Sprints ist das Projektteam dazu aufgerufen, in eine *Retrospektive* zu gehen und den zurückliegenden Projektabschnitt zu bewerten. Die Erfahrungen werden im nächsten Sprint berücksichtigt und an den Scrum Master zurückgemeldet,
wenn Probleme zu beseitigen sind.

4.3.1.3   Anforderungen an die Organisation

Scrum ist eine agile Methode, die hohe Anforderungen sowohl an die Unternehmen als
auch an die Projektteams und die einzelnen Mitarbeiter stellt. Das Unternehmen muss
einen hohen Reifegrad besitzen und insbesondere Techniken wie automatische Testver-

fahren und Refactoring beherrschen. Die Mitarbeiter müssen in modernen Programmier-
techniken ausgebildet sein, um in den kurzen Iterationen des Projekts auch Ergebnisse produzieren zu können. Weiterhin ist der Erfolg von Scrum von einem sozial ausgewogenen
Team abhängig. Dominante Einzelcharaktere oder Animositäten stören das selbstorgani-
sierende Team und wirken sich negativ auf die Produktivität aus.

4.3.2   Rational Unified Process

Der Rational Unified Process (RUP; [115]) ist ein objektorientiertes, aktivitätsgetriebenes
Vorgehensmodell, dass seit 1999 von Rational (später IBM Rational) gepflegt und als kom-
merzielles Produkt vertrieben wird. Der RUP geht unter anderem auf den Unified Process
zurück, der von den „Drei Amigos" Grady Boch, Ivar Jacobson und James Rumbaugh entwickelt wurde. RUP ist sehr stark auf die Unified Modeling Language (UML; [149, 151])
ausgerichtet und liefert eine Methode zur Softwareentwicklung auf Basis der UML. Im Kern
folgt der RUP den folgenden drei Grundprinzipien:

- RUP ist anwendungsfallgetrieben.
- Die Architektur steht im Zentrum der Planung.
- Das Vorgehen zur Entwicklung ist inkrementell/iterativ.

4.3.2.1   Phasen und Disziplinen

RUP deckt weite Teile des Softwarelebenszyklus ab. Er unterscheidet zwischen einzelnen
Lebenszyklusabschnitten (Phasen) inkl. der Iterationen in den einzelnen Abschnitten. Or-
thogonal dazu sind die Disziplinen positioniert, die in einem Projekt nach RUP die Aktivitäten bündeln.

Zur Visualisierung wird ein zweidimensionales Koordinatensystem verwendet, in dem
die Phasen auf der x-Achse und die Disziplinen auf der y-Achse eingetragen werden. Durch
die Schwerpunkte in den einzelnen Phasen und die Anzahl der damit verbundenen Tätigkeiten entsteht das typische „RUP-Gebirge" (Abb. 4.7).

Phasen RUP untergliedert ein Projekt in folgende Phasen:

- Inception (Konzeptionsphase)
- Elaboration (Entwurfsphase)
- Construction (Konstruktionsphase)
- Transition (Übergabephase)

Meilensteine In jeder der vier Phasen werden Arbeitsschritte aus den verschiedenen Disziplinen gebündelt. Weiterhin sind die einzelnen Phasen in Iterationen unterteilt. Jede Phase schließt mit einem Meilenstein (Business Decision Point) ab (vgl. Abb. 4.8). Mit jeder Phase und den dazugehörigen Meilensteinen sind Teilziele des Projekts verbunden. In
Tab. 4.4 sind die Phasen, Meilensteine und die damit verbundenen Ziele zusammengefasst.

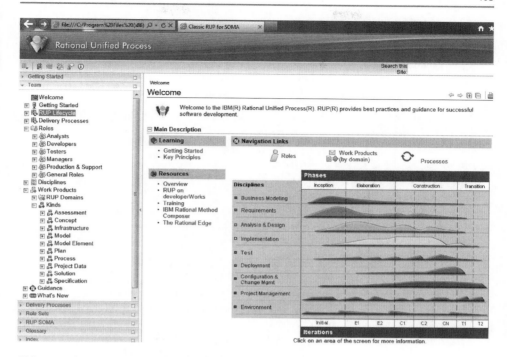

Abb. 4.7 Phasen und Disziplinen im RUP-Gebirge

Tab. 4.4 Phasen, Meilensteine und damit verbundene Ziele

Phase	Meilenstein	Ziel
Inception	Lifecycle Objectives	Klar definierte Projekt-/Iterationsziele
Elaboration	Lifecycle Architecture	Stabiles, nachvollziehbares Architekturmodell
Construction	Initial Operational Capability	Produktiv einsetzbares Produkt
Transition	Product Release	Fertiges Produkt beim Kunden, Projekt abgeschlossen

Im ersten Meilenstein *Lifecycle Objective* erwartet der RUP eine (Projekt-)Vision inkl. eines rudimentären Anwendungsfallmodells (Use Case), das die wesentliche Funktionalität des Zielsystems beschreibt, als erste Ergebnisse. Zum Einsatz kommen hier üblicherweise UML Use Case Modelle. Dazu ist bereits ein erster, grober Architekturentwurf (zum Beispiel mithilfe von UML Komponenten- oder Klassendiagrammen) zu liefern. Aus Sicht der Organisation und des Managements soll hier ebenfalls eine erste Identifikation relevanter Projektrisiken vorliegen. Im zweiten Meilenstein *Lifecycle Architecture* ist ein Architekturprototyp vorzulegen. Weiterhin soll das initiale Use Case Modell weiter verfeinert werden. Organisatorisch ist zu diesem Meilenstein eine detaillierte Arbeitsplanung für die folgende Konstruktionsphase vorzulegen. Aus der Architektur können bereits erste kon-

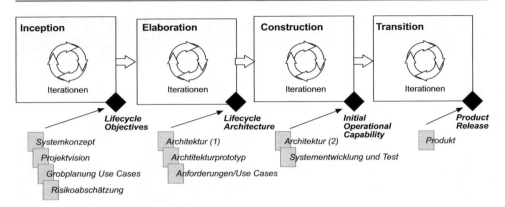

Abb. 4.8 Phasen und zugehörige Meilensteine im Rational Unified Process

Tab. 4.5 Disziplinen im Rational Unified Process

Disziplin	Ziel
Business Modeling	Verständnis für den Geschäftsprozess erreichen
Requirements	Anforderungen erfassen, dokumentieren, organisieren und verfolgen
Analysis & Design	Fachliche Architektur in technisches Design überführen
Implementation	Lauffähiges System erstellen
Test	System testen
Deployment	Auslieferung der Software an den Kunden
Configuration & Change Management	Verwaltung von Ergebnissen und Änderungsforderungen
Project Management	Aufbau eines soliden Projektmanagements
Environment	Entwicklungsumgebung und Prozesse bereitstellen und pflegen

krete Arbeitspakete abgeleitet werden. Der dritte Meilenstein *Initial Operational Capability* fordert bereits detaillierte Entwurfsmodelle (in verschiedenen UML-Diagrammtypen) und Beta-Versionen der Software, während im vierten Meilenstein *Product Release* bereits eine produktive Software vorliegen soll. Am Ende jeder Iteration liegt somit ein ausführbares Produktrelease vor.

Disziplinen Der RUP definiert Kerndisziplinen und unterstützende Disziplinen. Die Kerndisziplinen decken die fachlichen und technischen Aufgaben im Projekt ab, wie zum Beispiel Geschäftsprozessmodellierung, Anforderungsanalyse, Implementierung oder Testen. Die unterstützenden Disziplinen bündeln Tätigkeiten, die unabhängig und somit querschnittlich im gesamten Projekt durchzuführen sind. Hierzu zählen das Projektmanagement oder das Konfigurations- und Änderungsmanagement. Tabelle 4.5 fasst die Disziplinen und ihre Ziele zusammen.

4.3.2.2 Aktivitäten, Artefakte und Rollen

RUP ist ein sogenannter *aktivitätsgetriebener* Entwicklungsprozess (im Gegensatz zum V-Modell XT, das ein artefaktorientierter Entwicklungsprozess ist). Rollen, die der RUP definiert, sind dafür zuständig, Aktivitäten im Projekt durchzuführen, die im RUP sehr detailliert beschrieben sind. Aktivitäten sind in festgelegten Reihenfolgen und Arbeitsschritten zu absolvieren. Sie sind eindeutig bestimmten Phasen im Prozess zugeordnet. Aktivitäten erwarten bestimmte Artefakte als Eingabe und produzieren eine Menge festgelegter Artefakte als Ausgabe. Diese sind dann wieder Eingabe für Folgeaktivitäten. Die Kombination und Verknüpfung der Aktivitäten wird durch Workflows beschrieben, die gleichzeitig auch die mitwirkenden Rollen einbinden.

4.3.3 V-Modell XT

Das V-Modell XT [79] ist eine Weiterentwicklung des V-Modell 97. Es zielt auf erhöhte Flexibilität durch Tailoring unter Beibehaltung von klaren Strukturen der Ablauf- und Aufbauorganisation. Grundidee des V-Modell XT ist eine Gliederung in Module für Prozessinhalte und Abläufe bei einer Fokussierung auf die Ergebnisse (Artefakte), die in einem Projekt erstellt werden. Die *Artefaktorientierung* (Produktorientierung) sorgt dafür, dass spezifische, individuelle (Mikro-)Prozesse in den Hintergrund treten und stattdessen die Anforderungen und die erwartete Qualität der Ergebnisse im Vordergrund stehen. Infolge dessen ist es möglich, eine „Zielergebnisstruktur", also beispielsweise eine Software, mit verschiedenen Vorgehensweisen (zum Beispiel inkrementell oder Prototyp-orientiert) zu erzeugen.

4.3.3.1 Modulstrukturen und Tailoring

Die Inhalte des V-Modell XT liegen in zwei Formen vor: *Vorgehensbausteine* fassen die Produkte, Aktivitäten und weitere Prozesselemente zusammen, welche die Inhalte der Prozessdokumentation stellen. Sie enthalten die Beschreibungen dieser Elemente sowie die Abhängigkeiten zwischen diesen. Analog dazu enthalten *Ablaufbausteine* die Strukturen, die erforderlich sind, um Abläufe zu modellieren, die für die Ableitung von Projektplänen verwendet werden können. Die Kombination dieser Bausteine erfolgt über ein Meilensteinkonzept, das im V-Modell XT durch *Entscheidungspunkte* gegeben ist. Produkte (aus den Vorgehensbausteinen) sind mit verschiedenen Entscheidungspunkten verknüpft, zu denen sie fertig gestellt und qualitätsgesichert sein müssen. Die Entscheidungspunkte sind wiederum durch die Ablaufbausteine referenziert und werden durch diese in eine Reihenfolge gebracht. Damit entsteht eine Fertigstellungsreihenfolge der Ergebnisse eines Projekts (einfaches Beispiel: zuerst das Angebot, dann der Auftrag, dann die Spezifikation und so weiter).

Das V-Modell XT gibt einen Pool aus Vorgehensbausteinen, Ablaufbausteinen, Entscheidungspunkten vor, der eine große Vielfalt von Systementwicklungsprojekten (für Auftraggeber- (AG) und Auftragnehmerkonstellationen (AN) sowie für die Eigenentwick-

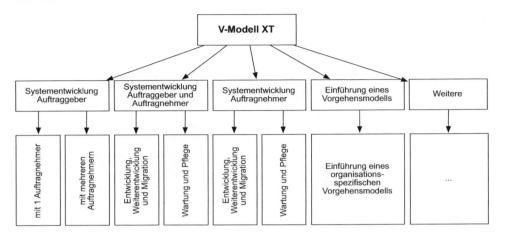

Abb. 4.9 Projekttypen und Projekttypvarianten im V-Modell XT

lung (AG/AN)) abdeckt. Es trifft darüber hinaus auch eine Aussage, welche Kombinationen von Bausteinen sowohl für Inhalte als auch für Abläufe sinnvoll zu kombinieren sind. Im Rahmen des Tailorings wird diese werkzeugunterstützt Auswahl vorgenommen. Anwender klassifizieren Ihr Vorhaben durch einen Projekttyp. Das V-Modell XT bietet standardmäßig folgende Projekttypen an:

- Systementwicklungsprojekt (AG)
- Systementwicklungsprojekt (AN)
- Systementwicklungsprojekt (AG/AN)
- Einführung und Pflege eines organisationsspezifischen Vorgehensmodells (ORG)

Der Projekttyp legt einen Rahmen fest, in dem sich das *projektspezifische* V-Modell XT bewegen kann. In weiteren werkzeugunterstützten Anpassungsschritten wird die initiale Auswahl konkretisiert (vgl. Abb. 4.9). Durch sogenannte Projekttypvarianten werden Rahmenabläufe vorgegeben und zusätzlich zu den Vorgehensbausteinen des Projekttyps weitere, verpflichtend anzuwendende Vorgehensbausteine eingebunden. Variieren kann der Anwender durch die Konfiguration *Projektmerkmale*, die darüber entscheiden, ob bestimmte Tätigkeiten in einem Projekt durchgeführt werden (etwa ob Unteraufträge vergeben oder ob Prototypen entwickelt werden sollen).

Hinweis

Das V-Modell XT ist ein generisches Standardvorgehensmodell, das durch Unternehmen zunächst auf die eigenen Bedürfnisse hin angepasst werden sollte [123]. In Folge dessen kann der Umfang einer sogenannten *V-Modell-Variante* von den hier dargestellten Inhalten abweichen. Wir beziehen uns hier auf das V-Modell XT *Referenzmodell*, welches durch das Bundesministerium des Innern verantwortet wird.

4.3.3.2 Rollen im V-Modell XT

Eine Rolle ist im V-Modell XT eine organisationsstrukturunabhängige Definition von Fähigkeiten und Kenntnissen, der Aufgaben und Befugnisse zugeordnet werden. Dabei sind im V-Modell XT weder Organisations- noch Teamstrukturen hinterlegt [123]. V-Modell-XT-Projekte müssen somit passend/individuell in die durchführende Organisation eingebettet werden. Zu jeder Rolle gibt es ein Fähigkeitsprofil, mit dessen Hilfe geeignete Mitarbeiter ausgewählt werden. Falls für die Besetzung der Rolle besondere Randbedingungen zu beachten sind, ist dies unter der „Rollenbesetzung" im V-Modell XT explizit angegeben.

Verantwortlichkeiten und Mitwirkung Jede Rolle kann im Hinblick auf ein Produkt (Artefakt) in der Ausprägung „verantwortlich" oder „mitwirkend" auftreten (Abb. 4.10). Ist eine Rolle für ein Produkt verantwortlich, muss die Person, die diese Rolle inne hat dafür Sorge tragen, dass:

- das Produkt innerhalb des geplanten Termin- und Kostenrahmens erstellt wird
- das Produkt den Qualitätsanforderungen gerecht wird
- das Produkt dem Konfigurationsmanagement ordnungsgemäß übergeben wird

Die verantwortliche Rolle muss auch dafür Sorge tragen, dass die Arbeiten an dem Produkt koordiniert ablaufen. Dies umfasst einerseits die Rückkopplung des aktuellen Arbeitsstatus als auch die Koordination der anderen beteiligten Rollen.

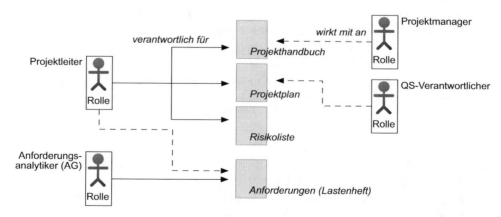

Abb. 4.10 Verantwortlichkeiten und Mitwirkungen an Produkten im V-Modell XT

Ist eine Rolle mitwirkend an der Erstellung eines Produkts, wird die betreffende Person üblicherweise mit der Erarbeitung einzelner (fachspezifischer) Inhalte betraut. Gleichzeitig sind mitwirkende Rollen auch an Abstimmungsprozessen für die Produkterstellung beteiligt. Sie bringen Fachkompetenzen in den Produkterstellungsprozess hinein, über die der Produktverantwortliche nicht zwingend verfügen muss. Durch die Delegation der Produkterstellung an verschiedene Mitwirkende wird gleichzeitig die arbeitsteilige Entwicklung unterstützt.

4.3.3.3   V-Modell-Produkte für Management und Organisation

Das Projektmanagement ist im V-Modell XT eine der *Kerndisziplinen*, die in jedem Projekt umgesetzt werden muss. Das Management von Projekten im V-Modell XT umfasst folgende Aspekte:

- Planung, Überwachung und Steuerung der Produkterstellung
- Zusammenarbeit mit der Qualitätssicherung
- Risiko- sowie Problem- und Änderungsmanagement

Dabei ist neben der Planung und Organisation der projektinternen Abläufe im V-Modell XT auch geregelt, was die Schnittstellen „nach außen" sind; also zu dem Projekt übergeordneten Management, zu Auftragnehmern bzw. Unterauftragnehmern, die in ein Projekt mit eingebunden sind.

Für das Management sieht das V-Modell XT prinzipiell die Produkttypen aus Abb. 4.11 vor. Welche davon im Projekt zu erstellen sind, kann auf verschiedene Weise beeinflusst werden.

Durch das Tailoring werden die Produkte aus den für das Projekt ausgewählten Modulen verwendet, bzw. es entfallen solche aus Modulen, die für das Projekt nicht relevant sind. Weiterhin gibt es eine Unterscheidung in Produkte, die in jedem Fall erstellt werden müssen (*initiale* Produkte) und solche, deren Erstellung motiviert und begründet werden muss (*erzeugte* Produkte). Initiale Produkte regeln dabei, wann, in welchem Umfang und wie andere Produkte erzeugt werden. Für das Projektmanagement und die Organisation ist das *Projekthandbuch* des V-Modell XT das zentrale Produkt, das solche Regelungen vornimmt. Zusammen mit dem Projektplan wird zum Beispiel festgelegt, wie die Risiken im Projekt verwaltet werden und in welchen Intervallen Berichte zu erstellen sind. Das Projekthandbuch regelt Art und Umfang der Produkterzeugung und der Projektplan die Zeitpunkte. Weitere Produkte liefern Inhalte für die Organisation und die Steuerung von Projekten.

4.3.3.4   Vorgehensweisen im V-Modell XT

Die Ergebnisstruktur des V-Modell XT ist zunächst getrennt von der Ablaufstruktur. Lässt man den Projektplan außer Acht, kann das Zielsystem auf Basis der V-Modell-Produkttypen und der Beziehungen für die Erzeugung von Produkten bereits statisch konstruiert werden. Im Projekt ist es jedoch erforderlich, auch eine zeitliche Reihenfolge – einen Ablauf – anzugeben. Diesen Zweck erfüllen die sog. *Projektdurchführungsstrategien*

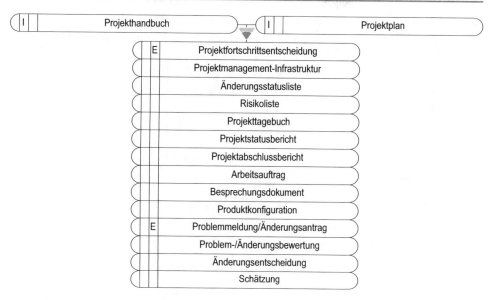

Abb. 4.11 Managementprodukte und die erzeugenden Abhängigkeiten im V-Modell XT

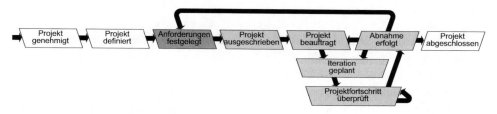

Abb. 4.12 Beispielhafte Projektdurchführungsstrategie im V-Modell XT

(Abb. 4.12). Diese bringen die Entscheidungspunkte des V-Modell XT in eine Reihenfolge, die festlegt, zu welchem Zeitpunkt ein bestimmtes Produkt fertig gestellt werden muss.

Es gibt verschiedene Projektdurchführungsstrategien, die jeweils unterschiedliche Projektabläufe abbilden, etwa die Vergabe und Begleitung eines Projekts als Auftraggeber oder die eigentliche Systementwicklung als Auftragnehmer. Weiterhin gibt es verschiedene Variationen der Abläufe, die zum Beispiel ein inkrementelles Vorgehen oder auch eine Entwicklung mit Prototypen unterstützen.

Das V-Modell XT stellt durch diese Kombination sicher, dass die Ergebnisse in jedem Fall erstellt werden, lässt jedoch Freiräume im Hinblick auf die Reihenfolge und die Wahl der Methoden der Erstellung.

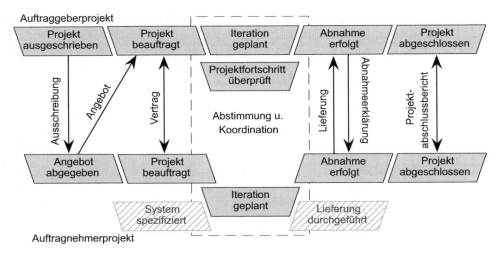

Abb. 4.13 Auftraggeber-/Auftragnehmerschnittstelle im V-Modell XT

4.3.3.5 Projektschnittstellen

Neben der Organisation eines Projekts legt das V-Modell XT auch Schnittstellen fest. Diese Schnittstellen regeln die Einbindung des projektübergreifenden Managements durch Entscheidungsprozesse zur Feststellung des Projektfortschritts. So ist zum Beispiel zu den Entscheidungspunkten des Projekts ein Lenkungsausschuss zu konsultieren. Diesem präsentiert der Projektleiter den aktuellen Projektstatus auf dessen Grundlage entschieden wird, ob das Projekt weitergeführt wird.

Eine weitere Schnittstelle definiert das V-Modell XT zwischen Projekten. Die *Auftraggeber-/Auftragnehmerschnittstelle* (AG/AN-Schnittstelle, Abb. 4.13) legt die Interaktion zwischen verschiedenen Projekten fest. Das V-Modell XT enthält hierfür Entscheidungspunkte, die in allen möglichen Projekttypen enthalten sind. Zu diesen Entscheidungspunkten sind Produkte, darunter zum Beispiel Berichte oder Lieferungen, zwischen den Projekten auszutauschen (als sogenannte *externe* Produkte). Es ist dabei festgelegt, wer an wen liefern muss und was der Umfang der Lieferung ist. Die AG/AN-Schnittstelle findet immer dann Anwendung, wenn ein Auftraggeber ein Projekt an einen Auftragnehmer beauftragt, bzw. ein Auftragnehmer einen Unterauftrag vergibt. Die einzelnen Projekte werden durch die auszutauschenden Produkte transparent, ohne dass die detaillierten Vorgänge bekannt sein müssen.

4.4 Anpassung von Vorgehensmodellen

Eingangs wurde bereits festgestellt, dass insbesondere die groben Vorgehensmodelle kaum oder auch gar nicht für die unmittelbare Anwendung geeignet sind und dem entsprechend eine Anpassung des Vorgehensmodells erfolgen muss. Diese Feststellung trifft auch auf die zuvor vorgestellten konkreten Vorgehensmodelle zu. Viele Unternehmen entwickeln und pflegen daher sogenannte *organisationsspezifische* Vorgehensmodelle. Diese Modelle sind in der Regel aus Standard- bzw. Referenzmodellen abgeleitet und auf die spezifischen Anforderungen hin angepasst worden (zum Beispiel [112, 18, 160]). Im Hinblick auf die „Projektfähigkeit" einer Organisation werden Reifegradmodelle als Messgröße verwendet (vgl. Kap. 11). Insbesondere für das Erreichen höherer Reifegrade ist das Vorhandensein eines definierten, organisationsspezifischen Vorgehensmodells eine zwingende Voraussetzung.

Die Anpassung und Einführung organisationsspezifischer Vorgehensmodelle ist ein weiterführendes Thema, das wir hier nicht in seiner Vollständigkeit behandeln. Jedoch werden im Folgenden die wesentlichen Punkte für die weitere Arbeit in diesem Bereich skizziert.

4.4.1 Prozessmanagement und Vorgehensmodelle

Die Erstellung, Einführung, sowie die Pflege und Weiterentwicklung eines Vorgehensmodells ist eine Aufgabe des unternehmensweiten Prozessmanagements [73]. Vorgehensmodelle unterliegen hierbei (analog zu Geschäfts- oder Produktionsprozessen) einem kontinuierlichem Verbesserungsprozess (KVP). Dieser KVP umfasst nach [73] ein „[...] Konzept, das alle Messungs-, Diagnose- und Steuerungsaktivitäten umfasst, die eine beständige und empirische Verbesserung [...] hinsichtlich vordefinierter Prozesskennzahlen herbeiführen."

Ein solcher Optimierungsprozess kann aus den Schritten Kennzahldefinition, Leistungsmessung, Leistungsdiagnose und Steuerung bestehen. Die wesentlichen Aufgaben für die Organisation sind hierbei die Definition der Kennzahlen (vgl. Kap. 10), das Monitoring (Erfassung der Kennzahlen), die Auswertung und die Ableitung von Steuerungsmaßnahmen zur Umsetzung des identifizierten Optimierungspotenzials.

Für ein Unternehmen ist es wichtig, zunächst festzulegen, welche Abteilung für das Vorgehensmodell zuständig ist. Oft sind ganze Qualitätsmanagementabteilungen zu finden, die sich der Einführung und Pflege von Vorgehensmodellen widmen und für die Projekte als Ansprechpartner für die projektspezifische Ausgestaltung des Vorgehensmodells zur Verfügung stehen. Im Sinne der kontinuierlichen Optimierung des Vorgehensmodells sind darüber hinaus Feedback-Mechanismen zu definieren, über die Erfahrungen aus den Projekten in den Optimierungsprozess zurück fließen können.

Grundsätzlich muss hierbei beachtet werden, dass auch die Prozess- und Vorgehensoptimierung Projektcharakter hat. Für die Entwicklung, Einführung und Pflege werden

Personal und sonstige Ressourcen benötigt. Eine Prozessoptimierung muss somit Bestandteil der Unternehmensstrategie sein und infolge auch ihre Wirtschaftlichkeit nachweisen.

4.4.2   Prozessframeworks

Das Prozessmanagement orientiert sich an einem Vorgehensmodell. Wie eingangs dargestellt, ist die einfache Übernahme eines gegebenen Referenzmodells oft nicht zielführend. Dies gilt sowohl für die reichhaltigen Vorgehensmodelle wie auch für die agilen Methoden. Es sind Anpassungen bezüglich der konkreten Unternehmes- bzw. Projektsituation vorzunehmen. Anforderungen von Kunden, zum Beispiel der Nachweis einer bestimmten CMMI-Stufe[4], sind zu berücksichtigten. Wie zu jeder anderen Managementdisziplin stellt sich an dieser Stelle die Frage nach einem Werkzeug, das sowohl den Erstellungsprozess (Process Authoring), die Veröffentlichung (Process Publishing) als auch die Anwendung im Projekt (Enactment) und die kontinuierliche Pflege unterstützt. Für diese Aufgaben bieten sich sogenannte *Prozessframeworks* an, die aus einem Ökosystem von Metamodellen, Autorenwerkzeugen sowie Werkzeugen zur Unterstützung von Projekten bestehen [124]. Neben spezifischen Produkten existieren auch zwei vollständig offengelegte Plattformen, die im Folgenden kurz skizziert werden.

> **Hinweis**
> Im Folgenden werden die beiden wesentlichen Prozessframeworks nur überblicksweise dargestellt. Es darf hierbei nicht vergessen werden, dass die Erarbeitung und Umsetzung eines Vorgehensmodells eine herausfordernde und äußerst anspruchsvolle Aufgabe ist. Prozessingenieure, die solche Anpassungen durchführen, müssen neben technischer Sachkenntnis vor allem über ein gewisses Kommunikationstalent verfügen. Ihre Aufgabe ist es, zwischen den Stakeholdern zu vermitteln, die erforderlichen Informationen einzuholen und zu strukturieren und anschließend Umsetzungen zu begründen, die sich aus technischen Rahmenbedingungen ableiten. Daher ist zu beachten, dass die im Anschluss vorgestellten Werkzeuge und Infrastrukturen nur einen unterstützenden Charakter haben, jedoch wesentlich zum Erfolg eines Prozessanpassungs- und Einführungsprojekts beitragen können.

4.4.2.1   Eclipse Process Framework
Das Eclipse Process Framework (EPF; [68]) ist eine Plattform zur Modellierung von (allgemeinen) Methoden, Prozessen und komplexen Vorgehensmodellen. Es ist die freie Version der kommerziellen Rational Werkzeuge, auf denen der RUP basiert. Grundlage für diese

---

[4] CMMI – *Capability Maturity Model Integration* – siehe Abschn. 11.3.

Plattform ist das durch die OMG publizierte Metmodell *Software & Systems Process Engineering Metamodel Specification* (SPEM; [150]).

Auf Basis von EPF sind über die Comunity Webseiten bereits einige Referenzimplementierungen für XP, Scrum oder eine leichte RUP-Version Namens OpenUP verfügbar. Diese Prozesse können übernommen und an die konkreten Anforderungen von Organisationen und Projekten angepasst werden. Auch die komplette Neuentwicklung eines Vorgehensmodells wird unterstützt. Resultierende Vorgehensmodelle können den Anwendern in verschiedener Weise zugänglich gemacht werden. Die übliche Form der Publikation ist eine komplexe HTML-Webseite, die zum Beispiel in eine Projektteamwebseite integriert werden kann.

4.4.2.2 V-Modell XT

Das V-Modell XT ist nicht nur ein Vorgehensmodell sondern eine vollständige Infrastruktur [123] für die Entwicklung und das Tailoring von Vorgehensmodellen. Grundsätzlich ist die V-Modell-Infrastruktur mit dem Eclipse Process Framework vergleichbar. Das V-Modell XT baut auf einem eigenen Metamodell [185] auf.

Das V-Modell XT ist explizit für die Entwicklung komplexer Vorgehensmodelle im Sinne einer sogenannten Prozesslinie [159] konzipiert. Hierzu unterstützt des ausgehend von einem Referenzmodell die Erstellung von Erweiterungsmodellen, welche nur die Änderungen im Hinblick auf das Referenzmodell beschreiben. Über die Infrastruktur wird aus den beiden Teilmodellen ein integriertes organisationsspezifisches Vorgehensmodell abgeleitet. Die Infrastruktur des V-Modell XT umfasst neben dem Autorenwerkzeug auch eine Reihe weiterer Werkzeuge für die Unterstützung der Projektdurchführung. Beispielhaft sei hier auf den Projektassistenten verwiesen, der die Projektleitung bei der Anpassung des V-Modells auf die konkreten Projektanforderungen unterstützt. Weitere Werkzeuge erlauben darüber hinaus auf die weitergehende Anbindung von komplexen Projektumgebungen [121, 160].

4.4.3 Prozessmanagement

Im Rahmen des Prozessmanagements zur Weiterentwicklung von Vorgehensmodellen sind vielfältige und interdisziplinäre Aufgaben wahrzunehmen. Sie alle in ihrem vollen Umfang zu beschreiben würde hier den Rahmen sprengen, sodass wir nur die wesentlichen Aufgaben wiedergeben.

Lebenszyklus Vorgehensmodelle unterliegen einem Lebenszyklusmodell, der mit dem eines Softwareprodukts vergleichbar ist. Somit kann auch die Entwicklung, Einführung und Pflege eines Vorgehensmodells analog zu der einer Software organisiert werden. Folglich sind zum Beispiel die Inhalte und Methoden dieses Buchs auch auf diese spezielle Art Projekt anwendbar. Im Allgemeinen besteht der Prozess der Entwicklung eines Vorgehensmodells aus den folgenden vier Stufen:

1. Analyse
2. Konzeption
3. Realisierung
4. Einführung

Diese Stufen sind in einen Zyklus eingebettet, der im Rahmen eines kontinuierlichen Verbesserungsprozesses wiederholt durchlaufen wird. In der Analyse werden hierbei die Anforderungen an den Gesamtprozess, bzw. an ausgewählte Teilprozesse formuliert. In der Konzeption wird auf Grundlage der Analyseergebnisse die Modellierung (zunächst ohne Berücksichtigung technologischer Rahmenbedingungen) durchgeführt und mit den Anwendern abgestimmt. In der Realisierung wird das konzipierte Modell (technisch) umgesetzt. Abschließend wird der umgesetzte Prozess in der Breite eingeführt. Oftmals überlappen sich diese Stufen, sodass das Gesamtprojekt Prozessanpassung und -einführung einer detaillierten Planung bedarf.

Weitere Aufgaben Neben den Aufgaben im grob skizzierten Lebenszyklus gibt es Aufgaben, die im Rahmen des Prozessmanagements grundsätzlich und im Rahmen eines Anpassungs- bzw. Einführungsprojekts im Speziellen zu berücksichtigen sind:

- Analyse und Planung der (langfristigen) Strategie/Prozesslandschaft
- Festlegung und Planung der Einführungsstrategien
- Planung und Durchführung von Schulungen
- Analyse und Planung der Projektinfrastruktur für neue Vorgehensmodelle

Zusammenfassung

Vorgehensmodelle bilden einen Rahmen für die Organisation und das Management von Softwareprojekten. Sie umfassen sowohl Aufbau- als auch Ablaufmodelle und beschreiben die Artefakte, die in einem Softwareprojekt erstellt werden. Vorgehensmodelle gibt es in vielfältigen Ausprägungen, die sich jedoch auf einige wenige Basisformen zurückführen lassen: Das Phasenmodell organisiert eine Entwicklung in Abschnitten – sogenannte Phasen, die zusammenhängende Aufgaben bündeln. Iterativ/inkrementelle Ansätze verfolgen die Strategie des schrittweisen Systemaufbaus durch Wiederholung von Entwicklungszyklen.

Im zurückliegenden Kapitel sind wir exemplarisch auf verbreitete Vorgehensmodelle eingegangen. Für den Rational Unified Process, das V-Modell XT und Scrum haben wir die wesentlichen Konzepte kurz dargestellt und die Einbettung in die Projektorganisation und das Management diskutiert.

Welches Vorgehensmodell in einem Unternehmen oder in einem Projekt zum Einsatz kommt, ist von vielen Randbedingungen abhängig. Eine wesentlichen Aufgaben des Managements ist die Festlegung und auch auch Durchsetzung eines Vorgehensmodells. Nicht immer sind die infrage kommenden Vorgehensmodelle jedoch für eine gegebene Situation passend. In diesen Fällen müssen Vorgehensmodelle entweder für das Unternehmen oder für ein Projekt angepasst werden (Tailoring). Auf die hierfür infrage kommenden Prozessframeworks sind wir am Beispiel des Eclipse Process Framework und der V-Modell XT Infrastruktur eingegangen.

4.5 Übungsaufgaben

Übung 4.1 (Bewertung von Vorgehensmodellen)

Neben Vorgaben für die „reinen" Entwicklungsaufgaben unterstützen Vorgehensmodelle in verschiedener Tiefe auch die Management- und Organisationsaufgaben. Ziel dieser Übungsaufgabe ist es, verschiedene Vorgehensmodelle im Hinblick auf die Unterstützung der folgenden Disziplinen zu bewerten.

- Organisation und Management
- Requirements Engineering
- Entwicklung
- Test und Integration

Hinweis: Unter der Disziplin „Organisation und Management" ordnen wir auch Auftraggeber-/Auftragnehmermanagement, Vertragsfragen und so weiter ein.

a) Erstellen Sie eine einfache Bewertungsmatrix für die folgenden Vorgehensmodelle/Methoden: RUP, V-Modell XT und Scrum.

Vorgehensmodell/ Methode	Organisation/ Management	Requirements Engineering	Entwicklung	Test/ Integration
RUP				
V-Modell XT				
Scrum				

b) Begründen Sie die Bewertungen in der Matrix in Stichpunktform (ca. 2–3 Stichpunkte pro Vorgehensmodell/Methode).

Übung 4.2 (Rollen und Verantwortlichkeiten in V-Modell XT)

Im V-Modell XT (Referenzmodell) ist eine Vielzahl von Rollen beschrieben. Jede Rolle ist entweder für ein V-Modell-Produkt (Artefakt) verantwortlich und/oder wirkt bei der Produkterstellung mit.

Hinweis: Zur Lösung der folgenden Aufgaben müssen Sie zunächst mithilfe der V-Modell-Werkzeuge ein Tailoring durchführen und eine projektspezifische Prozessdokumentation erstellen. In Abängigkeit der gewählten Projektparameter können sich unterschiedliche Lösungen ergeben.

Aufgaben: Bearbeiten Sie nach dem Tailoring die folgenden Aufgaben:

a) Erstellen Sie eine RACI-Martix für die Rollen eines Auftraggeber-Projekts.
b) Erstellen Sie eine RACI-Matrix für die Rollen eines Auftragnehmer-Projekts.
c) Vergleichen Sie die beiden Matrizen. Identifizieren Sie für Rollen, die in beiden Projekten vorkommen, Gemeinsamkeiten und Unterschiede und erklären Sie die auftretenden Unterschiede.

Übung 4.3 (Vorgehensmodelle kombinieren)

Vorgehensmodelle müssen in der Regel angepasst werden, bevor sie in einem Projekt zum Einsatz kommen können. Oft findet sich dann eine Kombination aus umfassendem Unternehmensprozess und kleineren Methoden. Diskutieren Sie die folgende Frage: Sind Scrum und das V-Modell XT miteinander vereinbar?

a) Falls ja: Auf welche Art und Weise? Falls nein: Warum nicht?
b) Worin besteht das größte Risiko bei einer solchen Integration?

Übung 4.4 (Vorgehensmodelle und Verträge)

Vorgehensmodelle können nicht unabhängig von den Vertragsformen gewählt werden, die einem Projekt zugrunde liegen.

a) Welche grundlegenden Vertragsformen gibt es? Was sind ihre Eigenschaften?
b) In welchen vertraglichen Szenarien/Situationen können bestimmte Vorgehensmodelle von Vorteil oder eher nachteilig sein? Geben Sie konkrete Beispiele an.

Übung 4.5 (Auswahl eines Vorgehensmodells)

Welches Vorgehensmodell bzw. welche Vorgehensmodelle oder Kombinationen erscheinen Ihnen für das Projekt „Code & Talk" (vgl. Anhang 13) geeignet? Begründen Sie Ihre Entscheidung.

Teil II
Management im Projektlebenszyklus

Übergreifende Aufgaben des Managements

5

Zusammenfassung

Die Projektorganisation und das Management nehmen in Projekten eine Vielzahl von Aufgaben wahr. Ein Teil dieser Aufgaben erstreckt sich hierbei phasenübergreifend mit jeweils unterschiedlicher Intensität über den gesamten Projektlebenszyklus hinweg. In diesem Kapitel werden diese zentralen, übergreifenden Aufgaben der Projektorganisation und des Managements zusammengefasst, auf denen im Folgenden in den Kapiteln zur Projektentstehung, Projektdefinition, Projektdurchführung und Projektabschluss aufgebaut wird.

5.1 Einleitung

Die Aufgaben in einem Softwareprojekt sind vielfältig. Sie lassen sich in zwei Kategorien einordnen: In sogenannte *phasenspezifische* Aufgaben, die schwerpunktmäßig in bestimmten Phasen der Softwareentwicklung anfallen (etwa Codierung oder Test) und *übergreifende* (phasenunspezifische) Aufgaben, die über den gesamten Lebenszyklus einer Softwareentwicklung und eines Projekts (Kap. 3) durchzuführen sind. Hierbei werden diese übergreifenden Aufgaben in der Regel kontinuierlich durchgeführt, wie zum Beispiel Aufgaben aus dem Bereich des Risikomanagements oder des Qualitätsmanagements.

Die übergreifenden Aufgaben ergeben sich aus den organisatorischen Vorgaben des Unternehmens und und umfassen hierbei Entwicklungsaufgaben mit Organisationsanteilen und entwicklungsspezifischen Anteilen. In Abb 5.1 sind die wesentlichen Aufgaben gezeigt, die einen übergreifenden Charakter haben:

- Risikomanagement (Abschn. 5.2)
- Problem- und Änderungsmanagement (Abschn. 5.3)
- Versions- und Konfigurationsmanagement (Abschn. 5.4)
- Qualitätsmanagement (Abschn. 5.5)

M. Broy, M. Kuhrmann, *Projektorganisation und Management im Software Engineering*,
Xpert.press, DOI 10.1007/978-3-642-29290-3_5, © Springer-Verlag Berlin Heidelberg 2013

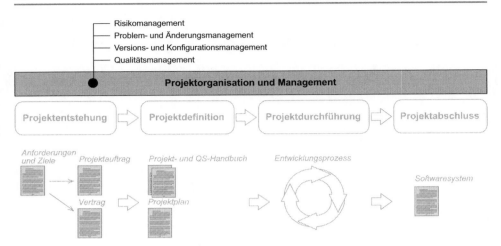

Abb. 5.1 Übergreifende Aufgaben in der Projektorganisation und im Management

Jede dieser Aufgaben stellt für ein Projekt eine Ausgestaltung und Präzisierung organisatorischer Vorgaben des Unternehmens, die in der Regel in umfangreichen Vorgehensmodellen festgelegt sind, dar. Beispielsweise existieren in Unternehmen projektübergreifende Vorgaben, wie das Problem- und Änderungsmanagement oder die Qualitätssicherung funktionieren sollen. Diese Vorgaben sind üblicherweise mit einer Reihe möglicher Methodenbeschreibungen angereichert, welche die Projektteams mit unterschiedlichen Freiheitsgraden anwenden können. Die Aufgabe der Projektorganisation und des Managements ist es, aus den Vorgaben des Unternehmens und den möglichen Methoden diejenigen auszuwählen und zielgerichtet einzusetzen, die es gestatten, ein abgestimmtes und effizientes Management für ein Projekt oder eine Entwicklungsaufgabe zu installieren. Dies erfolgt in der Regel im Rahmen der Projektdefinition (Kap. 7). Die große Herausforderung hierbei ist, dass diese Auswahl in der Regel für jedes Projekt auf Basis festzulegender Projektcharakteristika [106] individuell erfolgen muss.

Es gibt zu jeder der übergreifenden Aufgaben eine Vielzahl möglicher Methoden. In diesem Kapitel wird eine Auswahl solcher Methoden vorgestellt. Diese Auswahl ist bei weitem nicht vollständig, deckt jedoch alle wesentlichen Aufgaben für ein durchgängiges Management von Softwareprojekten ab.

5.2 Risikomanagement

„Managen Sie Projekte, indem Sie ihre Risiken managen." lautet der erste Tipp von De-Marco [58] zum Thema Risikomanagement. In [57] definiert er ein Risiko als „ein mögliches künftiges Ereignis, das zu unerwünschten Folgen führt". Tatsächlich gibt es in *jedem* Projekt Risiken, denn jede Chance, die mit einem Projekt verfolgt wird, ist mit Risiken verbunden. Beide Begriffe, Risiko und Chance, bezeichnen Unsicherheiten in Projekten, wobei Risiken eher mit Bedrohungen assoziiert werden, also unsicheren Ereignissen mit negativen Auswirkungen auf die Projektziele. Chancen werden im Gegensatz dazu mit positiven, erwünschten Ereignissen verbunden. Im Risikomanagement geht es darum, die Unsicherheiten in Projekten zu identifizieren und zu bewerten, um somit die Erfolgschancen zu erhöhen.

▸ **Definition 5.1 (Risiko, PRINCE2)**   Ein Risiko (nach [147]) ist ein Ereignis oder eine Gruppe von Ereignissen, deren Eintreten negative Auswirkungen auf die Erreichung der (Projekt-)Ziele hat.

▸ **Definition 5.2 (Risikomanagement, PRINCE2)**   Risikomanagement (nach [147]) bezeichnet die systematische Anwendung von Verfahren zur Identifikation und Bewertung von Risiken sowie die anschließende Planung und Umsetzung von Maßnahmen zur Risikobehandlung[1].

Jedes einzelne Risiko kann Auswirkungen auf die Projektziele (Leistungsumfang, Qualität, Kosten, Termintreue) haben. Risiken sollten in diesem Zusammenhang nach *Projektrisiken* und *Produktrisiken* unterschieden werden. Produktrisiken haben insbesondere Auswirkungen auf die Feinplanung des Projekts, zum Beispiel durch eine entsprechende Priorisierung der QS-Maßnahmen.

Beim Eintreten eines Risikos besteht die Gefahr von Kaskadeneffekten (auch als „Dominoeffekte" bezeichnet). Tritt ein Risiko ein, werden typischerweise Kompensationsmaßnahmen eingeleitet. Je nach Art des Risikos und der Maßnahmen können in Folge dessen weitere Risiken eintreten, die wiederum kompensiert werden müssen – und so weiter. Daher ist es für die Projektorganisation und das Management essenziell, ein geordnetes und vor allem vorausschauendes Risikomanagement zu etablieren um Kaskadeneffekte zu vermeiden.

5.2.1   Risikomanagementverfahren

Das Risikomanagement umfasst die folgenden Aufgaben, die in das Projektmanagementverfahren eingebettet werden müssen:

Identifizieren   Risiken müssen identifiziert werden. Wichtig ist hierbei die Identifikation der ursächlichen Risiken (oftmals sind diese gar nicht bekannt, da nur die Symptome zur Kenntnis genommen werden).

---

[1] Dies umfasst Maßnahmen zur Minderung der Eintrittswahrscheinlichkeit und der Auswirkung eines Risikos im Fall des Eintritts.

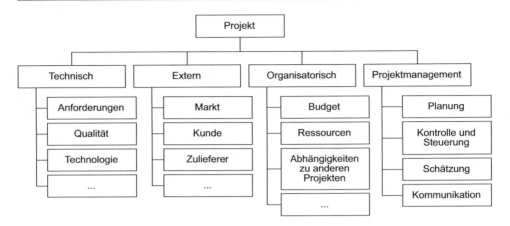

Abb. 5.2 Risikoklassen nach PMBOK Guide

Analysieren   Risiken müssen analysiert, bewertet und priorisiert werden. Hierbei sollten
               für jedes Risiko seine Eintrittswahrscheinlichkeit und die zu erwartenden
               Auswirkungen beim Eintritt genau untersucht werden. Insbesondere sollte
               bereits untersucht werden, was diejenigen Symptome sind, mit denen sich
               das Eintreten eines Risikos „ankündigt".
Verfolgen   Risiken müssen im Projekt verfolgt werden. Insbesondere ist wichtig, re-
               gelmäßig den Status der Risiken im Hinblick auf Änderungen hinsichtlich
               Eintrittswahrscheinlichkeit oder Schadumfang zu prüfen und zu berichten.
Kompensieren   Für jedes Risiko sind Maßnahmen zu definieren, die entweder das Ein-
               treten verhindern (oder die Eintrittswahrscheinlichkeit zumindest redu-
               zieren) oder konkrete Hilfestellung anbieten, um die Auswirkungen des
               Risikos zu beschränken, wenn ein Risiko eingetreten ist.

5.2.2   Risikoklassen und Risikobewertung

Risiken lassen sich in verschiedene Risikoklassen einordnen. PMBOK Guide [158] gibt solche Risikoklassen beispielsweise in Form einer *Risk Breakdown Structure* (RBS, Abb. 5.2)
an. Diese Risikoklassen dienen dazu, die Risiken systematisch zu erfassen und ihre Einschätzung zu erleichtern. So lassen sich zu den einzelnen Risikoklassen „Standardrisiken"
ableiten, die mit hoher Wahrscheinlichkeit in jedem Projekt in der einen oder anderen
Form auftreten, wie zum Beispiel:

- Unklare Anforderungen mit hoher Änderungswahrscheinlichkeit
- Einzusetzende Technologie ist noch nicht erprobt und nicht am Markt eingeführt
- Schlechte Verfügbarkeit des Kunden oder anderer wichtiger Stakeholder

- Zu optimistische Aufwands- und Terminschätzungen
- Benötigte Mitarbeiter sind nicht verfügbar
- Zulieferungen verspätet oder in ungeeigneter Qualität
- Projektfinanzierung ist nicht völlig gesichert

Hinweis

Im Rahmen der Einführung eines Projektmanagementverfahrens (Abschn. 7.3) sollte im Risikomanagement festgelegt werden, welche Risikoklassen im Projekt zu berücksichtigen sind.

Nach der Einordnung in eine Risikoklassen wird für alle identifizierten Risiken eine Bewertung vorgenommen. Hindel et al. [90] weisen darauf hin, dass es eine Vielzahl komplizierter Bewertungssystematiken gibt, sich jedoch praktisch eine Bewertung anhand der drei Parameter

- Eintrittswahrscheinlichkeit,
- Schadenshöhe und
- Risikokennzahl

bewährt hat. Die *Eintrittswahrscheinlichkeit* beantwortet die Frage, wie wahrscheinlich es ist, dass ein Risiko eintritt. Die *Schadenshöhe* gibt den erwarteten Schaden beim Eintritt eines Risikos an. Eine *Risikokennzahl* (oder Risikoprioritätszahl) bewertet die Kritikalität (in der Regel eine numerische Größe), die aus Eintrittswahrscheinlichkeit und Schadenshöhe des Risikos errechnet wird. Eine einfache Methode, eine solche Bewertung vorzunehmen ist die *Wahrscheinlichkeits- und Auswirkungsmatrix* (Probability Impact Grid [147]). Abbildung 5.3 zeigt eine solche Matrix. Die beispielhafte Einfärbung deutet an, welche Vorgaben das Management bzgl. des Risikomanagements machen könnte: Beispielsweise könnte die *Risikotoleranzgrenze* bei 0,18 festgelegt werden oder die proaktive Behandlung aller Risiken mit einem Kennzahlwert größer 0,04 verlangt werden, während die Risiken mit einem kleineren Kennzahlwert zunächst nur unter Beobachtung bleiben. Abhängig von den Auswirkungen sind entsprechende Verantwortliche im Management vom Eintritt eines Risikos zu unterrichten.

5.2.3   Maßnahmen

Nach der Identifikation und Bewertung von Risiken sind noch die Maßnahmen festzulegen, mit denen Risiken behandelt werden. Man spricht dann auch von Risikobehandlung. Im Wesentlichen gibt es folgende grundlegende Maßnahmen:

Wahrscheinlichkeit						
0,90	Sehr hoch 71-90%	0,045	0,09	0,18	0,36	0,72
0,70	Hoch 51-70%	0,035	0,07	0,14	0,28	0,56
0,50	Mittel 31-50%	0,025	0,05	0,10	0,20	0,40
0,30	Gering 11-30%	0,015	0,03	0,06	0,12	0,24
0,10	Sehr gering bis zu 10%	0,005	0,01	0,02	0,04	0,08
		Sehr gering	Gering	Mittel	Hoch	Sehr hoch
		0,05	0,10	0,20	0,40	0,80
		Auswirkung				

Abb. 5.3 Beispielhafte Wahrscheinlichkeits- und Auswirkungsmatrix aus PRINCE2

Vermeiden   Wird ein Risiko erkannt, kann nach Wegen gesucht werden, um eine Situation zu schaffen, in der das identifizierte Risiko gar nicht mehr auftreten kann oder, sofern es nicht ganz beseitigt ist, keine nennenswerten Auswirkungen mehr hat.

Reduzieren   Wird ein Risiko erkannt, wird nach Wegen gesucht, um die Auswirkungen des Risikos zu reduzieren. Hierbei können proaktive und reaktive Maßnahmen definiert werden. Eine proaktive Maßnahme dient dazu, entweder die Eintrittswahrscheinlichkeit oder die Schadenshöhe zu verringern. Eine reaktive Maßnahme könnte zum Beispiel die Festlegung von Eventualplänen („Plan B") sein. Auch eine Übertragung von Teilen des Risikos an Dritte, etwa in Form einer Versicherung, ist möglich.

Transferieren Wird ein Risiko erkannt, welches nicht im Projekt behandelt werden soll, kann versucht werden, das Risiko zu transferieren, etwa an einen Lieferanten.

Akzeptieren   Wird ein Risiko erkannt, kann es auch als unvermeidbar bewusst in Kauf genommen werden. Dann werden zunächst keine Risikomaßnahmen eingeleitet, dafür wird das Risiko aber weiterhin beobachtet. Dann sollte aber geprüft werden, wie Kompensationsmaßnahmen ergriffen werden können, beispielsweise durch Risikoverteilung zwischen den Vertragsparteien oder durch Aufschläge auf das Projektbudget.

Hinweis

Keinesfalls darf vergessen werden, dass jeden Riskomaßnahme durch Seiteneffekte weitere Probleme verursachen kann. Besteht eine Maßnahme beispielsweise darin, ein Umpriorisierung von Arbeitspaketen durchzuführen, entstehen dadurch unter Umständen Risiken für andere Arbeitspakete oder sogar für das Gesamtprojekt.

Wesentlicher Teil des Risikomanagements sind regelmäßige Berichte an das Projektteam und die Entscheidungsgrenzen. Weiter sind gegebenenfalls entsprechende Arbeitspakete mit Aufwänden zur Risikokompensation im Projektplan vorzusehen.

5.3   Problem- und Änderungsmanagement

Es gibt eine einfache Feststellung für Projekte – nichts ist so beständig wie der Wandel. Änderungen werden in jedem Projekt auftreten. Daher ist es unerlässlich, dass man im Projekt auf den Umgang mit Änderungen und Problemen vorbereitet ist. Die Festlegung eines Verfahrens für das Problem- und Änderungsmanagement (PÄM, Issue Management, [38, 183]) ist eine zentrale Aufgabe der Projektorganisation und des Managements.

5.3.1   Probleme und Änderungsforderungen

Probleme (Issues) stellen im Projekt erkannte Schwierigkeiten (Problemmeldungen, Bug Reports) in Arbeitsergebnissen dar, die eine genauere Untersuchung und Behandlung erfordern und deren Beseitigung (Änderungsforderungen, zum Beispiel als Change Request, CR) erst nach genauer Klärung erfolgt. Die Vorgaben hierfür werden in Form einer Prozessvorgabe formuliert. Im V-Modell XT erfolgt dies beispielsweise im Projekthandbuch, das ein Thema *Organisation und Vorgaben zum Problem- und Änderungsmanagement* enthält. Dort wird detailliert festgelegt, wie die Erfassung, Klärung und die weitere Behandlung von Problemmeldungen und Änderungsforderungen erfolgt. Das Verfahren für das Problem- und Änderungsmanagement umfasst im Wesentlichen die in Abb. 5.4 dargestellten Aufgaben.

5.3.2   Formales Problem- und Änderungsmanagement

Durch die Problemmeldungen und Änderungsforderungen sollen alle kritischen Probleme im Projekt erfasst werden, die Änderungen an bereits erstellten Artefakten erfordern. Eine wichtige Unterscheidung, die hierbei getroffen werden muss, ist ab wann und in wie fern der Änderungsprozess formalisiert werden muss/soll. Nicht immer ist es notwendig,

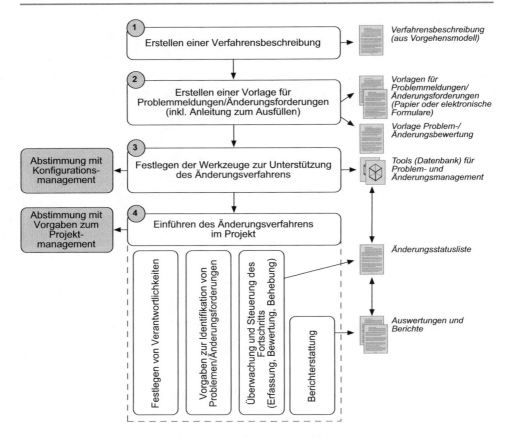

Abb. 5.4 Aufgaben bei der Etablierung eines Änderungsverfahrens

mit Problemmeldungen oder Änderungsanträgen ein explizites Gremium (zum Beispiel das Change Control Board) über das weitere Verfahren entscheiden zu lassen. In Abhängigkeit von Projektgröße, -zustand etc. kann es auch effizienter sein, „kleine" Änderungen innerhalb des Projektteams dokumentiert umzusetzen. Handelt es sich jedoch zum Beispiel um bereits im Rahmen von Meilensteinabnahmen festgeschriebene Arbeitsergebnisse, um bereits ausgelieferte Produkte oder Probleme, die von außen in das Projekts eingebracht werden, ist eine formale Behandlung im Rahmen eines vereinbarten Prozesses unumgänglich.

5.3.3 Änderungsverfahren

In jedem Fall muss ein Verfahren etabliert werden, das die genaue Vorgehensweise regelt und präzise entscheidet, wann ein Gremium zu befragen ist und wann das Team eigen-

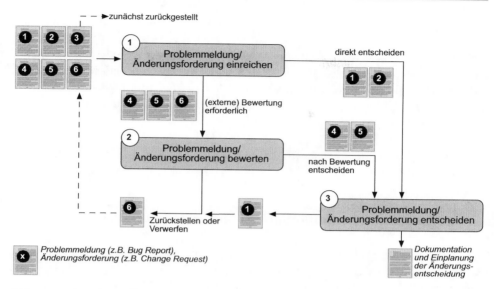

Abb. 5.5 Beispielhaftes Änderungsverfahren

verantwortlich vorgehen kann. In beiden Fällen sollte aber eine systematische Erfassung und Nachverfolgung der Änderungen etabliert werden, um unkoordiniertes, willkürliches und nicht abgestimmtes Durchführen von Änderungen an Artefakten zu vermeiden. Es empfiehlt sich folgendes Verfahren bei der Änderungskontrolle (Abb. 5.5):

Schritt 1: Änderungsanträge werden auf einem Formblatt schriftlich/elektronisch erfasst und eingereicht. Hierbei sind die gewünschte Änderung, die betroffenen Komponenten, der Änderungsaufwand und die Vorteile der Änderung, beziehungsweise die Konsequenzen oder Risiken einer Nichtumsetzung aufgelistet.

Schritt 2: Durch (externe) Experten können gegebenenfalls Bewertungen einzelner Änderungsanträge erstellt werden. Insbesondere ist dies bei Änderungsanträgen ratsam, die Systemkomponenten betreffen, die viele Abhängigkeiten zu anderen Komponenten aufweisen oder die bezüglich des Gesamtsystems kritische Funktionen/Rollen haben.

Schritt 3: Die Änderungssteuerungsgruppe (Change Control Board, CCB) tagt regelmäßig. Sie setzt sich aus den Teilprojektleitern einer bestimmten Ebene zusammen. Vertriebsund Kaufmännische Abteilung sind dabei beteiligt. Die Annahme eines Änderungsantrages muss einvernehmlich erfolgen. Die Änderungsanträge werden an die Mitglieder des CCB rechtzeitig vor der Sitzung verteilt, sodass die Änderung bzgl. ihrer Konsequenzen in der jeweiligen Gruppe vorher besprochen werden kann und in der Sitzung der Schwerpunkt auf der reinen Abstimmung liegt.

Änderungsentscheidung Es gibt folgende Entscheidungen bzgl. eines Änderungsantrags: Ablehnung, Annahme, sofortige Freigabe zur Umsetzung, Annahme aber Umsetzung erfolgt zu festgelegtem (späteren) Zeitpunkt. Gegebenenfalls kann eine Änderungsforderung auch so umfangreich werden, dass sie zwar umgesetzt werden kann, jedoch erst in einem späteren Release der Software, beziehungsweise im Rahmen einer vertraglichen Zusatzvereinbarung. Bei Rückstellung gilt: Durchführung einer Untersuchung und Wiedervorlage sind genau zu definieren.

▸ **Achtung!** Unnötige Arbeitsbeschaffung wegen mangelnder Entscheidungsfähigkeit ist zu vermeiden!

5.4   Versions- und Konfigurationsmanagement

Im Laufe eines Projekts werden eine Fülle von Artefakten (Projektergebnisse) erarbeitet, die archiviert werden müssen. Dazu gehören insbesondere Dokumente, Datenbestände und Programme, sowohl im Quelltext als auch in übersetzter Form. Typischerweise existieren Artefakte in mehreren Versionen. Dies erfordert eine Verwaltung der Artefakte in ihren Versionen und mit entsprechenden Informationen hinsichtlich ihrer Konfigurationen.

5.4.1   Versionen und Konfigurationen

Für die Artefakte einer Softwareentwicklung existieren typischerweise unterschiedliche Versionen. Ursachen dafür liegen darin, dass Artefakte in Schritten erarbeitet werden und in unterschiedlichen Fertigstellungsgraden existieren, dass für manche Artefakte unterschiedliche, alternative Fassungen erarbeitet werden und fertiggestellte Artefakte Änderungen unterworfen werden. Die so entstehenden unterschiedlichen Versionen müssen zur Unterscheidung gekennzeichnet werden, etwa durch Vergabe von Versionsnummern. Ferner sollten in den Versionen die Beziehungen untereinander und die Fertigstellungsgrade gekennzeichnet werden, beispielsweise durch entsprechende Kommentare bei der Ablage in einem Versionskontrollsystem.

▸ **Definition 5.3 (Konfiguration)** Eine Kollektion von Artefakten (Konfigurationselementen) in bestimmten zueinander passenden (kompatiblen) Versionen bildet eine Konfiguration.

Ein typisches Beispiel für eine Konfiguration ist eine Kollektion von Codeteilen und Datenbeständen, die gemeinsam eine ablauffähige Software bilden. Weitere Beispiele sind Anforderungs- und Architekturartefakte, die aufeinander abgestimmt sind.

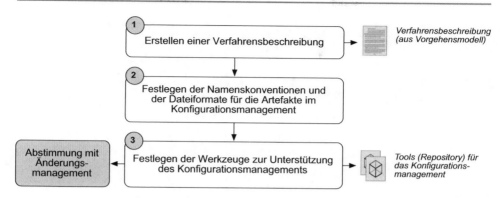

Abb. 5.6 Aufgaben bei der Einführung eines Konfigurationsmanagementverfahrens

▸ **Definition 5.4 (Konfigurationsmanagement, KM)** Das Konfigurationsmanagement umfasst alle Zuständigkeiten (Rollen) und Maßnahmen zur Verwaltung und kontrollierten Änderung von Artefakten, insbesondere von Software mit ihren Daten und Komponenten.

Das Ziel des Konfigurationsmanagements [157] ist die Identifizierung von Versionen des Softwaresystems hinsichtlich seiner Bestandteile zu jedem Zeitpunkt im Lebenszyklus. Dies betrifft sowohl die nicht-ausführbaren Bestandteile des Produkts (wie Dokumente, Modelle) als auch die ausführbaren Bestandteile (wie Programmquellen, ausführbare Unit Tests). Insbesondere muss sichergestellt werden, dass alle offiziellen Projektteilergebnisse, auch die Artefakte der Projektorganisation und des Managements, einem Versions- und Konfigurationsmanagement unterzogen werden. In der Regel werden das Versions- und das Konfigurationsmanagement, insbesondere unter Zuhilfenahme von modernen Werkzeugen, zusammengefasst.

5.4.2 Konfigurationsmanagementverfahren

Die wesentlichen Aufgaben bei der Einführung eines Konfigurationsmanagementverfahrens (kurz: KM-Verfahren) sind in Abb. 5.6 gezeigt. Die wesentlichen Aufgaben sind:

- Beschreibung der Rollen und Verantwortlichkeiten
- Festlegung der Artefakte, die unter das Konfigurationsmanagement fallen
- Identifikation und Attribuierung der Artefakte (Namensgebung und -konvention)
- Speicherung und Pflege der Konfigurationen im Projekt
- Abstimmung mit der Releaseplanung und der Systemlandschaft

Darüber hinaus ist auch eine Werkzeuginfrastruktur festzulegen, die das vereinbarte KM-Verfahren unterstützt und insbesondere allen Projektbeteiligten gegebenenfalls rechteabhängig Zugang zu den Projektdaten gestattet. Hierzu gehören die folgenden Teilaufgaben:

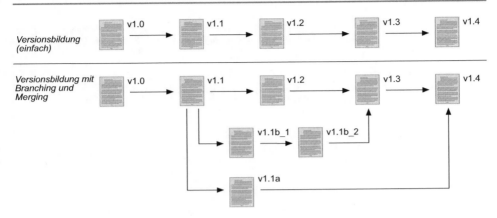

Abb. 5.7 Gegenüberstellung einfache Versionsbildung und Branching/Merging

- Auswahl, Beschaffung, Einrichtung und Bereitstellung der Werkzeuge
- Festlegung der Form des Einsatzes (zum Beispiel Check-In-Policies)
- Festlegung der Zugriffsberechtigungen

Bei der Einführung des KM-Verfahrens ist insbesondere darauf zu achten, dass allen Projektbeteiligten klar ist, wie im Tagesgeschäft mit der Infrastruktur für das Konfigurationsmanagement umzugehen ist und welche Vorgaben einzuhalten sind, um beispielsweise Versions-, Konfigurations- und Releasemanagement effizient zu unterstützen. Essenziell hierbei sind die Verfahren und Vorgaben hinsichtlich der Vergabe von Versionsnummern und die qualifizierte Teilnahme aller Projektbeteiligten am Konfigurationsmanagement.

5.4.3 Versionsbildung, Branches und Merges

Beim Versions- und Konfigrationsmanagement geht es im Wesentlichen um zwei Punkte: Erstens die Evolution einzelner Artefakte eindeutig zu kennzeichnen (Versionsbildung) und zweitens eine Menge zusammengehöriger Artefakte zu verwalten (Konfiguration). Bei der Bildung von Versionen gibt es im Wesentlichen ebenfalls zwei zu unterscheidende Fälle (Abb. 5.7). Der erste Fall ist eine einfache Fortschreibung eines Artefakts. Dies kann durch eine einfache, unterbrechungs- und verzweigungsfreie Linie visualisiert werden, auf der die einzelnen Versionen geordnet aufgeführt werden. Moderne Versionskontrollsysteme (Source Code Management, SCM) unterstützen jedoch auch die arbeitsteilige, parallele Bearbeitung von Artefakten. In diesem Fall werden nicht nur Versionen, sondern gegebenenfalls auch *Varianten* eines Artefakts erzeugt. Varianten sind auch zu finden, wenn es für eine Problemstellung mehrere Lösungsalternativen gibt und diese parallel untersucht werden. In einem solchen Fall können sogenannte Branches erstellt und bewertet werden.

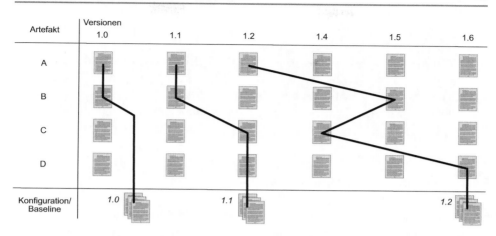

Abb. 5.8 Beispiel einer Konfigurationsmatrix – Die Artefakte *A*, *B*, *C* und *D* bilden in ihren Versionen unterschiedliche Konfigurationen. Die Linie durchläuft diejenigen Versionen der Artefakte, welche in einer Konfiguration zusammengefasst werden.

Nach Auswahl einer Variante wird diese wieder in den Hauptentwicklungszweig, den sogenannten *Trunk*, zurückgeführt (Merge).

Werden die einzelnen Versionen nun zu Konfigurationen zusammengestellt, ist ein fundiertes Wissen und die Nachvollziehbarkeit der Entwicklung der einzelnen Artefakte eine zwingende Voraussetzung, um nicht die Kontrolle über die Softwareentwicklung zu verlieren.

Eine Methode, hier den Überblick zu behalten, besteht im Aufbau einer Matrix, welche die relevanten Artefakte, ihre Versionshistorie und die Zusammenstellung der Konfigurationen berücksichtigt. Abbildung 5.8 zeigt in Anlehnung an Hindel et al. [90] eine beispielhafte Konfigurationsmatrix, in der aus vier Artefakten und ihren Versionen drei Konfigurationen gebildet werden. In einem Projekt kann es jedoch leicht hunderte oder tausende Artefakte geben, die zu Konfigurationen gebündelt werden sollen. Moderne SCM-Systeme bieten hierfür weitreichende Unterstützung, zum Beispiel durch die Vergabe von Labels, welche die Zugehörigkeit eines Artefakts in einer bestimmten Version zu einer Konfiguration festlegt.

Mithilfe solcher technischen Hilfsmittel können Konfigurationen auch als *Baselines* markiert werden. Eine Baseline stellt einen definierten Entwicklungsstatus einer Software dar, die zu jeder Zeit wiederhergestellt werden kann. Baselines werden auch dazu verwendet, Releases, also Konfigurationen zur Auslieferung, zu erstellen. So könnte beispielsweise eine der Konfigurationen aus Abb. 5.8 eine Beta-Version einer Software sein, die in einem Feldtest geprüft wird.

Hinweis

Werden an das Projekt Anforderungen hinsichtlich der Reife der Entwicklungsprozesse gestellt, ist das definierte und nachvollziehbare Konfigurationsmanagement üblicherweise eine Kernanforderung. CMMI (Abschn. 11.3) erfordert ein solches Konfigurationsmanagement zum Beispiel zur Erreichung des Reifegrads 3.

5.4.4 Teilnahme am Konfigurationsmanagement

Ein weiterer wichtiger Punkt ist die koordinierte und qualifizierte Teilnahme von Projektpartnern am Versions- und Konfigurationsmanagement. Oftmals werden Projektpartner in das Konfigurationsmanagement (meistens in die Werkzeuginfrastruktur für die Datenablage) eingebunden, wobei die Fähigkeiten moderner SCM-Systeme häufig nicht genutzt werden. Ein typisches Symptom sind Dateien, die zwar unter der Versionskontrolle stehen, die jedoch dupliziert und dann um eine explizite Versionsnummer im Namen ergänzt werden. Diese Vorgehensweise ist deshalb problematisch, da so die Evolution eines Artefakts nicht mehr lückenlos nachverfolgt werden kann und darüber hinaus das Risiko steigt, dass Kommunikationsprobleme entstehen, wenn beispielsweise zwei Mitarbeiter der Meinung sind, sie unterhalten sich über dieselbe Version eines Artefakts, obwohl das nicht zutrifft.

Beim Auftreten solcher Szenarien müssen Projektablagen geprüft, repariert und konsolidiert werden müssen. Durch solche Aufgaben können schnell einige Personentage an nichtproduktiver Arbeit zusammenkommen. Abhilfe schafft hier nur ein stringentes Verfahren, das klare Antworten auf folgende Fragen gibt:

- Wie sind Artefakte und Versionen zu benennen?
- Wie ist Update-Work-Commit-Zyklus umzusetzen?
- Wie ist bei Konflikten vorzugehen und wer entscheidet?

Diese Verfahren müssen vereinbart und gegebenenfalls im Projektteam geschult werden.

5.5 Qualitätsmanagement

Qualität ist ein wesentliches Thema für die Softwareentwicklung. Dabei gibt es den Qualitätsbegriff für ganz unterschiedliche Teilgesichtspunkte der Softwareentwicklung. Wir sprechen von Qualität für folgende Aspekte einer Softwareentwicklung:

- der Qualität des Software*systems*
- der Qualität erstellter Management- und Entwicklungsartefakte
- der Qualität des Entwicklungsprozesses und eingesetzter Methoden

Jeder dieser Qualitätsbegriffe benötigt eigene Systematiken für die Qualitätsgesichtspunkte und Qualitätsattribute. Auf der Unternehmensebene legt das Qualitätsmanagement die Ziele hinsichtlich der Qualität fest und definiert somit die Vorgaben für die Projekte. Problematisch ist die genaue Fassung des Begriffs der Qualität selbst, den die ISO 9000 [9] wie folgt definiert:

▶ **Definition 5.5 (Qualität)** Qualität ist der Grad, in dem ein Satz inhärenter Merkmale Anforderungen erfüllt.

Aus Sicht eines Softwareprojekts bezieht sich die Qualität somit auf die Anforderungen und auf ihre Umsetzung in Software. Ob die Qualität „gut" oder „schlecht" ist, ist indes nicht so einfach festzustellen, da nicht jeder Aspekt einer Software, der zur Qualität des Gesamtsystems beiträgt, einfach messbar und quantifizierter ist (vgl. Kap. 10). Weiterhin ist die Vergleichbarkeit von Projekten und ihren Ergebnissen schwierig, da sich Projekte in ihren Parametern und Zielen unterscheiden. Die Aussage *„Ein Projekt erarbeitet Software in guter Qualität"* muss daher immer den Bezug herstellen, was der Maßstab für „gut" ist. Hierfür legt das Qualitätsmanagement [192, 9] üblicherweise die Kriterien und Rahmenbedingungen fest.

▶ **Definition 5.6 (Qualitätsmanagement)** Das Qualitätsmanagement (QM) umfasst aufeinander abgestimmte Tätigkeiten zum Leiten und Lenken einer Organisation hinsichtlich der Qualität.

Das Qualitätsmanagement umfasst üblicherweise das Festlegen der Qualitätspolitik und -ziele, die Qualitätsplanung, die Qualitätslenkung, die Qualitätssicherung und die Qualitätsverbesserung.

Qualitätsplanung	Die Qualitätsplanung gibt die Ziele für das Qualitätsmanagement durch das Auswählen, Klassifizieren und Gewichten von Qualitätsmerkmalen (Abschn. 5.5.1.1) vor.
Qualitätslenkung	Die Qualitätslenkung umfasst alle Maßnahmen zur Lenkung der Prozesse mit Einfluss auf die Qualität. Dies umfasst die Überwachung und Messung der Prozesse.
Qualitätssicherung	Die Qualitätssicherung umfasst alle geplanten, systematischen Maßnahmen zur Sicherstellung der Erfüllung der Qualitätsanforderungen. Dies umfasst einmal die Qualitätssicherung mit Bezug zum Qualitätsmanagement (Kontext ist das Unternehmen als solches) und weiterhin die Qualitätssicherung im Projekt (Kontext sind die Projekt- und die Produktqualität). Siehe auch Abschn. 5.5.1.2.
Qualitätsverbesserung	Die Qualitätsverbesserung umfasst Maßnahmen zur Änderung organisatorischer Rahmenbedingungen zur Steigerung der Qualität, zum Beispiel im Rahmen eines Prozessverbesserungsprogramms (Kap. 11).

5.5.1 Qualitätsmanagement im Unternehmen und im Projekt

Nach Patzak und Rattay [152] ist das Qualitätsmanagement eine Aufgabe aller Führungs-
ebenen – inklusive der Projektleitung – im Unternehmen. Ziel ist die Entwicklung einer
Qualitätskultur. Die Qualitätspolitik und ihre Ziele unterscheiden sich jedoch zwischen
Unternehmen und Projekten. Wichtig ist es daher, die unterschiedlichen Sichtweisen in
Einklang zu bringen und Qualitätsziele und -anforderungen von Projekten mit denen des
Unternehmens abzustimmen.

Qualität im Unternehmen Auf der Unternehmensebene wird die Qualität üblicherweise
an den Anforderungen der Stakeholder an die Produkte und Prozesse des Unternehmens
festgemacht:

- Anforderungen der Kunden (etwa Produktqualität)
- Anforderungen von Gesetzgebern (Regeln, Gesetze, Normen)
- Anforderungen von Mitarbeitern (Karrieremöglichkeiten)
- Bild in der Öffentlichkeit

In vielen Unternehmen wird das Qualitätsmanagement unter der Prämisse „Prozessqualität steigert Produktqualität" organisiert. Umfangreiche Prozessverbesserungsmaßnahmen
(Kap. 11) werden in diesem Zusammenhang für die Analyse und die kontinuierliche Verbesserung der Prozesse durchgeführt.

Qualität in Projekten Eine gute Qualität der Projekte und ihrer Ergebnisse leistet einen
Beitrag zu den Qualitätszielen des Unternehmens. Beispielsweise hat eine gute Qualität einer Software Einfluss auf die Kundenzufriedenheit. Die Qualität der Projekte selbst bemisst
sich aber auch an der Einhaltung der Termine oder der Budgets und, nicht zuletzt, an der
Erfüllung der Anforderungen. Somit sind die Anforderungen in Bezug auf die Projektqualität präziser und am konkreten Projektkontext ausgerichtet, wie zum Beispiel:

- Die Testfallabdeckung beträgt mindestens 80 %
- Die Nachverfolgung der Anforderungen ist lückenlos

Trotz dieser Relevanz werden Projekt- und Qualitätsmanagement nur bedingt als zusam-
mengehörend betrachtet. Im Qualitätsmanagement gehen beispielsweise nur wenige Lehr-
bücher auf Projekte ein, etwa Kaminske [107].

Qualitätsmanagement in Projekten Die Erreichung einer guten Projektqualität erfordert es, dass Unternehmen hierfür einen Rahmen schaffen, in dem Projekte sich bewegen
können. Vom Unternehmen ist daher im Rahmen des Qualitätsmanagements ein *Quali-
tätsmanagementsystem* (QMS) zu etablieren, das die strukturierte Planung und Durchführung der Aufgaben des Qualitätsmanagements unterstützt. Die im Qualitätsmanagement

festgelegten Aufgaben umfassen auch die Festlegung von Vorgaben, Methoden und Werkzeugen. Darüber hinaus spielen Kennzahlen eine wesentlichen Rolle, um den Status der Qualität messen und damit die Erreichung der Qualitätsziele feststellen zu können. Nach Bartsch-Beuerlein [26] können hierbei fünf Aspekte des Qualitätsmanagements in Projekten unterschieden werden:

1. Produktqualität
2. Qualität der Produkterstellungsprozesse
3. Qualität der Managementprodukte
4. Qualität der Managementprozesse
5. Qualität des Projektteams

Das zentrale Artefakt, das hier zu erstellen ist, ist das *QM-Handbuch*, das alle Prozesse im Unternehmen, das Selbstverständnis im Bezug auf die Qualität und die messbaren Qualitätsziele enthält. Das QM-Handbuch ist ein wichtiges Ausgangsdokument für die Projekte. Im Rahmen der Planung und Organisation der Qualitätssicherung im Projekt liefert es die Rahmenbedingungen und gegebenenfalls Vorgaben hinsichtlich anzuwendender Methoden im Rahmen der Qualitätssicherung.

Qualität der Projektergebnisse Wesentliches Ziel einer hohen Prozessqualität ist eine hohe Qualität der Projektergebnisse, also der Artefakte und insbesondere der entwickelten Software. Auch der Begriff der Softwarequalität ist ein vielschichtiges Thema.

5.5.1.1 Qualitätsmerkmale für Software

Anhand von *Qualitätsmerkmalen* lässt sich die Güte eines Softwaresystems nach verschiedenen Kriterien erfassen. Qualitätsmerkmale haben üblicherweise untereinander eine starke Wechselwirkung. So sind Qualitätsmerkmale oft nicht überlappungsfrei (beispielsweise funktionale Sicherheit und Zuverlässigkeit) – manchmal aber auch zueinander unverträglich, wie zum Beispiel Security und einfache Nutzbarkeit. Es gibt verschiedene Normen und Standards (zum Beispiel die ISO 9126 [99] bzw. ihr Nachfolger die ISO 25000 [100]) für die Bestimmung von Qualität, die einige grundsätzliche Qualitätsmerkmale benennen. Wesentliche Qualitätsmerkmale eines Softwaresystems sind beispielsweise:

Funktionalität   Das Produkt erfüllt die gestellten Anforderungen hinsichtlich erwarteter Funktionalität und Leistung. Es ist korrekt und vollständig.

Zuverlässigkeit   Das Produkt erbringt die geforderte Funktion richtig, permanent und vollständig unter normalen Betriebsbedingungen über einen hinreichend langen Zeitraum. Bei abnormalen Bedingungen wird die Leistung eventuell reduziert, aber es werden nie Ergebnisse produziert, die falsch sind, aber nicht als falsch gekennzeichnet werden.

Testbarkeit   Die Leistung und Funktionalität des Produkts kann durch seine Nutzung nachgeprüft werden.

Effizienz   Ein Produkt ist effizient, wenn es die gewünschte Leistung für den Be-
                 nutzer ohne inakzeptable zeitliche Verzögerung und übermäßigen Einsatz
                 von Ressourcen erbringt (vgl. auch Performanz).

Benutzbarkeit   Ein Produkt ist verständlich/benutzbar, wenn der Benutzer die angebo-
                 tenen Funktionen ohne lange Einarbeitung nutzen und die Beziehung zu
                 anderen Produkten schnell verstehen kann.

Wartbarkeit   Ein Produkt ist wartbar, falls es für die Entwickler leicht verständlich und
                 einfach an neue Anforderungen anpassbar ist, sowie einfach zu modifizie-
                 ren und zu testen ist, wenn Änderungen vorgenommen werden.

Änderbarkeit   Ein Produkt ist anpassbar/änderbar, wenn es sauber strukturiert ist, gerä-
                 teunabhängig und möglichst weitgehend isoliert ist, sodass es einfach auf
                 ähnliche Rechner übertragbar ist.

Die Qualitätsanforderungen können abhängig von der Anwendung und den Einsatzbe-
dingungen sehr unterschiedlich sein. Somit ist oft eine projektspezifische Bewertung des
Qualitätsanforderungsprofils (man spricht dann auch von Qualitätsmodellen, Wagner
et al. [195]) erforderlich. Da die Qualitätsanforderungen gleichzeitig auch Qualitätsziele
im Sinne des Unternehmens und des Projekts darstellen, sind diese bei der Einführung
eines QS-Verfahrens zu dokumentieren und dem Projektteam auch bekannt zu geben.

5.5.1.2 Qualitätsmanagement vs. Qualitätssicherung

Die Qualitätssicherung (QS) ist eine der Aufgaben im Qualitätsmanagement. Maßnahmen,
die im Rahmen der Qualitätssicherung durchgeführt werden, dienen dazu, zu prüfen und
sicherzustellen, dass das Projekt die Qualitätsanforderungen erreicht [192, 9]. Pragmatisch
ausgedrückt: Die Qualitätssicherung instanziiert und überwacht die Qualität der Artefakte
und Aktivitäten in einem Projekt. Dies umfasst die Auswahl von Methoden für die Prüfung
der Qualität (etwa für das Testen), Werkzeugen und Kennzahlen, die für ein bestimmtes
Projekt geeignet sind. Als Quellen für die Auswahl bieten sich die Artefakte des Projekts
an [177], beispielsweise

- Projektauftrag,
- Ausschreibungsunterlagen,
- Lastenhefte oder
- Projektvorstudien.   ,

Aber auch die organisatorischen Vorgaben des Projekts sind geeignet, konkrete Qualitätsanforderungen für ein Projekt abzuleiten, etwa Vorgaben hinsichtlich des Berichtswesens,
formale Anforderungen für Dokumente (Style Guide) etc.

   Qualitätssicherung und Qualitätsmanagement können somit wie folgt abgegrenzt werden: Die Qualitätssicherung hat das einzelne Projekt im Fokus. Das Ziel der Qualitätssicherung ist das Umsetzen festgelegter Qualitätsanforderungen und die Messung, ob die
Qualitätsmerkmale diese Anforderungen erfüllen. Die Rahmenbedingungen hierfür sind

für jedes Projekt in einem eigenen QS-Handbuch (Abschn. 7.2.3.2) festzulegen. Im Sinne der eigenständigen Qualitätssicherung wird das QS-Handbuch nicht vom Projektleiter sondern vom *QS-Verantwortlichen* erstellt und gepflegt.

Darüber hinaus adressiert das Qualitätsmanagement das gesamte Unternehmen. Das wesentliche Bestreben des Qualitätsmanagements ist die langfristige Optimierung von Abläufen zur Erfüllung der Qualitätsziele. So wird in diesem Zusammenhang auch vom *Total Quality Management* (TQM; [136]) gesprochen.

Das Qualitätsmanagement ist eine strategische Aufgabe, die vom Unternehmen, üblicherweise vertreten durch einen *Qualitätsmanager*, verantwortet wird. Die Ziele und die Strategien zur Erreichung der Ziele sind in einem QM-Handbuch dokumentiert, das als Leitplanke für alle Projekte gilt.

> **Festlegung**
>
> In diesem Buch verwenden wir den Begriff der *Qualitätssicherung* für alle Aufgaben, die in einem Projekt stattfinden. Den Begriff *Qualitätsmanagement* verwenden wir hingegen für Aufgaben, die außerhalb eines Projekts auf der Unternehmensebene wahrgenommen werden.

5.5.2 Konstruktive und analytische Qualitätssicherung

In der Qualitätssicherung gibt es eine Reihe bewährter Verfahren, die sich in konstruktive und analytische Verfahren gliedern (Abb. 5.9). Die *konstruktive* Qualitätssicherung stellt sicher, dass Artefakte hoher Qualität erzeugt werden. Analytische Verfahren dienen hingegen der Überprüfung der Qualität, etwa der Überprüfung der Codequalität durch Reviews. Ein Beispiel für konstruktive Verfahren sind sogenannte Coding Guidelines [51] – Vorschriften für den zu erstellenden Quelltext, um darin einen homogenen Stil (für die Wahl der Bezeichner etc.) zu garantieren. Ein anderes Beispiel für die konstruktive Qualitätssicherung findet sich im V-Modell XT (Abb. 5.9): Auf Basis der Artefaktstrukturen, die durch das projektspezifische Vorgehensmodell spezifiziert werden, und den methodischen und technischen Vorgaben des QS-Handbuchs werden frühzeitig Art und Umfang der Qualitätssicherung im Projekt festgelegt. Insbesondere die Vorgaben im QS-Handbuch sorgen in Verbindung mit der Zeitplanung im Projektplan dafür, dass frühzeitig *Prüfspezifikationen* für die zu prüfenden Artefakte erstellt werden. Diese Prüfspezifikationen legen bereits bei der Erarbeitung der Artefakte fest, welche Art von Tests zur Qualitätskontrolle durchgeführt werden.

Die Prüfspezifikationen beschreiben das Prüfobjekt und die Kriterien für die Prüfung. In der analytischen Qualitätssicherung wird dann nach den Vorgaben der Prüfspezifikation die Prüfung durchgeführt und protokolliert. Die Qualität der erstellten Artefakte kann zum Beispiel automatisch getestet werden oder die Artefakte werden Reviews oder Audits

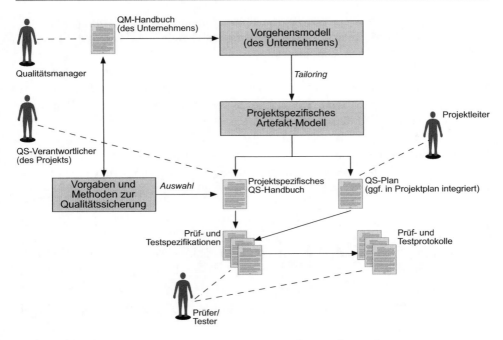

Abb. 5.9 Einordnung der konstruktiven und der analytischen Qualitätssicherung

unterzogen. Zu den möglichen Methoden zählen das Review für Dokumente oder Modelle und das Unit Testing für Quelltexte.

5.5.3   Reviews, Audits und Inspektionen

Reviews dienen der Überprüfung und Feststellung der Qualität von Artefakten – in der Regel von Dokumenten oder Quellcode. Damit handelt es sich um ein Verfahren der analytischen Qualitätssicherung. Ein Review kann eine umfangreiche Aktivität sein oder aber nur in einem Treffen (zuzüglich Vorbereitung und Nachbereitung) bestehen. Ein Review wird durch ein explizit ausgewähltes Review Team durchgeführt, hat einen genau festgelegten Untersuchungsgegenstand, erfordert dessen rechtzeitige Bereitstellung und wird mit einem Bericht abgeschlossen. Ein Review umfasst folgende Arbeitsschritte:

- Durchsicht von Dokumenten
- Interviews (im Vorfeld)
- Tests, Simulationen
- Treffen (Review Meeting)

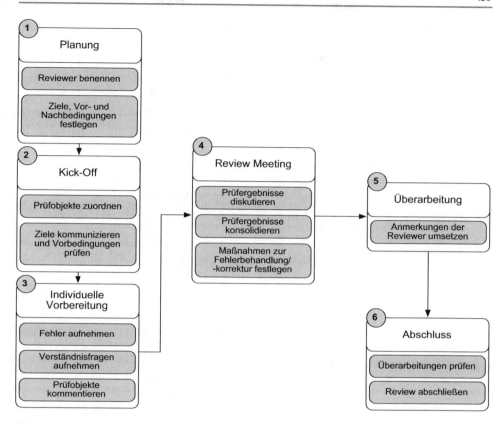

Abb. 5.10 Vorgehensweise bei der Durchführung von Reviews

Ein Review dient weniger dem Auffinden von Fehlern als der allgemeinen Prüfung der Qualität eines Arbeitsergebnisses. Ohnehin können in einem Review nur Fehler bestimmter Arten entdeckt werden, etwa Abweichungen von Vorgaben, Fehler in den Anforderungen, formale Aspekte oder Vollständigkeit. In Abhängigkeit vom Review-Ergebnis können aus den ermittelten Defiziten und Fehlern die Korrekturmaßnahmen abgeleitet werden, zum Beispiel inhaltliche Konsolidierung von abhängigen Artfakten, allgemeine Fehlerkorrekturen oder Verbesserung der Dokumentation von Quellcodes.

5.5.3.1 Ablauf eines Reviews

Die Durchführung von Reviews erfolgt nach festen Regeln (Abb. 5.10). Der Teilnehmerkreis für ein Review besteht aus dem Moderator, dem Protokollführer, den Reviewern, sowie den zuständigen Entwicklern (Autoren).

Vor dem Review sollten die Arbeitsergebnisse gut dokumentiert und vollständig vorliegen. Der Moderator bereitet das Review organisatorisch vor, entwirft die Agenda, erstellt Einladungen, leitet das Review und verfasst mit Unterstützung des Protokollführers den

Reviewbericht. Der Moderator sollte in das zu untersuchende Projektergebnis nicht persönlich involviert sein (Neutralität). Das gilt auch für die beteiligten Reviewer. Diese müssen jedoch Experten für die geprüfte Thematik sein. Unabhängig vom Prüfobjekt muss für alle Beteiligten des Reviews ausreichend Zeit zur Verfügung stehen, einmal um das Review durchzuführen aber auch um Probleme oder Fragen ausreichend diskutieren zu können. Im Anschluss an das Review erstellt der Protokollführer einen Bericht, der vom Moderator abgezeichnet und allen am Review Beteiligten zur Kenntnis gegeben wird.

5.5.3.2 Formen von Reviews

Abhängig von den Zielen, des Umfangs und der Beteiligten können Reviews eher informal durchgeführt werden oder sehr formal nach einem definierten Vorgehen. In der IEEE 1028-1997 werden die folgenden vier Grundformen von Reviews unterschieden:

- Technisches Review
- Informelles Review
- Walkthrough
- Inspektion

Jede dieser Reviewformen hat ein spezifisches Vorgehen und adressiert unterschiedliche Ziele. Beim technischen Review werden in der Regel Dokumente wie etwa Architekturdokumente geprüft mit den Zielen, Fehler zu finden, Alternativen zu bewerten und Entscheidungen zur Umsetzung/Korrektur zu treffen. Die Inspektion (Walkthrough) hingegen ist eher darauf ausgerichtet, mit möglichst geringem Aufwand Szenarien und Lösungsansätze zu diskutieren und dient damit dem Lernen und Verstehen des Problems und dem Aufdecken grundsätzlicher Fehler. In Tab. 5.1 sind weitere übliche Reviewformen aufgeführt. Welche Form des Reviews für ein konkretes Artefakt gewählt wird, hängt stark von der Zielsetzung und der Projektkonstellation ab und muss im Rahmen der Festlegung des QS-Verfahrens bestimmt werden.

5.5.3.3 Erfolgsfaktoren für Reviews

Für die Effizienz eines Reviews ist es wichtig, den Teilnehmerkreis eines Review-Meetings klein zu halten. Das Review sollte nur die Qualität des Untersuchungsgegenstands analysieren, nicht aber Ursachen der Defizite oder ausführlich Alternativen oder Verbesserungslösungen erörtern. Dazu ist eine klare Definition der Ziele des Reviews zwingend erforderlich. Schuldzuweisungen oder Erklärungen zur Entschuldigung aufgezeigter Mängel sind nicht Ziel und Aufgabe eines Reviews. Empfehlungen zur Behebung von Mängeln sind hingegen möglich, sollten aber nicht zuviel Raum einnehmen und nicht im Zentrum der Bemühungen stehen.

Tab. 5.1 Weitere ausgewählte Reviewformen

Reviewform	Bemerkungen
Code Review	Es wird die Inspektion von Code-Ausschnitten durchgeführt. Dies schließt manchmal auch Testläufe und gegebenenfalls Korrekturen mit ein.
Peer Review	Das Review wird von einer Gruppe (oder nur einem) von Experten durchgeführt. Die Prüfung kann in der Gruppe oder isoliert stattfinden. Für Dokumente sind manchmal auch sogenannte „Blind Reviews" zu finden. Hier wird das Review durchgeführt, ohne dass sich Ersteller und Prüfer kennen oder zuordnen lassen.
Audit	Ein Audit ist eine unabhängige, oft umfangreiche Untersuchung durch Auditoren von außen um den Stand eines Projekts oder einer Organisation zu untersuchen (vgl. IEEE 1028, IEEE Standard on Software Reviews [7], IEEE 610 [6]). Oft ist die Prüfung auf Übereinstimmung („Compliance") mit Vorgaben oder Standards Gegenstand eines Audits, etwa um eine Reifegrad festzustellen (Kap. 11).

Hinweis

Es ist grundsätzlich unangenehm für die Autoren eines Artefakts von Außenstehenden auf Fehler hingewiesen zur werden. Gegebenenfalls kann ein Review auch als ein direkter Angriff ausgelegt werden, was einen handfesten Konflikt zur Folge haben kann. Daher sollte nüchterne Kritik und konstruktives Feedback den Kern eines Reviews bilden. Dies erfordert auf der einen Seite den Aufbau einer entsprechenden Gesprächskultur – auch bei den Autoren – und andererseits auch eine entsprechende Qualifikation der Reviewer. Es ist daher empfehlenswert, die Grundlagen des Feedback-Gebens [28] zu kennen.

5.5.4 Testen

Ein wichtiger Teil der Qualitätssicherung von Software besteht im Testen. Ein Softwaretest besteht in der Regel darin, dass man ablauffähige Software mit einem Satz von Eingabedaten und Szenarien zur Ausführung bringt und prüft, ob die erwarteten Ausgabedaten erzeugt werden.

Automatisiertes Testen In den letzten Jahren immer populärer geworden ist das automatisierte Testen; insbesondere durch das Unit Testing [29]. Beim automatisierten Test werden einzelne beziehungsweise (teil-)integrierte Softwareeinheiten (Funktionen, Module, Komponenten etc.) von Testtreibern angesteuert und gemäß der festgelegten Testfälle überprüft. Zu jeder Funktion wird auf Basis der Anforderungen mindestens ein Testfall (Test Case) umgesetzt, der die Funktion prüft. Die Prüfung erfolgt isoliert, also auf Basis einzelner

Funktionen, aber auch integriert. In letzterem Fall wird also die Systemfunktionalität auf einer höheren Integrationsdichte getestet. Die Ausführung der Testfälle erfolgt möglichst automatisiert, oftmals im Rahmen des integrierten Build-Systems (Continuous Integration and Test [157, 95]), das zum Beispiel jede Nacht alle erarbeiteten Quelltexte übernimmt, übersetzt und dabei alle im System hinterlegten Testfälle gegen die Software prüft.

Testfälle finden Methodisch werden Testfälle [130] systematisch erstellt, etwa anhand von Äquivalenzklassen formuliert. Typische Äquivalenzklassen bilden die folgenden Situationen ab:

Regelablauf Im Regelablauf werden Testfälle mit erwarteten bzw. gültigen Ein- und Ausgabedaten ausgeführt. Hier wird quasi die normale Anwendung überprüft.

Grenzfälle Bei diesen Testfällen wird mit „gerade noch" gültigen Daten gearbeitet. Ein „klassisches" Beispiel ist die Addition von zwei *MaxInt*-Konstanten, welche die Grenze des Wertebereichs eines Datentyps repräsentieren.

Fehlerfälle In dieser Testklasse wird das Verhalten von Code analysiert, welcher mit ungültigen Ein- oder Ausgabedaten arbeiten muss.

Diese Klassen werden in Testfällen implementiert. Bei Methoden wie dem *Test Driven Development* [29] geschieht dies bevor mit der Codierung der eigentlichen Funktionalität begonnen wird. Im *modellbasierten Testen* kann dies auch (teilweise) automatisch erfolgen [197].

5.5.4.1   Statische Codeanalyse

Die statische Codeanalyse [36] zählt zu den *White-Box-Test* Verfahren. Sie erfordert das Vorliegen von Quelltexten, die einem Review unterzogen werden. Ziel der statischen Codeanalyse ist das Auffinden von Fehlern (falsifizierendes Verfahren).

Eine statische Codeanalyse kann entweder manuell durch ein Review erfolgen oder unter Zuhilfenahme von Werkzeugen. Einfache Analysefunktionen sind in aktuellen Programmierumgebungen bereits eingebaut, etwa die Prüfung auf Initialisierung von Variablen oder die Prüfung auf unerreichbaren Code. Fortgeschrittenere Werkzeuge (zum Beispiel FxCop, Abb. 5.11 oder ConQAT, Abb. 10.3) prüfen Quellcode auch hinsichtlich der Namenskonventionen und der Methodensignaturen, beispielsweise, ob ein Parameter den Typ *Object* hat, obwohl die Methode ausschließlich Objekte speziellerer Typen verarbeitet.

5.5.4.2   Dynamische Codeanalyse

Dynamische Codeanalyse bezeichnet den Softwaretest [176], der auf ausführbarer Software beruht. In diese Klasse des Tests fällt beispielsweise auch der Unit Test. Die dynamischen Testmethoden lassen sich im Wesentlichen in die *funktionsorientierten* und die *strukturorientierten* Testmethoden unterteilen.

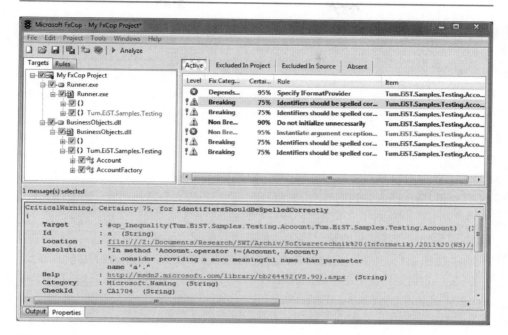

Abb. 5.11 Statische Codeanalyse am Beispiel FxCop

Die Grundlage für die Auswahl der Testfälle ist beim funktionsorientierten Test die spezifizierte Funktionalität. In der Regel werden solche Testfälle auf Basis der Spezifikation einer Schnittstelle entworfen und basieren somit auf dem beobachtbaren Verhalten. Da hierbei die interne Struktur nicht relevant (und nicht notwendigerweise bekannt) ist, spricht man hier auch von *Black-Box-Tests*. Beim strukturorientierten Test werden die Testfälle aus der Struktur des vorliegenden Codes abgeleitet. Ein Ziel ist beispielsweise eine möglichst hohe Überdeckung zu erreichen, also möglichst alle Stellen des Quellcodes mit Tests zu erreichen, etwa durch eine durch eine Analyse des Kontrollflusses. Da dies häufig die Kenntnis des Quellcodes voraussetzt, werden diese Tests auch als *White-Box-* bzw. *Glas-Box-Tests* bezeichnet.

5.5.4.3 Formale Analyse- und Beweistechniken

Bei Systemen, die in sicherheitskritischen Bereichen mit hohen Anforderungen an die funktionale Sicherheit zu finden sind, zum Beispiel in den Anwendungsgebieten Automobil, Avionik oder in der Wehrtechnik, kann es durchaus vorkommen, dass die Qualitätssicherung mithilfe von Reviews oder automatisierten Tests nicht ausreichend ist. In diesem Fall bieten formale Beweistechniken eine weitere Option, sicherzustellen, dass ein System die gestellten Anforderungen erfüllt.

Zusammenfassung

Die Projektorganisation und das Management nimmt in Projekten eine Vielzahl von Aufgaben wahr. Ein Teil dieser Aufgaben wird hierbei phasenübergreifend mit jeweils unterschiedlicher Intensität über den gesamten Projektlebenszyklus hinweg wahrgenommen. Im zurück liegenden Kapitel wurden wesentliche und phasenübergreifende Aufgaben des Managements beschrieben. Zu den Themen

- Risikomanagement,
- Problem- und Änderungsmanagement,
- Versions- und Konfigurationsmanagement sowie
- Qualitätsmanagement

wurden die Grundlagen eingeführt sowie ausgewählte Methoden vorgestellt. Das zurück liegende Kapitel erhebt nicht den Anspruch, alle Methoden der jeweiligen Themen vollständig behandelt zu haben. Das weitergehende Studium der angegebenen vertiefenden Literatur wird daher empfohlen. Die vorgestellten Methoden liefern jedoch das grundlegende Handwerkzeug für die Organisation und das Management von Projekten. Sie sind weiterhin die Grundlage für die weiteren Kapitel, in denen sie exemplarisch angewendet und an Beispielen illustriert werden.

Projektentstehung

6

> **Zusammenfassung**
>
> Die erste Aufgabe bei der Organisation eines Projekts besteht darin, das Projekt überhaupt als solches zu identifizieren (Feststellung des Bedarfs), es grob zu definieren, es als durchführbar, als technisch und wirtschaftlich sinnvoll zu bewerten (Projektwürdigkeit bzw. Projektfähigkeit) und bei positiver Bewertung für die Durchführung freizugeben. Auslöser für Projekte können unbewältigte Probleme, Optionen für Verbesserungen, Innovationen oder das Abzielen auf wirtschaftlichem Erfolg sein. Diese Phase ist die für den Projekterfolg von entscheidender Bedeutung. Dieses Kapitel gibt einen Einblick in die Projektentstehung und behandelt die damit verbundenen Kernthemen der Bedarfsfeststellung und -bewertung, sowie der Schätzung des Aufwands und der Aufgaben im Bereich Angebots- und Vertragswesen.

6.1 Einleitung

Ausgangspunkt für ein Projekt ist eine Idee und die Entscheidung für die Durchführung. Die Menge der Tätigkeiten bis zur Entscheidung über die Durchführung eines Projekts wird üblicherweise als Projektentstehung, auch als Projektvorlaufphase oder einfach nur als *Vorlauf* bezeichnet. Der Vorlauf erfordert eine sorgfältige Analyse verschiedenster Gesichtspunkte und schließt mit einer verbindlichen Entscheidung ab, ob ein Projekt durchgeführt wird oder nicht (vgl. Abb. 6.1). Der Vorlauf umfasst eine Vielzahl von Aufgaben, wie etwa:

- Feststellung und Analyse der Ziele, des Bedarfs und der groben Anforderungen
- Analyse der Risiken und Erfolgsaussichten (Chancen)
- Abschätzung der Durchführbarkeit
- Schätzung des Aufwands/der Kosten in Relation zum Nutzen
- Ermittlung des Nutzens und Erstellung des Business Case

M. Broy, M. Kuhrmann, *Projektorganisation und Management im Software Engineering*, Xpert.press, DOI 10.1007/978-3-642-29290-3_6, © Springer-Verlag Berlin Heidelberg 2013

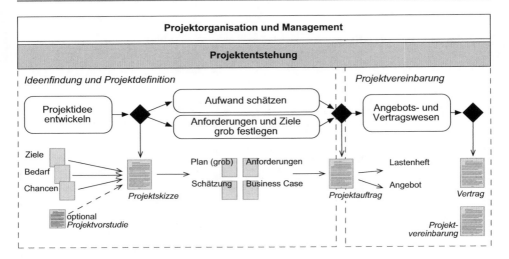

Abb. 6.1 Übersicht: Phase der Projektentstehung

- Vorbereitung von Ausschreibungen beziehungsweise Angeboten
- Vorbereitung und Abschluss vertraglicher Vereinbarungen

Der Vorlauf ist unabhängig davon, ob es sich bei dem angestrebten Projekt um ein Auftraggeber- oder ein Auftragnehmerprojekt handelt. Auf der Auftraggeberseite muss festgestellt werden, ob wesentliche Rahmenbedingungen erfüllt sind und somit die Durchführung möglich ist. Üblicherweise wird dazu eine Wirtschaftlichkeitsbetrachtung (eine Vorkalkulation) erstellt und die Verfügbarkeit von Budget und sonstigen Ressourcen geprüft [161]. Wesentlich ist auch, ob das Projekt zu den strategischen Zielen der beteiligten Unternehmen passt. Hilfreich ist für die Projektentscheidung das Erstellen von Vorstudien, Prototypen oder Demonstratoren. Auf der Auftragnehmerseite muss eine Entscheidung getroffen werden, ob man zu einer Ausschreibung ein Angebot abgibt (Bid/No-Bid-Entscheidung). Der Auftragnehmer entscheidet also, ob die Übernahme des Projektauftrags oder die Beteiligung an einer Ausschreibung strategisch und wirtschaftlich sinnvoll ist.

6.2   Projektidee und Bedarfsfeststellung

Vor einem Projekt stehen immer eine Idee, ein offenes Problem oder ein konkreter *Bedarf*, der in einer Projektidee[1] mündet. Die Idee kann im Unternehmen auf unterschiedlichste

---

[1] Je nach potenziellem Projektkontext kann die Projektidee auch als identifizierte Bedarfs- oder Fähigkeitslücke bezeichnet und als Fähigkeitsforderung formuliert werden.

Weise entstehen oder von außen an ein Unternehmen herangetragen werden. Ausgangspunkte sind in der Regel folgende Fälle:

Situation   Eine *unbefriedigende Situation* liegt beispielsweise vor, wenn ein Unternehmen unter hohem Kostendruck steht, nur einen geringen Umsatz oder einen geringen Marktanteil mit einem Produkt erzielt. Diese Symptome können als Ursachen zum Beispiel eine geringe Qualität existierender Produkte oder Services oder Schwächen im Betriebsablauf haben.

Optimierung   *Verbesserungsmöglichkeiten* für ein Unternehmen können zum Beispiel die Optimierung der Betriebsabläufe und des Gewinns oder die Festigung einer Marktposition sein. Dazu werden Ziele wie die Steigerung der Kundenzufriedenheit, Senkung der Entwicklungskosten, Verbesserung der Servicequalität, Erhöhung der Produktivität, Senkung der Vertriebskosten oder die Verbesserung der Performance von Geschäftsprozessen verfolgt.

Marktchance   Eine *Marktchance* ergibt sich in der Regel durch die Entwicklung neuer und innovativer oder besonders konkurrenzfähiger Produkte. Hierbei stehen zum Beispiel die folgenden Ziele im Mittelpunkt: stärkere Durchdringung eines Marktsegmentes, neue Produkte und somit auch Erschließung neuer Märkte und Marktsegmente zum Beispiel in neuen Regionen oder Branchen.

Letztlich sind für die Entscheidung über die Durchführung eines Projekts wirtschaftliche, technische, fachliche und strategische Gesichtspunkte zu prüfen und gegeneinander abzuwägen.

6.2.1   Bewertung der Projektidee

Unabhängig von der Motivation müssen zuerst der Bedarf und alle damit verbundenen Chancen, Risiken und möglichen Ziele in einer *Projektskizze*, welche die Projektidee nachvollziehbar beschreibt und die Problemstellung sauber herausarbeitet, zusammengetragen werden.

Auf Basis der Projektskizze werden zunächst die grundsätzliche Projektwürdigkeit und die Machbarkeit untersucht. In einer Machbarkeits- bzw. *Projektvorstudie* werden die sinnvolle Durchführbarkeit, bestehende Rahmenbedingungen, sowie Kosten und Wirtschaftlichkeit abgeschätzt.

Nachdem die grundsätzliche Projektwürdigkeit festgestellt wurde, dient die Projektskizze als Grundlage für die erste, grobe Erhebung der Anforderungen. Im Anschluss sollten die initialen Aufwandsschätzungen aktualisiert werden. Eine erste, grobe Planung des angestrebten Projekts sollte ebenfalls bereits erstellt sein, um die Entscheidung zur Durchführung zu unterstützen. Ziel der Analyse und Bewertung ist die Erstellung eines *Business Case*, der nachvollziehbar dokumentiert, ob die mit dem Projekt verbundene Kosten/Nutzen-

Tab. 6.1 Wichtige Artefakte während der Ideenfindung und Projektdefinition

Artefakt	Wer?	Erstellung	Bemerkungen
Projektskizze	Bedarfsträger	verpflichtend	enthält die Problemstellung und die Ziele
Business Case	Analytiker	verpflichtend	
Projektauftrag	Management	verpflichtend	
Anforderungen	Analytiker	verpflichtend	in Projektskizze/Projektauftrag integrierbar
Schätzung	Analytiker	verpflichtend	in Business Case integrierbar
Risikoliste	Analytiker	verpflichtend	in Business Case integrierbar
Projektplan	Management	optional	
Projektvorstudie durch externe Gutachter zu erstellen		optional	ggf.

Betrachtung und die Geschäftsaussicht lohnenswert sind und das Projekt weiter verfolgt werden sollte.

Alle Informationen in Hinblick auf das geplante Projekt fließen schlussendlich im *Projektauftrag* (Abschn. 6.2.3) zusammen. Der Projektauftrag ist im späteren Verlauf des Projekts die Grundlage für das Lastenheft (Auftraggeberprojekt) bzw. das Pflichtenheft (Auftragnehmerprojekt). Tabelle 6.1 fasst die wichtigsten Artefakte des Projektvorlaufs zusammen. In dieser Tabelle werden ebenfalls die wesentlichen Stakeholder berücksichtigt:

Bedarfsträger	sind Gruppen von Personen und Unternehmen, die das Projektergebnis nutzen wollen.
Analytiker	sind Fachleute für die Analyse und Bewertung von Projekten und Projektideen.
Management	umfasst die Entscheidungsträger für die Projektdurchführung.

Hinweis

Eine wichtige Information, die durch die Bewertung geliefert werden muss, ist, ob die ursächlichen Probleme, die zur Projektidee führten, durch das Projekt gelöst werden können. Auf dieser Grundlage fällt die vorläufige Entscheidung, ob die Idee als Projekt weiterverfolgt wird. In der Regel ist darüber ein formaler Beschluss des zuständigen Managements herbeizuführen, und zwar durch die Instanz, die die unternehmerische Verantwortung trägt und über die Mittel verfügt, die für die Durchführung des Projekts benötigt werden.

Tab. 6.2 Inhaltliche Themen eines Business Case

Thema	Frage, die das Thema beantworten muss:
Zusammenfassung	
Gründe	Warum ist das Projekt notwendig?
Optionen (alternative Projekte)	Ist dieses Projekt lohnender/besser als andere Optionen?
Erwarteter Nutzen	Was ist der Nutzen dieses Projekts?
Erwartete negative Nebeneffekte	Welche unerwünschten Konsequenzen sind abzusehen?
Zeitrahmen	Wie lange wird das Projekt dauern?
Kosten	Welche Kosten wird das Projekt verursachen?
Investitionsrechnung	Wann und wie wird sich die Investition auszahlen?
Hauptrisiken	Was kann schief gehen?

6.2.2   Der Business Case

Ausgehend von einer Idee werden im Vorlauf zunächst die groben Vorstellungen von den Zielen und Ergebnissen des angestrebten Projekts ermittelt. Dazu wird im ersten Schritt der *Business Case* für das Projekt erstellt.

▶ **Definition 6.1 (Business Case, PRINCE2)**   Ein Business Case (nach [147]) enthält die optimale Zusammenstellung fundierter Informationen für die Beurteilung, ob ein Projekt wünschenswert, lohnend und realisierbar ist (und bleibt) und letztlich eine sinnvolle Investition darstellt.

Der Business Case bewertet, was der messbare Nutzen (Return on Investment) für das Unternehmen im Vergleich zu den anfallenden Kosten ist, wie das Projekt die strategischen Geschäftsziele unterstützt und zu anderen Projekten des Unternehmens passt. Hinzu kommt eine Risikoanalyse und -bewertung. Tabelle 6.2 gibt einen Überblick über die inhaltlichen Themen, welche ein Business Case nach PRINCE2 behandeln sollte.

Erstellung des Business Case   Bei der Erstellung des Business Cases empfiehlt es sich, die folgenden Punkte kritisch zu untersuchen:

- Technische Machbarkeit
- Wirtschaftliche Machbarkeit
  - Kosten-/Nutzenverhältnis (Return on Investment)
  - Finanzierbarkeit
  - Kundennutzen und Akzeptanz im Markt
- Organisatorische Machbarkeit
  - Zeitliche Verfügbarkeit der benötigten Ressourcen
  - Erfüllung der Rahmenbedingungen

- Erforderliche Qualität
- Risiken (und Chancen)

Für die Erstellung des Business Case sind die oben stehenden Punkte unter der Berücksichtigung einer Geschäftsaussicht zu bearbeiten und nachvollziehbar zu dokumentieren. Insbesondere müssen neben den „offensichtlichen" Teilen – den Anforderungen – auch weitere, strategische Fragestellungen überprüft werden. Eine strategische Fragestellung ist etwa, ob ein Projekt ohne Gewinn durchgeführt wird, um im Folgenden weitere Projekte akquirieren zu können (Frage: *Ergibt sich mit diesem einen Projekt die Chance langfristiger Zusammenarbeit mit dem Kunden?*). Weiterhin muss geprüft werden, ob ein Unternehmen allein über alle erforderlichen Fähigkeiten verfügt, das Projekt durchzuführen oder ob hierzu Partnerschaften oder Beauftragungen notwendig sind. Dazu gehört auch, dass Unternehmen die eigene Postion am Markt, sowie die Position konkurrierender Unternehmen gut kennen.

Fortschreibung des Business Case PRINCE2 ist vollständig um den Business Case herum aufgebaut. Der Business Case ist die Rechtfertigung für das Projekt – nicht nur während des Projektstarts, sondern auch während der Projektdurchführung. In Folge dessen ist der Business Case kontinuierlich zu pflegen, um nachzuweisen, dass das Projekt auch weiterhin einen Nutzen hat/haben wird.

Unabhängig vom Vorgehensmodell sollte in allen Projekten der Business Case fortgeschrieben werden. Projektsituationen oder Rahmenbedingungen können sich ändern. Auf solche Änderungen muss das Management entsprechend reagieren und auch den Business Case anpassen. Es könnte sich zum Beispiel während des Projekts herausstellen, dass untern neuen Rahmenbedingungen ein Projekt weder wirtschaftlich noch strategisch zum Erfolg geführt werden kann. In einem solchen Fall muss dann entschieden werden, ob das Projekt abgebrochen wird. Ein aktualisierter Business Case ist hierfür die Entscheidungsgrundlage.

Business Case und Auftraggeber Für einen Auftraggeber ist ein überzeugender Business Case ebenso wichtig wie für einen Auftragnehmer. Der Auftraggeber betrachtet im Rahmen des Business Case, ob ein Projekt einen signifikanten Fortschritt für sein Unternehmen bedeutet, also ob sich eine Investition mittel- oder langfristig lohnt. Ein positiv bewerteter Business Case führt zu einer *Ausschreibung*, auf die potenzielle Auftragnehmer reagieren können. Für den Auftragnehmer bedeutet ein positiver Business Case, dass es lohnend ist, auf eine Ausschreibung zu bieten. Die Punkte Ausschreibung, Angebots- und Vertragswesen behandeln wir in Abschn. 6.4 im Detail.

Hinweis

PRINCE2 ist das einzige der weit verbreiteten, öffentlich zugänglichen Vorgehensmodelle, das dem Business Case eine derart zentrale Rolle gibt. In anderen Vorgehensmodellen sind vergleichbare Konzepte integriert, jedoch nicht so zentral im Prozess positioniert. Im V-Modell XT gibt es zum Beispiel keinen Business Case. Jedoch wird eine ähnliche Funktion durch verschiedene V-Modell-Produkte erbracht, zum Beispiel im Rahmen des Projektvorschlags, der kaufmännischen Projektkalkulation oder der Wirtschaftlichkeitsbetrachtung (WiBe [161] im V-Modell XT Bund).

6.2.3   Der Projektauftrag

Die Projektskizze dient dazu, den Prozess der Identifikation von Projektideen zu strukturieren. Sie ist die Grundlage für die Entscheidung zur Durchführung eines Projekts. Im Sinne klarer Verantwortungsstrukturen erfolgt eine *Projektgenehmigung* durch die Erteilung eines *Projektauftrags* durch das Management. Die Projektgenehmigung erlaubt dem Auftraggeber gemäß seines Bedarfs Ressourcen, Zeit und sonstige Beistellungen für das Projekt einzuplanen und einzusetzen. Den Auftragnehmer veranlasst der Projektauftrag das Projekt im Rahmen der beschriebenen Ziele, Bedingungen und Vorgaben durchzuführen.

▸ **Definition 6.2 (Projektauftrag)**   Der Projektauftrag stellt eine Fixierung dafür dar, dass das Projekt durchgeführt wird, enthält Ziele, Mittelfreigaben und Auflagen, und schafft die Grundlage für die Nutzung von Ressourcen aber auch für eine Limitierung und Überwachung der Kosten. Der Projektauftrag wird für das Gesamtprojekt, aber auch für einzelne Teilprojekte (Ausbaustufen, Lose) schriftlich erteilt.

Der Projektauftrag ist somit *verbindlich* und erfordert daher eine entsprechend gründliche Vorbereitung. Die wesentlichen Informationen, die für die Erstellung eines Projektauftrags erforderlich sind, sind bereits in Abb. 6.1 dargestellt. Zusammengefasst sind bei der Erstellung eines Projektauftrags die folgenden Inhalte zu ermitteln und zu dokumentieren:

- Kurze Beschreibung des durchzuführenden Projekts
- Einsetzbare und freigegebene Betriebsmittel (Budgetvorgaben):
  - Personal
  - Rechner
  - weitere Kosten
- Zeitlicher Umsetzungsplan, einschließlich Fertigstellungstermine, evtl. weitere Rahmenbedingungen, wie:
  - Vorgaben zum projektspezifischen Vorgehen

  - Vorgaben zum Aufgaben-, Konfigurations- oder Risikomanagement
  - Vorgaben zum Problem und Änderungsmanagement
  - Vorgaben zum Berichtswesen
  - …
- Auftraggeber, Auftragnehmer, Rollenbesetzung und Zuständigkeiten

Die Projektdefinition umfasst die Sammlung aller für die Projektentscheidung relevanten Informationen sowie der wesentlichen Vorgaben für die Projektdurchführung. Die Erstellung eines Projektauftrags sollte daher das Ziel verfolgen, alle erforderlichen Informationen so detailliert wie möglich zu ermitteln und zu dokumentieren.

> **Hinweis**
> Häufig erfolgt die Projektgenehmigung – zumindest bei großen Projekten – in Stufen. Zunächst wird ein Projektplan in Auftrag gegeben und die Mittel dafür werden freigegeben. Die erste Stufe wird auch als *Projektdefinition* bezeichnet und dient der Festlegung der anfänglichen Rahmenbedingungen des Projekts. Auf Grundlage des Projektplans und weiterer Ergebnisse der Projektdefinition erfolgt dann die eigentliche Freigabe. Auch dies kann wieder in Stufen je nach Projektfortschritt erfolgen.

6.3   Aufwandsschätzung

Ein kritischer, schwieriger und wichtiger Punkt in der Vorbereitung, Vereinbarung und Planung eines Projekts ist die Schätzung des Aufwandes, der für die Durchführung des Projekts voraussichtlich erforderlich ist. Die *Aufwandsschätzung* erfolgt üblicherweise – oft auch unabhängig voneinander – durch alle Vertragsparteien: Der Auftraggeber führt dabei eine Aufwandsschätzung mit dem Ziel der Überprüfung der Angemessenheit der Projektkosten durch während der Auftragnehmer die Schätzung vornimmt, um zu ermitteln, ob das Projekt für ihn wirtschaftlich oder strategisch rentabel durchführbar ist. Die Aufwandsschätzung dient somit den folgenden wesentlichen Projektzielen:

- Vorgabe wesentlicher Gesichtspunkte für die Wirtschaftlichkeitsbetrachtung
- Vorgabe für die Planung von Zeit und Projektmitteln
- Festlegung der erforderlichen Budgets

Dies zeigt, dass der Projekterfolg von der Zuverlässigkeit der jeweiligen Schätzungen abhängt.

6.3.1 Grundsätzliches zur Aufwandsschätzung

Für die Planung und Budgetierung eines Softwareprojekts ist es unabdingbar, den für die Durchführung des Projekts erforderlichen Aufwand *realistisch* abzuschätzen. Angaben zum erwarteten Projektaufwand und den damit verbundenen Kosten sind insbesondere für die Vertragsgestaltung und für den wirtschaftlichen Erfolg, aber auch für eine realistische Planung wichtig. Gerade große Entwicklungsprojekte stehen oft unter hohem Zeit- und Kostendruck. Die zuverlässige Schätzung der zu erwartenden Kosten und des Zeitaufwandes ist für die Projektentscheidung und den Projekterfolg zentral.

> **Hinweis**
>
> Das Ziel von Schätzungen ist es, unter Berücksichtigung aller Faktoren und Rahmenbedingungen eine realistische Angabe für den zu erwartenden Aufwand und das dafür erforderliche Budget zu bekommen.

Schätzungen sind im Wesentlichen aus zwei Gründen erfolgskritisch – sie sind die Grundlage für die Kalkulation und die Einschätzung der Wirtschaftlichkeit des Projekts und die Projektplanung (Zeit und Arbeitsaufwand). Dabei sind hinsichtlich der wirtschaftlichen Implikationen folgende Erfahrungen zu bedenken: *Pessimistische* (konservative) Termin- und Kostenschätzungen machen ein Projekt wirtschaftlich uninteressant oder ein Angebot nicht konkurrenzfähig. Zusätzlich ist zu befürchten, dass die in Planungen (zu hoch angesetzten) vorgesehenen Mittel und Freiräume auch dann ausgeschöpft werden, wenn es bei ambitionierter Vorgehensweise mit geringerem Aufwand ginge (nach dem Motto: *„Warum sich beeilen oder anstrengen, wenn die Planung so viel Spielraum lässt?"*). *Optimistische* Termin- und Kostenschätzungen führen in große Risiken und zu Projekten, die nicht plangemäß durchführbar sind und letztlich zu wirtschaftlichen Verlusten führen.

Objektivität von Schätzungen Schätzungen sind in ihren Aussagen oft bewusst oder unbewusst von Eigeninteressen der an der Schätzung beteiligten Personen beeinflusst (Auftraggeber schätzen Aufwände notorisch zu gering; Auftragnehmer zu hoch). Dies macht subjektive Schätzungen oft unzuverlässig und parteiisch. Es empfehlen sich also Methoden zur Abschätzung des Aufwands vor Projektbeginn, die auf objektiveren Grundlagen beruhen, wie etwa:

- Vergleich mit den Werten aus ähnlichen, bereits abgeschlossenen Projekten
- Einbringen genereller Erfahrungswerte für Aufwand und Produktivität
- Sammlung von Kostenschätzungen durch Projektbeteiligte mit unterschiedlichem Hintergrund und Interessenlage (Expertenwissen)

Die verlässliche Abschätzung der Kosten und des Zeitaufwands ist bei neuartigen Projekten mit fehlenden Vergleichsmöglichkeiten und neu zusammengestellten Teams oft schwierig oder sogar unmöglich. Dieser Problematik kann in manchen Fällen durch inkrementelle Vorgehensweisen [96], etwa durch Verwendung agiler Methoden (siehe Kap. 4.2.4) begegnet werden, indem nicht von einem vorgegebenen Funktionsumfang ausgegangen wird, sondern von einem vorgegeben Budget und einer Mindestfunktionalität. Diese kann dann, sofern dies im Vertrag vereinbart ist, im Kostenrahmen erweitert werden. Hilfreich ist immer der Vergleich mit Erfahrungswerten anderer abgeschlossener Projekte. Allerdings können selbst bei scheinbar ähnlich gelagerten Projekten verborgene Unterschiede hinsichtlich der Projektparameter die Vergleichbarkeit der Kosten beeinträchtigen. Bei Schätzungen ist auch immer zu beachten, wie sehr ein Projektverlauf unter schwer vorhersehbaren Störeinflüssen leiden kann, welche die tatsächlichen Aufwände stark von den Schätzungen abweichen lassen.

Gegenstand der Schätzung   Bei der Aufwands- und Kostenschätzungen orientieren wir uns einmal am Umfang und an Besonderheiten des zu entwickelnden Ergebnisses (zum Beispiel der Software, aber auch zusätzlicher Arbeitsergebnisse wie Dokumentation, Schulungsunterlagen) und gegebenenfalls auch am Aufwand für Dienstleistungen (zum Beispiel für Schulung, Unterstützung bei der Einführung). Dabei ergibt sich zwangsläufig die Notwendigkeit, einen Zusammenhang zwischen den Ergebnissen und dem für ihre Erstellung erforderlichen Arbeitsaufwand herzustellen (Produktivität). Die entschiedene Frage ist: *Auf welcher Grundlage wird geschätzt?* Prinzipiell bieten sich hierfür zwei Ansätze an:

Aktivitätsorientierte Schätzung mit Vorgangslisten   Schätzungen beziehen sind auf Prozesse und die dabei anfallenden Aufgaben und Tätigkeiten. Dazu strukturiert man das Projekt in Aufgaben und Teilaufgaben und schätzt jeweils den Aufwand dafür ab. Die Schätzung erfolgt also eng am Ablaufmodell eines Vorgehensmodells.

Die Grundlage für eine solide Schätzung ist das Wissen um den Schätzgegenstand – also die Vorgänge/Aktivitäten, die im Projekt durchzuführen sind. Abhängig vom verwendeten Vorgehensmodell kann eine Schätzung anhand der Projektabschnitte oder auf der Grundlage einzelner Tätigkeiten erfolgen. Exemplarisch soll eine Schätzung des Aufwands für die frühe Phase (Anforderungsermittlung und Spezifikationsphase) durchgeführt werden. Dazu wird zunächst eine Vorgangsliste (Tab. 6.3) erstellt, welche alle hierzu erforderlichen Vorgänge enthält.

Artefaktbasierte Schätzung mit Stücklisten   Auch in der artefaktbasierten Schätzung ist das Wissen um den Schätzgegenstand grundlegend. Schätzungen beziehen sich auf die zu entwickelnden Artefakte (Ergebnisse) des Projekts. Dazu verwendet man geeignete Maßzahlen für das Softwareprodukt. Allerdings sind gute Maßzahlen schwierig zu finden. Verbreitet sind folgende Ansätze:

Tab. 6.3 Beispiel für eine Vorgangsliste

Nr.	Bezeichnung	Abhängig von	Aufwand (in PT)
1.	Durchführung von Interviews (Zahl, Aufwand)	…	15
2.	Ermittlung der Nutzungsfälle	…	5
3.	Erarbeitung Datenmodell	…	20
4.	Analyse Altsystem	…	15
…	…	…	…
12.	Erarbeitung Anforderungsdokument	(alle)	45
	Summe:		197

- Maßzahlen für den Programmumfang, zum Beispiel Anzahl der Programmzeilen (Lines of Code, LOC, Kap. 10.2)
- Maßzahlen für den Funktionsumfang, zum Beispiel Function Points (FP, Abschn. 6.3.3.3) – also die Bewertung der geforderten Leistung eines Softwaresystems nach Schnittstellenkennzahlen wie Ein-/Ausgabeoperationen, Zahl der zu verwaltenden Dateien oder Datenbankzugriffe.

Unabhängig von den konkreten Maßzahlen sollte eine *Stückliste* (engl. Basic Schedule) als erstes Artefakt erstellt werden. Sie dient dazu, einen komplexen Schätzgegenstand so aufzubereiten, dass einzelne (besser) zu schätzende Komponenten (auch Schätzpakete) abgeleitet werden können (zum Beispiel durch strukturelle oder fachliche Dekomposition). Mögliche Elemente einer Stückliste können zum Beispiel sein:

- Komponenten/Arbeitspakete, die für die Softwareentwicklung relevant sind
- Komponenten, die zum jeweiligen Schätzzeitpunkt bekannt sind oder erwartet werden, zum Beispiel Funktionen, Business Entities, Dokumentation etc.

Darüber hinaus sollte eine Stückliste angemessen strukturiert sein und ebenfalls die Klassifikation der einzelnen Schätzkomponenten erlauben (vgl. Beispiel in Tab. 6.4), zum Beispiel in Kategorien wie „einfach", „mittel" oder „schwer". Die Struktur kann zum Beispiel einfach „linear" einzelne Schätzkomponenten auflisten oder hierarchisch in Anlehnung an den Projektstrukturplan (Work Break-down Structure, Abschn. 7.6.1) aufgebaut sein. Weiterhin sollte in einer Stückliste auch immer festgelegt werden, ob die Schätzung Netto- oder Bruttobeträge aufweist.

Hinweis

Eine gute und möglichst vollständige Stückliste ist eine wesentliche Grundlage der Schätzung. Je mehr und präziser die Teilaufgaben bekannt und beschrieben sind, desto „besser" kann die Schätzung durchgeführt werden.

Tab. 6.4 Beispiel für eine Stückliste

Nr.	Bezeichnung	Komplexität	Aufwand (in PM)
1.	Komponente A	einfach	15
2.	Komponente B	einfach	5
3.	Funktion X	mittel	10
4.	Anwenderdokumentation	einfach	25
...	...	...	...
25.	Komponente Y	schwer	25
	Summe:		237

6.3.1.1   Produktivität in der Softwareentwicklung

Der für die Entwicklung zu erwartende Aufwand kann pauschal durch die Antwort auf die Frage abgeschätzt werden, wie viel Aufwand es in der Regel in einer Projektkonstellation erfordert, eine bestimmte Entwicklungsaufgabe zu bearbeiten. Wir sprechen bei solchen Aufwandskennzahlen allgemein von *Produktivität*. Etwas vereinfacht ausgedrückt beschreibt die Produktivität P den erzeugten Wert im Verhältnis zum Aufwand:

$$P = \frac{\text{Wert}}{\text{Aufwand}}$$

Dabei ist der geschaffene Wert in der Softwareentwicklung nicht immer einfach zu messen.

Es ist schon deshalb schwierig, eine Aussage darüber zu treffen, wie sich die Produktivität in der Softwareentwicklung in den letzten Jahren verändert hat. Einerseits erlauben verbesserte Techniken wie höhere Programmiersprachen, CASE-Tools, Generatoren oder Frameworks die Weiterentwicklung und Einbindung vorgefertigter Teile (Datenbanken, Transaktionsmonitore, GUI-Builder, Middleware, etc.) und somit eine Reduktion des Aufwands. Umgekehrt ist bei Aufgaben, bei denen Funktionen auszuprogrammieren sind, kaum ein Fortschritt bei der Produktivität in der Erstellung der Programme zu beobachten.

Auch die aufgrund umfangreicherer Funktionalität gestiegene Komplexität der Lösungen in heterogenen, vernetzten Systemen hat Einfluss auf die Produktivität. Plewan und Poensgen [154] geben in ihrem Produktivitätsmodell die acht elementaren Einflussfaktoren Ziel, Team, Anforderungen, Vorgehen, Qualität, Verschwendung, Umgebung und Steuerung an und leiten aus diesen die folgenden „Acht Gebote produktiver Softwareentwicklung" her:

1. Die Macht der Ziele nutzen.
2. Produktive Hochleistungsteams aufbauen.
3. Den Kern der richtigen Anforderungen treffen.
4. Vorgehen ohne effektive Methodik abstellen.
5. Qualität steigern und Rework radikal reduzieren.
6. Verschwendungen erkennen und eliminieren.

7. Projekte richtig in die Umgebung integrieren.
8. Fortschritt, Qualität und Produktivität steuern.

Zu beachten ist, dass der Aufwand (Personalkosten) für die Programmierung im engeren Sinn, also die Codierung in einer Programmiersprache nur einen Bruchteil (oft um die 15 %) des gesamten Entwicklungsaufwandes ausmacht. Anforderungsanalyse und Qualitätssicherung (insbesondere Testen) sind Aktivitäten, die den Löwenanteil des Aufwands ausmachen. Auch in (global) verteilten Projekten ist Mehraufwand zu erwarten, da insbesondere Abstimmungen, Übergaben und so weiter, weder zeit- noch kostenneutral durchzuführen sind. Bemerkenswert sind die hohen Unterschiede in der Produktivität zwischen einzelnen Entwicklern und Entwicklerteams [103]. Hier finden sich Unterschiede bis zum Faktor 10, in Extremfällen sogar bis zum Faktor 30 (und mehr). Unterschiede in der Produktivität hängen indes nicht nur von der „optimalen" Arbeit in einem Projekt ab, sondern ergeben sich auch aus der Fähigkeit heraus, Verschwendungen wie beispielsweise Überproduktion, übertriebene Prozesse und ähnliches zu vermeiden [154]. Daher sind verlässliche Aufwandsschätzungen ohne Kenntnisse zur Leistungsfähigkeit der Entwicklerteams bezogen auf die Entwicklungsaufgabe kaum möglich.

6.3.1.2 Prinzipien bei Schätzungen

Soll für eine Planung durch eine Schätzung des Aufwands eine Vertrauensbasis geschaffen werden, müssen die Schätzungen von allen Beteiligten als nachvollziehbar und zuverlässig angesehen werden. Zu den wichtigsten Prinzipien, die bei Schätzungen von Aufwand zu beachten sind, zählen:

Bildung von Schätzpaketen Essenziell für die Schätzung ist die Bildung sogenannter Schätzpakete, also Arbeitspakete, Komponenten und ähnliches, die eine möglichst gute Schätzung erlauben. Zentral hierfür ist ein geeigneter *Projektstrukturplan* (Abschn. 7.6.1), welcher das Projekt beschreibt.

Aufwandseinheiten Schätzungen sollten in Aufwandseinheiten (Personentagen oder Personenmonate) für die anstehenden Aufgaben vorgenommen werden. Dies ermöglicht die Abschätzung diskreter und messbarer Pakete. Ein Personenjahr ist zum Beispiel die Arbeitsleistung, die eine Person in einem Jahr erbringt (Brutto-Personenjahr). Entsprechend ergeben sich die Umrechnungsfaktoren[2] aus Tab. 6.5. In Verbindung mit den zur Verfügung stehenden Ressourcen können die Aufwandseinheiten im weiteren Verlauf in Arbeitspakete überführt werden. Der Zeitaufwand für die Durchführung einer Aufgabe ergibt sich aus dem Umfang und Qualitätsanspruch an die Aufgabe, den Ressourcen (Qualität des

---

[2] Die Umrechnungsfaktoren können je nach Organisation und/oder Kalkulationsmodell abweichen. Bei diesen Ansätzen sind Urlaub, Feiertage und Krankheit berücksichtigt. „Unproduktive" Anteile der Arbeitszeit, wie der Besuch von Kursen, Vorträgen oder allgemeine nicht projektbezogene Besprechungen sind nicht erfasst.

Tab. 6.5 Aufwandseinheiten und beispielhafte Umrechnungsfaktoren

Einheit	Abkürzung	Umrechnungsfaktor
1 Personentag	PT	8 Arbeitsstunden
1 Personenmonat	PM	20 PT = 160 Arbeitsstunden
1 Personenjahr	PJ	10 PM = 200 PT = 1600 Arbeitsstunden

Teams), die eingesetzt werden können, sowie aus anderen Randbedingungen. Eventualfälle, zum Beispiel Zusatzkosten durch Eintritt von Risiken, sind bei Schätzungen zunächst nicht zu berücksichtigen sondern extra auszuweisen. Eine Eventualplanung sollte einmalig und auf globaler Ebene erfolgen.

Einbindung der Mitarbeiter Die für das Projekt abgestellten Mitarbeiter sollten den abgegebenen Schätzungen verpflichtend zustimmen. Ebenso sollten die Fähigkeiten und Erfahrungen der verfügbaren Mitarbeiter bei der Schätzung berücksichtigt werden. Ändert sich die Ressourcenzuweisung, muss unter Umständen auch die Schätzung geändert werden.

Dokumentation Das verwendete Verfahren und etwaige Annahmen in der technischen Lösung sollten dokumentiert werden.

Erfahrungswerte und Aufschläge Unabhängig davon, ob auf Basis von Aktivitäten oder Artefakten geschätzt wird, werden die ermittelten Zahlen in der Regel mit erfahrungsbasierten Korrekturfaktoren versehen. Werden beispielsweise die Vorgänge geschätzt, erfolgt die Schätzung zunächst einzeln für jeden Vorgang. Auf die errechneten Aufwände (Nettoaufwand) schlagen wir folgende Aufschläge (Erfahrungswerte) aus Tab. 6.6 auf. Wichtige Erfahrungen für die Abschätzung des Aufwands sind:

- Bei pessimistischen und zu wenig ambitionierten Vorgaben wächst der Aufwand
- Aufwand steigt überproportional zur Teamgröße

Die erste Erfahrung ist einfach zu erklären: Projektteams tendieren dazu, zumindest die ihnen ohnehin zugestandenen Aufwände auch tatsächlich zu verbrauchen. Die zweite Erfahrung spiegelt sich schon im COCOMO-Modell (vgl. Abschn. 6.3.3.2) wider. Kommunikations- und Koordinationsaufwendungen steigen überproportional mit der Zunahme der Projektgröße.

Kontinuierliche Kontrolle Schätzungen sollten während des gesamten Projektes immer wieder überprüft und ggf. aktualisiert werden, um sicherzustellen, dass die für die Ableitung verwendeten Annahmen und Faktoren noch zutreffen.

Tab. 6.6 Beispielhafte Zuschlagssätze frühe Phasen

Posten	Aufschlag
Projektleitung	
< 5 Mitarbeiter	10 %
6–15 Mitarbeiter	15 %
> 15 Mitarbeiter	20–25 %
Chefarchitekt	10–20 % (zum Teil mehr)
Infrastruktur, Systemverwaltung, Werkzeuge	5 %
Einarbeitungszeit	ca. 4 Wochen pro Mitarbeiter (enthält ggf. Qualifikationsmaßnahmen)
Leerzeiten (Reisen etc.)	

Tab. 6.7 Einflussfaktoren und Aufwandsverhältnisse

Einflussfaktor	Aufwandsverhältnis
schwierige/einfache Benutzerschnittstelle	4 : 2
mit/ohne Benutzermitwirkung	2 : 2
mit/ohne Leistungsforderungen	2 : 2
mit/ohne Entwicklungsmethode	1 : 2
höhere/niedrigere Qualifikation	1 : 3
mit/ohne parallele Geräteentwicklung	2 : 1
mit/ohne CASE-Tools	1 : 7

Hinweis

Manipulieren Sie Schätzungen nicht; machen Sie sie nicht „passend". Führen Sie immer eine Plausibilitätskontrolle durch. Manchmal gibt es auch Gründe, Projekte „unter Kosten" anzubieten. Auch dann sollten Schätzungen so realistisch wie möglich erfolgen und Preisreduktionen darauf bezogen erfolgen. Auf keinen Fall sollten Schätzungen einfach *überoptimistisch* erfolgen.

6.3.1.3 Kritische Einflussfaktoren und Risikofaktoren

An verschiedenen Stellen der Literatur werden Korrelationen von Projekteigenschaften und Projektaufwand untersucht [44]. Wie stark die Unterschiede in bestimmten Aspekten der Entwicklung den Aufwand beeinflussen können zeigt ein Auszug der Auswirkungen verschiedener Faktoren auf den Aufwand (Tab. 6.7).

Erstaunlich ist die Bandbreite zwischen schlechten und guten Leistungen in Abhängigkeit eines geschickten Mitteleinsatzes, die in Tab. 6.8 exemplarisch gegenübergestellt sind. Die unterschiedlichen Einflussfaktoren aber auch die Leistungsstreuung sind bei der Aufwandsschätzung zwingend zu berücksichtigten. Allein durch die enorme Streubreite

Tab. 6.8 Beispiele für die Leistungsstreuung bei gutem oder schlechten Mitteleinsatz	Aspekt	Verhältnis Schlechtes : Gutes Ergebnis
	Testzeit	26 : 1
	Rechenzeit für Test	11 : 1
	Codierzeit	25 : 1
	Programmgröße	5 : 1
	Laufzeit des Programms	13 : 1

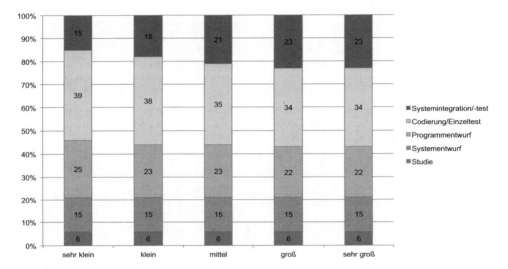

Abb. 6.2 Aufwandsverteilung nach Boehm für einfache Softwareprojekte

einzelner Faktoren können Schätzungen um Größenordnungen zu hoch oder zu gering ausfallen. Jeder Einflussfaktor stellt somit ein potenzielles Risiko für die Gültigkeit der Aufwandsschätzung dar.

6.3.1.4   Aufwandsverteilung

Um den Aufwand für ein Projekt schätzen zu können ist es wichtig, Aussagen zu haben, in welchen Projektabschnitten mit welchem Aufwand zu rechnen ist. Die Aufwandsverteilung auf die verschiedenen Phasen schwankt dabei sehr, wie Erfahrungswerte aus Projekten belegen. In Abb. 6.2 sind exemplarisch Verteilungswerte nach Boehm [34] aufgeführt.

6.3.1.5   Zur Zuverlässigkeit von Schätzungen

Aufwandsschätzungen für Entwicklungsaufgaben in der Softwareentwicklung sind schwierig, da viele, oft schwer zu fassende und zu messende Faktoren mit hoher Schwankungsbreite den Aufwand beeinflussen. Die exakte Wirkung der Faktoren auf den Aufwand ist in der Regel nicht bekannt und in verschiedenen Szenarien unterschiedlich. Hier stoßen

Schätzverfahren schnell an ihre Grenzen, da Fehleinschätzungen, unvorhergesehene Ereignisse, sich ändernde Technologien und Rahmenbedingungen den Aufwand dramatisch beeinflussen können.

Das Aufstellen einer (noch so komplizierten, viele Faktoren erfassenden und noch so eindrucksvollen) Formel zur Aufwandsberechnung nützt nichts, wenn die Formel nicht stimmig ist und keine verlässlichen Ergebnisse liefert. Auch Experten sind keine mit Bestimmtheit zuverlässige Quelle von Aufwandsprognosen. Gerade auf Intuition basierende Schätzungen sind sehr fehleranfällig, wenn viele Faktoren eine Rolle spielen.

Erfahrungsgemäß liegen Experten mit hohem Selbstvertrauen und hoher Selbstsicherheit besonders leicht falsch (zu geringe kritische Distanz zum eigenen Urteil). Selbstkritische Schätzer liefern oft die besten Schätzungen. Auch Aufwandsabschätzungen und Aufwandsberechnungen nach pauschalen Formeln liefern nur sehr grobe Anhaltspunkte für den tatsächlich benötigten Aufwand. Dies wird deutlich, wenn man unterschiedliche Berechnungsverfahren auf ein spezielles, hypothetisches Softwareprodukt anwendet. Für die Entwicklung neuartiger Softwaresysteme und Projekte, die mit Teams arbeiten, für die keine Vergleichserfahrungen vorliegen, sind halbwegs brauchbare und zuverlässige Aufwandsabschätzungen nahezu unmöglich. Hier bieten sich inkrementelle und iterative Vorgehensweisen unter starker Betonung der Begrenzung von Risiken an.

> **Hinweis**
> Gute Verfahren der Kostenschätzung erhält man am ehesten, wenn man eine Methode systematisch über eine längeren Zeitraum anwendet, und die Formel bzw. ihre Parameter immer wieder den Erfahrungswerten anpasst (Stichwort: Lernende Organisation).

Fazit Jeder Form von Schätzung – insbesondere bei neuartigen Projektkonstellationen mit fehlenden Erfahrungswerten – ist zu misstrauen. Schwankungen von 30 % und mehr zwischen Prognose und Ist-Wert sind nicht ungewöhnlich. Folglich sind für Projekte, die zwangsläufig auf Basis von Aufwandsschätzungen budgetiert, vereinbart und geplant werden, immer ergänzende Risikobetrachtungen anzustellen und Überlegungen, wie sich Fehler in den Schätzungen auswirken und wie bei Abweichungen von den Schätzungen im tatsächlichen Projektverlauf reagiert werden kann und soll. Aus unsicheren Schätzungen resultieren Risiken, die im Idealfall fair auf alle Projektbeteiligten (Auftraggeber und Auftragnehmer) verteilt werden.

6.3.2 Expertenschätzungen

Ein verbreiteter Weg einer Schätzung ist die Befragung eines oder mehrerer Experten. Diese können dann natürlich für sich gewisse Methoden und Techniken des Schätzens verwenden. Bei der Expertenbefragung wird die Wahl dieser Methoden nicht vorgeschrieben, sondern dem Experten überlassen.

Um Expertenschätzungen stärker zu objektivieren, können auch mehrere Experten befragt werden. Die grundsätzliche Idee hinter diesem Verfahren wird durch die folgende Verfahrensweise deutlich:

- Mehrere Experten führen eine erste Schätzung (unabhängig voneinander) durch.
- Der Koordinator beantwortet Fragen zum Projekt.
- Die Schätzer erläutern ihre Schätzung.
- Der Koordinator konsolidiert die Einzelschätzungen.
- Die Experten geben (unabhängig voneinander) eine neue Schätzung ab.

Dieses Verfahren kann solange wiederholt werden bis alle Schätzungen einigermaßen beieinander liegen oder Begründungen für unterschiedliche Schätzungen klar zu Tage treten. Die Delphi-Methode (Abschn. 6.3.2.2) ist ein solches systematisches Verfahren, in dem mehrere Experten befragt werden.

Hinweis
Werden mehrere Experten befragt, sollte der Katalog der Schätzkomponenten (Stückliste) jedem Experten einheitlich vorliegen. Dies ermöglicht es, Schätzungen zu vergleichen und Abweichungen festzustellen.

Das Ergebnis einer Expertenschätzung ist zwangsläufig subjektiv und von der Kompetenz, von Vorurteilen und unter Umständen auch von der Interessenlage des Experten beeinflusst. Deshalb ist es in der Regel sinnvoll, Experten zu fragen, die einerseits eine hohe Expertise und Kenntnis der Rahmenbedingungen des Projekts besitzen, andererseits aber dem Projekt neutral gegenüberstehen.

6.3.2.1 Technik: Schätzklausur

Eine Schätzklausur wird im Rahmen der Projektkalkulation durchgeführt, um die Aufwände der anzubietenden Arbeitspakete abzuschätzen. Als Schätzmethode wird das „Eislaufsschiedsrichter-Verfahren" angewandt. Alle Beteiligten an der Schätzung führen die Schätzung gemeinsam durch. Mithilfe der Schätzklausur soll Folgendes erreicht werden:

- Realistische Schätzergebnisse mit hoher Genauigkeit
- Berücksichtigung aller relevanten Faktoren
- Abgestimmte Schätzergebnisse zwischen den Experten

- Akzeptanz bei den späteren Projektmitarbeitern
- Nachvollziehbarkeit des Zustandekommens der Schätzergebnisse
- Gesicherte Grundlage für die weitere Planung des Budgets

Der Erfolg der Schätzklausur hängt von der Teilnahme kompetenter Experten ab. Deshalb ist eine frühzeitige Planung und Vorbereitung notwendig. Die folgenden Vorbereitungen sollten vor der Schätzklausur durchgeführt werden:

- Zusammenstellung der Schätzpakete (zum Beispiel als Stückliste) und hinreichende Beschreibung der jeweiligen Aufgabenstellung
- Bündeln der Arbeitspakete anhand der Projektstruktur im Kundenprojektplan zu sinnvollen Schätzpaketen (Schätzpakete sollten im Bereich von mehreren Personentagen liegen)

Teilnehmer der Schätzklausur sollten möglichst auch Mitarbeiter sein, die später auch die Arbeit ausführen werden. So basieren die Schätzwerte auf individuellen Produktivitätseinschätzungen des Teams und man erreicht ein frühzeitiges Commitment der Mitarbeiter zu den ihnen anvertrauten Arbeiten und den Vorgaben aus der Schätzung.

Hinweis

Die Schätzklausur ist eine gemeinsame „Veranstaltung", in der alle Beteiligten gemeinsam die Schätzung durchführen. Da die Schätzung nicht anonym erfolgt, treten bei der Schätzklausur in der Regel auch gruppendynamische Effekte auf. Bei sehr weit auseinander liegenden Schätzergebnissen müssen beispielsweise die unterschiedlichen Positionen *verhandelt* werden. Schlussendlich entstehen die Ergebnisse der Schätzung im Konsens, sodass jeder die Entscheidungen mitträgt. Aber Achtung: Gruppendynamische Effekte können auch negative Auswirkungen auf die Schätzungen haben, zum Beispiel durch Vorurteile oder (persönliche) Konflikte unter den Schätzenden.

6.3.2.2 Technik: Delphi-Methode

Die Delphi-Methode [133] ist ein systematischer Ansatz, in dem mehrere Experten nach einem festen Muster befragt werden. In Abhängigkeit davon, ob sich die Experten im Vorfeld untereinander abstimmen dürfen werden zwei Varianten unterschieden:

Standard   In der Standard-Delphi-Methode dürfen sich die Experten im Vorfeld der Schätzung nicht untereinander abstimmen. Das Verfahren wird in der Regel schriftlich und getrennt durchgeführt, zum Beispiel mithilfe eines Fragebogens.

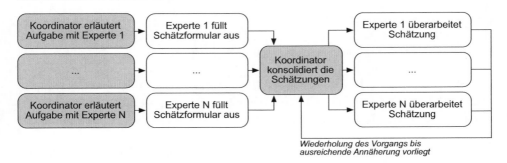

Abb. 6.3 Vorgehen bei der Schätzung nach der Standard-Delphi-Methode

Breitband In der Breitband-Delphi-Methoden dürfen sich die Experten im Vorfeld untereinander abstimmen. Hierbei kann schneller ein Konsens gebildet werden,
wobei auch hier positive wie negative gruppendynamische Effekte zu berücksichtigen sind.

Für die Standard-Delphi-Methode ist in Abb. 6.3 exemplarisch das Vorgehen dargestellt.
Dieses Vorgehen liefert zuverlässigere Schätzungen als die unjustierte Einmal- und Ein-
zelbefragungen, da Ausreißer eliminiert werden. Der Nachteil der Delphi-Methode ist ihr
Zeit- und Organisationsaufwand.

Hinweis
Bei mehreren Schätzungen sollte zwischen (stark) abweichenden Schätzergebnissen
nicht „einfach" nur der Mittelwert gewählt werden. Abweichende Einschätzungen
sollten besprochen werden; ggf. sollten die fraglichen Pakete noch einmal neu geschätzt werden. In jedem Fall sollten die Gründe für die Abweichungen diskutiert
werden, um Hintergrundwissen und individuelle Einschätzungen zu den kritischen
Paketen zu berücksichtigen.

6.3.2.3 Planning Poker

Eine an die Breitband-Delphi-Methode angelehnte und zum Beispiel im Scrum eingesetzte
Schätzmethode ist das *Planning Poker* (auch Scrum Poker [132]). Bei dieser Schätzmethode
erhalten alle an der Schätzung beteiligten Personen ein Kartenspiel, dessen Augenzahlen
die Schätzwerte in der Einheit *Story Point* repräsentieren. Je nach verwendetem Kartenspiel
sind nicht nur Zahlen, sondern auch Sonderkarten wie etwa ein Fragezeichen für eine nicht
schätzbare Anforderung oder eine Karte, die symbolisiert, dass die Anforderung „zu groß"
für eine Schätzung ist.

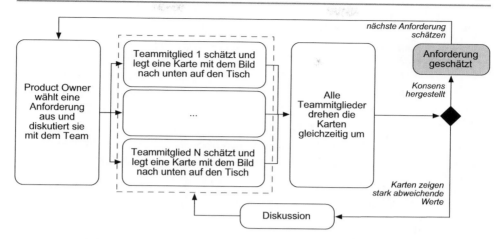

Abb. 6.4 Grundsätzliches Vorgehen beim Planning Poker

Das Vorgehen beim Planning Poker (Abb. 6.4) entspricht im Wesentlichen der Breitband-Delphi-Methode. Hervorzuheben ist bei Planning Poker jedoch das verdeckte Legen der Karten. Diese Vorgehensweise soll die Beeinflussung von (zögernden) Teammitgliedern verhindern. In einer Studie konnten Molokken-Ostvold und Haugen [142] zeigen, dass die Schätzung nach dem Planning-Poker-Verfahren im Vergleich zur einfachen Zusammenführung von Individualschätzung präziser ist.

6.3.2.4 Gewichtung von Expertenschätzungen

Ein pragmatisches Vorgehen in einer Schätzklausur oder in einer Delphi-Schätzung könnte die einfache Mittelwertbildung zwischen den Ergebnissen der einzelnen Experten sein. Bei stark voneinander abweichenden Einzelschätzungen können sich hierbei jedoch erhebliche Verzerrungen ergeben. Daher bieten sich *gewichtete* Berechnungsmethoden für die Ermittlung des Schätzwertes an. Eine gewichtete Berechnungsmethode kann nach Hummel [96] die benötigte Zeit für die Schätzung reduzieren und dabei gleichzeitig die Genauigkeit von Schätzungen beurteilen helfen. Es wird im Wesentlichen von drei Schätzungen ausgegangen:

- Eine optimistische Schätzung (best case) bc
- Eine pessimistische Schätzung (worst case) wc
- Eine wahrscheinliche Schätzung (most likely case) lc

Für jedes Schätzobjekt werden nun die jeweiligen Werte ermittelt und mithilfe einer Berechnungsmethode zu einem Aufwand A (auch als Erwartungswert bezeichnet) verrechnet. Hierbei kommen im Wesentlichen die folgenden beiden Methoden zum Einsatz.

Tab. 6.9 Beispielhafte Schätzung mithilfe der Drei-Zeiten-Methode

AP	Best Case	Worst Case	Likely Case	A	s
1	5	15	10	10	1,67
2	8	22	16	15,67	2,33
3	2	9	6	5,83	1,17

Zwei-Zeiten-Methode   Für ein Arbeitspaket i werden jeweils ein Best- und ein Worst-Case geschätzt. Die Schätzung erfolgt in einer festzulegenden Einheit, beispielsweise Personentage [PT].

$$A_i = \frac{(bc_i + wc_i)}{2} \tag{6.1}$$

Diese Methode ist insbesondere in sehr frühen Schätzungen empfehlenswert, wenn nur wenige Details zu den Schätzobjekten vorliegen. Mit zunehmendem Wissen um die Schätzobjekte sollten den Schätzungen entsprechend verfeinert werden.

Drei-Zeiten-Methode   Eine Verfeinerung stellt die Drei-Zeiten-Methode dar. Zusätzlich zur Schätzung der Best Cases und Worst Cases wird eine Schätzung des am wahrscheinlichsten erwarteten Aufwands hinzugefügt.

$$A_i = \frac{bc_i + 4 \cdot lc_i + wc_i}{6} \tag{6.2}$$

Diese Methode wurde in den 1950er Jahren im Rahmen der *Program Evaluation and Review Technique* (PERT) entwickelt und basiert auf einer Dreiecksverteilung. Dadurch lassen sich auch Abweichungen und somit die Genauigkeit einer Schätzung ermitteln. Verwendet wird dazu eine Standardabweichung s [94], die die Schwankungsbreite der Schätzung zeigt:

$$s_i = \frac{wc_i - bc_i}{6} \tag{6.3}$$

Tabelle 6.9 zeigt einige Beispielwerte und die Anwendung der Drei-Zeiten-Methode. Für jeden Planwert ist auch die Standardabweichung angegeben.

Nehmen wir an, ein Projekt besteht aus den drei Arbeitspaketen aus Tab. 6.9. Soll nun der Aufwand für das gesamte Projekt abgeschätzt werden, ergibt sich der Planwert des Projekts durch Summenbildung:

$$A_{\text{Projekt}} = \sum_{i=1}^{n} A_i \tag{6.4}$$

Auch die Standardabweichung wird bei der Schätzung des Gesamtaufwands berücksichtigt. Es handelt sich um die Standardabweichung von aufsummierten Erfahrungswerten (vgl. Hübner [94]), welche die Abweichung für den Gesamtaufwand angibt:

$$s_{\text{Projekt}} = \sqrt{\sum_{i=1}^{n} s_i^2} \tag{6.5}$$

Für das Beispiel aus Tab. 6.9 ergibt sich nach dieser Berechnung ein Gesamtaufwand von 31,5 [PT] bei einer Standardabweichung von ±3,01 [PT]. Eine solche Abschätzung liefert bereits einen guten Anhaltspunkt einmal für den Aufwand und darüber hinaus auch mit welcher Abweichung zu rechnen ist. Dies liefert gerade bei Projekten mit hohen Schwankungen in den günstigsten und ungünstigsten Schätzwerten bessere Anhaltspunkte.

Hinweis
Ähnliche Verfahren werden auch bei der Wirtschaftlichkeitsbetrachtung, bzw. der Angebotsbewertung (vgl. Röthig [161]) verwendet, um zum Beispiel extreme Angebotsschwankungen auszugleichen und eine objektive(re) Bewertung vorzunehmen.

6.3.3 Algorithmische Schätzverfahren

Neben den erfahrungsbasierten Schätzungen durch Experten ist es nachliegend, Abschätzungen für den Aufwand über Berechnungen aus gewissen Kenngrößen und Kennzahlen zu erhalten. Erforderlich sind dafür Formeln, die aus Kenngrößen und Kennzahlen den zu erwartenden Aufwand berechnen. Burghardt [40] nimmt eine Unterscheidung in *algorithmische*, *vergleichende* und *kennzahlbasierte* Methoden vor. Wir konzentrieren uns im Folgenden auf die algorithmischen und die kennzahlbasierten Methoden (Stichwort: Metriken) zur Ermittlung des Aufwands. Die Schätzung erfolgt (soweit möglich) auf der Basis von *Kennzahlen*, die entweder aus allgemein gültigen Erfahrungen oder aus unternehmensspezifischen Wissensbasen stammen. Die Schätzmethoden, die hier zum Einsatz kommen, arbeiten auf der Grundlage von (empirisch) ermittelten Kennzahlen (siehe Kap. 10), welche mithilfe von Algorithmen in Aufwandszahlen umgerechnet werden. Bei *algorithmischen* Schätzverfahren handelt sich um formelbasierte Verfahren. Kennzahlen und Einflussfaktoren werden als Eingabe für einen Algorithmus verwendet, der auf Basis eines Formelwerks eine Aufwandszahl errechnet. Burghardt [40] klassifiziert die algorithmischen Verfahren beispielsweise in Multiplikator-, Prozentsatz- und Produktivitätsmethoden.

Kostentreiber und Anpassung Grundsätzlich müssen alle schematischen Schätzverfahren auf die besonderen Umstände eines Projekts zugeschnitten werden. Eine unangepasste Übernahme ist kritisch, da der Aufwand zu stark von individuellen Faktoren abhängig ist. Boehm [34] spricht beispielsweise von *Kostentreibern* (siehe auch Abschn. 6.3.3.2 und Anhang 14). Kostentreiber lassen sich in allen Einzelheiten nur schwer in Kennzahlen und Formeln erfassen. Da diese Einflussfaktoren in Projekten in der Regel sehr unterschiedlich sind, ist es schwierig, Erfahrungen aus einem Projekt unjustiert auf andere Projekte zu übertragen.

Hinweis

Im Folgenden werden einige elementare Ansätze für eine algorithmische, kennzahl-basierte Aufwandsberechnung beschrieben. Keines dieser Verfahren darf unjustiert angewandt werden. Auch sehr viel „raffiniertere" Formeln versprechen nicht unbedingt verlässlichere Aufwandsschätzungen. Die beschriebenen Verfahren sind daher nicht als direkte Handlungsanleitung zur Aufwandsschätzung gedacht sondern sollen ein Verständnis für die Systematik der Aufwandsermittlung vermitteln.

6.3.3.1 Das Aron-Modell

Das Aron-Modell [20] ist ein Vertreter algorithmischer Schätzverfahren auf Basis von Produktivitätskennzahlen. Es geht bei diesem Verfahren nicht von tatsächlichen Kosten für ein Ergebnis aus, sondern von der Produktivität, also dem Verhältnis von erbrachter Leistung zu investiertem Aufwand. Je nach Ausgestaltung der Methoden fallen die Formeln zur Berechnung unterschiedlich komplex aus. Burghardt gibt eine einfache Basisformel an, welche die Idee hinter dieser Methodenklasse verdeutlicht.

$$A = \frac{M}{P} \cdot \prod E_i \qquad (6.6)$$

Hierbei ist A der erwartete Aufwand, M ist die Ergebnismenge und P die Produktivität. Ergänzt wird diese Formel um eine Menge von Einflussfaktoren E_i, welche aus den Erfahrungen mit entsprechenden Gewichten abgeleitet werden. Zudem sollten weitere Informationen zum Projekt vorliegen, die als Korrekturfaktoren berücksichtigt werden können, um eine genauere Schätzung zu erhalten. Die Produktivität kann zum Beispiel als Verhältnis von Programmzeilen (Lines of Code, LOC) pro Personentag (PT) ausgedrückt werden.

▸ **Anmerkung** Die Anzahl der Zeilen Quellcode ist zwar nur ein sehr rohes Maß für den erforderlichen Aufwand, ist aber doch eine zumindest ungefähre Kenngröße und Anhaltspunkt. Allerdings erfordert die Ermittlung der voraussichtlich zu erstellenden Zeilen Quellcode wiederum eine Expertenschätzung.

Das Aron-Modell wendet diese Vorgehensweise an, um den Aufwand aus einer Programmierkennzahl abzuleiten. Diese Kennzahl hängt von der Projektdauer, der Größe des Systems und der Komplexität der Komponenten ab. Zur Zeit- und Kostenabschätzung sind nach dem Aron-Modell folgende Schritte notwendig:

1. Abschätzung der Größe des zu erstellenden Systems in LOC
2. Abschätzung der Programmkomplexität
3. Berechnung des Personalaufwandes
4. Abschätzung des phasenbezogenen Aufwandes und der Termine

Abschätzung der Größe eines Systems Es ist eine Abschätzung der Anzahl und der Größe der Komponenten in LOC notwendig. Dafür kann es allerdings erforderlich sein, die Architektur mit ihren charakteristischen Komponenten und der Codestruktur sehr detailliert zu entwerfen, um solide Grundlagen für die Abschätzung zu erhalten. Das Ergebnis der Abschätzung sollte eine Angabe über die Anzahl der Zeilen Quellcode (LOC) sein, die geschrieben werden müssen. Hierzu sind Kommentare und Datenvereinbarungen mitzuzählen. Es wird hierbei in den Parametern berücksichtigt, ob die Programme in einer höheren Sprache oder in Assembler geschrieben werden.

Abschätzung der Programmkomplexität Die einzelnen Komponenten und Programmteile werden in die folgenden Klassen unterteilt:

Einfach Als einfach gilt eine Komponente für eine isolierte Problemstellung, die wenig Interaktionen mit anderen Komponenten hat und nur Standardschnittstellen des Betriebssystems benutzt, wie etwa anwendungsorientierte Programme, die mathematisch einfach formulierbare Probleme lösen.

Normal Als normal schwierig gilt eine Komponente, die zwar noch auf dem Betriebssystem aufbaut, aber sehr allgemein angelegt ist, da sie viele Benutzer und/oder unterschiedliche Benutzungsformen unterstützen muss. Beispiele sind Dienstprogramme oder größere Anwendersysteme.

Schwierig Als schwierig gilt eine Komponente, die sehr viele Interaktionen mit anderen Komponenten hat, Parallelabläufe aufweist, und auf sehr viele, teilweise unvorhersehbare Betriebssituationen fehlerfrei reagieren muss. Beispiele sind Teile von Betriebssystemen, Gerätetreiber, eingebettete Systeme und allgemein alle hardwarenahen Programmteile.

Als Ergebnis der Abschätzung liegt vor, wie viele Zeilen Quellcode der zu erstellenden Komponenten jeweils diesen drei Schwierigkeitsstufen zuzuordnen sind:

- Q_l die geschätzte Anzahl der Quellzeilen für einfache Komponenten,
- Q_n die geschätzte Anzahl der Quellzeilen für normale Komponenten,
- Q_s die geschätzte Anzahl der Quellzeilen für schwierige Komponenten,

Berechnung des Personalaufwandes Aron gibt in [20] Produktivitätskennzahlen p an, die das Verhältnis von zum Beispiel LOC/PT ausdrücken. Allerdings schwanken diese Größen erfahrungsgemäß von Person zu Person, von Programmiersprache zu Programmiersprache und von Organisation zu Organisation stark.

Hinweis
Die ursprüngliche Tabelle war von Aron für Maschinenbefehle je Personenjahr ausgelegt. Die Zahlenwerte gelten aber in guter Näherung generell für Quellzeilen je Personenjahr. Die Zunahme der Produktivität mit der Dauer des Projektes spiegelt Lerneffekte wieder.

Abschätzung des phasenbezogenen Aufwands Bei der Abschätzung des Aufwands orientiert sich Aron an einem Systemlebenszyklusmodell, das die Dauer eines Softwareprojekts grob in 30 % für Anforderungsermittlung und Design, 40 % für die Implementierung und 30 % für den Test aufteilt. Gleichzeitig stellt er in diesem Lebenszyklusmodell den Anteil der konsumierten Ressourcen dar und macht deutlich, welche Aufwände in Projekten sinnvoll erfasst werden können und welche Faktoren separat zu beachten sind. So ist beispielsweise der Aufwand für die Erstellung von Systemstudien, Systemanforderungen und Systementwurf oft vernachlässigbar, obwohl die einzuplanende Zeitspanne für diese Tätigkeiten erheblich ist.

Werden alle erforderlichen Kennzahlen erfasst, lassen sie sich wie folgt in eine Formel einsetzen und ergeben den Projektaufwand A in der gewählten Einheit (PT, PM oder PJ):

$$A_E = \left(\frac{Q_l}{p_l} + \frac{Q_n}{p_n} + \frac{Q_s}{p_s} \right) \cdot \prod E_i \tag{6.7}$$

Aron gibt darüber hinaus auch an, dass diese Wert in Abhängigkeit von verschiedenen Einflussfaktoren E, etwa der Anwendung einer höheren Programmiersprache, noch entsprechend angepasst werden müssen. Aron weist auch selbst darauf hin, dass diese Methode keine präzise Methode ist und einen reichen Erfahrungsschatz nicht ausgleichen kann. Seine Methode sei dazu gedacht Schätzer in für sie neuen Domänen zu unterstützen oder Schätzungen, die mit anderen Methoden angefertigt worden sind, abzusichern.

6.3.3.2 Das COCOMO-Modell

Eine Methode der algorithmischen Kostenschätzung ist COCOMO (Constructive Cost Model) von Barry Boehm [34] und seine Weiterentwicklung zu COCOMO II [22]. Das Verfahren rührt aus der Analyse von einer Reihe von Softwareprojekten [101] her. Dazu teilt man die Softwareentwicklung in folgende Kategorien ein:

Einfach (organic)   Ein kleines Team mit guter Anwendungserfahrung arbeitet an einem kleinen Produkt und verfügt über eine stabile Entwicklungsumgebung. Das Produkt selbst ist eher wenig innovativ, weist nur geringe und stabile Schnittstellen auf und es besteht kein Druck bzgl. des Fertigstellungstermins.

Mittel (semidetached) Das Projekt ist eine Mischung aus einfach und schwer.

Schwer (embedded)   Ein Projekt steht unter Termin- und Kostendruck und die Anforderungen sind schwierig. Es findet eine (ständige) Innovation statt und es herrschen komplizierte Nebenbedingungen.

COCOMO-Varianten   Das Kostenschätzverfahren von Boehm existiert in drei Varianten: Im *Basic Model* werden Aufwand in Personenmonaten und benötigte Kalenderzeit ausgehend von einer Schätzung der Produktgröße berechnet. Die Produktgröße wird dabei durch die Anzahl Codezeilen angegeben und die Berechnung erfolgt ohne Berücksichtigung von Einflussgrößen.

Im *Intermediate Model* gehen zusätzlich auch spezielle Anforderungen (zum Beispiel an die Zuverlässigkeit) oder Randbedingungen (zum Beispiel die Fähigkeiten der MitarbeiterInnen) als sog. Cost Driver Attributes in die Berechnung ein. Die Anwendung dieser Attribute erfolgt jedoch auf das gesamte Projekt ungeachtet der Gewichtung der einzelnen Projektphasen.

Im *Detailed Model* können die Cost Driver Attributes auf einzelne Phasen oder einzelne Subsysteme anstatt nur auf das System als Ganzes angewendet werden.

Berechnung   Zur Berechnung des Entwicklungsaufwands A verwendet COCOMO eine Reihe von Formeln. Die Grundlage für den Formelapparat ist die *Grundgleichung*, die den erwarteten Aufwand in Personenmonaten[3] (PM) angibt:

$$A_{\text{grund}} = a \cdot M^b \tag{6.8}$$

Die Grundgleichung zeigt insbesondere an, wie die Kosten skalieren. Gilt zum Beispiel für den Exponenten $b < 1$, was für bestimmte Projekte vorstellbar ist, wirkt sich die „Economy of Scale" aus: Systemteile und Ergebnisse können mehrfach verwendet werden (bei langen Verweildauern im Projekt sinkt auch der Anteil an Einarbeitungsaufwand), der Aufwand sinkt. Gilt $b > 1$ so wirken sich der Overhead bei der Koordination und die steigende Komplexität großer Projekte aus. Die Grundgleichung aus Formel 6.8 berücksichtigt die Einflussfaktoren nicht und wird somit nur im *Basic Model* angewendet. Für die anderen Modelle sind jedoch die Einflussfaktoren (Kostentreiber, vgl. Tab. 14.3) und ihre Werte nach [34] gemäß Tab. 6.10) wie folgt zu berücksichtigen:

$$A_{\text{real}} = A_{\text{grund}} \cdot \prod_{1}^{15} E_i \tag{6.9}$$

Neben dem Aufwand lässt sich mithilfe der folgenden Formel auch die benötigten Entwicklungsdauer T abschätzen:

$$T = c \cdot M^d \tag{6.10}$$

Tabelle 6.11 zeigt Erfahrungswerte für die COCOMO-Konstanten. Die Faktoren a_{grund} (für das Basic Model), a_{sonst} (für das Intermediäre oder Detail Model) und b ergeben sich

---

[3] **Achtung:** In COCOMO gilt 1 PJ = 12 PM = 1824 Arbeitsstunden.

Tab. 6.10 Werte für Kostentreiber E nach Boehm (die Kürzel sind in Tab. 14.3 erklärt)

Attribut	Kürzel	sehr klein	klein	nominal	groß	sehr groß	extra groß
Produkt	RELY	0,75	0,88	1,00	1,15	1,40	–
	DATA	–	0,94	1,00	1,08	1,16	–
	CPLX	0,70	0,85	1,00	1,15	1,30	1,65
Computer	TIME	–	–	1,00	1,11	1,30	1,65
	STOR	–	–	1,00	1,06	1,21	1,56
	VIRT	–	0,87	1,00	1,15	1,30	–
	TURN	–	0,87	1,00	1,07	1,15	–
Personal	ACAP	1,46	1,19	1,00	0,86	0,71	–
	AEXP	1,29	1,13	1,00	0,91	0,82	–
	PCAP	1,42	1,17	1,00	0,86	0,70	–
	VEXP	1,21	1,10	1,00	0,90	–	–
	LEXP	1,14	1,07	1,00	0,95	–	–
Projekt	MODP	1,24	1,10	1,00	0,91	0,82	–
	TOOL	1,24	1,10	1,00	0,91	0,83	–
	SCED	1,23	1,08	1,00	1,04	1,10	–

Tab. 6.11 Überblick über die COCOMO-Konstanten

Schwierigkeitsgrad	a_{grund}	a_{sonst}	b	c	d
einfach	2,4	3,2	1,05	2,5	0,38
mittel	3,0	3,0	1,12	2,5	0,35
schwer	3,6	2,8	1,20	2,5	0,32

heuristisch durch Aggregation aus einer differenzierten Analyse zahlreicher Projektdaten. Nach Hummel [96] haben die Schätzungen, die mithilfe von COCOMO erstellt werden, eine für die Praxis brauchbare Genauigkeit. Das erfordert aber Erfahrungswerte für das Team und vergleichbare Projekte.

Hinweis

Als Ausgangspunkt für Kostenschätzungen nach COCOMO können auch eigene Produktivitätszahlen oder Erfahrungswerte benutzt werden. Werden in einem Unternehmen systematisch über einen längeren Zeitraum Kostenschätzungen durchgeführt und mit den tatsächlichen Aufwänden verglichen, können die vorgegebenen Faktoren justiert werden. Dadurch entstehen realistischere und eher belastbare Kostenschätzungen.

Tab. 6.12 COCOMO-II-
Konstanten für den Faktor a

Projektart	a
Default	2,94
Eingebettete Systeme	2,58
E-Commerce	3,60
Web-Entwicklung	3,30
Militärische Systeme	2,77

COCOMO II Um das Jahr 2000 herum wurde COCOMO zu COCOMO II [22] weiterentwickelt. Die Weiterentwicklung berücksichtigt neben den in den Jahren seit der Veröffentlichung der ersten COCOMO-Version erworbenen Erfahrungen auch den technologischen und methodischen Fortschritt. Die weiterentwickelte Version beinhaltet drei Modelle:

Application Composition Dieses Modell adressiert Projekte, in denen ein großer Anteil des Codes durch Wiederverwendung oder Generierung erzeugt wird.

Early Design Dieses Modell unterstützt die Aufwandsschätzung in den frühen Entwurfsphasen eines Projekts. Neben der Quellcodegröße können nun auch Funktion Points als Eingabegröße verwendet werden.

Post Architecture Dieses Modell ist das „genaueste" COCOMO-II-Modell und kann nach der Entwicklung der Systemarchitektur angewendet werden.

Unterschiede zum klassischen COCOMO Obwohl es sich beim COCOMO II um eine Weiterentwicklung handelt, gibt es einige Unterschiede zum klassischen COCOMO. Im Application Composition Model kommt eine neue Formel zu Einsatz, die auf mit COCOMO II eingeführten *Application Points* (Abschn. 6.3.3.3) basiert. Für die Größenabschätzung können nun im Early-Design und im Post-Architecture-Model auch Function Points (Abschn. 6.3.3.3) verwendet werden. Darüber hinaus gibt es auch keine Unterscheidung mehr zwischen einfachen, mittleren und schweren Projekten. Der Faktor a der weiterhin gültigen COCOMO-Formel wird nun einfach als Konstante (Tab. 6.12 nach Hummel [96]) geführt. Dadurch wird die Projektkomplexität nun allein über den Exponenten b ermittelt.

Der Exponent b wird in COCOMO II projektabhängig aus den fünf Skalierungsfaktoren S (siehe Tab. 14.1)

- PREC: Erfahrungen in ähnlichen Projekten,
- FLEX: Flexibilität hinsichtlich Anforderungen und Systemumgebung,
- RESL: Erwartete Stabilität der Architektur,
- TEAM: Erfahrung des Entwicklungsteams und
- PMAT: Reife des Entwicklungsprozesses

Tab. 6.13 Kombinierte Kostentreiber für COCOMO II (Early Design)

Kürzel	Name	Kostentreiber aus Tab. 14.3
RCPX	Zuverlässigkeit und Komplexität des Produkts	RELY, DATA, CPLX, DOCU
RUSE	Wiederverwendbarkeit	RUSE
PDIF	Komplexität der Plattform	TIME, STOR, PVOL
PERS	Personalqualität	ACAP, PCAP, PCON
PREX	Erfahrung des Personals	APEX, PLEX, LTEX
FCIL	Projektumfeld	TOOL, SITE
SCED	Zeitplan	SCED

errechnet und nicht mehr als Konstante geführt. Wie diese Werte zuverlässig abgeschätzt werden können erläutert Boehm in [22]. Auf Basis einer Abschätzung der Werte für die fünf Skalierungsfaktoren S aus Tab. 14.1 kann im Anschluss der Exponent b wie folgt berechnet werden:

$$b = B + 0{,}01 \cdot \sum_{i=1}^{5} S_i \qquad (6.11)$$

Boehm gibt für B einen Wert von 0,91 an, womit der Exponent b zwischen 0,91 und 1,226 schwanken und entsprechende Skalierungseffekte haben kann.

Bei der Berechnung der Kostentreiber verwendet COCOMO II dasselbe Vorgehen wie das klassische COCOMO. Jedoch unterscheiden sich die Kostentreiber zwischen den COCOMO-Versionen und auch zwischen den COCOMO-II-Varianten. Insbesondere für das Early-Design-Modell wird eine reduzierte Menge von sieben Kostentreibern verwendet, die sich aus der vollständigen Menge der Kostentreiber (Tab. 14.3) ableiten. Hierbei gilt die Kombination aus Tab. 6.13. Die Wertebereiche für die einzelnen Kostentreiber sind der Tab. 14.2 zu entnehmen. Diese Vereinfachung für die Kostentreiber liegt in der Tatsache begründet, dass das Early-Design-Modell sehr früh in einem Projekt angewendet werden soll und in der Regel noch nicht alle Parameter im Detail bestimmbar sind.

Für das Post-Architecture-Modell ist hingegen eine vollständige Wertetabelle (Tab. 14.3) verfügbar, die sich jedoch deutlich von der klassischen Kostentreibertabelle unterscheidet.

6.3.3.3 Function Points

Als Alternative zur Abschätzung des Umfangs in LOCs wurde die Function Point Methode [155, 190, 81] entwickelt. Bei dieser Methode wird der Aufwand der Softwareerstellung über den Umfang der geforderten Funktionalität abgeschätzt. Bewertet wird auf Basis der in Abb. 6.5 dargestellten Merkmale eines Softwaresystems.

Soll der Entwicklungsaufwand mithilfe von Function Points gemessen werden, ist es zunächst wichtig zu verstehen, dass das zu schätzende System als Black-Box betrachtet wird. Die Schätzung erfolgt somit über die Schnittstellen, mit denen das System mit seiner Umwelt interagiert. Dazu werden drei *Operationen* (Transaktionselemente: EI, EO und EQ) und zwei *Datenelemente* (ILF und EIF) verwendet.

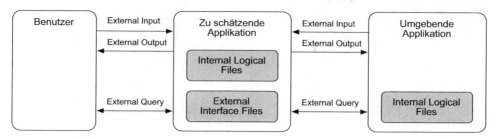

Abb. 6.5 Terminologie und Systemsicht für die Function Point Analyse

Tab. 6.14 Faktoren zur Ge- wichtung von Function Points	Komplexität	ILF	EIF	EI	EO	EQ
	Gering	7	5	3	4	3
	Mittel	10	7	4	5	4
	Hoch	15	10	6	7	6

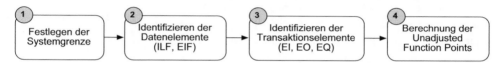

Abb. 6.6 Vorgehen bei Function Point Analyse

Für die Schätzung der Größe einer Software werden in Folge alle der oben genannten Elementtypen gezählt und dann entsprechend gewichtet (Tab. 6.14). Als Ergebnis dieser Analyse liegen die sogenannten *Unadjusted Function Points* vor.

Vorgehen bei der Function Point Analyse Zur Ermittlung der Unadjusted Function Points wird das Vorgehen aus Abb. 6.6 angewendet. Bei der Identifizierung der Datenelemente werden zuerst die ILFs und die EIFs gezählt. Gleichzeitig werden die sog. *Data Element Types* (DET) und die *Record Element Types* (RET) gezählt. Bei DETs handelt es sich um für den Systembenutzer sichtbare Datenfelder (zum Beispiel Attribute einer Klasse). Mehrere logisch zusammenhängende DETs ergeben einen RET. DETs und RETs sind verfeinernde Elemente für ILFs und EIFs, die sich gemäß Tab. 6.15 in das Gewichtungsschema integrieren.

Tab. 6.15 Bewertung von DETs und RETs	RETs	DETs		
		1–19	20–50	**mehr als 50**
	1	gering	gering	mittel
	2–5	gering	mittel	hoch
	mehr als 6	mittel	hoch	hoch

Tab. 6.16 Bewertung von
FTRs für EI

FTRs	DETs		
	1–4	**5–15**	**mehr als 15**
0–1	gering	gering	mittel
2	gering	mittel	hoch
mehr als 3	mittel	hoch	hoch

Tab. 6.17 Bewertung von
FTRs für EO und EQ

FTRs	DETs		
	1–5	**6–19**	**mehr als 19**
0–1	gering	gering	mittel
2–3	gering	mittel	hoch
mehr als 3	mittel	hoch	hoch

Tab. 6.18 Kostentreiber für die Justierung von Function Points (Auswahl)

Treiber	Beschreibung	Gewicht
Datenkommunikation	Anzahl der möglichen Eingabekanäle für das System	5
Transaktionsmenge	Muss eine Anzahl von Transaktionen garantiert werden?	2
Endnutzer-Effizienz	Komplexität der Benutzerschnittstelle	3
Flexibilität	Änderbarkeit von Abfragen, Reports oder Geschäftsprozessen	1

Im nächsten Schritt werden die Transaktionselemente (EI, EO und EQ) gezählt. Die Operation referenzieren in der Regel Datenelemente, welche für den Benutzer sichtbare Auswirkungen, etwa auf den Systemzustand haben. Solche referenzierten Datenelemente werden als *File Types Referenced* (FTR) bezeichnet und ebenso wie DETs oder RETs in der Zählung der Function Points berücksichtigt (Tab. 6.16 und 6.17).

Justierung von Function Points Bisher wurde das Vorgehen zur Ermittlung der Unadjusted Function Points gezeigt. Im Weiteren können die Unadjusted Function Points mithilfe von Kosten- bzw. Aufwandstreibern (siehe COCOMO, Abschn. 6.3.3.2) weiter an projektspezifische Gegebenheiten angepasst werden. Eine beispielhafte Auswahl von Kostentreibern findet sich in Tab. 6.18.

Liegen die Unadjusted Function Points (UFP) vor können mit Wissen über die Kostentreiber die *Adjusted Function Points* (AFP) berechnet werden:

$$\text{AFP} = \text{UFP} \cdot \left(0{,}65 + \frac{1}{100} \cdot \sum_{i=1}^{14} c_i \right) \tag{6.12}$$

Hummel [96] weist darauf hin, dass in der Literatur über 200 Kostentreiber bekannt sind, jedoch in der Regel nur 14 verwendet werden. Diese werden in der oben stehenden Formel berücksichtigt. Die UFP können nach oben stehender Formel in einem Intervall zwischen 0,65 und 1,35 skaliert werden.

Function Points sind ein sehr grundlegendes und sehr breit einsetzbares Konzept zur Aufwandsschätzung. Viele Methoden, zum Beispiel Feature Points, Object Points oder Use Case Points, bauen auf dieser Grundmethode auf. Eine sehr umfassende jedoch kompakte Zusammenstellung für eine Vertiefung dieses Themas findet sich bei Hummel [96].

Hinweis

Function Points werden ermittelt, indem man Anwendungssysteme in Elementarprozesse und logische Datenbestände zerlegt. Die Durchführung einer Kostenschätzung nach der Function Point Methode erfordert eine sehr viel differenziertere Erfassung der Eigenschaften der Software basierend auf den Anforderungen und einer Spezifikation als beispielsweise COCOMO, führt aber auch auf weniger pauschale Ergebnisse.

Wie im Abschn. 6.3.3.2 beschrieben, können Function Points in COCOMO II anstelle von Lines of Code für die Abschätzung eines Systems verwendet werden. Da COCOMO jedoch in seinen Formeln eigene Kostentreiber in die Berechnung einführt, sollten hier nur Unadjusted Function Points verwendet werden.

6.4 Angebots- und Vertragswesen

Projekte eines Auftragnehmers werden durch seine Vertriebsmitarbeiter oder durch die Unternehmensleitung akquiriert. Die Akquise kann proaktiv oder reaktiv erfolgen. Der reaktive Fall liegt vor, wenn der Auftraggeber zum Beispiel im Rahmen einer Ausschreibung nach Angeboten sucht. Der proaktive Fall liegt vor, wenn der Vertrieb aus dem Portfolio des Unternehmens Produkte, Lösungen oder Dienstleistungsangebote (Service Offerings) anbietet. Durch Marketing- und Vertriebsaktivitäten, wie zum Beispiel Anzeigen, E-Mails, Web Marketing, Messen, werden potenzielle Käufer/Kunden (Aussichten auf Geschäft, sog. „Prospects") identifiziert. Durch eine weitere Betreuung und Beratung des Vertriebs und des Marketings

- kommt es zu Anfragen von Kunden,
- geht eine Ausschreibung eines Kunden ein oder
- fordert ein Kunde einen Anbieter zur Abgabe eines Angebots auf.

Dann werden in der Regel die nachfolgend dargestellten Vertriebsprozesse durchlaufen, die schwerpunktmäßig aus Sicht der Auftragnehmer und Dienstleister dargestellt werden.

Bewertung der Geschäftsaussicht Wurde festgestellt, dass es sich um eine Geschäftsaussicht handelt, die weiter verfolgt werden soll, muss auf die Projektanfrage oder die Ausschreibung reagiert werden. Es werden die Ausschreibung oder die Kundenanfrage grob qualitativ ausgewertet und die Erstellung des Angebotes vorbereitet.

Hinweis

Sowohl der Auftraggeber als auch der Auftragnehmer eines Projekts führen einen Projektvorlauf durch. Im Unterschied zum Auftraggeber findet jedoch beim Auftragnehmer bei einem ausgeschriebenen Projekt keine Ideenfindung statt. Der Projektgegenstand wird hier in Form einer *Ausschreibung* beschrieben, die bereits alle wesentlichen fachlichen und technischen Anforderungen und Rahmenbedingungen enthalten sollte. Auf dieser Grundlage durchläuft der Auftragnehmer jedoch einen vergleichbaren Prozess, in dem er ermittelt, ob das Projekt für ihn interessant ist. Im V-Modell XT ist dies zum Beispiel sehr anschaulich an den beiden V-Modell-Produkten *Projektvorschlag* und *Bewertung der Ausschreibung* zu sehen. Die Startphasen von Auftraggeber- und Auftragnehmerprojekten unterscheiden sich im Ablauf nur marginal, bauen jedoch auf unterschiedlichen Ausgangsartefakten auf.

In Abb. 6.7 sind die Schritte, die im Rahmen der Vorbereitung der Angebotserstellung durchlaufen werden, grob skizziert. Nach dem Durchlaufen dieser Schritte wird beschlossen, ob ein detailliertes Angebot erstellt wird. Bei der wirtschaftlichen Bewertung spielt der *Return on Investment* (ROI) eine wichtige Rolle. Der ROI ist eine Kennzahl, die den (erwarteten) Gewinn mit dem eingesetzten Kapital ins Verhältnis setzt [82] und damit zum Ausdruck bringt, ob ein Projekt rentabel ist.

6.4.1 Angebotserstellung

Auf Basis der Bewertung der Ausschreibung und der im Anschluss durchgeführten Analyse der Geschäftsaussicht wird bei positiver Bewertung das *Angebot* erstellt. Es werden die fachlichen und wirtschaftlichen Risiken bewertet und die Genehmigung für die Abgabe des Angebots eingeholt. Dazu werden in einer ersten (groben) Stufe die in Abb. 6.8 dargestellten Tätigkeiten durchgeführt. Grundlage hierfür ist unter anderem die in der Bewertung der Geschäftsaussicht vorgeklärte Beziehung zu den Partnern. Diese wird für das Kundenprojekt und die Angebotserstellung ggf. ausgehandelt und festgeschrieben.

Neben diesen groben Schritten fallen (kontinuierlich) weitere Detailarbeiten an. Es können Alternativen und Optionen entwickelt werden. Abhängig von der (möglichen) Architektur der Gesamtlösung, den ermittelten Varianten bei Komponenten und der verfolgten Strategie werden Alternativen hinsichtlich Leistungsumfang und Lieferterminen

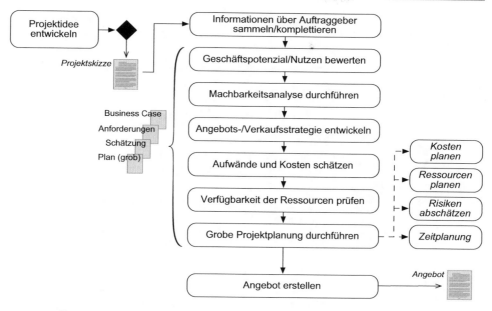

Abb. 6.7 Übersicht: Grobe Schritte bis zur Angebotserstellung

sowie Ausschlussoptionen für die Gesamtlösung entwickelt. Demos, Benchmarks und Prototypen dienen dazu, eine vertrauensvolle Atmosphäre zu schaffen, den Lösungsansatz bekanntzumachen oder zu untermauern, mögliche Klippen oder Missverständnisse im Voraus auszuräumen und die Akzeptanz zu erleichtern. Maßnahmen, die mit dem Kunden vor und nach der Übergabe des Angebots durchgeführt werden sollen, werden ausgewählt, geplant und zeitgerecht vorbereitet.

Für die ausgewählten Alternativen wird eine Vorintegration aller bisher vorhandenen Angebotsbestandteile durchgeführt. Das Angebot wird in Gesamtsicht abschließend formal und inhaltlich auf Richtigkeit, Vollständigkeit und Konsistenz geprüft. Abschließend wird das Angebot mit allen seinen detailliert ausgeführten Bestandteilen erstellt, wie es an den Kunden gehen soll. Werden in der Prüfung noch Mängel aufgedeckt, sind Nacharbeiten erforderlich. Im Anschluss wird entschieden, ob das erstellte Angebot in der erarbeiteten Form an den Kunden/Auftraggeber übergeben wird.

Hinweis

Im Laufe der Angebotserstellung werden üblicherweise verschiedene Risiken identifiziert. Sie werden zusammengetragen und in einer Gesamtsicht bewertet, um eine Einschätzung über das mit dem Projekt verbundene Risiko zu bekommen. Die Risikoanalyse und Bewertung sollte im weiteren Projektverlauf kontinuierlich erfolgen.

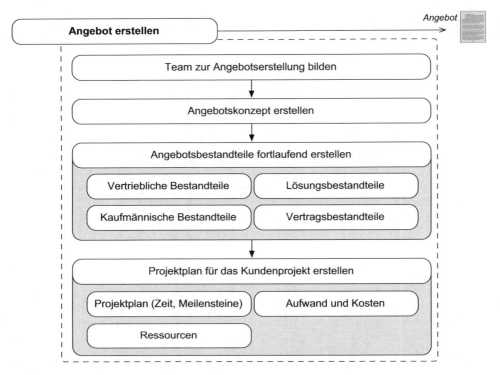

Abb. 6.8 Verfeinerung: Konkrete Aufgaben in der Angebotserstellung

6.4.1.1 Projekt: Angebotserstellung

Die Erstellung eines Angebots ist selbst als Projekt zu gestalten. Dazu sind die Prozesse, Arbeitstechniken und Regeln des Projektmanagements anzuwenden. Der Grund dafür liegt darin, dass für die Erstellung eines Angebots fast immer nur ein begrenztes Budget zur Verfügung steht, auf begrenzte Ressourcen zurückgegriffen werden muss, enge Termine gesetzt sind und eine hohe Qualität der Arbeitsergebnisse gefordert wird. Praktische Hinweise, wie ein aussagekräftiges Angebot erstellt werden kann, gibt Gougousoudis in [15] für das Beispiel der Vergabe öffentlicher Aufträge unter Berücksichtigung der in dieser Domäne geltenden Regeln.

Durchführung Für das Angebotsprojekt wird ein eigenständiger „Angebotsprojektplan" erstellt. Der Angebotsprojektplan wird zu Beginn des Angebotsprojekts angelegt und dann sukzessive vor Beginn jedes Arbeitsschritts fortgeschrieben und verfeinert. Ein *Angebotsmanager* ist für die Lieferung aller Angebotsteile zuständig und trägt die Gesamtverantwortung für das Management des Angebotsprojekts hinsichtlich Kosten, Zeitaufwand und Qualität. Zu seinen Hauptaufgaben zählen:

- Leitung, Planung und Kontrolle des Angebotsprojekts
- Koordinierung des Angebotsprojekts anhand der festgelegten Strategie
- Ermittlung, Beschaffung und Management aller Ressourcen
- Prognose und Überwachung der Kosten
- Berichterstattung über den Projektfortschritt
- Meilensteinabnahme und Einholen der erforderlichen Genehmigungen
- Planung des Projektmanagements des Kundenprojekts

Der Kundenprojektplan enthält die Projektplanungsergebnisse für das Kundenprojekt. In der Angebotsphase wird man das Kundenprojekt im Allgemeinen noch nicht detailliert planen können. Deshalb ist abzuwägen, wie viel Information benötigt wird, um zu belastbaren, korrekten Termin- und Aufwandsabschätzungen zu kommen. Das gilt insbesondere bei Festpreisprojekten.

Angebotsabgabe Vor dem Hintergrund der existierenden Kundenbeziehung, dem Umfang des Angebots, dem Vertragswert, der Erwartungshaltung des Kunden wird das Angebot mit oder ohne Präsentation übergeben oder zugestellt. Im Falle einer Angebotspräsentation wird diese vorbereitet und das Angebot dem Kunden im Rahmen einer strukturierten und gut vorbereiteten Präsentation möglichst wirkungsvoll präsentiert.

Folgeaktivitäten Nach Übergabe des Angebots an den Kunden und der Präsentation beim Kunden wird die anschließende Kommunikation mit dem Kunden geplant und vorbereitet. Dazu werden:

- *das Angebot verfolgt*. Durch angemessenes Werben und Kontakthalten werden die Chancen für eine Zusage erhöht. Auf Informations- und Änderungswünsche des Kunden wird eingegangen.
- *das Kunden-Feedback berücksichtigt*. Das Angebot wird auf Wunsch des Kunden hin nachträglich angepasst. Bei großen, substanziellen Anpassungen kann es notwendig sein, den Angebotsprozess weiter vorn in der Bewertung der Geschäftsmöglichkeiten oder Angebotserstellung wieder aufzusetzen und die Genehmigungen noch einmal einzuholen.

Verhandlungen Wenn sich abzeichnet, dass der Kunde den Auftrag erteilen will, werden – sofern das Angebot im Rahmen eines Verhandlungsverfahrens abgegeben wurde – Vorverhandlungen zum Vertrag begonnen. Nicht selten steht der Kunde unter hohem Zeitdruck und möchte das Projekt sofort beginnen, auch wenn man sich noch nicht endgültig auf alle Vertragsmodalitäten geeinigt hat. In diesem Fall wird das Projekt vorvertraglich abgesichert (Letter of Intent). Üblicherweise finden noch Nachverhandlungen über Preise, Leistung, Termine statt (im Bereich der öffentlichen Vergabe stellt dies jedoch die Ausnahme dar).

Abschluss des Angebotsprojekts Wurde das Angebot abgegeben, wird auf den Zuschlag gewartet. Sofern der Kunde die vertraglichen Regelungen des Gesamtangebotes in der vorliegenden Form akzeptiert hat, ist das Angebotsprojekt beendet. Sollte der Zuschlag nicht erfolgen, wird eine Analyse durchgeführt, warum das Angebot nicht angenommen wurde. Im Bereich der öffentlichen Auftraggeber müssen Ablehnungen rechtlich einwandfrei begründet werden. Die Begründung kann die Analyse gescheiterter Angebote und der Ursachen unterstützen. Aus dieser Analyse werden Maßnahmen abgeleitet, die die Wettbewerbsfähigkeit in Zukunft steigern.

Das Angebotsprojekt endet auch dann, wenn der Termin für die Gültigkeit des Angebotes abgelaufen ist. Dies kann passieren, wenn der Kunde nicht reagiert, zu keiner Entscheidung kommt oder die Bindefrist abgelaufen ist.

6.4.1.2   Konflikte

Allzu oft sind Angebote und Verträge zu stark vertrieblich ausgerichtet. Die beteiligten Vertriebsmitarbeiter erhalten Provisionen („Incentives") für den Abschluss des Vertrages und werden oft am Umsatz oder geplanten Ergebnis gemessen. Ihr Interesse gilt daher der Vertragsunterzeichnung. Ein Projektmanager, der nach Vertragsabschluss für die Realisierung die Verantwortung übernehmen soll, ohne vorher involviert gewesen zu sein, trägt dann unter Umständen wichtige Vertragsinhalte wie zum Beispiel Termine, Aufwände, Kosten oder technische Lösungsansätze nicht vollständig mit.

Dieser Interessenkonflikt zwischen Vertrieb und den Verantwortlichen für die Projektdurchführung birgt viel Sprengstoff und Risiken für den späteren Projekterfolg. Es wird daher dringend empfohlen den Projektleiter, der die Leitung des aus dem Angebot hervorgehenden Kundenprojekts übernehmen wird, möglichst frühzeitig zu ernennen und in die Angebotserstellung einzubeziehen. Er sollte so früh wie möglich die Verantwortung für das Projekt übernehmen. Im Idealfall ist er bereits für das Angebot mitverantwortlich. Ist dies nicht möglich, sollte der Projektleiter des Kundenprojektes auf jeden Fall zum Projektteam des Angebotsprojektes gehören und das Angebot und den Vertrag gegenzeichnen. Nur so ist sein Commitment zu den Inhalten des Angebots und des Vertrages sichergestellt.

6.4.2   Vertragsverhandlung und Vertragsschluss

Soll ein Projekt im Rahmen einer Vertragsverhandlung definiert werden, ist neben der Angebotserstellung auch das Vorgehen für die Vertragsverhandlung vorzubereiten. Dazu wird zuerst eine Verhandlungsstrategie gegenüber dem Kunden entworfen und mit allen Beteiligten an den Verhandlungen abgestimmt. Basierend auf den zuvor vereinbarten Leistungs-, Preis- und Terminbedingungen werden Verpflichtungen und Rechtsfolgen unterschriftsreif verhandelt. Mit den Partnern und Zulieferern werden ebenfalls rechtsverbindliche Vereinbarungen abgeschlossen. Im Anschluss wird die Genehmigung für Vertragsabschluss eingeholt. Sind die Verhandlungen abgeschlossen, wird der Vertrag von den autorisierten Repräsentanten unterzeichnet. Damit wird die Angebotsbearbeitung abgeschlossen und in die Durchführung des Kundenprojektes übergeleitet.

Die Vertragsgestaltung erweist sich in der Praxis oft als nicht zu unterschätzende Hürde auf dem Weg zur Projektvereinbarung. In Verhandlungen ist es häufig schwer, sachbezogene Themen und persönliche Ebene zu trennen. Hier bieten Verhandlungsmethoden, wie zum Beispiel das Harvard-Konzept [74] Hilfe an.

6.4.3 Rechtliche Aspekte

Große Softwareprojekte finden häufig im Auftrag eines Kunden statt. Damit findet sich im Projekt die rechtliche Situation eines Auftraggebers und eines Auftragnehmers. Oft sind mehrere rechtlich eigenständige Parteien an einem Projekt beteiligt (Auftraggeber oder Kunde, Konsortien von Auftragnehmern, Auftragnehmer oder Hersteller, Unterauftragnehmer, Partner, Berater etc.). Zusätzlich können noch durch die Effekte der Software die Rechte Dritter (Lizenzen, Copyrights, Patente, Datenschutz etc., vgl. Zahnt [200], Engelschall [71] und Haar [87]) berührt sein.

6.4.3.1 Vertragsinhalte

Die Projektdurchführung erfordert in der Regel eine Reihe von Verträgen zwischen den Beteiligten, die jeweils folgende Fragen regeln:

- Leistungen und Verantwortlichkeiten mit Regelungen zu:
  - Funktionsumfang
  - Terminen (auch Modalitäten bei Lieferverzug)
  - Qualitätsanforderungen
  - Preise und Zahlungsvereinbarungen
  - Abnahme
- Gewährleistungen und Haftungsvereinbarungen
- Bereitstellungen und Beistellungen
- Nutzungsrechte
  - Urheberrechts und Urheberschutzes
  - Übertragungsrecht an Dritte (Recht auf Weitervertrieb)
- Einhaltung gesetzlicher Vorschriften, wie zum Beispiel: SAGA [62], ITIL [148] oder der Nachweis von ISO-Zertifizierungen

Alle Vertragsunterlagen müssen langfristig und revisionssicher archiviert werden. Diese Aspekte sind in der Projektplanung und -durchführung zu berücksichtigen und vertraglich zu regeln. Üblicherweise sind verschiedene Vertragsmuster wie zum Beispiel die „Ergänzenden Vertragsbedingungen" (EVB; [32]) der öffentlichen Auftraggeber der Bundesrepublik Deutschland verfügbar. Diese regeln die oben stehenden Punkte umfangreich.

6.4.3.2   Vertragsformen

Im Rahmen der Vertragsverhandlungen ist auch die *Vertragsform* festzulegen. Bereits im Rahmen der Ausschreibung und der Angebotsaufforderung werden zu der beabsichtigten Vertragsform Angaben gemacht. Grundsätzlich gibt es (jeweils mit Variationen) folgende Vertragsformen, die jeweils starke Auswirkungen auf die Risikoverteilung zwischen den Vertragsparteien haben:

Werksvertrag   In einem Werkvertrag wird die Erstellung eines „Gewerks" verein-
                        bart. Der Auftragnehmer schuldet ein konkretes und spezifizier-
                        tes Projektergebnis. Diese Vertragsform wird häufig in Form eines
                        Festpreisvertrags umgesetzt, da die Leistungserbringung zu einem
                        vereinbarten Preis erfolgt. Der Preis wird üblicherweise im Vorfeld
                        im Rahmen einer Aufwands- und Kostenschätzung ermittelt und
                        dann festgeschrieben.

Dienstleistungsvertrag Im Dienstleistungsvertrag wird die Projektarbeit nach Aufwand
                        abgerechnet („time & material"). Gegenstand dieser Vertragsform
                        ist eine Dienstleistung, zum Beispiel Beratung oder die (kontinu-
                        ierliche) Pflege eines Systems. In dieser Vertragsform ist es auch
                        möglich, einen Rahmenvertrag zu erstellen, in dessen Rahmen ein-
                        zelne Aufträge durch eine sogenannte *Dienstleistungsvereinbarung*
                        oder *Bestellung* durch den Auftraggeber abgerufen werden können.
                        Ein Dienstleistungsvertrag ist typischerweise variabel, da er sowohl
                        Leistungsumfang wie auch Budget offen lassen kann. Um dennoch
                        eine Kontrolle über die Projektkosten zu haben, können Dienst-
                        leistungsverträge „gedeckelt" werden, sodass das Projektbudget
                        bis zu einer definierten Obergrenze abgerufen werden kann, nicht
                        jedoch darüber hinaus.

Konsequenzen der Vertragsgestaltung   Hohe Projektrisiken liegen in keinem Fall im Sinn der Beteiligten. Ein hilfreiches Vorgehen liegt dabei in einer geschickten Risikoverteilung. Letztlich sollte eine Vertragsgestaltung angestrebt werden, die ein *faires Gleichgewicht* zwischen den Interessen des Auftraggebers und denen des Auftragnehmers garantiert. Nur dann ist ein glatter, erfolgreicher Projektverlauf möglich. Zu beachten ist hierbei jedoch, dass sich aus betriebswirtschaftlicher Sicht teils drastisch unterschiedliche Konsequenzen aus unterschiedlichen Vertragsformen ergeben.

Werkvertrag   Bei einem Werkvertrag (zum Beispiel nach Festpreismodell) muss vom Auftragnehmer alles getan werden, um die Projektkosten niedrig zu halten. Er trägt das Projektrisiko im Hinblick auf die Kosteneinhaltung. Der Auftraggeber ist möglicherweise versucht, die Anforderungen und die Funktionalität der zu erstellenden Software auszuweiten, um „möglichst viel für sein Geld zu bekommen".

Dienstleistungsvertrag Bei einem Dienstleistungsvertrag (Preis nach Aufwand) liegt das Kostenrisiko beim Auftraggeber. Der Auftragnehmer ist nicht notwendigerweise an geringen Aufwänden interessiert, unter Umständen sogar im Gegenteil – zusätzliche Aufwände bedeuten für ihn zusätzliche Einnahmen.

Verträge in speziellen Projektkonstellationen Nicht immer gibt es in Softwareprojekten eine klare Zuordnung der Auftraggeber- und Auftragnehmerrolle. Doch auch in solch „unklaren" Projektkonstellationen ist es entscheidend, dass klare und für alle Beteiligten verbindliche Vereinbarungen getroffen werden.

Eigenentwicklung Sind Auftraggeber und Auftragnehmer in einem Softwareprojekt identisch, spricht man von einer *Eigenentwicklung*. Solche Projektkonstellationen finden sich zum Beispiel in Organisationsformen wie Bundesbehörden oder großen internationalen Konzernen, die neben Fachabteilungen auch eigene IT-Abteilungen für die Softwareentwicklung unterhalten. Hinzu kommt, dass Abteilungen großer Unternehmen im Zuge der Serviceorientierung als interne Dienstleister auftreten und dementsprechend auch interne Kostensätze für die Verrechnung von Leistungen haben. Auch wenn ein „echter" Vertrag mit rechtlicher Bedeutung in einer solchen Konstellation nicht immer erforderlich ist, empfiehlt es sich trotzdem, ein Projekt im Rahmen einer formalen Projektvereinbarung und mit einer transparenten Verrechnung abzuwickeln. Oftmals ist es den Fachabteilungen, die als Auftraggeber agieren, nicht transparent, welchen Aufwand die IT-Abteilung in der Rolle des Auftragnehmers mit einem Vorhaben tatsächlich hat.

Generalauftragnehmer In vielen Fällen ist Software Bestandteil eines größeren Produkts (typisches Beispiel: eingebettete Software). Dann existiert in der Regel ein General- bzw. Hauptauftragnehmer, der die Software im Unterauftrag oder als Eigenentwicklung fertigen lässt.

Dieses Modell findet sich auch in sehr großen Projekten wieder, die durch Konsortien durchgeführt werden. Der Generalauftragnehmer hat in jedem Fall die Aufgabe, den Vertragsschluss zwischen Auftraggeber und Konsortium zu gestalten und auf der anderen Seite die Verträge mit seinen Unterauftragnehmern auszuhandeln. In diesem Fall wechselt der (General-)Auftragnehmer seine Rolle und tritt den Unterauftragnehmern gegenüber als Auftraggeber auf. Es entsteht eine Vertragshierarchie, in der besonders auf Fairness und Zweckmäßigkeit geachtet werden muss.

Agile Projekte In Projekten, die mit agilen Methoden (Kap. 4.2.4) durchgeführt werden, geraten sowohl die klassischen Rollenmodelle wie auch die oben genannten Vertragsformen durcheinander. Haar [88] spricht sogar davon, dass die agile Softwareentwicklung die Grundsätze von Werk- und Dienstverträgen über Bord werfe. Insbesondere wenn agile Aspekte wie *Collective Code Ownership* in Projekten angewendet werden sollen, lasse sich ein Softwareprojekt nicht mehr in die üblichen Vertragstypen einordnen. Auch wenn die

üblichen Vertragsformen in Reinform nur bedingt greifen, ist trotzdem eine klare Projektvereinbarung unabdingbar.

6.4.3.3   Regelung der Abnahme

Es ist insbesondere festzulegen, in welcher Weise ermittelt wird, ob das gelieferte System
den Vereinbarungen (Abnahmekriterien) genügt. Zentral sind hier die Projektziele, die im
Projektauftrag beschrieben sind (vgl. Abschn. 6.2). Hinzu kommen Fragen der Haftung (bei
Systemfehlern), der Gewährleistung (bei Nachbesserung) und von Konventionalstrafen bei
nicht fristgerechter Auslieferung. Es ist daher wichtig, Art und Umfang von Lieferungen
nicht nur zu vertraglich festzulegen, sondern einen (möglicherweise außervertraglichen)
Abstimmungsprozess zu den Erwartungen an die Lieferungen zwischen Auftraggeber und
Auftragnehmer zu vereinbaren. Dies bewahrt die Vertragsparteien vor Überraschungen
und Konflikten.

Hinweis

Es ist zweifellos wichtig, sich in Verträgen gegen alle Eventualitäten abzusichern.
Allerdings führt eine Einstellung, die primär auf rechtliche Absicherung ausgerichtet ist, kaum zu erfolgreichen Projekten. Bei umfangreichen, technisch schwierigen
oder gar neuartigen Projekten muss man sich auf Probleme und Verzögerungen
gefasst machen. Vertrauensvolle Zusammenarbeit zwischen den Projektbeteiligten
und der gemeinsame Wille zum Projekterfolg sind unverzichtbare Voraussetzung.
Nur durch geschickte Vertragsgestaltung kann man den Projekterfolg nicht erzwin-
gen.

6.5   Beispiele

Im Folgenden werden eine Reihe konkreter Beispiele zu den Themen Projektauftrag und
Aufwandsschätzung gegeben.

6.5.1   Erstellung eines Projektauftrags

In den vorangegangenen Kapiteln wurde bereits mehrfach auf das V-Modell XT als Referenzmodell eingegangen. Das V-Modell XT sieht ein Produkt *Projektvorschlag* bzw. einen
Projektauftrag vor, das die Ergebnisse und Erkenntnisse des Projektvorlaufs[4] zusammen-

---

[4] Der Projektvorlauf ist im V-Modell XT jedoch nicht explizit geregelt und wird den Vorgaben bzw.
den Erfahrungen der Unternehmen überlassen.

Tab. 6.19 Themen des Projektvorschlags (V-Modell XT)

Thema	Frage, die das Thema beantworten muss:
Ausgangslage und Zielsetzung	Warum ist das Projekt notwendig und sinnvoll?
Bestehende Rahmenbedingungen	Welche Rahmenbedingungen sind zu berücksichtigen?
Projektziele und Systemvorstellungen	Was ist der Bedarf?
Chancen und Risiken	Welche Chancen entstehen aus dem Projekt? Mit welchen Risiken ist das Projekt verbunden?
Planung	Wie lange wird das Projekt dauern? Welche Ressourcen wird das Projekt benötigen?
Wirtschaftlichkeit	Ist das Projekt wirtschaftlich?

fasst und die Entscheidungsgrundlage für die Freigabe eines Projekts darstellt.Themen[5] in Tab. 6.19 zu berücksichtigen.

Die Ausgangslage und die Zielsetzung sowie die Projektziele und Systemvorstellungen stellen dabei den Bedarf (frühe Version der Anforderungen) auf Basis einer Soll-/Ist-Analyse dar. Dazu ist der konkrete Bedarf nachvollziehbar zu dokumentieren, um die Notwendigkeit eines Projekts klar darzustellen.

Im Rahmen einer Voruntersuchung, etwa durch eine Projektvorstudie, kann überprüft werden, ob der Bedarf überhaupt gegeben ist und in welchem Umfang er gedeckt werden kann. Dabei sollte auch geprüft werden, ob es genügt, ein bereits existierendes Standardsoftwaresystem zu beschaffen und anzupassen oder ob eine komplette oder nur eine teilweise Neuentwicklung erforderlich ist. In jedem Fall sind auf Basis dieser Erkenntnisse die Chancen aber auch die Risiken zu ermitteln.

Weiterhin ist die Wirtschaftlichkeit des angestrebten Projekts zu beurteilen. Es muss festgestellt werden, ob ausreichend Budget und sonstige Ressourcen vorhanden sind und dass die geplante Investition die veranschlagten Kosten rechtfertigt (Kosten/Nutzen-Rechnung) oder eine entsprechende strategische Notwendigkeit/Dringlichkeit besteht. Der Wirtschaftlichkeitsbetrachtung ist auch eine vorläufige, grobe Planung beizustellen, die klar macht, wann welche Ressourcen für das Projekt in Anspruch genommen werden sollen. Die vorläufige Planung gibt weiterhin auch Hinweise, wann mit der Realisierung und Einführung des neuen Systems zu rechnen ist, da dafür auch weitere,

projektfremde Ressourcen (wie Betriebskapazitäten) notwendig werden können.

Hinweis

Üblicherweise wird der Projektvorschlag/Projektauftrag durch das zuständige Management genehmigt, sodass mit seiner Verabschiedung der erste Entscheidungspunkt im V-Modell XT *Projekt genehmigt* erreicht wird und das Projekt gestartet werden kann.

---

[5] Themen im V-Modell XT sind Teile von Produkten, üblicherweise Kapitel von Dokumenten.

Tab. 6.20 Kategorisierung der Features

Nr.	Feature	Kategorie		Gewicht
1.	Datenbestandsverwaltung	Internal Logical Files	ILF	Gering
2.	Anzeige der Gesamtproduktliste	External Output	EO	Mittel
3.	Suchen von Produkten	External Query	EQ	Schwer
4.	Detailansicht eines Produkts	External Output	EO	Mittel
5.	Warenkorbansicht	External Output	EO	Schwer

Tab. 6.21 Berechnung der Unadjusted Function Points

Kategorie	Komplexitätsgewichtung			Summe
	Gering	Mittel	Schwer	
ILF	$1 \cdot 7$	$- \cdot 10$	$- \cdot 15$	7
EIF	$- \cdot 5$	$- \cdot 7$	$- \cdot 10$	0
EI	$- \cdot 3$	$- \cdot 4$	$- \cdot 6$	0
EO	$- \cdot 4$	$2 \cdot 5$	$1 \cdot 7$	17
EQ	$- \cdot 3$	$- \cdot 4$	$1 \cdot 6$	6
			Σ	30

Ein Beispiel für einen Projektauftrag enthält der Anhang 13. Dieser Projektauftrag dient auch als Grundlage für die Übungsbeispiele dieses Buchs.

6.5.2 Aufwandsschätzung mit COCOMO und Function Points

Die Anwendung von Schätzmethoden erfordert Übung und auch eine geschickte Kombination einzelner Techniken. In diesem Abschnitt zeigen wir die Anwendung am konkreten Beispiel. Tabelle 6.20 enthält eine Liste von Features. Gemäß der Kategorisierung aus der Function Point Methode (Abschn. 6.3.3.3) sind die Features entweder Transaktions- oder Datenelementen zugeordnet. Gleichzeitig ist ein Gewicht für das jeweilige Feature angegeben.

Berechnung der Unadjusted Function Points Der erste Schritt ist nun die *Unadjusted Function Points* zu berechnen. Dabei empfiehlt es sich, zunächst eine Tabelle aufzubauen, in der die Kategorien mit ihren jeweiligen Werten angegeben sind. Haben wir in der Tab. 6.20 zum Beispiel ein ILF-Elemente identifiziert, wird es in der Spalte mit dem zutreffenden Gewicht einfach gezählt.

Tabelle 6.21 zeigt eine ausgefüllte Matrix für die Featureliste aus Tab. 6.20. Die Featureliste entspricht somit 30 Unadjusted Function Points (UFP). Zur Berechnung des Aufwandes Mithilfe von COCOMO II ist noch ein sog. *Gearing Factor* (GF) erforderlich, der näherungsweise angibt, wie viele Lines of Code einer Programmiersprache 1 UFP entsprechen. Eine Beispielhafte Tabelle solcher Umrechnungsfaktoren geben Poensgen und Bock [155] auf Basis der Werte von Boehm an. Nach dieser Tabelle ergibt sich zum Beispiel für die Programmiersprache Java ein Wert von 53 LoC/UFP.

Aufwandsschätzung mit COCOMO II Zur Abschätzung des Aufwands setzen wir nun alle ermittelten Werte in das COCOMO-Formelwerk ein. Wir verwenden für dieses Beispiel das COCOMO II Post Architecture Model. Die verwendete Formel hierfür ist:

$$A_{\text{gesamt}} = a \cdot M^{B+0,01 \cdot \sum_{i=1}^{5} S_i} \cdot \prod_{j=1}^{17} E_j$$

Für die Skalierungsfaktoren S_i nehmen wir die Nominalwerte aus Tab. 14.1 an, welche aufaddiert den Wert 18,97 ergeben. Für die Konstante B setzen wir nach Hummel [96] den Wert 0,91 ein. Für die Kostentreiber E_j nehmen wir ebenfalls die Nominalwerte aus Tab. 14.3 an. Da die Nominalwerte immer 1,00 sind, ergibt sich für die Kostentreiber ebenfalls ein Wert von 1,00. Eingesetzt in die obige Formel ergibt dies:

$$A_{\text{gesamt}} = a \cdot M^{1,0997} \cdot 1$$

Die Konstante a belegen wir gemäß Tab. 6.12 mit dem Wert *Default* = 2, 94. Den durch Unadjusted Function Points beschriebenen Umfang M der Software gliedern wir nach Poensgen und Bock [155] wie folgt auf

$$M = 0,001 \cdot \text{GF} \cdot \text{UFP}$$

und setzen GF = 53 LoC/UFP für Java und die in Tab. 6.21 ermittelten 30 UFP ein. Wir erhalten somit:

$$A_{\text{gesamt}} = 2,94 \cdot 1,59^{1,0997} \cdot 1 = 4,8958 \, \text{PM}$$

Für die Umsetzung der Features aus Tab. 6.20 ist somit ein geschätzter Aufwand von 4,9 Personenmonaten zu erwarten.

6.5.3 Vom Aufwand zu den Kosten

Im Rahmen der Angebotserstellung (Abschn. 6.4.1) ist es das primäre Ziel, dem potenziellen Auftraggeber ein erforderliches Projektbudget zu nennen. Aufwände müssen daher in in *Projektkosten* umgerechnet werden, welche sich aus vielen verschiedenen Komponenten zusammensetzen (Kap. 8.2.3). Da konkrete Verfahren zur Angebotserstellung und insbesondere die Zusammensetzung von Kostenpositionen in der Regel streng gehütete Unternehmensgeheimnisse sind, geben wir im Folgenden einen pauschalen Vorschlag an, der die wesentlichen Elemente berücksichtigt.

$$\text{Projektkosten} = \sum_{kp} \left(A_{kp} \cdot \text{Kosten}_{kp} \right) + \text{Kosten}_{\text{fix}} + \text{Puffer} \qquad (6.13)$$

Tab. 6.22   Beispiel Arbeitspaket-Rollenzuordnung mit Personalkosten

Position	Bezeichnung	Rolle	Aufwand (in PT)	Kosten
1.	Arbeitspaket A.1	Projektleiter	10	10.000 EUR
2.	Arbeitspaket A.2	Projektleiter	5	5000 EUR
3.	Arbeitspaket B.1	Entwickler	25	12.500 EUR
4.	Arbeitspaket B.2	Entwickler	20	10.000 EUR
	Summe (PL):		15	15.000 EUR
	Summe (Ent):		45	22.500 EUR
	Summe (gesamt, netto):		60	37.500 EUR
	MWSt. (19 %)			7125 EUR
	Summe (gesamt, brutto):			44.625 EUR

Die Formel 6.13 berücksichtigt Aufwände A_{kp} mit unterschiedlichen Personalkosten Kosten$_{kp}$, zum Beispiel einen Projektleiter für 1000 EUR/PT oder einen Softwareentwickler für 500 EUR/PT. Zusätzlich sind verschiedene Fixkosten und Aufschläge zu berücksichtigen (die Aufschläge werden in der Regel prozentual zu den Nettoaufwänden gerechnet), die wir unter Kosten$_{fix}$ zusammenfassen. Ergänzend kommen noch Kosten für eventuelle Puffer hinzu.

Wir nehmen für ein Beispiel die oben genannten Kostensätze für Projektleiter und Entwickler an. Tabelle 6.22 listet die Aufwände (aufgeschlüsselt nach Projektrollen) auf, die sich aus der Aufwandsschätzung ergeben haben. Puffer und Fixkosten fallen in unserem Beispiel keine an. Somit ergeben sich:

- Kosten für den Projektleiter: 15 · 1000 EUR/PT = 15.000 EUR
- Kosten für den Entwickler: 45 · 500 EUR/PT = 22.500 EUR

Die Nettokosten ergeben sich somit zu 37.500,00 EUR. Zu diesem Betrag sind in unserem einfachen Beispiel noch 19 % Umsatzsteuer hinzuzurechnen.

Zusammenfassung

Der Projektvorlauf und die Projektentstehung sind erfolgskritische Phasen eines Projekts und enthalten wesentliche Aufgabe der Organisation und des Managements. In der Projektentstehung werden die Weichen für ein Projekt gestellt, welche die Rahmenbedingungen für die spätere Projektdurchführung vorgeben. Im zurück liegenden Kapitel wurden die wichtigsten Aufgaben in der Projektentstehung behandelt:

- das Finden der Projektidee und die Bedarfsfeststellung,
- die Aufwandsschätzung und
- das Angebots- und Vertragswesen.

Obwohl es „das Projekt" noch gar nicht gibt, das heißt, dass noch keine Projektorganisation und kein Projektteam aufgebaut sind, ist die sorgfältige Arbeit im Projektvorlauf dennoch von entscheidender Bedeutung. Fehlentscheidungen, die hier gemacht werden, haben weitreichende Konsequenzen für das spätere Projekt. Auch eine fehlerhafte Entscheidung *gegen* ein Projekt hat unerwünschte wirtschaftliche Folgen.

6.6 Übungsaufgaben

Übung 6.1 (Projektinitiierung)

Vor der Entscheidung über die Durchführung eines Projekts müssen die Machbarkeit und die Finanzierbarkeit geprüft und dokumentiert werden. Diese Entscheidung findet in der Regel außerhalb des Projektkontexts statt und betrachtet eine Vielzahl von Optionen.

Hinweis: Das V-Modell XT gibt in Form der beiden Produkte *Projektvorschlag* und *Bewertung der Ausschreibung* Hinweise zu benötigten Ergebnissen und deren Struktur. Orientieren Sie sich am Teil 5 (Produkte) des V-Modell XT unter www.v-modell-xt.de.

a) Wie unterscheiden sich der Projektvorschlag und die Bewertung der Ausschreibung voneinander?

b) Welche Informationen werden benötigt, um die oben genannten Produkte des V-Modell XT zu erstellen?

Übung 6.2 (Risikomanagement)

Die Betrachtung von Risiken, aber auch von Chancen, spielt bereits im Projektvorlauf eine entscheidende Rolle.

a) Identifizieren Sie 5 Risiken und geben Sie geeignete Methoden zur Beherrschung an. Orientieren Sie sich dafür am Projektauftrag für das Projekt „Code & Talk".

b) Angenommen, Sie verwenden im Projekt „Code & Talk" das V-Modell XT. Welche Risiken werden durch das V-Modell XT bereits adressiert und wie?

c) Angenommen, Sie verwenden im Projekt „Code & Talk" Scrum. Wie organisieren Sie in diesem Fall das Risikomanagement?

Übung 6.3 (Meilensteine und Projektfortschritt)

Meilensteine dienen der Planung und der Projektfortschrittskontrolle. Orientieren Sie sich für die folgenden Aufgaben am Projektauftrag des Projekts „Code & Talk":

a) Welche Anforderungen müssen Meilensteine allgemein erfüllen?

b) Wie unterscheiden sich Meilensteine von sog. Quality Gates?

c) Welche Meilensteine wären für das Projekt „Code & Talk" denkbar?

Übung 6.4 (Projektstrukturplan)

Das Projekt „Code & Talk" ist ein umfangreiches Projekt mit vielen erwarteten Ergebnissen. Erstellen Sie für dieses Projekt einen Projektstrukturplan (Work Breakdown

Structure). Wählen Sie dazu geeignete Strukturierungskriterien (zum Beispiel Funktion, Disziplin, Artefakte, Standort, etc.) aus. Diskutieren Sie Vor- und Nachteile der Strukturierungskriterien und geben Sie anhand von „Code & Talk" Beispiele an.

Übung 6.5 (Qualitätssicherung)

Im V-Modell XT wird bei der Projektorganisation besonderer Wert auf eine eigenständige Qualitätssicherung gelegt.

a) Wie wird dieser Forderung im V-Modell XT nachgekommen?
b) Setzen Sie dies zu den Strukturierungskriterien aus Übung 6.4 in Beziehung.
c) Diskutieren Sie, wie der Projektstrukturplan aus Übung 6.4 eine eigenständige Qualitätssicherung unterstützt und passen Sie diesen ggf. an.

Übung 6.6 (Angebotserstellung)

Im Anhang 13 finden Sie eine Ausschreibung und eine Angebotsvorlage für das Projekt „Code & Talk". Die Ausschreibung umfasst ein Teilprojekt und Ihr Management hat entschieden, dass es sowohl wirtschaftlich als auch strategisch sinnvoll ist, auf diese Ausschreibung zu bieten. Ihre Aufgabe ist es nun, die Ausschreibung zu analysieren und ein Konzept/ein Vorgehen für die Angebotserstellung erarbeiten. Erstellen Sie ein Angebot für dieses ausgeschriebene Teilprojekt.

Hinweis: Es gibt nicht die eine richtige Lösung[6]. Treffen Sie Annahmen und vereinfachen Sie wo möglich. Orientieren Sie sich bei der Bearbeitung dieser Aufgabe an folgenden Schritten:

1. Erstellen Sie die fachlichen Anteile des Angebots.
2. Erstellen Sie die wirtschaftlichen Anteile, insbesondere durch Abschätzung des Aufwands und des Projektbudgets, beispielsweise in folgenden Schritten:
   a) Ermitteln Sie die unjustierten Funktion Points (UFP)
   b) Berechnen Sie den Aufwand mithilfe von COCOMO II
   c) Berechnen Sie die Aufwandsverteilung und den Aufwand pro Arbeitspaket
   d) Erstellen Sie eine Kostentabelle (Tagessätze für Mitarbeiter etc.)
   e) Berechnen Sie den Angebotspreis.
3. Schlagen Sie einen ersten Projektplan vor.

---

[6] Hinweis für Lehrende: Es gibt nicht die eine richtige Lösung. Es wird daher empfohlen, dass die Bearbeitung dieser Aufgabe in Gruppen erfolgt und die Angebote untereinander präsentiert werden (Stichwort: Bieterkonferenz), um ein Gefühl für die Streuung der Angebote zu erhalten.

Projektdefinition: Planen, Einrichten, Aufsetzen   7

Zusammenfassung

Grundlage für die Durchführung der Projektarbeit liefern die Projektdefinition, der Projektplan und detaillierte Arbeitspläne. In diesen Plänen werden Arbeitspakete, Liefereinheiten, Kosten, Ressourcen und Zeitpunkte festgelegt. Dieses Kapitel widmet sich der *Projektdefinition* und behandelt Kernthemen der Projektorganisation und der Projektplanung.

7.1 Einleitung

Die Projektdefinition (Set-Up, Abb. 7.1) dokumentiert die *zwischen* den Vertragsparteien getroffenen Vereinbarungen über die Arbeiten, die zur Fertigstellung des Projektes als Beitrag zum Vorhaben des Kunden erforderlich sind. In der Projektdefinition werden die vertragsgemäß zu liefernden Produkte oder Dienstleistungen (Lieferungen) sowie die Breite und Tiefe der durchzuführenden Arbeiten festgelegt. Darüber hinaus werden das Projektteam gebildet und die Projektinfrastruktur eingerichtet. In einem *Kick-Off* wird das Projekt dann „eröffnet". Die organisatorischen Rahmenbedingungen werden hierbei separat von den zu liefernden Projektergebnissen in einem Projekthandbuch und einem QS-Handbuch zusammengefasst. Diese Vorgaben sind sowohl für den Auftraggeber und den Auftragnehmer zu beschreiben, um die *Spielregeln* in den Projekten festzulegen.

▸ **Definition 7.1 (Projekthandbuch, V-Modell XT)**   Das Projekthandbuch legt die für Management und Entwicklung notwendigen Anpassungen und Ausgestaltungen (des V-Modell XT) fest (Stichwort: Tailoring). Somit dokumentiert es Art und Umfang der Anwendung des V-Modells im Projekt und ist Informationsquelle und Richtlinie für alle Projektbeteiligten.

M. Broy, M. Kuhrmann, *Projektorganisation und Management im Software Engineering*,   193
Xpert.press, DOI 10.1007/978-3-642-29290-3_7, © Springer-Verlag Berlin Heidelberg 2013

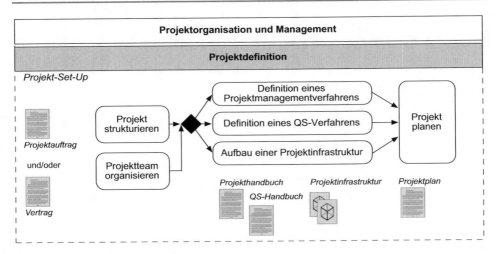

Abb. 7.1 Übersicht: Projektdefinition und Set-Up eines Projekts

▸ **Definition 7.2 (QS-Handbuch, V-Modell XT)** Das QS-Handbuch legt die für die Qualitätssicherung notwendigen Anpassungen und Ausgestaltungen (des V-Modell XT) fest. Somit dokumentiert es Art und Umfang der Qualitätssicherung im Projekt und ist Informationsquelle und Richtlinie für alle Projektbeteiligten.

Die Liefergegenstände des Projekts werden auftraggeberseitig in den Leistungsbeschreibungen und Ausschreibungen (Verdingungsunterlagen) sowie im Anschluss für alle Projektparteien in den Verträgen verbindlich definiert. Auf der Grundlage der vereinbarten Leistungen und der zur Verfügung stehenden Ressourcen wird für das Projekt eine Planung [152] erstellt. Die Planung berücksichtigt im Projektplan die für das Projekt relevanten Aspekte aus den verschiedenen Perspektiven, wie zum Beispiel Meilensteinplanung, Arbeitsplanung, Ressourcen- und Budgetplanung.

Die Projektdefinition startet in der Regel, nachdem der Projektvorlauf (Kap. 6) abgeschlossen ist. Im Rahmen des Vorlaufs wird der Projektauftrag erstellt. Der Projektauftrag enthält darüber hinaus auch eine Beschreibung/Auflistung der erwarteten Projektergebnisse („Project Scope Statement"). Mit der Autorisierung wird dann (formal) festgestellt, dass das Projekt auch tatsächlich durchgeführt wird.

7.2 Projektorganisation

Die Projektorganisation [152, 40] stellt die Organisation des Projektteams in einem hierarchischen Format oder einem Matrixformat dar. Sie beschreibt die Verantwortlichkeiten und die Rechenschaftspflichten des Teams, insbesondere die Verteilung der festgelegten

Projektrollen und -verantwortlichkeiten. Technische Einzelheiten der Projektorganisation werden in der *Projektplanung* festgelegt.

Gremien Im Rahmen der Projektorganisation werden Gremien (engl. Boards) definiert und benannt, welche Teil der Projektsteuerung sind, wie zum Beispiel der Lenkungsausschuss oder das Change Control Board. Die Mitglieder dieser Gremien, ihre Verantwortlichkeiten und Befugnisse, Entscheidungsprozesse, sowie Arbeitsmittel für die Zusammenarbeit im Projekt werden festgeschrieben. Da es auch vorkommen kann, dass solche Positionen nicht durch Personen, sondern durch Organisationseinheiten besetzt werden (zum Beispiel durch den IT-Betrieb des Kunden oder (klassisch) den Betriebsrat), sind bei der Zusammenstellung von Gremien zumindest die Ansprechpartner zu benennen. Die Benennung und Besetzung von Gremien ist eine wichtige Aufgabe, da sie in der Regel direkte Ansprechpartner der Projektleitung sind.

Der Projektleiter Die erste Aufgabe des Projektleiters nach der Erteilung des Projektauftrags ist die Festlegung der organisatorischen Vorgaben des Projekts. In diesem ersten Abschnitt der Projektdefinition muss der Projektleiter alle Informationen zum Projekt zusammentragen und in einer Weise aufbereiten, die dem späteren Projektteam die Ziele und den zur Verfügung stehenden Spielraum aufzeigt. Grundsätzlich unterscheiden wir in diesem Abschnitt zwei organisatorische Schwerpunkte:

1. Definition eines Projektmanagementverfahrens
2. Definition eines QS-Verfahrens
3. Aufbau einer Projektinfrastruktur

Im Anschluss stellen wir exemplarisch drei etablierte Verfahren zur Projektdefinition nach PMBOK [158], PRINCE2 [147] und nach V-Modell XT [79] vor.

7.2.1 Beispiel: PMBOK Guide

Der *Guide to the Project Management Body of Knowledge* (PMBOK Guide; [158]) ist der international am weitesten verbreitete Projektmanagementstandard und die zentrale Vorgabe des US-amerikanischen Project Management Institute (PMI), von dem er herausgegeben und unterhalten wird. Aus Sicht des Projektmanagements gliedert PMBOK ein Projekt in fünf *Project Management Process Groups*.

Abbildung 7.2 zeigt diese Prozessgruppen. Im Rahmen der Projektdefinition (Initiating Processes) sieht PMBOK die Durchführung der folgenden beiden Aktivitäten vor:

- Entwicklung einer Projektcharta (Develop Project Charta)
- Identifikation aller Stakeholder (Identify Stakeholders)

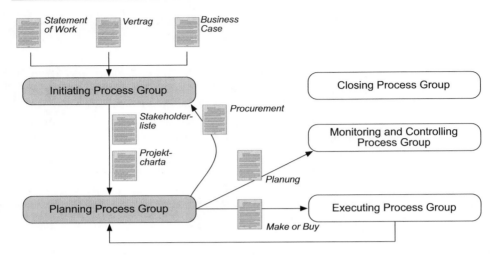

Abb. 7.2 Set-Up nach PMBOK Guide (Auszug aus dem Gesamtprozess)

Projektcharta Die Projektcharta ist das Artefakt, das ein Projekt oder ein Projektphase formal autorisiert, die initialen Anforderungen und die Erwartungen und Ziele der Stakeholder zu erfassen. In großen Projekten wird sie kontinuierlich verfeinert. Bei der Erstellung der Projektcharta werden der Business Case, der Vertrag sowie unternehmerische und organisatorische Rahmenbedingungen herücksichtigt.

Stakeholderliste Im Anschluss an die Erstellung der Projektcharta werden die Stakeholder identifiziert. Unter Stakeholdern werden im PMBOK Guide alle am Projekt beteiligten Personen und Organisationen verstanden, die vom Projekt betroffen sind oder einen Beitrag zum Projekt leisten. Für jeden Stakeholder werden seine Interessen, seine Einbindung in das Projekt und sein Einfluss auf den Projekterfolg erfasst und dokumentiert.

7.2.2   Beispiel: PRINCE2

In PRINCE2 [147] beschreibt der Prozess *Initiating a Project* umfangreich die Projektdefinition. Ziel dieses Prozesses ist die Schaffung einer soliden Grundlage, auf der das Management sich ein klares Bild davon machen kann, welche Aufgaben und Umfänge im Projekt erwartet werden. Dieser Prozess (Abb. 7.3) muss zu Beginn eines Projekts durchlaufen werden, damit die erforderlichen finanziellen Mittel freigegeben werden. Die Projektdefinition in diesem Prozess umfasst eine Reihe von Aktivitäten, die die wesentlichen Instrumente des Projektmanagements für ein Projekt festlegen, wie Vorgaben zum:

- Risikomanagement
- Qualitätsmanagement/Qualitätssicherung
- Konfigurationsmanagement

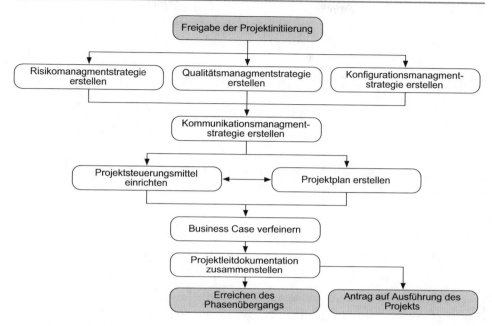

Abb. 7.3 Set-Up nach PRINCE2

Darüber hinaus werden der Business Case verfeinert und ein Projektplan erstellt. Viele der in diesem Prozess erstellten Artefakte werden in einer *Projektleitdokumentation* (Project Invitation Documentation – entspricht dem *Projekthandbuch* des V-Modell XT) zusammengefasst:

- Informationen aus der Projektbeschreibung
- Informationen zu Organisation und Vorgaben bzgl.
  - Projektorganisation, Teams, Rollen
  - Business Case
  - Risikomanagement
  - Qualitätsmanagement/Qualitätssicherung
  - Konfigurationsmanagement
  - Kommuniaktionswege
  - Projektplanung
- Steuerungsmittel von PRINCE2 (nach Anpassung für das Projekt)

7.2.3   Beispiel: V-Modell XT

Die organisatorischen Anteile der Projektdefinition im V-Modell XT werden im *Projekthandbuch*, im *QS-Handbuch* (diese beiden Produkte und der initiale Projektplan sind in

Abb. 7.4 Projekt-Set-Up nach
V-Modell XT

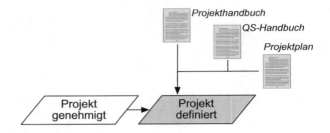

jedem V-Modell-Projekt zum Entscheidungspunkt *Projekt definiert*, vgl. Abb. 7.4, zu erstellen) sowie in einigen weiteren Produkten hinterlegt und umfassen die nachfolgend beschriebenen Themen.

7.2.3.1 Projekthandbuch

Das Projekthandbuch enthält nach V-Modell XT die *organisatorischen* Festlegungen des
Projekts *aus Sicht des Managements*. Das Projekthandbuch umfasst die folgenden Gliederungspunkte[1] [79]:

- Projektüberblick, Projektziele und Erfolgsfaktoren
- Teilprojekte
- Projektspezifisches V-Modell
- Abweichungen vom V-Modell
- Projektdurchführungsplan
- Mitwirkungen und Beistellungen des Auftraggebers
- Organisation und Vorgaben zu/m
  - Projektmanagement
  - Risikomanagement
  - Problem- und Änderungsmanagement
  - Konfigurationsmanagement
  - Messung und Analyse
  - Kaufmännisches Projektmanagement
  - Anforderungsmanagement
  - Systemerstellung
  - Sicherheit
- Vorgaben für das Projekthandbuch der Auftragnehmer
- Berichtswesen und Kommunikationswege

Die Vorgaben in den einzelnen Themen des Projekthandbuchs führen dazu, dass weitere
V-Modell-Produkte erzeugt werden. Die Vorgaben zum Risikomanagement legen zum Beispiel fest, wann, wie und in welcher Weise eine Risikoliste zu führen ist. Das Projekthand-

---

[1] Je nach V-Modell-Variante kann es hier Abweichungen geben, wobei die wesentlichen Punkte in
der Regel immer enthalten sind.

buch dient auch dazu, neuen und wechselnden Mitarbeitern eine schnelle Einarbeitung ins Projekt zu ermöglichen, da es sowohl Gegenstand, Ziele und organisatorische Vereinbarungen zu allen relevanten Aspekten der Projektdurchführung enthält.

7.2.3.2   QS-Handbuch

Im QS-Handbuch werden analog zum Projekthandbuch die organisatorischen Rahmenbedingungen festgelegt – jedoch *aus Sicht der Qualitätssicherung*, die im V-Modell als eigenständige, zum Projektmanagement gleichberechtigte Disziplin verstanden wird. Dies umfasst folgende Gliederungspunkte:

- Qualitätsziele und -anforderungen
- Zu prüfende Produkte
- Zu prüfende Prozesse
- Organisation und Vorgaben zur:
  - Qualitätssicherung im Projekt
  - Qualitätssicherung der Auslieferung
- Vorgaben für:
  - Die Prüfspezifikation von Fertigprodukten
  - Das QS-Handbuch der Auftragnehmer

Im QS-Handbuch werden insbesondere die zu erhebenden Metriken, die anzuwendenden Methoden für die Qualitätssicherung sowie die verantwortlichen Rollen für die einzelnen Maßnahmen zur Qualitätssicherung festgelegt. Hierzu werden ergänzend auch zu berücksichtigende Standards und Werkzeuge aufgeführt. Das QS-Handbuch bildet die Grundlage für die Querschnittsaufgaben der Qualitätssicherung in einem Projekt. Die einzelnen Aussagen sind hierbei spezifisch für ein Projekt, sollten sich jedoch an den organisatorischen Vorgaben eines organisationsweiten Qualitätsmanagements orientieren.

Um die Vorgaben des QS-Handbuchs zu implementieren, müssen entsprechende Arbeitspakete in den Projektstrukturplan aufgenommen werden. Gegebenenfalls wird ein Qualitätssicherungsplan als Teilplan in die Projektplanung aufgenommen. Das V-Modell XT sieht dieses Vorgehen im Rahmen der „integrierten Planung" zwar vor, macht jedoch keine weiteren Aussagen zum genauen Vorgehen.

7.3   Definition eines Projektmanagementverfahrens

Bei der Definition eines Projektmanagementverfahrens werden die Prozesse zum Planen, Überwachen und Steuern des Projekts [134] für das Projektteam bereitgestellt und in Gang gesetzt. Die hierfür festgelegten Verfahren, Standards und Werkzeuge werden im *Projekthandbuch* beschrieben.

Beispiel (V-Modell XT)

Im V-Modell XT werden die Vereinbarungen im Hinblick auf das Projektmanagement und der im Projekt anzuwendenden Verfahren des Projektmanagements im Projekthandbuch dokumentiert. Die dortigen Festlegungen gelten jeweils für ein Projekt und regeln die im Projekt zu bearbeitenden Aufgaben anhand konkreter Vorgehensweisen. In den folgenden Abschnitten werden die wesentlichen zu regelnden Disziplinen, die im Rahmen der Etablierung eines Projektmanagement-Verfahrens zu berücksichtigen sind, kurz beschrieben. Die Beschreibung orientiert sich strukturell am V-Modell XT und stellt jeweils den Bezug zum entsprechenden Kapitel des V-Modell-Projekthandbuchs her.

7.3.1   Risikomanagement

Bei der Einbettung des Risikomanagements in das Projektmanagement ist neben der Identifikation von Risiken auch die kontinuierliche Überwachung der Risiken eine Kernaufgabe. Daher muss bei der Einführung eines Risikomanagementverfahrens auch festgelegt werden:

- Wann, wie und durch wen werden Risiken erfasst und bewertet?
- Wann und wie erfolgt die Risikoüberwachung?
- Wie werden Risikolisten/-statistiken in das Berichtswesen integriert?
- Wie werden Maßnahmen zur Risikobegrenzung (Risk Motivation) aufgesetzt?
- Was sind die Eskalationspfade?

Beispiel (V-Modell XT)

Im V-Modell XT werden Risiken in einer *Risikoliste* erfasst (äquivalentes Artefakt in PRINCE2: Risikoregister). Das Verfahren, wie diese Liste geführt wird, legt das V-Modell XT im Projekthandbuch fest. Die Risikoliste selbst wird zu jedem Entscheidungspunkt des V-Modell XT überprüft, da sie einerseits Bestandteil der Planung und des Managements ist und andererseits als Teil des Projektstatusberichts (Thema: *Aktuelle Risiken und Risikomaßnahmen*) Gegenstand des Berichtswesens ist.

Technische Hilfsmittel Bei der Festlegung des Risikomanagement-Verfahrens ist es unabdingbar, neben den methodischen Vorgaben auch eine technische Unterstützung anzubieten. Je nach Projektart, -größe oder -struktur bieten sich verschiedene Hilfsmittel an. Ein sehr einfaches Beispiel zeigt Abb. 7.5. Hier wird die Erfassung und Bewertung, sowie die Nachverfolgung von Risiken über eine einfache Excel-Tabelle realisiert.

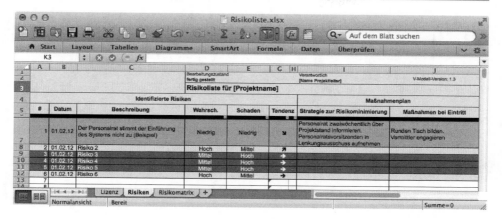

Abb. 7.5 Beispiel Umsetzung einer Risikoliste mit Excel

7.3.2   Problem- und Änderungsmanagement

Bei der Einbettung des Problem- und Änderungsmanagements in das Projektmanagement ist neben der Erfassung auch die kontinuierliche Überwachung des Status von Änderungsforderungen oder Problemmeldungen eine Kernaufgabe. Daher muss bei der Einführung eines Änderungsverfahrens auch festgelegt werden:

- Wann, in welcher Form und durch wen werden Änderungsforderungen oder Problemmeldungen erfasst und bewertet?
- Sind mit einer Änderungsforderung/Problemmeldung neue Projektrisiken verbunden bzw. treten bereits identifizierte Projektrisiken ein?
- Wann und wie erfolgt die Status- bzw. Umsetzungskontrolle?
- Wie werden Änderungsstatuslisten in das Berichtswesen integriert?
- Welche Eskalationspfade gibt es?

Die Kunst ist es, ein Verfahren für die Durchführung von Änderungen zu finden, für das gilt: Änderungen werden hinreichend erschwert und sorgfältig geprüft, sodass unnötige oder gar kontraproduktive Änderungen vermieden werden, aber sinnvolle Änderungen ungehindert stattfinden.

Beispiel (V-Modell XT)

Im V-Modell XT werden Problemmeldungen und Änderungsforderungen in einer *Änderungsstatusliste* verwaltet. Das Verfahren, wie diese Liste verwaltet wird, legt das Projekthandbuch durch eine entsprechende Verfahrensbeschreibung, gegebenenfalls unter Zuhilfenahme von Werkzeugen, fest. Die Änderungsstatusliste sollte zu jedem Projekttreffen geprüft und besprochen werden. Sie wird als Teil des Berichtswesens im Projektstatusbericht (Thema: *Problem- und Änderungsstatistik*) regelmäßig dokumentiert. Im

			Anzahl Kommentare	53			
			Hoch	25			
			Niedrig	28			
			Eingearbeitet	22			
			Offen	11			
			angenommen	18			
			abgelehnt	0			
			unklar	0			

Ident.	Kateg.	Kapitel, Absatz, Seit	Kommentar	Korrekturvorschlag	Status	Wer
1	Hoch	MT für Projektauftrag	Hier ist eine Tabelle, die noch als Mustertext hinterlegt werden muss	Umsetzen in Mustertext	eingearbeitet	GK
2	Hoch	MT für Fachkonzept	Die Anwendungsfallschablone muss als Mustertext umgesetzt werden	Umsetzen in Mustertext	eingearbeitet	GK
3	Niedrig	Teil Produkte	Texte für die Produktabhängigkeiten sind noch nicht konsistent	Konsistenz herstellen	angenommen	MK
4	Niedrig	Teil Aktivitäten	Texte und Bilder sind noch nicht konsistent	Konsistenz herstellen	angenommen	MK

Abb. 7.6 Beispiel einer Änderungsstatusliste

Entscheidungspunkt *Iteration geplant* wird sie darüber hinaus auch im Rahmen einer Projektfortschrittsentscheidung geprüft.

Technische Hilfsmittel In Abb. 7.6 ist eine einfache Unterstützung des Verfahren für das Problem- und Änderungsmanagement mithilfe einer Excel-Liste gezeigt. Auch die Anwendung anderer Werkzeuge, zum Beispiel Mantis oder Visual Studio Team Foundation Server ist möglich.

7.3.3 Versions- und Konfigurationsmanagement

Bei der Festlegung eines KM-Verfahrens sind sehr viele Bereiche der Projektarbeit betroffen. Durch die Festlegungen werden im Projektteam verschiedene Systematiken zum Beispiel hinsichtlich der Organisation von Datenbeständen und der Benennung von Dateien vereinbart. Oftmals sind sogar die Werkzeuge, mit denen das Team arbeitet, von solchen Festlegungen betroffen, da zum Beispiel auch zugelassene Datenformate definiert werden. Das Konfigurationsmanagement hat somit direkten Einfluss auf die Arbeit im Team und stellt hohe Anforderungen an das Management. Die wesentlichen Aufgaben bei der Einführung eines KM-Verfahrens sind:

- Festlegung des Berichtswesens
- Einbettung in das Änderungsverfahren:
  - Verfahrensbeschreibung
  - Anbindung des Problem- und Änderungsmanagements
  - Vorlagen (für Änderungsforderungen)
- Sofern (noch) erforderlich, Berücksichtigung im Trainingsplan

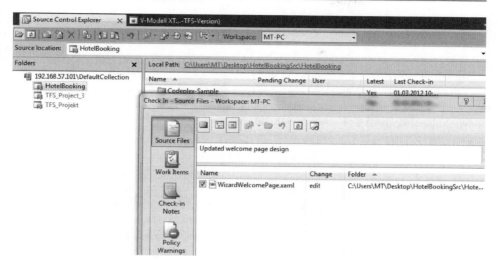

Abb. 7.7   Beispiel eines Check-In-Vorgangs mit dem Visual Studio

---

Beispiel (V-Modell XT)

Das Einführen eines Verfahrens für das Versions- und Konfigurationsmanagement definiert die organisatorischen Rahmenbedingung im Projekt. Im V-Modell XT werden diese Festlegungen im Thema *Organisation und Vorgaben zum Konfigurationsmanagement* des Projekthandbuchs dokumentiert. Dort werden die Vorgaben für die Identifikation und Verwaltung aller Projektergebnisse, die Steuerung von Änderungen hierzu sowie die Pfade für die Berichterstattung über den Status der Projektergebnisse festgelegt. Zusätzlich führt das V-Modell XT die Rolle des *KM-Verantwortlichen* ein, die für die Koordination und die Festlegung aller Maßnahmen hinsichtlich des Konfigurationsmanagements verantwortlich ist.

Technische Hilfestellung   Für die technische Unterstützung des Versions- und Konfigurationsmanagements gibt es eine Reihe bewährter kommerzieller und freier Werkzeuge (zum Beispiel CVS, Subversion (SVN), Git oder Mercurial). Diese Werkzeuge decken in der Regel alle wesentlichen Aufgaben im Rahmen eines KM-Verfahrens ab, und müssen dem Projektteam zur Verfügung gestellt werden. Abbildung 7.7 zeigt einen beispielhaften Check-In-Vorgang im Visual Studio, das einen Team Foundation Server als SCM-System verwendet. Solche Systeme haben unter anderem den Vorteil, dass bereits im Vorfeld Konsistenzprüfungen durchgeführt werden können (Check In Policies). So kann etwa das Einchecken einer Codedatei verboten werden, wenn dieser Datei kein Arbeitsauftrag (Work Item) zugewiesen ist, es keinen Unit Test gibt, der mit den betreffenden Quellcode assoziiert ist oder, das wahrscheinlich am häufigsten auftretende Hindernis, es keinen Check-In-Kommentar, in dem der Bearbeiter seine Änderungen beschreibt, gibt.

7.3.4   Kommunikation und Berichtswesen

Der Kommunikationsmanagementplan für das Projekt wird im Rahmen des Projektsetups erstellt bzw. auf den erforderlichen Detaillierungsgrad gebracht[2]. Dieser Plan beschreibt, wie Informationen innerhalb des Projektes, zum Projekt und aus dem Projekt heraus fließen. Dazu sind die Kommunikationspartner und die Art der auszutauschenden Informationen zu bestimmen. Oft ist es nützlich, zumindest für bestimmte Informationen einen „exklusiven" Kommunikationszugang (engl. „Single Point of Contact") zu bestimmen, um einen widersprüchlichen, unkontrollierten Informationsaustausch zu vermeiden.

Berichtswege   Die Berichtswege im Projekt werden in Übereinstimmung mit den vertraglichen Regelungen und den Anforderungen des Unternehmens an die Berichterstattung (siehe Abschn. 8.2.5) festgelegt. Insbesondere ist bei der Berichterstattung auch darauf zu achten, dass alle Vertragsparteien und Stakeholder eingebunden werden. Es ist auch zu klären, wie Berichte aufgebaut sind, wann und in welcher Form zum Beispiel Berichte vom Auftragnehmer an den Auftraggeber geliefert werden und wie mit den Berichten grundsätzlich verfahren wird (Stichwort: Reporting). Je nach Organisation des Projekts können Berichte über mehrere Entscheidungsebenen fließen, wobei sie in der Regel zu umfangreicheren Berichten aggregiert werden, beispielsweise werden Berichte von Teilprojekten in einem Gesamtprojektbericht zusammengefasst. Die erstellten Berichte sind daher knapp und zielgerichtet zu formulieren; alle Kernaussagen müssen unmittelbar ersichtlich und nachvollziehbar sein. Eine einheitliche Vorlage für regelmäßige Berichte erleichtert dies.

> **Hinweis**
> Zu jedem Berichtsweg werden Ersteller, Adressat, Form, Inhalt und Häufigkeit des jeweiligen Berichts definiert und dokumentiert. Wichtig ist, dass der Berichtsweg Feedback für den Ersteller des jeweiligen Berichts beinhaltet.

Kommunikationsmatrix   Abbildung 7.8 zeigt eine beispielhafte Kommunikationsmatrix, in der angegeben ist, welche Ergebnisse in welchen Intervallen zwischen welchen Personen ausgetauscht werden. Als Grundlage für den Aufbau einer Kommunikationsmatrix kann beispielsweise eine RACI-Matrix dienen (Abschn. 2.1), in der bereits wesentliche Interessen am Projekt und seinen Ergebnissen festgelegt sind. Solch eine Matrix kann im Laufe eines Projekts Änderungen unterliegen und sollte stets aktuell gehalten werden. Weiterhin müssen die entsprechenden Informationen alle Projektmitgliedern verfügbar sein. Bereits während der Projektdefinition ist eine initiale Matrix zu erstellen.

---

[2] Siehe V-Modell-XT-Projekthandbuch, Thema: Berichtswesen und Kommunikationswege.

Was	Von	An	Zyklus
Besprechungsdokument	Projektleiter	Alle Teilnehmer	Spätestens 5 Tage nach einer Besprechung
Projekttagebuch	Projektleiter		
Projektstatusbericht	Projektleiter	Lenkungsausschuss, Projektmanager, Multi-Projektkoordination	<zu jedem EP, mindestens monatlich>
QS-Bericht	QS-Verantwortlicher	Lenkungsausschuss, Projektmanager	<bei Qualitätsproblemen / am Ende einer Iteration>

Abb. 7.8 Kommunikationsmatrix (beispielhafter Auszug aus dem V-Modell XT Bund)

Eskalationspfade Ebenfalls Bestandteil der Kommunikationswege sind die Eskalationspfade im Projekt. Hier sollte festgelegt werden, welche Personen/Stellen im Falle auftretender Probleme zu informieren sind (Eskalationspfade). Neben den Aufgaben aus dem Bereich Risiko- oder Problem- und Änderungsmanagement betrifft dies insbesondere auch die Eskalation von Konflikten. Um eine geordnete Projektkultur zu etablieren, sollten Konflikte respektiert und Ansprechpartner für den Konfliktfall benannt werden (zum Beispiel Mediatoren).

7.4   Definition eines QS-Verfahrens

Qualitätssicherung (QS) in Projekten ist eine sehr wichtige und facettenreiche Aufgabe, wie die Vielzahl an Literatur zu diesem Thema zeigt, zum Beispiel [130, 196, 174, 168, 167, 184, 141]. Bereits in der Projektdefinition ist daher ein Verfahren festzulegen, anhand dessen die Qualitätssicherung im Projekt erfolgen soll. Dieses Verfahren ist im Rahmen der Projektdefinition zu entwickeln *und* den Mitarbeitern bekannt zu geben. Insbesondere ist darauf hinzuweisen, wer welche QS-Aktivitäten durchzuführen hat. Ein erster QS-Plan ist bereits in der Projektentstehung zu erstellen. Im Angebot und im Vertrag müssen wesentliche Festlegungen enthalten sein.

Organisation des QS-Verfahrens Der Begriff Qualitätssicherung hat eine zweifache Bedeutung: Einmal beschreibt er die Funktion innerhalb einer Organisationsstruktur und außerdem die Aufgabe, Organisation, Prozesse und Artefakte in einem Projekt auf Angemessenheit hin zu prüfen. Abbildung 7.9 stellt die wesentlichen Inhalte der Projektaufgabe Qualitätssicherung zusammen. Bei der Organisation eines QS-Verfahrens ist festzulegen, welche Prozesse und Artefakte Gegenstand der QS sind und welche Methoden und Werkzeuge einzusetzen sind. Auch sind Fragestellungen hinsichtlich der sog. Eigenprüfungen also solchen QS-Aktivitäten, die jeder Mitarbeiter für seine selbst erstellten Ergebnisse durchführen muss, bevor sie von ihm freigegeben werden, sind zu beantworten. Beispiel-

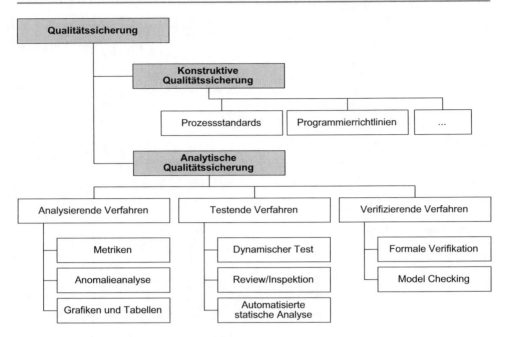

Abb. 7.9 Bestandteile der Qualitätssicherung als Aufgabe im Projekt

haft könnte eine Vorgabe gemacht werden, dass kein Programm im Quelltext im Versionskontrollsystem eingestellt wird, zu dem keine Testfälle definiert sind. Davon abzugrenzen
ist die *eigenständige* Qualitätssicherung. Diese etabliert ein *n-Augen-System*, in dem sichergestellt ist, dass Ersteller und Prüfer verschiedene Personen sind. In PRINCE2 [147] wird
sogar explizit darauf hingewiesen, dass das Projektmanagement und die Qualitätssicherung
zu trennen sind und nicht von derselben Person verantwortet werden sollen.

Auch im V-Modell XT wird sehr großer Wert auf die Eigenständigkeit der Qualitätssicherung gelegt. Dies äußert sich am deutlichsten an zwei Stellen: Zunächst wird das
QS-Verfahren zum selben Entscheidungspunkt festgelegt, wie das Verfahren für das
Projektmanagement (Abschn. 7.2.3). Das V-Modell-Produkt *QS-Handbuch* regelt dazu die konkreten Vorgehensweisen zur QS im Projekt (Abb. 7.10) und entspricht somit
in seiner Zielstellung dem Projekthandbuch. Die Verantwortung für die angemessene
Erstellung des QS-Handbuchs trägt die Rolle des *QS-Verantwortlichen*. Diese Rolle ist
dem Projektleiter gleichgestellt und *nicht* untergeordnet. Die Organisation der Verfahren für das Projektmanagement und die Qualitätssicherung wird somit auf zwei Rollen
aufgeteilt, die sich auf Augenhöhe begegnen.

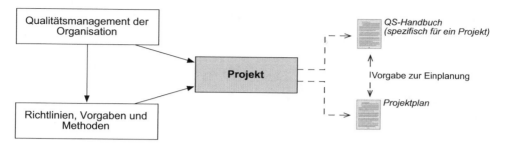

Abb. 7.10 Einordnung des QS-Handbuchs im Projekt

7.4.1 Methoden zur Qualitätssicherung

Im Abschn. 7.2.3.2 haben wir bereits die Basisstruktur des QS-Handbuchs des V-Modell XT eingeführt. Dieses regelt die Artefakte zur QS, die Verantwortlichkeiten und die Methoden und Werkzeuge, die bei der Qualitätssicherung in einem Projekt (Abb. 7.10) einzusetzen sind. In den folgenden Abschnitten orientieren wir uns an dieser Struktur und stellen ausgewählte Methoden und Techniken vor.

Prüfgegenstände Aufgrund der Vorgaben aus der Projektdefinition sind im QS-Handbuch (Themen: *Zu prüfende Produkte* und *Zu prüfende Prozesse*) die potenziellen Prüfgegenstände zu benennen. Darüber hinaus ist auch festzulegen, wie die Ersteller jeweils die qualitätssichernden Maßnahmen vorzubereiten haben (zum Beispiel durch das Erstellen von Testfällen).

> **Hinweis**
> Bei der Festlegung der Prüfgegenstände sollte mit Augenmaß vorgegangen werden. So wurde zum Beispiel in einem Projekt festgelegt, dass *alle* Artefakte einer eigenständigen QS unterzogen werden müssen. Dies beinhaltet auch: Projektstatusberichte, QS-Berichte, etc. Eine solche Festlegung ist weder sinnvoll noch zielführend und erzeugt hohe Aufwände. Geschickter wäre eine Strategie zur Bestimmung der Prüfgegenstände, die grundsätzlich davon ausgeht, dass alle Artefakte immer eine Eigenprüfung erhalten und nur „wenige" ausgewählte Artefakte einer eigenständigen QS unterzogen werden, zum Beispiel Spezifikationen, Architekturen oder die Software selbst.

Um- und Durchsetzung der Qualitätssicherung Zu allen Verfahren, die während der Projektdefinition festgelegt werden, sind jeweils Ansprechpartner sowie einzusetzende Werkzeuge zu bestimmen. Diese Informationen sind im QS-Handbuch zu dokumentieren und im Projektteam bekannt zu geben. Während der Projektdurchführung ist durch die Qualitätssicherung dann sicher zu stellen, dass die definierten Verfahren auch eingehalten werden.

7.4.2 Einbettung in das Projektmanagement

Am Beispiel des QS-Handbuchs des V-Modell XT wird deutlich, wie dicht Projektmanagement und Qualitätssicherung miteinander integriert sind und welchen Stellenwert die Qualitätssicherung in Projekten einnehmen sollte. Ein wichtiger Punkt ist auch die Positionierung der Qualitätssicherung im Kontext des Projektmanagements. Hier muss das Bewusstsein geschaffen werden, dass Qualitätssicherung nicht eine der notwendigen „Randtätigkeiten" im Projekt, sondern ein zentraler Bestandteil ist und dass das Team auch an der Qualität seiner Ergebnisse gemessen wird.

Eigenständige Qualitätssicherung Wird eine eigene Instanz mit der Verantwortung für die Qualität betraut, was in großen Projekten ratsam ist, sollte geklärt sein, wie die Projekt- und die QS-Planung ineinander greifen. Weiterhin sollten Eskalationspfade festgelegt werden, also an wen sich Entwickler halten müssen, wenn sie mit massiven Qualitätsmängeln kämpfen und in Gefahr geraten, ihre Aufgaben nicht erfüllen zu können. Insbesondere ist es auch wichtig, die Schnittstellen zu den anderen Disziplinen des Managements, zum Beispiel zum Problem- und Änderungsmanagement (Abschn. 7.3.2) herzustellen.

Qualitätsplanung Eine der wichtigen Schnittstellen zwischen Projektmanagement und Qualitätssicherung ist die Planung der QS-Tätigkeiten. Am Beispiel von Testfällen für Quellcode wird dies deutlich. Üblicherweise organisiert das Projektmanagement die Entwicklungskapazitäten für die Codierung. Soll die Software nun automatisch getestet werden, sind hierfür ebenfalls Entwicklungskapazitäten vorzusehen. In enger Abstimmung müssen Projektmanagement und Qualitätssicherung nun die *Testplanung*[3] mit mindestens folgenden Planungsgrößen vornehmen:

- Testfallentwurf
- Testausführung
- Testauswertung
- Dokumentation/Protokollierung

Alle diese Punkte werden zu einem Bestandteil des Projektplans und müssen sowohl mit den Entwurfs- und Implementierungsaufgaben als auch mit dem Releasemanagement abgeglichen werden.

---

[3] Je nach Art des Projekts können Testaufgaben oder sogar der gesamte Test als eigenständiges Teilprojekt organisiert werden. Auch eine Vergabe des Tests an einen externen Dienstleister ist hier möglich.

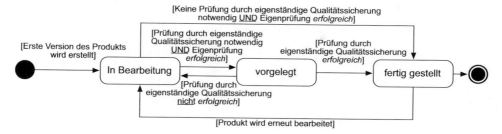

Abb. 7.11 Produktzustandsmodell des V-Modell XT

Qualitätskontrolle und Reporting Bei der Festlegung der Methoden zur Qualitätssicherung ist festzulegen, wie die Qualitätssicherung in die Kontrolle und Steuerung von Arbeitsaufträgen (Abschn. 7.6.1.3) eingebracht wird. Beispielsweise sollte ein Zustand für Projektergebnisse eingeführt werden, der sowohl die Bearbeitung als auch Abschnitte der Qualitätssicherung berücksichtigt.

In Abb. 7.11 ist beispielhaft das Produktzustandsmodell des V-Modell XT gezeigt. Die Qualitätssicherung wird hier an zwei Stellen berücksichtigt: einmal ist die Eigenprüfung vorgesehen. Weiterhin gibt es einen eigenen Bearbeitungszustand für Produkte, der die Vorlage zur Qualitätssicherung kennzeichnet. Ist für ein Artefakt eine eigenständige Qualitätssicherung erforderlich, wird das betreffende Artefakt durch den Bearbeiter in den Zustand *Vorgelegt* gesetzt und somit an die Qualitätssicherung übergeben. Diese entscheidet dann darüber, ob die Qualitätsanforderungen erfüllt sind bzw. ob eine Nacharbeit erforderlich ist.

Zustandsmodelle eigenen sich darüber hinaus sehr gut für das Berichtswesen (Abschn. 8.2.5). Zustände können einmal wie gerade erklärt für Dokumente definiert werden, aber auch für alle weiteren Artefakte, die in einem Projekt erstellt werden. In Abb. 7.12 ist beispielsweise eine Teststatistik gezeigt, welche die verschiedenen Zustände von Tests visualisiert, wobei jeder Test einem sogenannten *Work Item* entspricht, das einen Zustandsautomaten umsetzt.

7.5 Aufbau einer Projektinfrastruktur

Ein wesentlicher Bestandteil der Projektmanagementverfahren ist die angemessene Unterstützung des Teams durch Werkzeuge [118, 117] (siehe hierzu auch Kap. 12). Der Einsatz von Werkzeugen garantiert zwar keinen Projekterfolg, jedoch entlastet der zielgerichtete Einsatz das Management und das Team insbesondere von zeitraubenden Routineaufgaben. Im Rahmen der technischen Infrastruktur sind die Werkzeuge bereitzustellen und dem Team zugänglich zu machen. Die wesentlichen Bestandteile der Infrastruktur betreffen die Vernetzung des Teams sowie dessen Ausstattung mit einer Ablage für Daten, Dokumente und Quellcode (Projektrepository) sowie die Ausstattung mit angemessener Hardware.

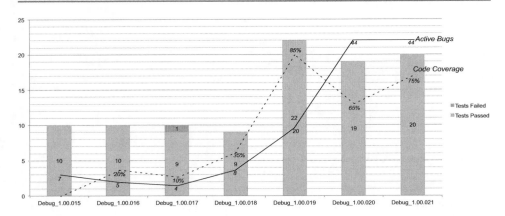

Abb. 7.12 Exemplarischer Management-Report mit Teststatistiken unter Einbeziehung der aktiven Bugs und der Code Coverage

Neben den organisatorischen Rahmenbedingungen sollten in der Projektdefinition auch die technischen Infrastrukturkomponenten festgelegt werden. Man spricht dann auch von einer *Projektmanagementinfrastruktur*. Einige organisatorische Vorgaben setzen teilweise bereits eine technische Infrastruktur voraus, etwa das Konfigurationsmanagement (Abschn. 7.3.3).

7.5.1   Hardwareumgebung

Die Anforderungen an die Hardwareumgebung gemäß Vertrag, den vorliegenden technischen Dokumentationen (Anforderungs- und Lösungsspezifikationen) und die Anforderungen aufgrund sonstiger Randbedingungen (zum Beispiel Beistellungen des Kunden) an die Hardwareumgebung des Projektes sind im ersten Schritt zu bestimmen. Die erforderliche Hardwareumgebung wird unter Berücksichtigung der vertraglichen Randbedingungen beschafft, installiert und dem Projektteam bereitgestellt. Gegebenenfalls stellt auch der Auftraggeber dem Auftragnehmer Teile der Hardware zur Verfügung. Die Analyse und Bereitstellung der Hardwareumgebung umfasst die folgenden Aufgaben:

- Bestimmung der Anforderungen an die Hardwareumgebung des Projektes:
  - für das Entwicklungsprojekt (Entwicklungsumgebung)
  - Hardware für Staging (Test auf Produktivhardware)
  - Hardware für den Produktivbetrieb
- Beschaffung und Einrichtung der Hardwareumgebung
- Bereitstellung für das Projekt/Team

7.5.2 Kommunikationsinfrastruktur des Projektteams

Auf der Basis der Anforderungen aus der Projektorganisation (Einbringung der internen und externen Partner) und der sonstigen Gegebenheiten des Projektes werden die Anforderungen an die Vernetzung (Abschn. 7.3.4) des Projektes (Datenleitungen, Telefone, Fax, Anbindung an Verfahren, Druckerzugriff, zentrale Ablagen, etc.) bestimmt. Die erforderliche Arbeitsumgebung wird unter Berücksichtigung der vertraglichen Randbedingungen eingerichtet und für das Projektteam bereitgestellt. Das umfasst die folgenden Aufgaben:

- Bestimmung der Kommunikationsumgebung (Vernetzung), zum Beispiel:
  - Datenleitungen, Telefone, Fax, Videokonferenzsysteme
  - Druckerzugriff
  - zentrale Ablagen (zum Beispiel Wikis)
- Festlegung und Einrichtung der Vernetzungsumgebung
- Bereitstellung für das Projekt/Team

> **Hinweis**
> Die schnelle und zielgerichtete Kommunikation ist für ein Projekt von hoher Bedeutung.

7.5.3 Die Projektablage

Für das Arbeiten in einem Projekt ist eine gemeinsame Infrastruktur erforderlich. Die Anforderungen des konkreten Projektes an die Projektablage (Project Repository) werden bereits im Wesentlichen im Vorfeld bestimmt und während der Projektdefinition präzisiert. Die Anforderungen müssen sich an der Größe und der Komplexität des Projekts, an den vertraglichen Bestimmungen (zum Beispiel Struktur der Liefereinheiten) und an der räumlichen Verteilung des Projektteams (ein oder mehrere Projektstandorte) orientieren.

Bezogen auf die Projektbesonderheiten wird die Struktur und die technische Basis der Projektablage festgelegt, dokumentiert und den Teammitgliedern physikalisch verfügbar gemacht. Der Umgang mit der Projektablage muss mit verschiedenen anderen Aufgaben wie dem Versions- und Konfigurationsmanagement, dem Problem- und Änderungsmanagement sowie dem Release-Management abgestimmt werden.

Hinweis
Ist im Rahmen des Konfigurationsmanagements (Abschn. 7.3.3) bereits ein Versionskontrollsystem eingeführt worden, bietet es sich an, dieses System gleichzeitig auch als Projektablage zu verwenden. Hierbei ist jedoch auch zu bewerten, ob beispielsweise die Funktionalität eines Subversion-Systems tatsächlich für alle Projektbeteiligten notwendig ist.

Projektmanagementablage Die Projektmanagementablage ist der Teil der Projektablage, in dem die Artefakte des Projektmanagements abgelegt werden. Hierzu zählen:

- Dokumente der Projektinitiierung (Autorisierung)
- Angebote und Verträge
- Planungs- und Steuerungsdokumente
- Projekttagebuch, offene Probleme
- Korrespondenz und Aufzeichnungen
- Angaben zur technischen Infrastruktur und zur Administration

7.5.4   Die Softwareproduktionsumgebung

Die Anforderungen an die Softwareproduktionsumgebung aus dem Vertrag, der technischen Projektdokumentationen und aufgrund sonstiger Randbedingungen an die Softwareproduktionsumgebung sind ebenfalls im Rahmen der Projektdefinition zu bestimmen. Die Softwareproduktionsumgebung wird unter Berücksichtigung der vertraglichen Randbedingungen physikalisch eingerichtet und für das Projektteam bereitgestellt. Dies schließt folgende Tätigkeiten ein:

- Bestimmung der Anforderungen an die Softwareproduktionsumgebung
- Festlegung der geeigneten Verfahren und Werkzeuge
- Physikalische Einrichtung der Softwareproduktionsumgebung
- Bereitstellung für das Projekt/Team

Die Nutzung geeigneter Werkzeuge kann entscheidend zur Verbesserung der Entwicklungsproduktivität beitragen ist jedoch nicht der alleinige Erfolgsfaktor. Zu beachten sind in jedem Fall auch Folgekosten, die sich aus der Verwendung einer spezifischen Software ergeben können. Setzt beispielsweise das Projekt die Arbeit mit dem Visual Studio voraus, wird dazu unter Umständen auch eine entsprechende (kostspielige) Backend-Infrastruktur erforderlich. Die Beschaffung ist daher mit Lizenz- und Betriebskosten verbunden. Es muss dann entschieden werden, ob eine solche Beschaffung mit den Projektanforderungen vereinbar ist.

7.6 Projekt- und Arbeitsplanung

Eine zentrale Aufgabe des Managements eines Softwareprojekts ist die Projektplanung. Diese Aufgabe beginnt mit der Erstellung eines initialen Projektplans (Initialplanung). Dies erfolgt in der Regel bereits in der Projektentstehung, da sonst kein Angebot und kein Vertrag möglich ist. Die erste Version eines Projektplans wird auf der Grundlage der in der Projektentstehung (Kap. 6) ermittelten Informationen und auf Grundlage der organisatorischen Rahmenbedingungen (zum Beispiel aus Projekt- und QS-Handbuch) erstellt. In Abhängigkeit von Art, Größe und Dauer eines Projekts kann es erforderlich sein, anstelle eines (integrierten) Projektplans eine Menge spezialisierter Pläne zu erarbeiten, die jeweils unterschiedlich detailliert und in andere Pläne integriert sind. Auch wenn es sich bei den zu betrachtenden Planungsaspekten um Querschnittsthemen (zum Beispiel Qualitätssicherung) handelt, ist die Erstellung eigenständiger Pläne sinnvoll, zum Beispiel[4]:

- Projektplan
- Risikomanagementplan (siehe Abschn. 7.3.1)
- Qualitätsplan (siehe Abschn. 7.4)
- Konfigurationsmanagementplan und Releaseplan (siehe Abschn. 7.3.3)
- Kommunikationsmanagementplan (siehe Abschn. 7.3.4)
- Abnahmeplan (siehe Abschn. 9.2.1)
- Finanzplan
- Unterauftragnehmermanagementplan
- Trainingsplan
- Plan für die Leistungsmessung der Projektdurchführung

Burghardt [40] gibt dazu eine umfangreiche Liste von Plantypen an, die je nach Projektart sinnvoll sind. Der Projektplan bildet das Rahmenwerk, auf dessen Basis das Projekt genehmigt, durchgeführt, gemanagt und von dem es zusammengehalten wird [152, 40]. Die initiale Erstellung eines Projektplans ist bezüglich des Projekts eine erfolgskritische Aufgabe. Ein Projektplan muss zuerst die Ziele und Rahmenbedingungen des Projekts widerspiegeln, jedoch auch genügend Handlungsspielräume einräumen, um auf unerwartete Projektsituationen reagieren zu können. Ferner ist es entscheidend einen Projektplan so aufzubauen, dass er kontinuierlich über die Projektlaufzeit hinweg fortgeschrieben werden kann. Die Projektplanung selbst umfasst wiederum viele Einzelaufgaben, beispielsweise die Arbeitsplanung, die Meilensteinplanung und so weiter.

---

[4] In den Klammern ist jeweils das Kapitel dieses Buchs referenziert, in dem wir bereits die entsprechenden Gegenstände der Planung beschrieben haben.

Hinweis
Wird im Projekt die Philosophie verfolgt, dass bestimmte Disziplinen einen eigenen, dem Projektleiter gleichgestellten Verantwortlichen haben, zum Beispiel die Qualitätssicherung oder das Releasemanagement, empfiehlt es sich, jeweils eigenständige Teilprojektpläne zu erstellen. Diese müssen jedoch abgestimmt sein.

▸ **Definition 7.3 (Projektplan)** Ein Plan (Projektplan) ist das Vorausdenken zukünftigen Handelns. Er dient der möglichst guten Annäherung an sich ändernde Ziele durch kontinuierliche Regelung der Projektprozesse. Projektpläne sind (nach Patzak und Rattay [152]) Instrumente zur:

- Klarlegung, Konkretisierung und Umsetzung von Projektzielen
- Feststellung von Abweichungen
- Festlegung von optimalen Steuerungsmaßnahmen zur Planerreichung

Der Projektplan enthält Festlegungen zu allen wichtigen Aspekten, die für die Projektdurchführung erforderlich sind. Diese bilden die Grundlage für die Projektdurchführung. Der Projektplan umfasst die Planung der Zeitpunkte und der Arbeitsmittel einschließlich des zur Verfügung stehenden und einzusetzenden Personals für die einzelnen Aufgaben. Ziel ist es, die Einhaltung der Termin- und Kostenvorgaben und eine effiziente Ausnutzung der Arbeitsmittel sicherzustellen.

Planungsebenen Die Projektplanung sollte immer in unterschiedlichen Detaillierungsstufen erfolgen, um die Übersicht über das Projekt behalten zu können und alle Beteiligten mit den für sie relevanten Informationen versorgen zu können. Wir betrachten im Wesentlichen zwei Planungsebenen:

Top-Level   Die *Top-level-Ebene* des Projektplans stellt die Baseline (verbindliche Vorgabe) für die Messung des Fortschritts und das Berichten des Projektstatus dar. Sie ist die Grundlage für die übrigen Pläne einschließlich der davon abgeleiteten detaillierten Projektpläne. Diese Ebene enthält zumindest die grobe Meilenstein- bzw. Arbeitspaketplanung.

Detail-Level Der *Detail-level-Projektplan* ist das Mittel, mit dem die Teamaktivitäten gesteuert und der Fortschritt des Teams gemessen werden. Er basiert auf dem Top-level-Projektplan, und enthält detaillierte Pläne. Dazu übernimmt er Randwerte und Inhalt aus dem Top-level-Plan und verfeinert ihn bis zu einem angemessenen Detaillierungsgrad.

Auf der Ebene der Top-level-Planung werden zunächst Arbeitspakete und Meilensteine betrachtet. Die Arbeitspakete können Abhängigkeiten untereinander haben und auch noch weiter untergliedert sein, zum Beispiel in Teilarbeitspaketen. Der Detail-Level-Plan enthält als Verfeinerung des Top-Level-Plans Informationen, die der tatsächlichen Arbeitsplanung dienen. Im Abschn. 7.7.2 wird dies im Detail an einem Beispiel diskutiert.

Planungsbestandteile Je nach Projektkonstellation können die unterschiedlichen Projektpläne verschiedenartig miteinander verknüpft sein. So kann zum Beispiel im Rahmen der Meilensteinplanung durchaus auch die Grobplanung der Arbeitspakete und der begleitenden Qualitätssicherung erfolgen.

Kernbestandteile der Projektplanung. Die Projektplanung umfasst mindestens die folgenden, wesentlichen Kernbestandteile:

Projektstrukturplan	Der Projektstrukturplan (Abschn. 7.6.1) enthält die logischen/technischen Abhängigkeiten zwischen den Arbeitspakten. Er legt fest, welche Arbeiten nebeneinander und welche nacheinander ausgeführt werden können. Hilfestellung für die Strukturierung können zum Beispiel das verwendete Vorgehensmodell, die Organisationsstruktur des Projekts, ein Artefaktmodell (Abschn. 7.6.1.6) oder erste Architekturentwürfe geben.
Arbeitspakete	Die Arbeitspakete (Abschn. 7.6.1.3) beschreiben die im Einzelnen durchzuführenden Tätigkeiten und ihre Abhängigkeiten. Für alle Tätigkeiten werden Verantwortliche, Aufwandsabschätzungen, Ressourcen, Artefakte, Qualitätsanforderungen und Aktivitäten zur Qualitätssicherung angegeben.
Zeit-/Terminplan	Auf Basis etwa eines Netzplans (Abschn. 7.6.4) wird der Zeit- bzw. Terminplan (auch Ablauf- und Terminplan, vgl. Patzak und Rattay [152]) erstellt. Dieser zeigt die Termine von Beginn und Ende der Arbeiten und gibt die Dauer von Entwicklung und Lieferung für alle wichtigen Komponenten an. Der Zeitplan wird häufig in Verbindung mit dem Projektstrukturplan erstellt bzw. aus diesem abgeleitet.
Meilensteinplan	Der Meilensteinplan (Abschn. 7.6.3) ist eine Grundlage für die detaillierte Zeitplanung. Er wird häufig bereits früh erstellt, da er die wesentlichen Kontrollpunkte (Quality Gates) und Zielzeitpunkte des Projekts terminiert. Diese sind bereits weitgehend aus den Vertragsunterlagen bzw. den Anforderungen und Rahmenbedingungen des Projekts herzuleiten. Gelegentlich wird beim Meilensteinplan auch vom *Projektdurchführungsplan* gesprochen.
Schätzungen	Schätzungen (Abschn. 6.3) für den Aufwand einzelner Arbeitspakete oder des Gesamtprojekts dienen unter anderem der Planung der benötigten *Ressourcen* und der Dauer und der Ressourcenkontrolle (Verbrauch). Sie sind somit Teil des Ressourcen- beziehungsweise des Einsatzmittelplans und des Finanzplans. Schätzungen bzgl. der

Zeit/Dauer von Arbeitspaketen oder des Gesamtprojekts unterstützen die Kontrolle, etwa der Termintreue bei der Bearbeitung der
Tätigkeiten.

Die Reihenfolge der oben aufgezählten Punkte impliziert eine bestimmtes Vorgehen bei
der Projektplanung: Zuerst sollte ein Projektstrukturplan erstellt werden, welcher die grobe Strukturierung des Projekts vornimmt. Im Anschluss ist ein Ablauf- und Terminplan
zu erstellen, um die grobe Zeitplanung inklusive der wichtigsten Meilensteine vorzunehmen. Danach ist ein Ressourcenplan auf Basis der verfügbaren Einsatzmittel (Personal und
Betriebsmittel) zu erstellen. Der Planungsvorgang wird durch die Erstellung eines Finanzplans (vgl. Gadatsch und Tiemeyer [82]), in den Schätzungen, die Projektkalkulation oder
der Cashflow eingehen, abgeschlossen. Dieses Planungsverfahren wird im Laufe des Projekts kontinuierlich ausgeführt, um den sich ändernden Rahmenbedingungen Rechnung
zu tragen.

> **Hinweis**
>
> Das gerade vorgestellte Planungsverfahren stellt einen *Idealablauf* dar, stößt in der
> praktischen Anwendung jedoch oft an Grenzen, da die einzelnen Planungsbestand-
> teile in vielfältigen Beziehungen stehen und sich gegenseitig beeinflussen. Daher ist
> es in der Praxis üblich, die einzelnen Planungsschritte zu großen Teilen gleichzeitig
> durchzuführen.

Weitere Bestandteile der Planung. Neben den Planungsdaten und den Projektstrukturen
gibt es noch weitere planungsrelevante Aspekte, die in der Planung berücksichtigt werden
müssen. Häufig werden diese Aspekte entweder in einer integrierten Planung betrachtet oder kontextspezifisch durch einzelne Werkzeuge außerhalb der eigentlichen Planung
(zum Beispiel in einem Enterprise Resource Management System, ERM-System) verwaltet.
Folgende Aspekte können ebenfalls in der Planung berücksichtigt werden (Auswahl):

Mitarbeiterprofil	Das Mitarbeiterprofil (Staffing Profile) gibt, aufgeschlüsselt nach Rolle und Zeitraum, Auskunft über Zahl und Art der benötigten Mitarbeiter (Soll). Diese sind in Einklang zu bringen mit den Mitarbeiterpro- filen des Unternehmens und der Zahl der verfügbaren Mitarbeiter (Ist). Werden zu den geplanten Mitarbeitern auch Kostensätze verwal- tet, können diese in die Budgetplanung mit eingebracht werden. Das Projektprofil setzt sich aus den Anforderungen des Projekts aus der Menge benötigter Fähigkeitsprofile zusammen. Sie begründen, wel- che Rollen in einem Projekt benötigt werden.
Projektbudget	Das Projektbudget (Project Budget) ist der definierte finanzielle Rah- men für die Kosten des Projekts (Finanzplan). Es ist damit gleichzeitig

Zahlungsplan

eine Vorgabe (Baseline), mit der die Performanz bzgl. der Kosten des Projekts gemessen und überwacht wird. Das Projektbudget kann auch zur Identifizierung anderer Kosten verwendet werden, etwa der Ausgaben für Ausrüstung, Einrichtungen oder Reisekosten.

Der Zahlungsplan (Payment Schedule) als Teil des Finanzplans basiert auf den vertraglich getroffenen Vereinbarungen mit Auftraggebern, Unterauftragnehmern und sonstigen Anbietern hinsichtlich der Terminierung von Rechnungen und Zahlungen. Er kann einen Ausgabenplan[5] enthalten, wenn Betriebsmittel und Materialien teuer sind und bestellt werden müssen, bevor sie für das Projekt verwendet werden.

Je nach Projektkonstellation müssen auch die Verfügbarkeit von Einrichtungen (Rechenzentrum) oder besonderer Hardware, oder zu beschaffende Software-Lizenzen in der Planung berücksichtigt werden.

Sinn und Unsinn von Projektplänen

Bei der Projektplanung ist von Anfang an zu klären, welchem Zweck der Projektplan dienen soll. Nicht selten kommt es vor, dass ein ganzes Projektbüro damit befasst ist, einen Microsoft Project Plan zu pflegen und auf dem aktuellen Stand zu halten, ohne zu hinterfragen, was der Zeck dieses Plans ist. Bei der Projektplanung sollte – bevor mit der Planung begonnen wird – geklärt werden, welches Anliegen (Kommunikation der Projektstruktur, Abhängigkeiten/kritische Pfade identifizieren, Berechnungen durchführen, Ressourcenverbrauch zeigen, Tätigkeitslisten zusammenfassen, etc.) der Projektplan unterstützen soll und welche Art Projektplan am besten dafür geeignet ist. Merke: *Gar keinen Plan zu haben ist schlecht – einfach „irgendeinen Plan" zu haben ist manchmal aber noch schlechter.*

7.6.1 Projektstrukturplan

Der *Projektstrukturplan* (Abb. 7.13) ist ein wichtiges Mittel zur Strukturierung von Projekten. Aus Sicht der Projektplanung stellt der Projektstrukturplan ebenfalls eine wesentliche Planungsgröße dar. *Warum?* Im Rahmen des Projektvorlaufs, spätestens jedoch während der Projektdefinition, wird der geforderte Leistungsumfang der Software klar. Bei großen Systemen ist es unmöglich, alle Bestandteile und Abhängigkeiten bis ins letzte Detail im Voraus zu durchschauen. So können zwar über Meilensteinpläne grobe Zeitraster für das

---

[5] Der Ausgabenplan ist ein Ausgangswert, der Auskunft über die erwarteten Zahlungen und nicht über den erwarteten Verbrauch gibt.

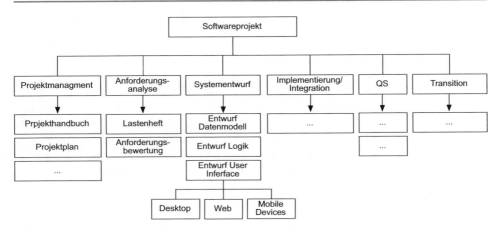

Abb. 7.13 Beispiel eines Projektstrukturplans anhand der Projektphasen (vereinfachte Darstellung)

Projekt festgelegt werden, jedoch ist eine inhaltliche Planung auf dieser Grundlage eher
schwer. Auch im in Abb. 7.29 gezeigten Beispiel werden zunächst aus groben Arbeitspakete
und einer Meilensteinliste verfeinerte, kleinere Strukturen abgeleitet, um greifbare Schätz-
und Planungsobjekte zu erhalten.

7.6.1.1 Erstellung von Projektstrukturplänen

Mithilfe des Projektstrukturplans werden die komplexen Problemstellungen hierarchisch
in kleinere, besser handhabbare Teilprobleme zerlegt. Die Zerlegung erfolgt so weit, bis die
Größe der *Arbeitspakete* (Abschn. 7.6.1.3) die Schätzung oder aber die Planung angemessen unterstützt. Bei der Erstellung von Projektstrukturplänen können im Wesentlichen die
folgenden beiden Methoden verwendet werden:

Top-Down Im Top-Down-Ansatz wird der Projektstrukturplan ausgehend von der gesamten Problemstellung durch schrittweises Zerlegen und Verfeinern erstellt.
Hierzu müssen geeignete Strukturierungskriterien definiert werden, anhand
derer die Zerlegung erfolgen kann.

Bottom-Up Die Bottom-Up-Methode kann zu Einsatz kommen, wenn Kreativtechniken
verwendet werden sollen, um den Umfang der Aufgaben oder der Ergebnisse
eines Projekts zu bestimmen. Hier können zum Beispiel über Brainstormings
oder Stakeholderworkshops Informationen gesammelt und strukturiert werden. Dabei ist darauf zu achten, dass eine Hierarchie hergestellt werden kann
und ob alle Aspekte berücksichtigt werden.

Zur Prüfung von Projektstrukturplänen geben Patzak and Rattay [152] Hilfestellung in
Form von Bedingungen, die ein Projektstrukturplan erfüllen muss:

- Alle Elemente einer Gliederungsebene müssen überdeckungsfrei sein – jedes Arbeitspaket ist in sich abgeschlossen (Disjunktionsbedingung)
- Die inhaltliche Summe der Teilelemente muss gleich dem Ursprungselement sein – es darf bei der Zerlegung nichts verloren gehen (Vollständigkeitsbedingung)

7.6.1.2   Strukturierungskriterien

Die Strukturierung (Gliederung) eines Projekts in Teilprojekte, Aufgaben und Rollen kann nach unterschiedlichen Strukturierungskriterien erfolgen. Beispiele sind:

- Untergliederung nach Disziplinen (man spricht hier auch von einem *verrichtungsorientierten* Projektstrukturplan)
    - Anforderungserhebung
    - Architektur und Design
    - Implementierung
    - Test und Integration
    - Release-Erstellung und Auslieferung
- Untergliederung nach Architektur und Aufbau des Projektgegenstands – der Software (man spricht hier auch von einem *objektorientiertem* Projektstrukturplan oder kurz vom *Objektstrukturplan*, bzw. der Objektkonfiguration)
    - Benutzerschnittstelle
    - Datenhaltung
    - Anwendungsfunktionalität
    - Kommunikation
    - Systemdienste
- Untergliederung nach Verantwortung
    - Qualitätssicherung
    - Fortschrittskontrolle
    - Anwendungs- und/oder Nutzungsfälle (Use Cases)
    - …

Wichtig bei der Wahl der Strukturierungskriterien ist die gute Abgrenzbarkeit der Teilaufgaben (Arbeitspakete), um Kommunikations- und Koordinationsaufwand in Grenzen zu halten. Bei einer hierarchischen Dekomposition können die Strukturierungskriterien pro Abstraktionsebene neu festgelegt werden.

7.6.1.3   Arbeitspakete

Arbeitspakete legen die durchzuführenden Arbeiten fest. Bei der Beschreibung von Arbeitspaketen werden neben der Aufgaben- bzw. Arbeitsbeschreibung, den Terminen und sonstigen zu beachtenden Rahmenbedingungen auch die zu produzierenden Artefakte (Studien, Dokumente, Programme etc.) beschrieben.

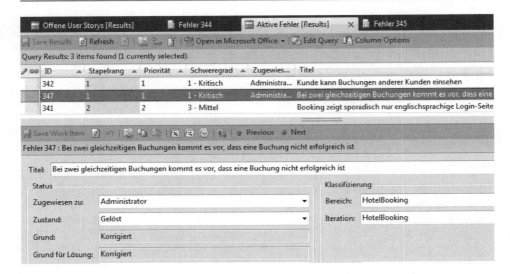

Abb. 7.14 Beispiel eines elektronischen Formulars für die Fehlererfassung, Beschreibung und Statuskontrolle.

▸ **Definition 7.4 (Arbeitspaket)** Ein Arbeitspaket (auch Vorgang) ist eine in sich abgeschlossene Tätigkeit bzw. Tätigkeitsgruppe mit festgelegter Dauer, Zuordnung von Personal- und Betriebsmitteln (Ressourcen) und logischen oder zeitlichen Abhängigkeiten zu anderen Arbeitspaketen. Arbeitspakete können hierarchisch in Teilarbeitspaketen organisiert sein.

Die Beschreibung der Arbeitspakete ist in der Projektbeschreibung in der Regel schon grob enthalten und wird durch Verfeinerung und Vervollständigung präzisiert. Die Beschreibung von Arbeitspaketen erfolgt vorzugsweise in strukturierter Form. Hierzu eignen sich entweder (elektronische) Formblätter (zum Beispiel Abb. 7.14), Excel-Tabellen oder Online-Formulare, wie sie zum Beispiel in Ticket-Systemen verwendet werden. Eine strukturierte Arbeitsbeschreibung enthält mindestens die folgenden Informationen:

- Eindeutiger Identifikator
- Name zur Bezeichnung des Arbeitspakets
- Beschreibung des Arbeitspakets
- Verantwortliche und mitwirkende Rollen/Personen
- Geschätze Dauer des Arbeitspakets
- Ergebnisdefinition (geforderte Artefakte)
- Qualitätsanforderungen
- Abnahmekriterien
- Technische Abhängigkeiten
- Zu erfassende Kennzahlen

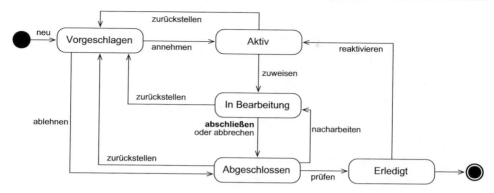

Abb. 7.15 Beispiel eines Zustandsautomaten für Arbeitsaufträge nach [119]

Jedes Arbeitspaket (jede Tätigkeit) ist so detailliert zu beschreiben, dass seine ordnungsgemäße Durchführung eindeutig überwacht und festgestellt werden kann. Grundsätzlich sind vage Aufgabenbeschreibungen ohne klare Vorgaben und Beschreibung der Resultate zu vermeiden.

Für die präzise Ermittlung des Projektstatus ist es ratsam, Statusinformationen und Workflows für die Arbeitspakete zu verwenden. Ein einzelner *Arbeitsauftrag* kann zum Beispiel die Zustände *Vorgeschlagen, Aktiv, in Bearbeitung, Abgeschlossen* oder *Erledigt* annehmen. Die Zustände dürfen nur in einer festgelegten Reihenfolge (vgl. Abb. 7.15) erreicht werden.

Das genaue Verfahren (Workflow mit Zuständen, Einbettung der Qualitätssicherung etc.) hängt von den jeweiligen Projektanforderungen ab. Ausgehend vom einzelnen Arbeitsauftrag kann die gesamte Tätigkeitsliste analysiert werden und einen groben Überblick über den Status der Arbeiten liefern. Auf diese Art und Weise können dann Kennzahlen für das Projekt erfasst, aggregriert und (automatisch) ausgewertet werden.

7.6.1.4 Präzision der Beschreibung

Für alle Tätigkeiten werden Aufwandsabschätzungen und mindestens die benötigten Ressourcen sowie Rollenzuordnung angegeben. Der Umfang der Beschreibung variiert jedoch mit dem Zeitpunkt der Beschreibung. Früh im Projekt ist in der Regel noch keine vollständige und detaillierte Beschreibung aller Arbeitspakete sowie ihrer Inhalte möglich. Daher werden weiter in der Zukunft liegende Arbeiten gröber, unmittelbarer anstehende Arbeiten genauer geplant. Besonders detailliert werden kurzfristig durchzuführende Tätigkeiten beschrieben. In Abb. 7.16 ist dies durch einige Arbeitspakete (inklusive Verfeinerungen in konkrete Arbeitsaufträge) exemplarisch gezeigt.

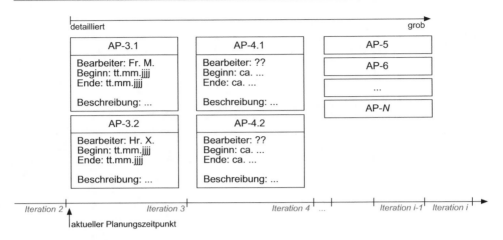

Abb. 7.16 Arbeitsplanung und Beschreibung (Stufen)

Hinweis

Eine sorgfältige Arbeitsplanung ist die Grundlage für ein frühes Erkennen von Engpässen und Risiken, einer (zu) hohen Auslastung und Nutzung der Arbeitsmittel für eine technisch erfolgreiche Arbeit. Eine schriftliche Arbeitsbeschreibung ist in jedem Fall ratsam, um Klarheit zu schaffen und Missverständnisse zu vermeiden. Dies ist insofern auch hilfreich, um der Kultur des „Auftrags per Zuruf" entgegenzuwirken. Diese kann dazu führen, dass Arbeiten im Projekt unkoordiniert und möglicherweise auch unbegründet erfolgen – mit entsprechenden Auswirkungen auf Produktivität und Qualität der Arbeit.

Die Arbeit im Projekt ist stets auf Notwendigkeit und Sinnhaftigkeit zu prüfen. Hierzu sollte im Projekt eine entsprechende organisatorische Vorgabe bereits im Rahmen der Projektdefinition festgelegt werden. Das V-Modell XT sieht hierfür zum Beispiel das Thema *Organisation und Vorgaben zum Projektmanagement* im Produkt *Projekthandbuch* (vgl. Abschn. 7.2.3.1) vor. Dieses enthält unter anderem auch die Vorgaben für das Aufgabenmanagement, welches die Erteilung, Form und die Kontrolle von Arbeitsaufträgen beschreibt.

7.6.1.5　Tätigkeitslisten

Die Tätigkeitsliste (beispielsweise die Liste der Arbeitsaufträge oder eine Liste aller zu planenden Aktivitäten, vgl. Abb. 8.6 beschreibt als integriertes Projektmanagementprodukt die im Einzelnen durchzuführenden Tätigkeiten (Arbeitsaufträge) basierend auf der Beschreibung der Arbeitspakete. Tätigkeitslisten können sowohl für einzelne Arbeitspakete erstellt werden oder global für das Gesamtprojekt.

Die Tätigkeitsliste wird dem vereinbarten Turnus gemäß, etwa wöchentlich oder monatlich, überarbeitet und angepasst. Das Ziel der Verwendung einer Tätigkeitsliste ist:

- Aufbrechen der Arbeitspakete in einzelne Teilpakete und Tätigkeiten
- Zuweisung der Tätigkeiten an einzelne Mitarbeiter oder Teams
- Fristgerechter Beginn von Arbeiten
- Überwachung des termingerechten Fortgangs der Projektarbeiten

7.6.1.6 Weitere Formen von Projektstrukturplänen

Die übliche Form der Gliederung von Projektstrukturplänen ist ein Baum. Über die durch Bäume darstellbaren Hierarchien können je nach verwendetem Strukturierungskriterium die logischen Abhängigkeiten sichtbar gemacht werden. Neben der Projekt- oder Arbeitspaketstruktur sind auch andere Strukturansichten üblich, wie etwa die Struktur des Projektteams oder die Struktur von Artefakten.

Teamstruktur Der Aufbau eines Projektstrukturplans auf Grundlage der Teamstruktur spiegelt zunächst die Organisation des Projekts wider (Abschn. 2.4). Das Ziel dieser Strukturierungsform ist es, deutlich zu machen, welche Personen in welchen Rollen im Projekt tätig sind, welchen Aufgabenbereichen sie zugeordnet sind und welche anderen Organisationseinheiten in das Projekt eingebunden werden können/müssen (Stichwort: Organigramm).

Artefakt- und Produktstruktur Bei Entwicklungsprojekten steht das zu entwickelnde Produkt im Zentrum. Grundlage für die Spezifikation des Produkts sind die initialen, oftmals nur groben Vorstellungen des Kunden. Diese finden sich in unterschiedlicher Tiefe und Güte in den jeweiligen Ausschreibungsunterlagen oder Anfragen wieder. Für die Spezifikation des zu entwickelnden Produkts ist die hierarchische Anordnung aller Teile (objektorientierter Strukturplan) oder Funktionen (funktionsorientierter Strukturplan) in einem *Produktstrukturplan* ein äußerst hilfreiches Mittel. Einerseits gewährleistet der Produktstrukturplan, dass in übersichtlicher Darstellung das gesamte Produkt erfasst wird, andererseits liefert er für den Projektstrukturplan bereits wichtige Vorgaben (Schnitt von Teilprojekten, Arbeitspaketen etc.).

In Softwareprojekten entspricht dem Produktstrukturplan zum einen der Artefakt- oder Produktstruktur (Struktur und Abhängigkeiten aller Teilergebnisse) aber auch der System- und Softwarearchitektur, welche die Struktur des Entwicklungsergebnisses umfasst. Daraus ergibt sich ein umfassendes *Artefaktmodell* (auch Produktmodell oder Ergebnisstruktur des Projekts), das einem Versions- und Konfigurationsmanagement (Abschn. 7.3.3) unterworfen werden kann.

7.6.2 Ressourcen- und Terminpläne

Aus dem Projektstrukturplan leiten sich in Folge die Ressourcen- und die Terminpläne ab. Eine Ressource ist hierbei nach Patzak und Rattay [152] wie folgt definiert:

▶ **Definition 7.5 (Ressource)**   Ressourcen oder Einsatzmittel sind die Mittel, die zur Durchführung von Projekten benötigt werden. Ressourcen unterteilen sich in:

- *Verbrauchsgüter*: einmalig verwendbare Ressourcen, etwa Budget, Material
- *Gebrauchsgüter* bzw. *Kapazitäten*: wiederholt einsetzbare Ressourcen, etwa Personal, Betriebsmittel (Server), Verfahren

Da sich die wesentlichen Projektinhalte in der Regel seltener ändern als die Verfügbarkeit von Ressourcen oder die Termine, sollte der Projektstrukturplan vom Ressourcen- und Terminplan getrennt gepflegt werden. Darüber hinaus sollten die Ressourcen- und Terminpläne inkrementell (schrittweise nach Bedarf oder in festen Intervallen) erstellt werden. Die Erstellung kann manuell oder rechnergestützt erfolgen (etwa mithilfe der Netzplantechnik, Abschn. 7.6.4). Die Ergebnisse der Planungsschritte sind im Einzelnen:

- Personaleinsatzplan
- Einsatzplan für weitere Ressourcen
- Aufwand, Anfangs- und Endzeiten für einzelne Arbeitspakete/Tätigkeiten
- Rückwirkungen auf Gesamtprojektlaufzeit
- Terminliste für Meilensteine
- erwarteter Kostenverlauf

Diese Planung ist die Grundlage für die Projektdurchführung. Mit ihr kann beispielsweise ermittelt werden, ob die zur Verfügung stehenden Teammitglieder optimal ausgelastet sind, noch Kapazitäten verfügbar sind oder ob (einzelne) Teammitglieder unter Überlastung leiden. Eine mögliche Form der Darstellung ist ein Auslastungsdiagramm (Abb. 7.17), welches in der Regel über Farbkodierungen entsprechende Aussagen trifft.

7.6.3 Meilensteinplan

Meilensteine sind ein wesentliches Mittel um Projektfortschritt und Qualität zu kontrollieren. Die Meilensteine werden in einen Meilensteinplan erfasst, der in den Projektstrukturplan integriert sein kann. Besonders geeignet hierfür sind Projektstrukturpläne in Form von Gantt-Diagrammen (Abschn. 7.6.5).

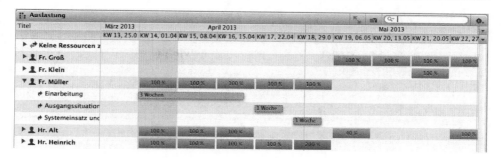

Abb. 7.17 Beispiel für ein Auslastungsdiagramm – pro Ressource wird ermittelt, ob die Ressourcen optimal ausgelastet sind oder ob Über- oder Unterlast besteht und falls dies der Fall ist, welche Vorgänge im Projektplan die Ursache hierfür sind.

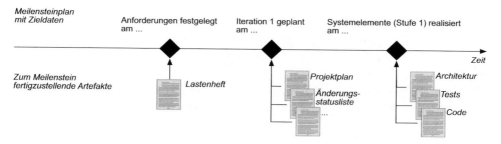

Abb. 7.18 Beispielhafte Meilensteine mit zugeordneten Artefakten

▶ **Definition 7.6 (Meilenstein)** Ein Meilenstein definiert einen bestimmten zu erreichenden Entwicklungsstand im Projekt, meist durch Beschreibung einer Reihe von vorzulegenden Projektergebnissen. Ein Meilenstein kennzeichnet den Beginn oder das Ende einer Projektfortschrittstufe. Er beansprucht keine Ressourcen, ist überprüfbar beschrieben (nicht ausreichend ist beispielsweise „Programm zu 90 % fertig") und kurzfristig (zum Beispiel 2–4 Wochen). Meilensteine sind optimaler Weise über den Projektverlauf gleich verteilt.

Im Meilensteinplan (auch als *Projektdurchführungsplan* bezeichnet) werden wesentliche Projektfortschrittsstufen und Zwischenresultate des Projektablaufs vorgegeben (Abb. 7.18). Meilensteine zeigen in der Regel prägnante Resultate gewisser Projektfortschrittsstufen, die für den Projektverlauf und -erfolg besonderen Stellenwert haben. Für die Erreichung von Meilensteinen ist die Qualität der zum Meilenstein fertig zu stellenden Produkte zu überprüfen und zu dokumentieren. In diesem Kontext wird zum Beispiel im V-Modell XT von *Entscheidungspunkten* gesprochen, da hier aufgrund von qualitätssichernden Maßnahmen über den Projektfortschritt entschieden wird.

Die Bestimmung der Meilensteine erfolgt unterschiedlich nach projektspezifischen Gesichtspunkten. Je nach verwendetem Vorgehen im Projekt, zum Beispiel bei agilen Vorge-

hensweisen (zum Beispiel XP oder Scrum [30, 170]), werden Meilensteine auch an regelmäßige (Zwischen-)Releases des Projektergebnisses geknüpft. Hier ergeben sich zum Beispiel
Abstände zwischen den einzelnen Meilensteinen mit einer Dauer von 4–6 Wochen (siehe Time Boxing [23], Abschn. 7.6.6.3). Weitere Kriterien für Meilensteine sind kritische,
nicht verrückbare Daten (Deadlines). So ist es beispielsweise bei Aufträgen der öffentlichen
Hand üblich, dass die Projektmittel zu bestimmten Zeitpunkten abfließen müssen. Solche
Daten sind ebenfalls bei der Planung etwa von Lieferungen zu berücksichtigen und liefern
wichtige Orientierungspunkte.

Wesentliche Eigenschaften von Meilensteinen Meilensteine können auf unterschiedliche Arten gefunden und festgelegt werden. Folgende Eigenschaften von Meilensteinen, die
bei der Festlegung zu berücksichtigen sind, sind jedoch zu beachten:

Überprüfbarkeit Mit dem Erreichen des Meilensteins ist ein Artefakt oder eine Menge
                 von Artefakten fertiggestellt. Die qualitativ angemessene Fertigstellung
                 ist messbar/objektiv überprüfbar.
Kurzfristigkeit Um dem Projekt genügend Zeit zum produktiven Arbeiten zu geben,
                 gleichzeitig aber Verzögerungen frühzeitig zu erkennen, sind die Abstän-
                 de zwischen den Meilensteinen ausreichend kurz (aber nicht zu knapp)
                 zu wählen.
Gleichverteilung Meilensteine sind über die Projektlaufzeit einigermaßen gleichmäßig zu
                 verteilen, um eine ausgewogene und durchgängige Fortschrittskontrolle
                 zu ermöglichen.

Zeitliche Verteilung von Meilensteinen Es ist ratsam, Meilensteine im Projekt zeitlich
genügend dicht zu legen (etwa 3–4 Wochen Abstand) um den Projektfortschritt gut kontrollieren zu können. Auf höheren Planungsebenen werden signifikantere Meilensteine mit
größeren Abständen (beispielsweise 3–9 Monate Abstand) vorgesehen. Beachtet werden
muss hierbei jedoch, dass der zeitliche Abstand zwischen Meilensteinen weder zu gering
noch zu groß bemessen sein darf. Ist der Abstand zwischen zwei Meilensteinen zu gering,
bleibt zu wenig Zeit für die inhaltliche Arbeit, da kontinuierlich Meilensteine vorzubereiten sind. Ist der Abstand indes zu groß, besteht die Gefahr, Fehlentwicklungen im Projekt
zu spät zu erkennen.

Feststellen der Zielerreichung Meilensteine beschreiben Zwischenziele im Projekt, deren
Erreichung regelmäßig kontrolliert werden muss. Wird ein Meilenstein erreicht (und somit ein Ziel), werden die zu diesem Meilenstein als Ergebnismenge festgelegten Artefakte
überprüft und abgenommen (man spricht dann von einem *Quality Gate*). Für die Abnahme
der Artefakte muss im Rahmen der Festlegung des Verfahrens für das Projektmanagement
(Abschn. 7.3) eine entsprechende Vereinbarung getroffen werden. Einige Vorgehensmodelle wie das V-Modell XT definieren sogar einen eigenen Prozess, der die Bestimmung

des Projektfortschritts und in Folge das Treffen einer *Projektfortschrittsentscheidung* unterstützt [79]. Im V-Modell XT werden Verfahren beschrieben, wie aus dem Projektstatus (zum Beispiel in Form eines Projektstatusberichts) sowie den zum Entscheidungspunkt vorgelegten Produkten das Erreichen des Entscheidungspunkts (Meilensteins) bewertet werden kann (vgl. Abschn. 2.3.2.3, Vorgehen an Entscheidungspunkten).

Blockierende Meilensteine Bei Meilensteinen muss in der Projektplanung früh festgelegt werden, bei welchen Meilensteinen es sich um *blockierende* Meilensteine handelt. Blockierende Meilensteine sind mit Entscheidungen verbunden, die den weiteren Projektablauf entscheidend beeinflussen können. Sie erfordern in der Regel eine Entscheidungsfindung außerhalb des Projektteams. Beispielsweise erfolgt oft die Mittelfreigabe für ein Projekt, das eine Leistung ausschreibt, nicht durch den Projektleiter, sondern durch sein vorgesetztes Management. Blockierende Meilensteine sind daher mit besonderer Sorgfalt zu planen, da eine Verschiebung bei Nichterreichung aufgrund externer Abhängigkeiten oft nur bedingt möglich ist oder die Terminplanung des Projekts ins Wanken gerät. Typische blockierende Meilensteine sind zum Beispiel (Terminologie V-Modell XT): Projekt genehmigt, Anforderungen festgelegt, Projekt beauftragt, Abnahme erfolgt.

7.6.4 Netzplantechnik

Aufgrund der Abhängigkeiten und der Zusammenhänge zwischen Aufgaben und Ressourcen können die Zeitpunkte für die Durchführung von Tätigkeiten mithilfe der Netzplantechnik berechnet und grafisch dargestellt werden. Netzpläne stellen die *logischen* Beziehungen zwischen den Arbeitspaketen und die zeitliche Anordnung der Arbeitspakete dar. Mit einem Netzplan lassen sich wichtige Fragen für ein Projekt beantworten:

- Wie lange wird das Projekt (mindestens) dauern?
- Welche kritischen Arbeitspakete können das gesamte Projekt verzögern?
- Liegt das Projekt im kalkulierten Zeitplan? Wird es früher oder später fertig?

Die Netzplantechnik liefert ein einfaches mathematisches Modell für eine Arbeitsplanung. Sie liefert früh ein Gesamtbild eines Projekts und gestattet es, frühzeitig die benötigte Bearbeitungsdauer für das Projekt abzuschätzen, kritische Pfade zu ermitteln, auf denen Arbeitspakete liegen, deren Verzögerung bei der Fertigstellung auf das Projekt durchschlägt, und eine Aufwandsverteilung über die Projektlaufzeit hinweg abzuschätzen.

Methoden der Netzplantechnik Bei der Netzplantechnik gibt es unterschiedliche, methodische Ausprägungen. Grundsätzlich wird zwischen den deterministischen und den probabilistischen Methoden unterschieden. Die deterministischen Methoden finden Anwendung, wenn Arbeitspakete in einem Projekt weitgehend vorhersehbar sind. Die be-

Abb. 7.19 Standard-
Netzplan (MPM-Plan, auch
Vorgangsknoten-Netzplan)

kanntesten Vertreter dieser Netzplanungsmethoden[6] sind die *Critical Path Method* (CPM),
Program Evaluation & Review Technique (PERT) und die *Metra Potential Method* (MPM).
In der DIN 69901 [64] werden die unterschiedlichen Methoden sowie ihre Darstellung
(siehe auch Abschn. 7.6.4.1) detailliert beschrieben.

In den probabilistischen Methoden ist der konkrete Projektablauf von Ereignissen und
Entscheidungen abhängig, die auf Basis von Wahrscheinlichkeiten ermittelt werden. In
probabilistischen Netzplänen (auch als Entscheidungsnetzpläne bezeichnet) können beispielsweise auch Arbeitspakete ausgelassen werden. Wir konzentrieren uns im Folgenden
auf die nichtprobabilistischen Methoden der Netzplantechnik.

7.6.4.1 Darstellung von Netzplänen

Jede Variante der Netzplantechnik hat einen bestimmten Fokus und stellt diesen durch eine
entsprechende grafische Notation heraus. Im folgenden gehen wir auf die Darstellungsformen der nichtprobabilistischen Methoden genauer ein.

MPM-Netzplan Wie verwenden schwerpunktmäßig den MPM-Netzplan, den wir auch
als *Standard*-Netzplan bezeichnen. Die Knoten eines MPM-Plans stellen Vorgänge dar,
Pfeile die logischen Abhängigkeiten (Abb. 7.19).

> **Hinweis**
> Wir verwenden bevorzugt den MPM-Plan, da dieser sich einerseits durch ein sehr
> einfaches mathematisches Modell beschreiben lässt und trotzdem ein Vielzahl von
> Aussagen hinsichtlich eines Projekts zulässt. Darüber hinaus finden sich MPM-
> Pläne häufig in aktuellen Planungswerkzeugen wieder und lassen sich weiterhin
> recht einfach in zum Beispiel Gantt-Diagramme überführen.

Vorgangspfeil-Netzplan In einem CPM-Plan stellen Pfeile die Vorgänge dar. Die Knoten-
anordnung stellt Abhängigkeiten im Sinne von Anfangs- und Endereignissen eines Vorgangs dar (Abb. 7.20). Abhängigkeiten zwischen den einzelnen Pfeilen können nicht ausgedrückt werden, da in dieser Methode von einem lückenlosen Vorgangsnetz ausgegangen
wird.

---

[6] Die Einsatzhäufigkeit der Methoden zur Netzplantechnik ist auch regional bedingt unterschiedlich.
Während MPM-Pläne sehr häufig in Europa zu finden sind, wird beispielsweise in den USA der
CPM-basierte Plan bevorzugt.

Abb. 7.20 CPM-Plan (auch Vorgangspfeil-Netzplan)

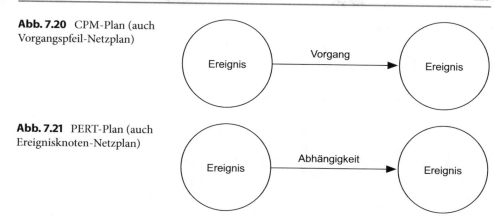

Abb. 7.21 PERT-Plan (auch Ereignisknoten-Netzplan)

Ereignisknoten-Netzplan Der PERT-Plan ist ein ereignisorientierter Netzplan. Die Knoten in diesem Plan stellen die Ereignisse dar und die Pfeile deren Abhängigkeiten (Abb. 7.21). Im wesentlichen beschreibt der Pfeil zwischen zwei Ereignissen die zeitliche Ordnung der Ereignisse.

Die Dauer einzelner Tätigkeiten wird in der Regel nicht fix angegeben, sondern durch erwartete früheste und späteste Termine bestimmt. Diese Angabe findet unter anderem in der Schätzung der Dauer von Projekten Anwendung. Aus dem PERT-Modell leitet sich beispielsweise die *Drei-Zeiten-Methode* (Abschn. 6.3.2.4) ab. Auch in modernen Planungswerkzeugen wird diese Methode eingesetzt.

7.6.4.2 Modellierung und Beschreibung von Netzplänen

Wir beschreiben nun die Erfassung von Tätigkeiten durch Netzpläne im Detail. Der im Folgenden vorgestellte Formelapparat erlaubt es, verschiedene Berechnungen zum Beispiel hinsichtlich der Vorgangs- und Projektdauer oder Pufferzeiten vorzunehmen. Zum Einsatz kommen einfache Methoden und Techniken der Algebra und der Graphentheorie [182, 63].

Grundlegende Konstrukte Sei A die Menge der Aktivitäten (Tätigkeiten, Vorgänge, Arbeitspakete – in Abhängigkeit des Detaillierungsgrades) im Projekt. Sei für jede Aktivität $a \in A$ die Menge der unmittelbaren Vorgänger $UV(a) \subseteq A$ die Menge derjenigen Aktivitäten, die abgeschlossen sein müssen, bevor die Aktivität a begonnen werden darf. Analog definieren wir eine Menge $UN(a) \subseteq A$ als Menge der unmittelbaren Nachfolger, die vom Abschluss von a abhängig sind.

Die Mengen der Aktivitäten mit den Relationen zu Vorgängermengen sind als Graph G darstellbar. Im Graph stellen wir nur die Beziehung zur unmittelbaren Vorgängermenge explizit dar. Es sei die Beziehung dieser Abhängigkeiten durch einen gerichteten zyklenfreien Graph G dargestellt.

$$G = (A, F) \tag{7.1}$$

Tab. 7.1 Übersicht: Größen für die Netzplantechnik

Größe	Beschreibung
pat	vorgegebener Projektanfangstermin, mit $pat = min(\{sat(a) : a \in A \wedge V(a) = \varnothing\})$
pet	vorgegebener Projektendtermin, mit $pet = max(\{fet(a) : a \in A \wedge N(a) = \varnothing\})$
$fat(a)$	frühester Anfangstermin für eine Aktivität a (der möglich ist) bei gegebenem pat, vgl. Formel 7.5
$sat(a)$	spätester Anfangstermin für eine Aktivität a bei gegebenem pet, mit $sat(a) = set(a) - d(a)$
$fet(a)$	frühester Endtermin für eine Aktivität a, mit: $fet(a) = fat(a) + d(a)$
$set(a)$	spätester Endtermin für eine Aktivität a, vgl. Formel 7.6
$p(a)$	Pufferzeit für eine Aktivität a

A sei die Menge der Aktivitäten (Knoten), und F sei die Menge der Kanten, mit

$$F = \{(a,b) : a, b \in A \wedge a \in UV(b)\} \tag{7.2}$$

Weiterhin seien die Vorgänger- und Nachfolgermengen als kleinste Mengen definiert, die folgende Gleichungen erfüllen:

$$V(a) = \{b : b \in UV(a) \vee (\exists c \in A : c \in V(a) \wedge b \in UV(c))\} \tag{7.3}$$

$$N(a) = \{b : b \in UN(a) \vee (\exists c \in A : c \in N(a) \wedge b \in UN(c))\} \tag{7.4}$$

$V(a)$ und $N(a)$ sind alle Vorgänger- und beziehungsweise Nachfolger-Aktivitäten zur Aktivität a. Die erwartete zeitliche Dauer einer Aktivität $a \in A$ ohne Berücksichtigung von Ressourcenbeschränkungen sei $d(a)$. Des Weiteren sind der Projektanfangstermin pat und der Projektendtermin pet, sowie die frühesten und spätesten Anfangs- und Endzeiten wie folgt gegeben (Tab. 7.1).

Fall 1: Vorwärtsrechnung Wir erhalten folgende Berechnungsvorschrift für die Ermittlung des frühest möglichen Anfangstermins (fat) einer Aktivität bei gegebenen Projektanfangstermin pat und der Vorgangsdauer $d(a)$:

$$fat(a) = \begin{cases} pat & \text{für } V(a) = \varnothing \\ max(\{fet(b) : b \in V(a)\}) & \text{sonst} \end{cases} \tag{7.5}$$

Der früheste Endetermin kann dem entsprechend gem. Tab. 7.1 durch $fet(a) = fat(a) + d(a)$ bestimmt werden.

▶ **Anmerkung** Der Graph hat einen unzulässigen Aufbau, falls diese Größen nicht für alle Knoten eindeutig berechenbar sind. Dies ist beispielsweise bei Zyklen in den Abhängigkeiten der Fall.

Fall 2: Rückwärtsrechnung Wir erhalten folgende Berechnungsvorschrift für einen vorgegebenen Projektendetermin pet und Vorgangsdauer $d(a)$:

$$set(a) = \begin{cases} pet & \text{für } N(a) = \varnothing \\ \min(\{sat(b) : b \in N(a)\}) & \text{sonst.} \end{cases} \tag{7.6}$$

Der späteste Anfangstermin kann dem entsprechend gem. Tab. 7.1 durch $sat(a) = set(a) - d(a)$ bestimmt werden.

Puffer Die Pufferzeiten p für die einzelnen Aktivitäten berechnen sich wie folgt.

$$p(a) = set(a) - fet(a) = sat(a) - fat(a) \tag{7.7}$$

Das heißt, der Gesamtpuffer gibt an, um wie viel sich der betreffende Vorgang verschieben lässt ohne das Projektende zu gefährden. Tätigkeiten mit $p(a) = 0$ werden zeitkritisch genannt. Ein Pfad Q im Netzplangraphen mit $\forall q : q \in Q \Rightarrow p(q) = 0$ heißt kritischer Pfad.

7.6.4.3 Kritische Pfade und Optimierung

Wichtig bei der Planung ist das Optimierungsziel. In einem Extrem will man den maximal parallel benötigten Aufwand klein halten (Stichwort: Ressourcenbeschränkung), im anderen Extrem die Gesamtentwicklungsdauer durch maximale Nebenläufigkeit und entsprechend höherem parallel benötigten Aufwand minimieren (Stichwort: früher Fertigstellungstermin). Aus einem Netzplan lassen sich hierfür signifikante Maßzahlen ablesen, wie der größte parallel benötigte Aufwand bei maximal nebenläufiger Abarbeitung und die kürzest mögliche Bearbeitungsdauer des Projekts. Diese unbedingt erforderliche Bearbeitungsdauer wird durch Pfade im den Graph mit maximaler Länge (Summe der Ausführungszeiten) bestimmt. Solche Pfade nennen wir kritisch. In Abb. 7.22 ergeben die fetten Pfeile und eingefärbten Vorgänge kritische Pfade.

▶ **Definition 7.7 (Kritischer Pfad)** Ein kritischer Pfad ist definiert als die Verkettung derjenigen Vorgänge, bei deren zeitlicher Änderung sich der Endtermin des (gesamten) Netzplanes verschiebt. Er gibt die kürzeste Gesamtdauer eines Projekts an. Eine Aktivität a liegt auf dem kritischen Pfad, falls $p(a) = 0$.

▶   **Erkenntnis.** Es gibt *immer* mindestens einen kritischen Pfad in einem Netzplan. Es kann auch mehrere kritische Pfade sowie kritische Teilpfade (sogenannte kritische Unternetze) in einem Netzplan geben.

Gibt es für die Planung keinen Fixtermin, an dem das Projekt enden muss, gibt es im Netzplan mindestens einen Weg vom Start- zum Zielvorgang, auf dem alle Aktivitäten kritisch, also einen Puffer vom Wert Null haben. Die Aktivitäten, die auf dem kritischen Pfad

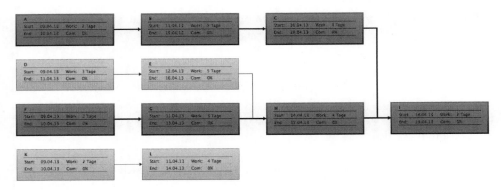

Abb. 7.22 Beispielhafter Netzplan mit zwei kritischen Pfaden

liegen, bestimmen somit die Gesamtprojektdauer und stehen damit unter besonderer Beachtung der Projektleitung. Alle anderen Aktivitäten können im Rahmen ihrer Pufferzeit zeitlich verschoben oder verlängert werden, ohne zwingend die Gesamtprojektdauer zu verändern.

> **Hinweis**
> Die obige Aussage gilt für Netzpläne ohne fixen Zieltermin. Muss die Planung jedoch solche Fixtermine berücksichtigen, gibt es drei Arten von Pfaden durch den Graphen des Netzplans: Ein unkritischer Pfad ist ein Weg, auf dem alle Aktivitäten positive Puffer ($p(a) > 0$) aufweisen. Auf einem kritischen Pfad haben *alle* Aktivitäten einen Puffer $p(a) = 0$ und auf einem überkritischen Pfade können Aktivitäten einen negativen Puffer ($p(a) < 0$) haben. Ein überkritischer Pfad weist auf unrealistische Planungsvorgaben hin und ist ein deutliches Anzeichen dafür, dass ein Projektplan überarbeitet werden muss.

Probleme in der Anwendung Die Netzplantechnik ist eine allgemeine Methode zur Planung des Einsatzes beschränkter Ressourcen unter zeitlichen Nebenbedingungen in einer kausal abhängige Folge von Tätigkeiten. Es existieren folgende Probleme der Anwendung der Netzplantechnik auf die Softwareentwicklung:

Randbedingungen Der Ausgleich der Kapazitätsrandbedingungen, zum Beispiel der Einfluss durch andere Projekte, Fehlzeiten und so weiter, ist schwer in einem Netzplan zu berücksichtigen.

Abhängigkeiten Häufig gibt es keine „so starren" Abhängigkeiten zwischen den Vorgängen. Netzpläne „täuschen" somit eine Präzision vor, die sie möglicherweise gar nicht haben.

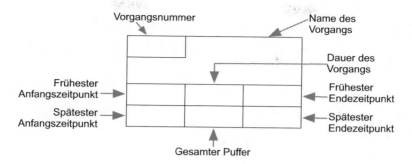

Abb. 7.23 Allgemeines Darstellungsschema von Netzplänen

Detaillierungsgrad Das Vorziehen von Teilaufgaben bei freien Kapazitäten ist praktisch oft möglich. Im Rahmen der Netzplantechnik erfordert dies jedoch eine weitere Untergliederung des Projektes. Möglicherweise ist dazu sogar ein Detaillierungsgrad erforderlich, der einen Netzplan nicht mehr sinnvoll anwendbar macht.

Die Netzplantechnik eignet sich gut für die prozessorientierte Darstellung und Grobplanung des Projekts. Aufgrund der schnell erreichten Komplexität von Netzplänen ist jedoch beim Einsatz dieser Technik soweit möglich auf Werkzeuge zurückzugreifen, die entsprechende Modellierungs- und Analysetechniken anbieten.

7.6.4.4   Netzpläne in Werkzeugen

Die Netzplantechnik wird durch eine Reihe von Werkzeugen unterstützt. Hierbei verwenden die Werkzeuge in der Regel eigene, an die MPM-Pläne (Abb. 7.19) angelehnte Darstellungen. Das grundsätzliche Darstellungsschema für solche Netzpläne ist in Abb. 7.23 gezeigt. Diese Darstellung fasst verschiedene Informationen zu einem Arbeitspaket bzw. zum Vorgang zusammen, die wir auch im nächsten Abschn. 7.6.4.2 näher betrachten und modellieren.

In Abhängigkeit davon, welche Informationen mit einem Netzplan erfasst werden sollen und welches Werkzeug zum Einsatz kommt, können verschiedene Symbole (zum Beispiel für Meilensteine, Sammelvorgänge, etc.) verwendet werden. In Abb. 7.22, werkzeugbasierte Darstellung) und Abb. 7.31 (einfache Darstellung für die Modellierung) finden sich entsprechende Beispiele.

7.6.5   Balkenplantechnik

Der Projektstrukturplan zeigt die logischen Abhängigkeiten der Arbeitspakete. Ein Nachteil des einfachen Netzplans, zum Beispiel des MPM-Plans, ist die beschränkte Aussage-

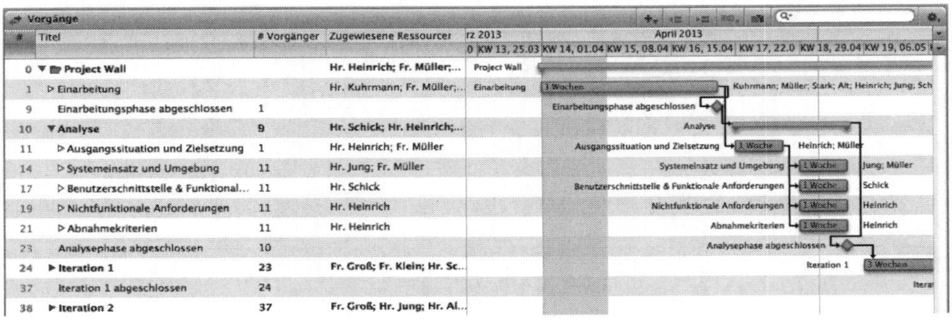

Abb. 7.24 Tätigkeiten, Abhängigkeiten, Dauer und Mitarbeiterzuordnung als Gantt-Diagramm

kraft hinsichtlich der möglichen Parallelisierung von Arbeitspaketen unter Berücksichtigung von Ressourcenbeschränkungen. Auch der Bezug zur Terminplanung, im Sinne des Auftragens auf einer Zeitachse, ist nur schwer möglich.

7.6.5.1 Darstellung als Gantt-Diagramm

Eine nützliche Technik für die Darstellung von Projektplänen sind Balkendiagramme (Gantt-Diagramme), die Zeiten und Dauer von Projektaktivitäten (Vorgänge) auf einer Zeitachse anordnen und in Beziehung setzen. Im Gantt-Diagramm werden die Vorgängen eines Projektes in die erste Spalte einer Tabelle eingetragen. In der ersten Zeile der Tabelle wird die Zeitachse dargestellt. Die einzelnen Vorgänge werden dann in den jeweiligen Zeilen mit einem waagerechten Balken visualisiert. Je länger der Balken, desto länger dauert Vorgang. Sich zeitlich überschneidende Vorgänge werden durch überlappende Balken dargestellt. Die Ergebnisse der Planung durch die Netzplantechnik lassen sich auch durch Gantt-Diagramme wie Abb. 7.24 darstellen.

Vernetzte und unvernetzte Gantt-Diagramme Bei einem Gantt-Diagramm wird zwischen vernetzten und unvernetzten Plänen unterschieden. In einem unvernetzten Plan sind zwar alle Vorgänge eingetragen, jedoch gibt es keine Abhängigkeitsbeziehungen zwischen den einzelnen Vorgängen. Solche Pläne werden in der Regel im Rahmen erster Planungsworkshops erstellt, in denen zunächst der grundsätzliche Arbeitsumfang definiert wird. Im weiteren Verlauf werden die einzelnen Arbeitspakete in eine logische Reihenfolge gebracht. Es werden als die Abhängigkeiten zwischen den einzelnen Arbeitspaketen ermittelt und eingeplant. Als Ergebnis entsteht ein vernetzter Gantt-Plan, wie er in Abb. 7.24 gezeigt ist.

Personen- vs. aufgabenbezogene Gantt-Diagramme Die Balkenplantechnik ist so beliebt, weil sie einfach, übersichtlich und anschaulich ist und verschiedene Sichten gut unterstützt. In Abb. 7.24 ist beispielsweise eine aufgabenbezogene Sicht bei der Planung gewählt worden. Hier sind alle Vorgänge des Projekts in den Zeilen enthalten und deren Dauer in

Abb. 7.25 Normalfolge (Ende-Anfang-Beziehung) in Netz- und Balkenplandarstellung

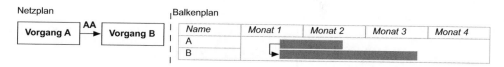

Abb. 7.26 Anfangsfolge (Anfang-Anfang-Beziehung) in Netz- und Balkenplandarstellung

der Zeitachse eingetragen. Zu jedem Vorgang sind die Bearbeiter angegeben. Diese Sicht gestattet es also, das Gesamtprojekt im Auge zu behalten. In dieser Sicht ist es jedoch schwer einzuschätzen, welcher Mitarbeiter insgesamt mit welchen Aufgaben betraut ist und wie dementsprechend seine individuelle Arbeitsauslastung ist. Dafür gibt es die personenbezogene Sicht, die anstelle der Vorgänge die Personen als Zeilen visualisiert und dann die Vorgänge entsprechend in die Zeitachse einträgt.

7.6.5.2   Beziehungen und Abhängigkeiten

Wie in der MPM-Planung der Netzplantechnik haben die Pfeile der Abhängigkeiten in Gantt-Diagrammen ihre besondere Bedeutung. Grundsätzlich geben sie Abhängigkeiten von Arbeitspaketen an. In der Balkenplantechnik, insbesondere beim Einsatz von Planungswerkzeugen, werden die Beziehungen jedoch über eine einfache logische Abfolge hinaus noch weiter verfeinert. Diese Verfeinerung gilt im Übrigen auch für MPM-Pläne, jedoch ist ihre Anwendung im Gantt-Diagramm intuitiver. Im Folgenden werden die Anordnungsbeziehungen dargestellt. Die Darstellung orientiert sich an Patzak und Rattay [152].

Normalfolge Eine Normalfolge liegt vor, wenn ein Vorgang A abgeschlossen sein muss, bevor ein Vorgang B begonnen werden kann (Abb. 7.25). Man spricht dann auch von einer *Ende-Anfang*-Beziehung (EA) zwischen den Vorgängen A und B. Die Vorgänge A und B überlappen sich in dieser Abfolge nicht. Liegen alle Vorgänge eines Pfades durch den Netzplan in einer EA-Beziehung vor, etwa auf einem kritischen Pfad, spricht man auch von einer Sequenz.

Anfangsfolge Eine Anfangsfolge liegt vor, wenn der Beginn eines Vorgangs A die Bedingung dafür ist, dass ein Vorgang B begonnen werden kann (Abb. 7.26). Man spricht dann auch von einer *Anfang-Anfang*-Beziehung (AA) zwischen den Vorgängen A und B. Da der Anfang der Vorgänge A und B voneinander abhängen, kann die Bearbeitung dieser beiden Vorgänge parallel erfolgen.

Abb. 7.27 Endfolge (Ende-Ende-Beziehung) in Netz- und Balkenplandarstellung

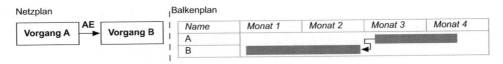

Abb. 7.28 Sprungfolge (Anfang-Ende-Beziehung) in Netz- und Balkenplandarstellung

Endfolge Eine Endfolge liegt vor, wenn der Abschluss eines Vorgangs *A* die Bedingung dafür ist, dass ein Vorgang *B* beendet werden kann (Abb. 7.27). Man spricht dann auch von einer *Ende-Ende*-Beziehung (EE) zwischen den Vorgängen *A* und *B*. Da das Ende der Vorgänge *A* und *B* voneinander abhängen, kann die Bearbeitung dieser beiden Vorgänge parallel erfolgen.

Sprungfolge Eine Sprungfolge liegt vor, wenn der Abschluss eines Vorgangs *B* die Voraussetzung dafür ist, das ein Vorgang *A* begonnen werden kann (Abb. 7.28). Man spricht dann auch von einer *Anfang-Ende*-Beziehung (AE) zwischen den Vorgängen *A* und *B*.

7.6.5.3   Bezug zur Netzplantechnik

Die Berücksichtigung der Abhängigkeiten zwischen den Arbeitspaketen/Vorgängen findet sich auch in der Netzplantechnik. Im Abschn. 7.6.4.2 wird sowohl die Vorwärtsrechnung (progressive Planung) als auch die Rückwärtsrechnung (retrograde Planung) modelliert. Bei der Erstellung von Gantt-Diagrammen kommen diese beiden Vorgehensweisen in der Regel intuitiv zur Anwendung.

Bei der initialen Erstellung eines Gantt-Diagramms wird üblicherweise zunächst darauf geachtet, zu konkreten Vorgängen alle Nachfolger zu bestimmen und somit ein EA-Beziehungsnetz aufzubauen. In weiteren Planungsschritten werden dann auch die anderen Beziehungstypen verwendet, um beispielsweise die Abhängigkeiten zwischen Vorgängen präziser zu fassen. Insbesondere werden hier solche Vorgänge betrachtet, die sich in der Nähe von Meilensteinen oder in der Nähe des Projektendes bewegen. Auch im Sinne der Parallelisierung der Arbeit werden die Beziehungen überprüft, um zum Beispiel festzustellen ob Vorgänge nicht parallel gestartet werden könnten (etwa Beginn von Codierung, Test und Dokumentation).

7.6.6 Philosophien zur Projektplanung

Die Projektplanung kann sich auch an unterschiedlichen Philosophien orientieren. So können wir zum Beispiel zwischen meilensteinbasierter Planung und Time Boxing unterscheiden. Solche Philosophien bilden die Grundlage, auf der die Planung aufgebaut wird – mit entsprechenden Konsequenzen für die Planungs- und Controlling-Prozesse.

7.6.6.1 Meilenstein-orientierte Planung

In der Meilenstein-orientierten Planung bilden zunächst Meilensteine das Grundgerüst eines Projektplans. Meilensteine lassen sich in der Regel relativ einfach identifizieren, da sie etwa in Verträgen als Liefer- oder Zahlungstermine enthalten sind. Darüber hinaus enthalten auch Vorgehensmodelle in aller Regel Meilensteine, entweder als Kontrollpunkt hinsichtlich des Projektstatus oder als Quality Gate. Wird auf Basis eines solchen Vorgehensmodells eine initiale Projektplanung durchgeführt, entsteht zunächst eine Meilensteinliste, in der durch das Vorgehensmodell vorgegebene Standardvorgänge enthalten sind.

Erfolgt die Planung auf der Basis von Meilensteinen, enthalten die Projektpläne Vorgänge, die abgeschlossen sein müssen, um den Meilenstein erfolgreich zu passieren. Treten bei der Bearbeitung der Vorgänge Probleme oder Verzögerungen auf, spiegeln sich diese auch in den Meilensteinen wieder – Meilensteine verschieben sich. Hierbei kann die Verschiebung eine Verzögerung sein (Vorgänge verzögern sich) oder eine Vorverlegung (Vorgänge können schneller als geplant bearbeitet worden sein). Meilensteine sind in diesem Planungsansatz also keine zeitlich fixierten Punkte, sondern variable Elemente des Projektplans.

▶ **Anmerkung** Zu beachten ist jedoch: Es gibt auch Meilensteine, die nicht einfach verschoben werden können. Dazu gehören insbesondere vertraglich festgelegte Meilensteine. Eine Verzögerung einer Lieferung beispielsweise ist eine Änderung der vertraglichen Vereinbarung und bedarf daher mindestens der Abstimmung, wenn nicht gar der formalen Änderung.

7.6.6.2 Fast Tracking

Eine Technik, die meilensteinorientiertes, massiv paralleles Arbeiten gestattet ist das *Fast Tracking*. Fast Tracking eignet sich insbesondere für produktzentrierte Vorgehensmodelle wie das V-Modell XT. Über Entscheidungspunkte wird festgelegt, wann ein Artefakt *spätestens* fertiggestellt und qualitätsgesichert werden muss. Weiterhin ist im Vorgehensmodell festgelegt, welche Abhängigkeiten zwischen den einzelnen Artefakten bestehen. Auf dieser Grundlage kann ermittelt werden, welche Artefakte zuerst erstellt werden müssen (erzeugende Produkte) und welche Artefakte im Weiteren auf dieser Grundlage erstellt werden können (abhängige Produkte).

Erfolgt die Produkterarbeitung parallel auf Basis der Abhängigkeitsstrukturen des Vorgehensmodells, ist diese zunächst nicht an die Terminfenster der Projektfortschrittsstufen mit ihren abschließenden Meilensteinen gebunden. So kann beispielsweise in der Projekt-

fortschrittsstufe *A* bereits mit der Erarbeitung eines Produkts für die Projektfortschrittsstufe *C* begonnen werden, solange sichergestellt ist, dass die entsprechenden Produkte spätestens zu den jeweiligen Meilensteinen vorliegen und die jeweils benötigten Ressourcen
verfügbar sind.

7.6.6.3 Time Boxing

Eine Technik der Projektplanung und Durchführung, die eine Alternative zur meilenstein-
orientierten Projektplanung bildet, ist das Time Boxing [23]. Im Gegensatz zum strikt mei-
lensteinorientierten Vorgehen, wo ein Meilenstein bei Projektverzug nach hinten verschoben wird bis ein Zeitpunkt erreicht ist, bei dem alle für den Meilenstein erforderlichen
(Teil-)Ergebnisse vorliegen, werden beim Time Boxing Zeitpunkte für die Überprüfung des
Projektstandes festgelegt, an denen unabhängig vom Projektverlauf und etwaigen Verzug
unverrückt festgehalten wird. Typisch für das Time Boxing sind Überprüfungszeitpunkte
im Abstand von 4 bis 6 Wochen.

Im Extremfall werden die geplanten Projektergebnisse in der vorliegenden Form (unter
Umständen mit reduzierter Qualität oder reduziertem Funktionsumfang) ohne Umplanung in den nächsten Projektabschnitt (zum Beispiel in die nächste Iteration) übernommen. Time Boxing heißt also, dass keine Abstriche oder Änderungen an der Zeitplanung
vorgenommen werden. Stattdessen werden Umfang und/oder Qualität der Artefakte angepasst. Dies entspricht dem Motto: *Eher zum verabredetem Zeitpunkt ein System, das die
Anforderungen nur eingeschränkt erfüllt, als gar kein System zum geplanten Zeitpunkt.*

Time Boxing und Agile Methoden Time Boxing stellt somit die Einhaltung von Terminen über die Einhaltung von Anforderungen. Agile Methoden wie etwa Scrum [170] setzen
auf Time Boxing. Dabei werden im Extremfall die Anforderungen ohnehin nicht in einem
expliziten Analyseabschnitt und auch nicht genau festgelegt. Die Anforderungsermittlung
und die Implementierung gehen im Sinne eines codezentrierten Vorgehens Hand in Hand.
Zu den im Time Boxing festgelegten Zeitpunkten wird dann der bis dahin ermittelte An-
forderungsumfang implementiert.

Time Boxing und Projektmanagement Time Boxing lässt sich für alle Aufgaben im Projekt einsetzen, im Grundsatz auch für die Projektorganisation und das Management selbst.
So bedeutet Time Boxing für Besprechungen, dass man pünktlich beginnt und zum verab-
redeten Zeitpunkt das Treffen beendet.

7.6.6.4 Critical Chain und Kanban

Die *Critical Chain* ist keine Planungsmethode im engeren Sinn, sondern eine das klassische Projektmanagement erweiternde Philosophie (Critical-Chain-Projektmanagement,
CCPM; [84, 129]). Gegenstand des CCPM ist die Vermeidung von Multitasking sowie ein
konsequenterer Umgang mit Schätzungen unter Berücksichtigung beschränkter Ressourcen in Projekten.

Durch die Vermeidung, genauer, durch die Beschränkung von Multitasking wird die Menge paralleler Arbeit reduziert. Beispielsweise könnte in einem Projekt die Menge gleichzeitig sich in Bearbeitung befindender User Stories auf fünf beschränkt werden, was zur Folge hat, dass mit der Bearbeitung einer sechsten User Story erst dann begonnen werden darf, wenn mindestens einer der noch nicht abgeschlossenen User Stories fertiggestellt wird. Die Konsequenzen eines solchen Vorgehens liegen auf der Hand: Im Projekt muss die Arbeit konsequent priorisiert werden. Einmal begonnene Arbeit muss abgeschlossen oder aus der „Produktionskette" entfernt werden. Mit dieser Vorgehensweise soll die Arbeit im Team auf das Wesentliche fokussiert und somit der Durchsatz (die Produktivität) erhöht werden.

Die Reduzierung von „work in progress" ist eine wesentliche Säule von Kanban [17]. Kanban ist ein Vorgehensmodell, welches urspünglich aus der Fertigung (Toyota-Produktionssystem) entstammt und für die Softwareentwicklung adaptiert wurde. Projektorganisation und Projektplanung folgen dem Prinzip der Reduktion von Parallelarbeit mit dem Ziel der Verkürzung von Durchlaufzeiten und der schnellen Sichtbarmachung von Engpässen. Kanban wird in der Softwareentwicklung zunehmend mit anderen agilen Methoden, etwa Scrum (dann auch als Scrumban [127] bezeichnet) kombiniert.

▶   **Anmerkung** Obwohl Kanban im Kern sehr einfach aufgebaut ist, enthält es mit Kaizen bereits einen kontinuierlichen Verbesserungsprozess (KVP, Abschn. 11.2) als festen Bestandteil. Detaillierte Praktiken zur Umsetzung von Kaizen gibt Kanban hingegen nicht vor.

7.7   Beispiele

Nachfolgend werden einige Beispiele für Bestandteile der Projektdefinition gegeben.

7.7.1   Einführen eines Projektbüros

Die Aufgaben, die bei der Organisation eines Projekts anfallen sind vielgestaltig und in der Regel zeitintensiv. Zur Entlastung der Projektleitung wird daher in vielen Unternehmen das Konzept eines Projektbüro umgesetzt. Zielsetzung der Einrichtung des Projektbüros (Project Office, vgl. Achtert [16]) ist es, die Projektleitung bei der Verwaltung des Projektes zu unterstützen. Gerade bei sehr großen Projekten ist die Einrichtung einer solchen Instanz sinnvoll und kann die Koordinierung verschiedener Teilprojekte wirksam unterstützen (Abschn. 1.3.3). Hierbei sind die Aufgaben des Projektbüros für das spezielle Projekt festzulegen. Die Ressourcen für die Bewältigung der Aufgaben werden entweder projektintern zugewiesen oder extern beschafft. Typischerweise kann ein Projektbüro auf der Projektebene folgende Aufgaben übernehmen:

- Projektplanung,
- Wissensmanagement,
- Projektverfolgung und -steuerung,
- Projektauditierung und -review,
- Berichtswesen,
- Versions- und Konfigurationsmanagement,
- Problem- und Änderungsmanagement,
- Risikoverfolgung und -minderungsplanung,

Häufig sind Anstelle eines Projektbüros Mitarbeiter zu finden, die die Rolle eines *Projektassistenten* einnehmen. Diese Mitarbeiter unterstützen die Projektleitung in einigen der oben aufgezählten Bereiche, zum Beispiel im Berichtswesen.

7.7.2 Planungsebenen

In Abb. 7.29 ist ein einfaches Beispiel für die verschiedenen Planungsebenen gezeigt: Auf der Ebene der Top-level-Planung werden zunächst Arbeitspakete und Meilensteine (Abschn. 7.6.3) betrachtet. Die Arbeitspakete können Abhängigkeiten untereinander haben und auch noch weiter untergliedert sein, zum Beispiel in Teilarbeitspaketen. Auch die Meilensteine besitzen in der Regel Abhängigkeiten – hier jedoch im Sinne einer zeitlichen Ordnung. Betrachtet man nur diese beiden Strukturen, erhält man eine grobe Projektstruktur (im Sinne der Projekt- bzw. Arbeitsorganisation). Durch die Abhängigkeiten der Meilensteine erhält man eine zeitliche Ordnung, der das Projekt folgen muss (gegebenenfalls sind die Meilensteine bereits mit konkreten, etwa vertraglichen, Zieldaten versehen).

   Beim Übergang auf die Detail-level-Planung sind verschiedene Aufgaben auszuführen. Exemplarisch betrachten wir das Arbeitspaket 1.2, in dem drei Ergebnisartefakte identifiziert wurden (Abb. 7.29, Mitte: 1). Aus einem Rollenpool, der zum Beispiel durch ein Vorgehensmodell vorgegeben wird, können den Artefakten verantwortliche und mitwirkende Rollen zugeordnet werden (Abb. 7.29, Mitte: 2). Weiterhin lassen sich den Artefakten Aktivitäten zuordnen, mit denen sie erstellt werden können (Abb. 7.29, Mitte: 3). Meilensteine dienen als Kontrollpunkte, an denen geprüft wird, ob die Artefakte in einer angemessenen Qualität fertig gestellt wurden (Abb. 7.29, Mitte: 4). Gleichzeitig markieren die Meilensteine den Abschlusstermin für die Aktiviäten zur Artefakterstellung. Als Konsequenz können wir einen (ersten) Arbeitsplan ableiten (Abb. 7.29, Unten). Im Arbeitsplan (hier als Gantt-Diagramm skizziert) können die Abhängigkeiten der Aktivitäten untereinander beschrieben und somit Fragen hinsichtlich der Arbeitszeiträume oder der Parallelarbeit geklärt werden.

   Die Arbeitsplanung kann meist in einem Planungswerkzeug erfolgen. Üblicherweise findet in den meisten Planungswerkzeugen eine Planung mithilfe von Gantt-Diagrammen

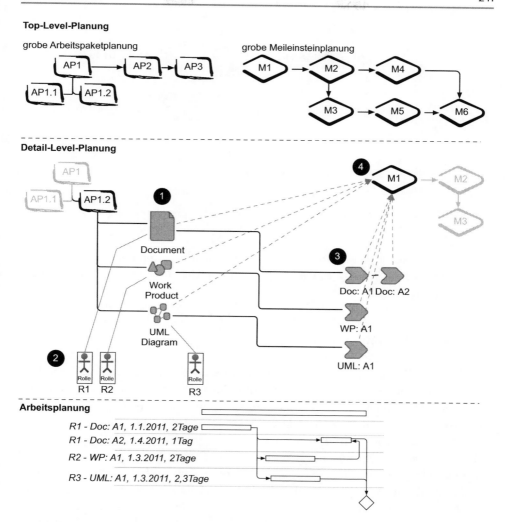

Abb. 7.29 Beispielhafter Zusammenhang zwischen Planungsebenen

(vgl. Abschn. 7.6.5) statt. Aktivitäten werden als *Vorgänge* modelliert, Aktivitätsgruppen als *Sammelvorgänge*. Vorgänge verfügen über Abhängigkeiten, die aussagen, wann und unter welchen Bedingungen mit einem Vorgang begonnen werden kann. Im Beispiel in Abb. 7.29 muss der Vorgang *Doc: A1* abgeschlossen werden, bevor mit allen anderen Vorgängen begonnen werden kann (Ende-Anfang-Relation). Die Vorgänge *Doc: A2* und *WP: A1* sind darüber hinaus mit einer Ende-Ende-Relation verknüpft, die im Wesentlichen aussagt, dass der eine Vorgang nur beendet werden kann, wenn auch der andere beendet wird. Im Meilenstein fließen die Vorgänge *Doc: A2* und *UML: A1* zusammen – er kann nur erreicht werden, wenn beide Vorgänge abgeschlossen sind. Die Verwendung von Planungswerk-

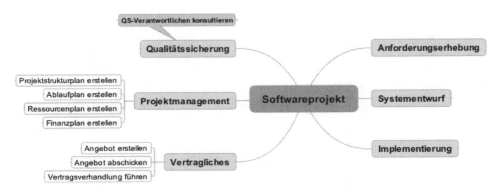

Abb. 7.30   Beispiel einer Mindmap zur schnellen Erfassung wichtiger Projektaufgaben

zeugen ist an dieser Stelle von Vorteil, da sie gleichzeitig die Terminplanung unterstützen und über den geplanten Soll-Terminen und den tatsächlichen Ist-Terminen unter anderem die Kontrolle der Termintreue erlauben.

7.7.3   Mind Mapping

In den frühen Phasen eines Projekts, insbesondere beim Zusammentragen der Aufgaben im Projekt oder bei seiner Strukturierung wird vielfach den Technik des Mind Mappings angewendet. Im Mind Mapping geht man von einem zentralen Problem aus, welches in verschiedene Gruppe (Teilprobleme) untergliedert wird. Jedes dieser Teilprobleme wird soweit wie erforderlich weiter verfeinert.

Im Grundsatz entsteht eine hierarchische Struktur (Abb. 7.30), welche die strukturelle Dekomposition eines Problems, in diesem Fall des Projekts nach den gewählten Strukturierungskriterien (Abschn. 7.6.1), darstellt. Das Ergebnis weist nicht nur zufällig Ähnlichkeiten zu einem Projektstrukturplan auf. Tatsächlich eignet sich das Mind Mapping sehr gut dazu, erste Projektstrukturpläne zu erstellen. Aktuelle Mind Mapping Werkzeuge versehen jedes Element einer Mind Map mit einem PSP-Code und generieren auf dieser Grundlage einen initialen Netz- oder Projektplan, der in einem Planungswerkzeug weiter verwendet werden kann. Darüber hinaus eignen sich Mind Maps auch gut dafür, einen Problembereich einfach verständlich zu visualisieren und bilden damit eine gute Diskussionsgrundlage.

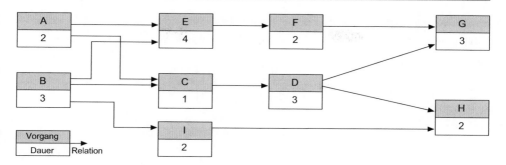

Abb. 7.31 Tätigkeiten mit Angabe der Dauer und Abhängigkeiten als Vorgangsknoten-Netzplan

Tab. 7.2 Berechnung von Anfangs- und Endterminen und Pufferzeiten

Tätigkeit a	$d(a)$	$fat(a)$	$fet(a)$	$sat(a)$	$set(a)$	$p(a)$	$UV(a)$
A	2	0	2	1	3	1	–
B	3	0	3	0	3	0	–
C	1	3	4	5	6	2	A, B
D	3	4	7	6	9	2	C
E	4	3	7	3	7	0	A, B
F	2	7	9	7	9	0	E
G	3	9	12	9	12	0	D, F
H	2	7	9	10	12	3	D, I
I	2	3	5	8	10	5	B

7.7.4 Netzplantechnik

Abbildung 7.31 zeigt ein einfaches Beispiel für einen Netzplan, in dem nur der Vorgangsname und seine jeweilige Dauer angegeben sind. Auf dieser Grundlage können die wesentlichen Größen dieses Netzplans bestimmt werden.

Die frühesten Anfangs- und Endtermine aus Tab. 7.2 errechnen sich aus (gegebenem) $pat = 0$ und $d(a)$. Analog ergeben sich die spätest möglichen Anfangs- und Endtermine aus $pet = 12$ und der Dauer $d(a)$. Die Pufferzeiten $p(a)$ für einen Vorgang a ergeben sich aus $sat(a) - fat(a)$, bzw. aus $set(a) - fet(a)$. Die Berechnung von Pufferzeiten für alle Vorgänge ist dann sinnvoll, wenn Vorgänge, die nicht auf einem kritischen Pfad liegen zum Beispiel als Kompensation verschoben werden sollen. Dann geben (interne) Puffer den entsprechenden Spielraum für den Projektleiter vor. Ergibt sich für einen Vorgang $p(a) = 0$, liegt dieser Vorgang auf dem *kritischen* Pfad.

Tab. 7.3 Arbeitspakete, Abhängigkeiten und Ressourcenzuordnung

Arbeitspaket	Dauer (in t)	Vorgänger	Personen	Meilenstein
A1	5		1	
A2	5		1	
A3	20		2	
M1	5	A1	1	
M2	5	A2	1	
D1	25	A3	2	MS1
E1	20	M1, M2	2	MS2
E2	10	E1, E3	3	MS3
E3	15	D1	2	
E4	30		3	
E5	10	E2, E4	1	MS4

7.7.5   Balkenplantechnik

Auf Basis der Arbeitspakete aus Tab. 7.3 soll nun die Anwendung der Balkenplantechnik gezeigt werden. In der Tabelle sind zu den einzelnen Arbeitspaketen jeweils angegeben, wie lange ein Arbeitspaket dauert, welche logischen Abhängigkeiten es hat und wie viele Personen für die Bearbeitung benötigt werden. Weiterhin ist angegeben, welche Arbeitspakete abgeschlossen sein müssen, um einen Meilenstein zu erreichen.

Für das Projekt sind darüber hinaus die folgenden Personalressourcen für die Bearbeitung der Arbeitspakete der Kategorien A, D, E und M bereitgestellt worden:

- 2 Analysten für die Kategorien A und M
- 2 Architekten für die Kategorie D
- 4 Entwickler für die Kategorie E

Ein Vorteil der Balkenplantechnik ist es, beispielsweise parallel durchführbare Arbeitspakete einfach zu visualisieren. Unter Berücksichtigung der zur Verfügung stehenden Ressourcen, kann eine Anforderung an den Plan sein, die kürzest mögliche Projektlaufzeit zu ermitteln. In Abb. 7.32 ist eine Lösung für diese Anforderung in Bezug auf die Arbeitspakete aus Tab. 7.3 zu sehen.

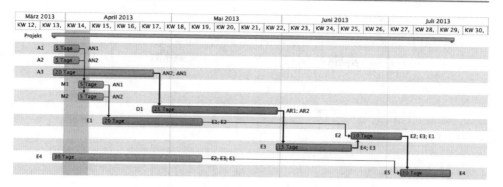

Abb. 7.32   Beispielhafter Balkenplan mit parallel geplanten Arbeitspaketen

---

Zusammenfassung

Im Rahmen der Projektdefinition wird der operative Rahmen für ein Projekt geschaffen. Es werden die Verfahren für das Projektmanagement und die Qualitätssicherung im Projekt festgelegt und im Projektteam kommuniziert. Die groben Festlegungen aus der Projektentstehung werden verfeinert, oder, sofern noch nicht vorhanden, formuliert. Neben der Etablierung der Projektmanagement- und QS-Verfahren nimmt die Projektplanung einen großen Teil der Projektdefinition ein. In diesem Projektabschnitt werden die initialen Projektpläne erstellt und gemäß der verfügbaren Informationen konkretisiert. Abschließend ist in der Projektdefinition noch die Projektinfrastruktur einzurichten, um das Projektteam arbeitsfähig zu machen.

7.8   Übungsaufgaben

Übung 7.1 (Projekthandbuch)

Im Anhang 13 finden Sie den Projektauftrag für das Gesamtprojekt „Code & Talk". Sie werden vom Management als Projektleiter beauftragt, das Projekt durchzuführen. Dazu sollen Sie die Organisation des Projekts aufbauen.

a) Erstellen Sie auf der Grundlage des Projektauftrags ein Projekthandbuch. Machen Sie sich dazu zunächst mit der Struktur des Projekthandbuchs aus dem V-Modell XT (Abschn. 7.2.3.1) vertraut.

b) Welches Vorgehen müssten Sie wählen, um die Organisation des Projekts gemäß PRINCE2 (Abschn. 7.2.1) durchzuführen.

c) Vergleichen Sie die Vorgehensweisen aus den Teilaufgaben a) und b). Bewerten Sie hierbei Vor- und Nachteile des jeweiligen Vorgehens.

Übung 7.2 (Projektplan – Meilensteinplan)

Ihnen steht eine Vorgangsliste zum Arbeitspaket „Kommunikation" des Projekts „Code & Talk" zur Verfügung. Sie haben für dieses Arbeitspaket von der Projektleitung die Verantwortung übertragen bekommen und sollen es nun planen.

Nummer	Vorgangsname
01	Einarbeitung
02	Analyse
03	Ausgangssituation und Zielsetzung
04	Systemeinsatz und Umgebung
05	Benutzerschnittstelle und funktionale Anforderungen
06	Nichtfunktionale Anforderungen
07	Abnahmekriterien
08	Iteration 1
09	Grobdesign und Arbeitspakete
10	Integrationsplan
11	Anwendungsrahmen
12	GUI-Prototyp – Release
13	Iteration 2
14	Arbeitspakete 1–5
15	Codierung und Test
16	Integration – Release
17	Iteration 3
18	Arbeitspakete 6-n
19	Codierung und Test
20	Integration – Release
21	Fertigstellung AP „Kommunikation"

a) Definieren Sie eine Meilensteinliste, um den Projektfortschritt ausreichend überwachen zu können.

b) Erstellen Sie aus der Vorgangsliste und der Liste der Meilensteine einen Projektplan durch Ergänzen aller wesentlichen Abhängigkeiten.

Übung 7.3 (Netzplantechnik – Grundlagen)

Gegeben ist folgender Projektplan als Liste von Vorgängen:

Vorgang	Dauer in t	Vorgänger	erforderliche Personen
A	2		2
B	6	A	1
C	4	B, E	2
D	3	C, I	1
E	3		1
F	3		2
G	3	F	1
H	4	G, J	1
I	2	H	1
J	2		2

a) Stellen Sie den Projektplan als Vorgangsknoten-Netzplan (MPM-Plan) dar.
b) Berechnen Sie zu den Vorgängen jeweils den frühesten und spätesten Anfangs- und Endtermin sowie die verfügbare Pufferzeit.
c) Geben Sie alle kritischen Pfade sowie die kürzeste Bearbeitungsdauer an.
d) Bestimmen Sie den größten Personaleinsatz bei maximaler Nebenläufigkeit.
e) Welche kürzeste Bearbeitungsdauer ergibt sich, wenn der maximale Personaleinsatz auf 2 Personen begrenzt wird?

Übung 7.4 (Projektplan – Gantt)

Sie haben für das Arbeitspaket „Kommunikation" (vgl. Übung 7.2) von der Projektleitung die Verantwortung übertragen bekommen. Sie sollen nun die Planung für dieses Arbeitspaket vornehmen. Dabei sind gewisse Randbedingungen zu berücksichtigen:

- Aufgrund der anderen Arbeitspakete des Projekts dürfen maximal zwei Entwickler gleichzeitig arbeiten. Außerdem haben Sie nur einen Architekten verfügbar.
- Das Arbeitspaket muss innerhalb von 5 (Zeit-)Monaten abgeschlossen sein.

Aufgaben: Folgende Aufgaben sind zu bearbeiten:

a) Erstellen Sie aus der Tätigkeitsliste einen sinnvollen Netzplan und einen Gantt-Projektplan.
b) Führen Sie eine Ressourcenplanung durch, indem Sie aus dem Projektauftrag die erforderlichen Personen in diesem Arbeitspaket/Teilprojekt einplanen. Erstellen Sie hierzu ergänzend ein Auslastungsdiagramm.
c) Definieren Sie passende Meilensteine und entsprechende Kontrollgrößen, welche die Fortschrittskontrolle an den Meilensteinen erlauben.

d) Erstellen Sie auf Basis der zeitlichen Rahmenbedingungen und der Ressourcenlage eine grobe Zeitplanung, auf deren Grundlage Sie den einzelnen Vorgängen im Netzplan Bearbeiter und Dauer des Vorgangs zuweisen können. Streben Sie hierbei eine maximale Parallelität der Vorgänge an und ermitteln Sie, wann Sie frühestens mit dem Abschluss dieses Arbeitspakets rechnen können.

Projektdurchführung

8

Zusammenfassung

Nachdem ein Projekt auf Basis einer Bedarfsfeststellung, eines Budgets und eines groben Projektplans genehmigt, ein Team gebildet und das Projekt initiiert ist, besteht die Aufgabe der Projektorganisation und des Managements in der detaillierten Arbeitsplanung, der Überwachung und Steuerung der Projektdurchführung. Dies umfasst die Ressourcenplanung und -zuordnung, ferner das Erkennen von Problemen und deren frühzeitige Lösung und das Ermitteln des Projektfortschritts. Dieses Kapitel beschreibt verschiedene Managementtechniken, die während der Durchführung eines Projekts zum Einsatz kommen.

8.1 Einleitung

Die Projektdurchführung ist der Abschnitt im Lebenszyklus eines Projekts, der nach dem Projekt-Set-Up beginnt und üblicherweise mit der abschließenden Übergabe der Projektergebnisse an den Auftraggeber im Rahmen einer Abnahme endet (Abb. 8.1). In der Projektdurchführung wird das Projektergebnis erarbeitet. Dazu sind in der Projektdurchführung bei der Entwicklung von Software viele Aufgaben zu bearbeiten, die aus den Bereichen Anforderungserhebung, Entwurf und Design, Codierung, Verifikation und Integration kommen. Die Hauptaufgaben für die Projektorganisation und das Management liegen dabei vor allem in der *operativen* Planung der Arbeiten im Projekt, der Überwachung und Kontrolle des Projektfortschritts und der Organisation der Kundeninteraktion im Hinblick auf Lieferungen und Abnahmen.

M. Broy, M. Kuhrmann, *Projektorganisation und Management im Software Engineering*,   249
Xpert.press, DOI 10.1007/978-3-642-29290-3_8, © Springer-Verlag Berlin Heidelberg 2013

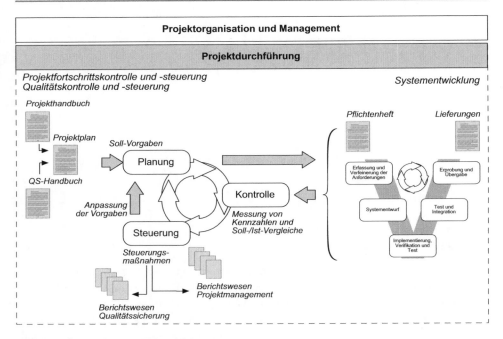

Abb. 8.1 Übersicht: Projektdurchführung

Hinweis

Alle Verfahren, die erforderlich sind, um das *Tagesgeschäft* eines Projekts bestreiten zu können, sollten in der Projektdefinition, zum Beispiel in einem Projekthandbuch, bereits festgelegt worden sein.

Die Projektdurchführung ist aus Sicht der Projektorganisation und des Managements das „Abspielen" einer Planung im Rahmen der zuvor festgelegten Regeln: Die Arbeitsplanung und die Qualitätssicherung erfolgen nach den festgelegten Methoden, die Codierung erfolgt nach den vereinbarten Richtlinien etc. Um vorbereitet in die Projektdurchführung einzutreten sollte sichergestellt sein, dass die Artefakte aus Tab. 8.1 vorliegen.

Insbesondere das Projekthandbuch, das QS-Handbuch, der Projektplan und die Anforderungen sind essenzielle Artefakte, ohne die mit der Projektdurchführung nicht begonnen werden kann. In diesem Artefakten sind einerseits die planerischen Vorgaben enthalten (Projektplan) und andererseits die fachlichen und technischen Anforderungen an die Software (Lastenheft) oder die Ergebnisse des Projekts, soweit es sich nicht um eine vollständige Softwareentwicklung sondern nur um einen Ausschnitt handelt. Das Projekt- und QS-Handbuch regeln darauf aufbauend, nach welchen Spielregeln das Projekt durchgeführt und die Qualität sichergestellt wird. Diese Artefakte zusammen bilden die Grundlage für

Tab. 8.1 Wichtige Artefakte für den Beginn der Projektdurchführung

Artefakt	Wer?	Erstellung	Bemerkungen
Projektauftrag	Management	verpflichtend	enthält die Problemstellung und die Ziele
Anforderungen	Analytiker	verpflichtend	zum Beispiel in Form eines Lastenhefts
Projektplan	Management	verpflichtend	inklusive erster Arbeits- und Ressourcenpläne
Projekthandbuch	Management	verpflichtend	(siehe Abschn. 7.2.3.1)
QS-Handbuch	Management	verpflichtend	(siehe Abschn. 7.2.3.2)
Vertrag	Vertrieb	optional	Vereinbarungen, wichtig bei Auftragsprojekten

die Bestimmung des Projektfortschritts. Sie sind die Ausgangsbasis für den *Projektmanagementregelkreis* (Abb. 8.1), indem sie die *Soll-Vorgaben* festlegen und die Methoden für die *Überwachung* und die *Steuerung* definieren.

8.2 Projektfortschrittskontrolle und Steuerung

In der Projektdefinition wurden sämtliche wichtigen Entscheidungen und Festlegungen getroffen, die den organisatorischen und fachlichen Rahmen für das Projekt abstecken. Auf Basis dieser Vorgaben wird das Projekt nun durchgeführt. Die Hauptaufgaben der Projektorganisation und des Managements sind die Überwachung und Steuerung des Projekts mit den Zielen:

- Aufrechterhaltung der organisatorischen Rahmenbedingungen für das Projekt
- Erreichung der vereinbarten Projektziele

Die daraus resultierenden Aufgaben sind vielschichtig. Die Erreichung der Projektziele bedeutet, dass die vertraglichen Vereinbarungen hinsichtlich Umfang, Kosten, Terminen und Güte der zu entwickelnden Software oder des zu entwickelnden Ergebnisses eingehalten werden. Die Aufrechterhaltung der organisatorischen Rahmenbedingungen bedeutet beispielsweise, dass das Projektteam arbeitsfähig bleibt, dass möglichst wenige oder keine Überlasten (zum Beispiel Überstunden) entstehen und dass zum Beispiel in der Interaktion mit dem Kunden Änderungsforderungen nicht unkoordiniert in das Projekt Eingang finden. Für die Projektfortschritts-, die Kosten- und die Änderungskontrolle sowie für das Berichtswesen werden in diesem Abschnitt ausgewählte Methoden vorgestellt, die das Management dabei unterstützen, frühzeitig auf Entwicklungen im Projekt aufmerksam zu werden, die sich mittel- und langfristig zu handfesten Problemen auswachsen können.

8.2.1   Grundsätzliches zur Fortschrittskontrolle

Nach Fertigstellung der Planung und ihrer Durchsetzung ist die wesentliche Aufgabe der Projektorganisation und des Managements neben der Bewältigung unerwartet auftretender Schwierigkeiten die Überwachung und Dokumentation des Projektfortschritts gemäß der in der Projektdefinition getroffenen Vereinbarungen. Die Kontrolle des Projektfortschritts und die Einhaltung von Kosten [82], Terminen und Qualitätsvorgaben, sowie gegebenenfalls die Einleitung von Steuerungs- oder Gegenmaßnahmen bei Problemen [40, 152] müssen auf allen Ebenen des Projekts erfolgen. Dazu werden folgende Kontrollmechanismen verwendet:

- regelmäßige (beispielsweise monatliche[1]) Fortschrittsberichte
- regelmäßige (beispielsweise wöchentliche) Projektbesprechungen
- Überprüfung der Resultate durch Qualitätskontrollmaßnahmen

Wesentlich ist dabei eine geschickte Balance zwischen ausreichendem Berichtswesen und ungehinderter Arbeit.

8.2.1.1   Kennzahlen

Eine hilfreiche Methode der Verfolgung des Projektstandes ist die Verwendung geeigneter Kennzahlen. Es wird auch von KPIs (engl. Key Performance Indicator) gesprochen, welche durch Metriken (Kap. 10) erfasst werden. In der Projektdefinition sind bereits Vereinbarungen hinsichtlich der zu erfassenden und zu kontrollierenden Kennzahlen zu treffen (Abschn. 7.3). Im Rahmen der Fortschrittskontrolle sind diese Kennzahlen zu erfassen und zu bewerten. Beispiele für solche Kennzahlen sind:

- Feststellung der erbrachten Leistung
- Ermittlung des Ressourceneinsatzes
- Ermittlung und Abgleich der Plan- und Ist-Zahlen

Kritisch ist die Erfassung von Messdaten. Moderne Management- und Entwicklungsumgebungen unterstützen in der Regel die Erfassung von Arbeitsdaten sowie die Erstellung von Reports mit Bezug zur Software (Build-, Teststatistiken). Trotzdem stellt die Festlegung und auch die Präsentation der Messgrößen eine Herausforderung dar.

> ▶   **Achtung!** Es ist zu vermeiden, dass das Projektteam unangemessen viel Zeit für die Erfassung von Kennzahlen aufwendet.

8.2.1.2   Prinzipien der Fortschrittskontrolle

Der Projektleiter ist bei der Fortschrittskontrolle und insbesondere bei der frühzeitigen Feststellung von Verzögerungen auf die Unterstützung durch seine Mitarbeiter angewiesen.

---

[1] In Krisensituationen entsprechend häufiger, beispielsweise wöchentlich.

Eine vertrauensvolle und offene Kommunikation sind dabei unverzichtbare Voraussetzungen. Dazu sind folgende Punkte zu beachten:

Motivation Die Mitarbeiter im Projektteam müssen ausreichend motiviert sein. Es sollte daher ein Ziel des Managements sein, die Eigeninitiative der Mitarbeiter zu fördern. Dazu ist es ratsam, den Mitarbeitern soweit möglich Verantwortung im Projekt zu übertragen und Entscheidungen, die im Projekt getroffen werden transparent zu halten. Dies ist unverzichtbar für eine vertrauensvolle Zusammenarbeit.

Kommunikation Es ist essenziell, dass in einem Projekt eine offene Kommunikationskultur herrscht. Jeder Mitarbeiter sollte über die Projektziele und Rahmenbedingungen informiert sein. Des weiteren ist es wichtig, dass im Projekt Probleme offen angesprochen und diskutiert werden können. Auch sollten die Mitarbeiter die Möglichkeit haben, eigene Vorschläge einzubringen und Initiative zu zeigen. Das Management ist dann in der Pflicht, diesen Vorschlägen auch entsprechende Beachtung entgegenzubringen.

▶   **Achtung!** Projektteams merken es, wenn der Projektleiter unfair spielt!

Überprüfung und Statuskontrolle Für den Projektleiter unverzichtbar, jedoch für das Team in der Regel „lästig" ist die Überwachung des Projektfortschritts und das entsprechende Berichtswesen (siehe Abschn. 7.3.4). Im Rahmen des Berichtswesens sind alle Informationen zum Projekt zusammenzutragen, insbesondere hinsichtlich:

• der Ergebnisse unabhängiger Kontrollmechanismen
• der Termin- und Arbeitspläne
• des Ist-Stands des Projekts in Bezug auf die Soll-Vorgaben
• der Identifikation von Problemen und der Festlegung von Maßnahmen

Auftretende Abweichungen von Planungen müssen so früh wie möglich erkannt werden, gegebenenfalls muss die Planung des Projekts unter Berücksichtigung adäquater Steuerungs- oder Gegenmaßnahmen aktualisiert werden. Die Notwendigkeit der Erfassung der hierfür erforderlich Kennzahlen muss dem Team kommuniziert werden.

Ziel der Fortschrittskontrolle Das Ziel der Fortschrittskontrolle ist die Prüfung, ob das Projekt im Plan liegt und die Identifikation von Fehlplanungen oder Umplanungsbedarf in Reaktion auf geänderte Rahmenbedingungen. Solche Abweichungen von den Vorgaben müssen erfasst, analysiert und dokumentiert werden. Sie können dann zur Anpassung der Projektplanung, aber auch zur Optimierung von Planungs- und Schätzmethoden verwendet werden.

▶   **Achtung!** Das Ziel der Fortschrittskontrolle ist es *nicht*, die Mitarbeiter des Projektteams unter Aufsicht zu stellen.

Die Fortschrittskontrolle im Projekt stellt eine Implementierung der Vorgaben aus der Projektdefinition (Kap. 7) dar. Die Ergebnisse und Informationen aus der Fortschrittskontrolle wirken wieder in diese Vorgaben zurück. Insbesondere haben sie Einfluss auf das Risikomanagement, denn zusätzliche oder verzögerte Tätigkeiten in Projekten, die unter Problemen und Verzug leiden, stellen potenzielle Projektrisiken dar und müssen entsprechend im Risikomanagement berücksichtigt werden.

8.2.1.3   Projektbesprechungen

Ein wichtiges Mittel der Projektkoordination sind regelmäßige Projektbesprechungen. Durch sie wird der Projektstand routinemäßig besprochen. Der Projektleiter aber auch das Projektteam erhalten dadurch ein Gefühl für den aktuellen Zustand des Projekts sowie aufgetretene oder zu erwartende Schwierigkeiten oder Koordinationserfordernisse. Besprechungen sind auch von psychologischer Bedeutung, um Motivation und Stimmung im Projektteam wahrzunehmen und zu beeinflussen.

Projektbesprechungen sollten in der Regel nicht mehr als zwei Ebenen in der Organisationshierarchie umfassen, da sonst die gemeinsame Betrachtungsebene fehlt und dadurch die Fragestellungen nicht mehr von allen verstanden werden oder nicht für alle relevant oder interessant sind. Teilnehmer sind im allgemeinen Projektleiter und unmittelbar nachgeordnete (Teil)-Projektleiter. Ziel ist dabei die gegenseitige Information, Identifizierung gemeinsamer Probleme, Koordination, Vorbereitung projektspezifischer Entscheidungen.

Auch mit dem Projektteam sind solche Besprechungen regelmäßig durchzuführen. Hierbei sind die aktuellen Arbeitsaufträge zu prüfen, deren Status festzustellen, gegebenenfalls Umplanungen vorzunehmen oder um neue Arbeitsaufträge zu vergeben. Ebenso sind in diesen Besprechungen die aktuellen Risiken zu bewerten.

> **Hinweis**
> Bereits DeMarco [58] stellt fest, dass Projekte *Rituale* benötigen. Projektbesprechungen eignen sich sehr gut für solche Rituale, beispielsweise indem die Agenda für eine Besprechung immer dieselbe Struktur aufweist und gewisse festgelegte Formen eingehalten werden.

Projektbesprechungen im Agilen Umfeld   Die Art und Weise, wie Projektbesprechungen durchgeführt werden, hängt stark von der Unternehmens- und Projektkultur ab. Insbesondere im Umfeld der agilen Methoden (Abschn. 4.2.4) haben sich weitere verschiedene Arten der Projektbesprechung etabliert. Im Scrum wird beispielsweise der sogenannte *Daily Scrum* durchgeführt. Dies ist ein „Stand-Up-Meeting" mit sehr kurzer Dauer, in dem das Projektteam seinen aktuellen Status präsentiert und die Aufgaben des vor ihm liegenden Arbeitstages festlegt. Der Daily Scrum dient dem Kommunizieren von Status, Problemen und dem Festlegen von Zielen. Diese Besprechungsform ist Teil der Selbstorganisation des

Projektteams. Um die Kürze des Daily Scrum sicherzustellen ist eine strikte Moderation durch den Scrum Master wichtig.

8.2.1.4   Herbeiführen einer Projektfortschrittsentscheidung

Die Verantwortung für die Fortschrittskontrolle obliegt den jeweiligen Projektleitern. Ein Ziel ist eine ständige Übersicht über den aktuellen Projektstand, um gegebenenfalls korrigierend eingreifen zu können. Ein weiteres Ziel der Fortschrittskontrolle ist die Schaffung einer Entscheidungsgrundlage, sodass entschieden werden kann, in welcher Form und ob das Projekt fortgeführt wird. Bereits im Abschn. 2.3.2.3 wurde darauf eingegangen, dass in Projekten üblicherweise ein Lenkungsausschuss installiert ist, welcher der Projektleitung übergeordnet ist. Diesem Lenkungsausschuss wird durch die Projektleitung der aktuelle Stand des Projekts berichtet, damit auf dieser Grundlage eine Projektfortschrittsentscheidung getroffen werden kann.

▶ **Definition 8.1 (Entscheidungspunkt, V-Modell XT)**   In einem Entscheidungspunkt wird das Erreichen einer Projektfortschrittsstufe festgestellt. Diese Entscheidung wird auf Basis der zum Entscheidungspunkt vorzulegenden, fertig gestellten und qualitätsgesicherten Produktexemplare (Artefakte) getroffen.

▶ **Definition 8.2 (Projektfortschrittsentscheidung, V-Modell XT)**   In jedem Entscheidungspunkt über das Erreichen der Ziele einer Projektfortschrittsstufe entschieden und das Ergebnis in der *Projektfortschrittsentscheidung* festgehalten. Für jeden im Projekt anstehenden Entscheidungspunkt wird eine eigene Projektfortschrittsentscheidung getroffen.

Nach V-Modell XT enthält eine Projektfortschrittsentscheidung die Bewertung des Projektfortschritts, die Planung der nächsten Projektabschnitt sowie Vorgaben und Randbedingungen für die Projektleitung. Im Wesentlichen kann eine Projektfortschrittsentscheidung folgendermaßen ausfallen:

Freigabe | Die folgende Projektstufe wird freigegeben. Dies umfasst benötigte Budgets und sonstige Ressourcen. Gegebenenfalls werden Planungen und Rahmenbedingungen an neue Umstände angepasst.

Freigabe mit Auflagen | Die Qualität der bisherigen Ergebnisse ist nicht voll zufriedenstellend, gestattet aber grundsätzlich die Weiterarbeit. Es wird vom Lenkungsausschuss die Freigabe für den nächsten Projektabschnitt erteilt, jedoch mit Auflagen, etwa zur Nachbesserung von Artefakten.

Keine Freigabe | Die Qualität der bisher erarbeiteten Ergebnisse gestattet es nicht, den nächsten Projektabschnitt freizugeben. Der im Entscheidungspunkt enthaltene Meilenstein wird nicht erreicht und das Projekt mit der Nacharbeit und einer Wiedervorlage beauftragt.

Projektabbruch   Der aktuelle Status des Projekts macht es sehr unwahrscheinlich,
                      dass eine Fortführung sinnvoll ist. Das Projekt wird somit endgültig
                      eingestellt. Diese Entscheidung kann auch dann getroffen werden,
                      wenn ein Neuaufsetzen eines Projekts erforderlich ist, beispielswei-
                      se wenn sich Rahmenbedingungen so stark geändert haben, dass
                      das Projekt in der aktuellen Konstellation nicht mehr erfolgreich
                      abgeschlossen werden kann.

Die Projektfortschrittsentscheidung ist ein wichtiges Instrument für die Projektorganisation und das Management. Die Vorbereitung einer Projektfortschrittsentscheidung fordert das Projektteam und insbesondere die Projektleitung dazu auf, sich Klarheit über den
Projektstatus zu verschaffen und diesen so aufzubereiten, dass belastbare Entscheidungen
durch das dem Projekt übergeordnete Management getroffen werden können. Darüber
hinaus dokumentiert eine Projektfortschrittsentscheidung auch, dass Budgets und Ressourcen freigegebene wurden und was die Leitplanken sind, in denen sich das Projekt
bewegen kann.

Im Rahmen der Projektdefinition ist, sofern nicht bereits durch das Vorgehensmodell
vorgegeben, festzulegen, welche Entscheidungspunkte die Einbindung von dem Projekt
übergeordneten Gremien erfordern. Oftmals genügt es auch, wenn die Projektleitung kleinere Projektabschnitte selbständig freigibt, etwa wenn keine zusätzlichen Finanzmittel oder
Personalressourcen erforderlich sind. Insbesondere in projektorientierten Unternehmen
sind solche autonomen Festlegungen ein Muss, da andernfalls für jedes Projekt ein Lenkungsausschuss installiert werden müsste. Bei einer ausreichend großen Anzahl von Projekten können dann die Steuerungsaufgaben dieses Gremiums nicht mehr wahrgenommen
werden, da die Mitglieder durch die Projekttreffen überlastet werden.

> **Hinweis**
> Die Bedeutung einer Projektfortschrittsentscheidung für die Projektleitung darf
> nicht unterschätzt werden. Sie dient nicht nur dem Berichtswesen gegenüber überge-
> ordneten Gremien, sondern sie dient auch der *Entlastung* der Projektleitung. Durch
> das regelmäßige Berichten des Projektstatus und die offizielle Freigabe durch den
> Lenkungsausschuss erhält die Projektleitung auch ein gewisses Maß an Sicherheit
> und das Signal der Unterstützung.

8.2.2 Fortschrittskontrolle

In der Fortschrittskontrolle werden wesentliche Aspekte eines Projekts überwacht und gesteuert. Einer dieser Aspekte betrifft den Projektfortschritt im Hinblick auf die Projektpla-

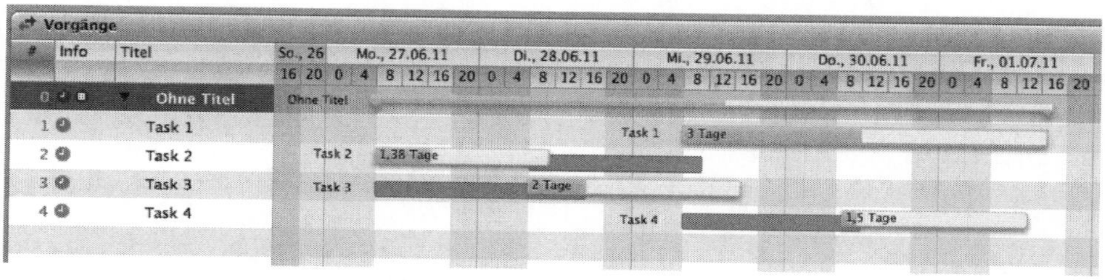

Abb. 8.2 Planungs- und Ist-Zustand als Gantt-Diagramm

nung hinsichtlich der Termintreue oder des bereits verbrauchten Aufwands im Hinblick auf den geplanten Aufwand und die entstandenen Kosten.

Beispiel

Der Stand eines Projekts im Verhältnis zu seiner Planung lässt sich anschaulich durch Gantt-Diagramme darstellen wie in Abb. 8.2 gezeigt. Diese Darstellung zeigt jeweils als Balken einzelne Vorgänge, deren Dauer, sowie die zeitliche Einordnung. Darüber hinaus ist in dieser Darstellung der Unterschied zwischen Soll- und Ist-Größen zu sehen. Beispielsweise ist der *Task 2* drei Werktage früher als geplant gestartet worden, während die Tasks *3* und *4* jeweils drei Werktage später gestartet sind.

Im Rahmen der Fortschrittskontrolle sind genau solche Planungsabweichungen und die Gründe, die zu ihnen geführt haben, zu ermitteln und Schlüsse und Konsequenzen daraus zu ziehen. In diesem Abschnitt werden einige Methoden vorgestellt, mit denen sich der Projektfortschritt aus Sicht der Arbeits- und Terminplanung feststellen lässt. Zum Einsatz kommen in der Regel sehr einfache Projektmetriken (Abschn. 10.2.3).

8.2.2.1   Termintreue

Das Beispiel aus Abb. 8.2 zeigt, dass die initiale Planung des Projekts ungenau war. Um solche Abweichungen von *Soll* und *Ist* festzustellen, wird die *Plan-* und *Termintreue* bestimmt. Dazu werden die geplanten Termine den tatsächlichen gegenübergestellt. Die Voraussetzung für eine derartige Kontrolle ist eine vorgegebene Planung. Burghardt [40] betrachtet die Plan- und die Termintreue hierbei wie folgt.

Plantreue Bei der Plantreue werden zu maximierende *Leistungs-* und zu minimierende *Lastgrößen* unterschieden. Leistungsgrößen betreffen das Ergebnis eines Projekts, zum Beispiel den Funktionsumfang einer Software, während Lastgrößen beispielsweise Termine oder Kosten sind. Für die Berechnung dieser Größen gibt Burghardt [40] folgende Vorschrift an:

$$\text{Plantreue}_{\text{Leistung}} = \frac{W_{\text{ist}}}{W_{\text{soll}}} \cdot 100 \qquad (8.1)$$

W_{ist} ist hierbei der erwartete Ist-Wert nach aktueller Schätzung. Die Zielgröße für die leistungsbezogene Plantreue ist 100 %. Dieser Zielwert gilt auch für die lastbezogene Plantreue, die wie folgt berechnet wird:

$$\text{Plantreue}_{\text{Last}} = \left(2 - \frac{W_{\text{ist}}}{W_{\text{soll}}}\right) \cdot 100 \qquad (8.2)$$

Bei Überschreitung der Leistungs- oder Lastgrenzen liefern diese Formeln Werte über 100 %, bei Unterschreitung der Grenzen entsprechend unter 100 %.

Termintreue Die Plantreue liefert Anhaltswerte, welche die Planung nicht nur hinsichtlich Terminen abzuschätzen helfen. Die Termintreue von Arbeitspaketen, also die Beantwortung der Frage, ob ein Arbeitspaket auch pünktlich fertiggestellt wird, lässt sich davon getrennt betrachten. Bezogen auf die Arbeitspakete eines Projekts berechnen wir die Termintreue ebenfalls in Anlehnung an Burghardt wie folgt. Für ein Arbeitspaket $ap \in AP$ werden im Controlling die folgenden Termine erfasst: $t_{\text{plan}}(ap)$ ist der geplante Termin und $t_{\Delta}(ap) = t_{\text{ist}}(ap) - t_{\text{plan}}(ap)$ ist der erwartete Verzug auf Basis des (geschätzten) Fertigstellungstermins $t_{\text{ist}}(ap)$ für ap. Dann gilt:

$$\text{Termintreue}(ap) = \frac{t_{\text{plan}}(ap) - t_{\Delta}(ap)}{t_{\text{plan}}(ap)} \cdot 100 \qquad (8.3)$$

Auf Basis der Termintreue eines einzelnen Arbeitspakets kann nun die Termintreue für alle Arbeitspakete des Projekts abgeschätzt werden:

$$\text{Termintreue}_{\text{Projekt}} = \frac{\sum\limits_{i=1}^{j} \text{Termintreue}(ap_i)}{j} \qquad (8.4)$$

Die Termintreue hat als Zielwert 100 %. Bei Terminüberschreitungen, ergibt sich ein Wert kleiner, bei Terminunterschreitungen ergibt sich ein Wert größer 100 %.

8.2.2.2   Meilensteintrendanalyse

Für die Berechnung von Plan- und Termintreue ist es vorteilhaft (in größeren Projekten sogar notwendig) einen Netzplan als Grundlage verfügbar zu haben. Auf dieser Grundlage lassen sich recht gute Abschätzungen erstellen und darüber hinaus auch Trends ablesen. Eine einfache und gängige Methode zur Abschätzung der fristgerechten Fertigstellung der Arbeit ist die *Meilensteintrendanalyse* (MTA).

Ein Beispiel für eine Meilensteintrendanalyse ist in Abb. 8.3 zu sehen. Gegenstand der Analyse sind drei Meilensteine und ihre Umplanung im Projektverlauf. Die Diagonale durch das MTA-Diagramm wird auch als *Ziellinie* bezeichnet. Wenn eine Trendlinie eines Meilensteins diese Linie schneidet, ist der Meilenstein erreicht, indem alle für diesen Meilenstein erforderlichen Arbeitspakete abgeschlossen sind.

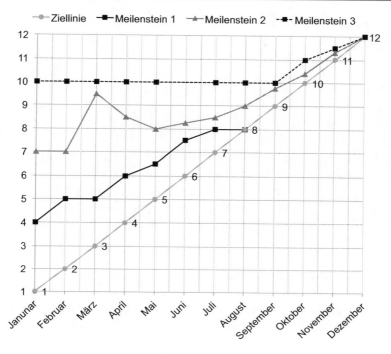

Abb. 8.3 Beispiel für eine Meilensteintrendanalyse

Aus dem beispielhaften Verlauf des MTA-Diagramms in Abb. 8.3 ergeben sich folgende Beobachtungen:

- Meilenstein 3 wurde bis September nicht neu geplant
- Meilenstein 2 wurde zu spät realistisch abgeschätzt
- Meilenstein 1 weist einen typischen Effekt auf: „Heute Abend ist der letzte Testlauf zu erwarten und dann ist der Meilenstein fertig".

Wird die Meilensteintrendanalyse mit einem Netzplan kombiniert, stehen auch Informationen hinsichtlich kritischer Pfade (Abschn. 7.6.4.3) zur Verfügung. Dann lässt sich in Meilensteintrendanalysen sehr gut beobachten, wie Verzögerungen bei Arbeitspaketen auf dem kritischen Pfad den gesamten Projektverlauf beeinflussen können. Weiterhin lassen sich aus den Kurvenverläufen im MTA-Diagramm Rückschlüsse auf die Genauigkeit der Terminschätzungen ziehen. In Abb. 8.3 sind Trendlinien zu beobachten, die (konstant) horizontal verlaufen, fallen oder steigen. Horizontal verlaufende Trendlinien deuten darauf hin, dass ein Meilenstein wie geplant ohne Umplanungen erreicht wird. Eine fallende Trendlinie weist auf eine zu *pessimistische* Planung des Meilensteins hin, während eine steigende Trendlinie eine zu *optimistische* Planung des Meilensteins andeutet oder auf nicht vorhergesehene Schwierigkeiten hinweist.

Die Meilensteintrandanalyse kann und muss mit der Analyse der Kosten (Abschn. 8.2.3) kombiniert werden.

Hinweis

Die Meilensteintrendanalyse ist ein Mittel zur Abschätzung der Einhaltung von Terminen und somit des fristgerechten Abschlusses der Arbeit im einem Projekt. Durch die Meilensteintrendanalyse lassen sich bereits sehr früh Abschätzungen hinsichtlich der Terminentwicklung und über Folgen von Verzögerungen treffen. *Aber:* Eine Meilensteintrendanalyse ist und bleibt nur ein Mittel zur Schätzung und zum Anzeigen von Trends. Es empfiehlt sich daher analog zum Konzept *Management by Exception* von PRINCE2 festzulegen, wie lange ein Trend unter Beobachtung bleibt und ab wann Umplanungen vorgenommen werden müssen.

8.2.2.3   Soll-/Ist-Vergleich des Aufwands

Eine der wesentlichen Größen in einem Projekt ist der erforderliche Aufwand und an diesem Aufwand gekoppelt das Projektbudget. Daher ist der Überwachung des Aufwands, insbesondere dem Verhältnis von verbrauchtem zu geplantem Aufwand, besonderes Augenmerk zu widmen.

Aufwandserfassung   Um einen Soll-/Ist-Vergleich für den Aufwand durchführen zu können, muss der verbrauchte Aufwand erfasst werden. Man spricht hier allgemein von *Kontierung*. Die Mitarbeiter erfassen ihre geleistete Arbeit zum Beispiel auf Stundenzetteln, die erfasst und ausgewertet werden. Oft erfolgt die Erfassung digital und die Aufwandsdaten werden in einer Datenbank erfasst, welche dann für die Rechnungsstellung ausgewertet wird.

Hinweis

Die Erfassung des Aufwands ist eine *oft lästige* Tätigkeit für die Mitarbeiter. Insbesondere dann, wenn die Erfassung des Aufwands selbst wieder mit Aufwand verbunden ist. In Folge dessen kann es passieren, dass Aufwände nur oberflächlich, ungenau oder rückwirkend kontiert werden. Dies ist aus Sicht des Managements natürlich inakzeptabel, da falsch oder unpräzise kontierte Aufwände beispielsweise direkt auf die Rechungsstellung zum Kunden hin durchschlagen. Mögliche Effekte sind: Das Projektbudget schrumpft im Vergleich zum Fertigstellungsgrad des Systems zu schnell (zu großzügig kontierter Aufwand) oder, wirtschaftlich ebenso kritisch, es wird zu wenig Aufwand verbucht, da Arbeitsleistung nicht ausreichend zur Verfügung steht.

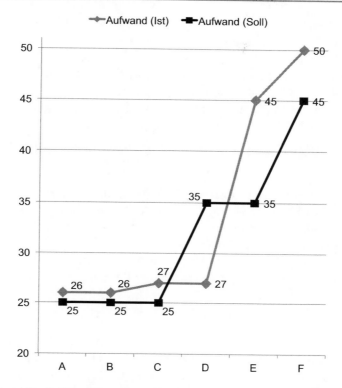

Abb. 8.4 Beispiel für die Visualisierung von Plan- und Ist-Aufwand in einem Projekt

Daher ist bei der Aufwandserfassung ein für alle Parteien akzeptables Verfahren zu vereinbaren und im Rahmen der Projektdefinition zu dokumentieren. Insbesondere ist festzulegen, was die Einheiten im Erfassungsraster sind. Es ist nicht praktikabel, minutengenau Buch zu führen. Vielmehr haben sich Raster bewährt, die eine Auflösung von 15, 30 oder 60 Minuten haben. Hier ist dann festzulegen, ab wann beispielsweise 15 Minuten kontiert werden dürfen. In der praktischen Anwendung erfolgt dies häufig nach „Augenmaß" und nicht selten durch eine Querverrechnung der Aufwände über eine Arbeitswoche.

Aufwandskontrolle Bei der Aufwandskontrolle geht es im Wesentlichen darum zu bestimmen, wie viel vom geplanten Aufwand zu einem Zeitpunkt t im Projekt verbraucht wurde und wie viel noch zur Verfügung steht. Die hierfür erforderlichen Kennzahlen sind ebenfalls recht einfach zu ermitteln und lassen sich gut visualisieren (Abb. 8.4).

Ein einfaches Modell für die Ermittlung der Aufwandszahlen geht von vier Größen aus: A_{plan} ist der geplante (Soll-)Aufwand, A_{ist} ist der geleistete Aufwand, t_i ist der Zeitpunkt der Messung und *pet* ist der Projektendetermin.

Tab. 8.2 Ermittelbare Größen für den Soll-/Ist-Vergleich hinsichtlich des Projektaufwands

Kennzahl	Beschreibung
$A_{\text{plan}}(pet)$	Gesamter geplante Aufwand für ein Projekt
$A_{\text{ist}}(pet)$	Gesamter tatsächlich geleisteter Aufwand für ein Projekt
$A_{\text{plan}}(t_i)$	Geplanter Aufwand zum Berichtszeitpunkt t_i
$A_{\text{ist}}(t_i)$	Tatsächlich geleisteter Aufwand zum Berichtszeitpunkt t_i
$A_{\text{plan}}(t_i) - A_{\text{plan}}(t_{i-1})$	Geplanter Aufwand im letzten Berichtszeitraum
$A_{\text{ist}}(t_i) - A_{\text{ist}}(t_{i-1})$	Tatsächlich geleisteter Aufwand im letzten Berichtszeitraum

Die Soll/Ist-Vergleiche zum Projektstand können nach folgendem Beispiel ermittelt werden: Sei $S(t)$ der Sollaufwand vom Projektanfang bis zur Zeit t, $I(t)$ der Ist-Aufwand vom Projektanfang bis zur Zeit t und T_E der Endtermin des Projekts. Hieraus lassen sich die Informationen aus Tab. 8.2 gewinnen.

Die Kennzahlen aus Tab. 8.2 erlauben somit beispielsweise die Abschätzung des geplanten Aufwands und des Restaufwands für das gesamte Projekt.

$$A_{\text{rest}} = A_{\text{plan}}(pet) - A_{\text{ist}}(pet) \tag{8.5}$$

Ist A_{rest} größer als Null gibt es noch Restaufwand im Projekt, ist der Wert hingegen kleiner als Null, so wurde der veranschlagte Aufwand bereits vollständig aufgebraucht und es wurde bereits zusätzlicher, möglicherweise nicht vergüteter, Aufwand geleistet.

Im Hinblick auf den Aufwand sind stets drei Größen von Interesse: geplanter Aufwand für die Erarbeitung eines Ergebnisses, geleisteter Aufwand und schließlich der Fertigstellungsgrad, gemessen in noch erforderlichem Aufwand (geschätzt).

Ermittelbare Symptome und Ursachen Mit derartigen Soll/Ist-Vergleichen lassen sich unter anderem die Einhaltung von Bedingungen aus der Projektgenehmigung überwachen und Abweichungen von der Planung feststellen. Andererseits lassen sich aber auch Rückschlüsse auf den weiteren Projektverlauf ziehen. Soll-/Ist-Analysen zeigen in Form von Abweichungen Symptome für Probleme im Projekt an, deren Ursachen das Management nachgehen sollte.

Zu hoher Aufwandsverbrauch Aufgrund der üblicherweise knappen Budgetierung von Projekten, wird ein zu hoher Aufwandsverbrauch (zu hohe Personalkosten) wohl das häufigste Symptom sein, das in der Aufwandskontrolle feststellbar ist. Mögliche Ursachen für einen zu hohen Ressourcenverbrauch sind:

- Unterschätzung des Projektaufwands (Gefährdung von Terminen und Budget)
- Unzureichende Qualität der Mitarbeiter (mangelnde Qualifikation, Motivation, Produktivität)

- Fälschlicherweise im Projekt kontierter Aufwand durch Mitarbeiter, die eigentlich nicht mehr im Projekt sind
- Leerlauf der Mitarbeiter durch unklare Aufgabenstellung (Produktivität)
- Wiederholte Arbeit an Arbeitspaketen durch Korrekturen aufgrund unklarer Aufgabenstellungen
- Ineffiziente Aufgabenerfüllung durch mangelnde Motivation

Insbesondere bei den letzten drei Punkten ist der Projektleiter hinsichtlich seiner Qualifikation oder seiner grundsätzlichen Eignung für diese Rolle kritisch zu überprüfen.

Zu geringer Aufwandsverbrauch Ein zu geringer Aufwandsverbrauch kann seine Ursachen in den folgenden Punkten haben:

- Überschätzung des Projektaufwands
- Mitarbeiter haben mit der Arbeit noch nicht begonnen (Termingefährdung)
- Eingeplante Mitarbeiter sind noch nicht verfügbar (Termingefährdung)
- Mitarbeiter erledigen noch Restarbeiten in anderen Projekten

Die Nichtverfügbarkeit von Mitarbeitern ist eines der größten Risiken in Projekten. Insbesondere in Organisationsstrukturen (Abschn. 2.2), in denen Mitarbeiter grundsätzlich in mehreren Projekten eingebunden sind, entstehen hier Engpässe. Kommt ein Projekt in Verzug, weil der Aufwand in Ermangelung der eingeplanten Mitarbeiter nicht erbracht werden kann, muss die Projektleitung dies unmittelbar eskalieren.

8.2.2.4 Überwachung des Fertigstellungsgrades von Artefakten

Neben „abstrakten" planerischen Größen werden in Projekten auch konkrete Artefakte (Ergebnisse) erstellt, deren Fertigstellung überwacht werden muss. Beim *artefaktbasierten Controlling* gibt es verschiedene Herangehensweisen für die Überwachung.

Aufwand Der *Fertigstellungsgrad* von Artefakten ist über den Aufwand ermittelbar, der für die Arbeitspakete zur Erstellung des Artefakt geplant und geleistet wurde (vorangegangener Abschnitt). Dies erfordert im Vorfeld eine Schätzung pro Artefakt (Abschn. 6.3.1). Eine solche Messung kann je nach Präzision der Schätzung ein gutes Bild über den Fertigstellungsgrad einzelner Artefakte und aggregiert auch über das ganze Projekt ergeben. Voraussetzung hierfür ist allerdings eine zutreffende Aufwandsschätzung.

Zustand Liegen nicht für alle Artefakte hinreichend zuverlässige Schätzungen vor, ist eine einfache Herangehensweise die Ermittlung der Zustände von Artefakten. Hierzu wird pro Artefakttyp ein Zustandsautomat definiert, dessen Zustände mit Abschnitten des Lebenszyklus eines Artefakts assoziiert sind und die darüber hinaus (grob) Auskunft über den Fertigstellungsgrad geben. Voraussetzung für ein solches Verfahren ist eine Möglichkeit, Artefakte zusammen mit ihren Zuständen abzulegen. Üblicherweise bieten *Work Item Tracking Systeme* (Abschn. 12.5.2) bereits solche Funktionen an.

Der Fertigstellungsgrad ist die bei der Fortschrittskontrolle zu ermittelnde Größe. Pfetzing und Rohde [153] definieren den Fertigstellungsgrad (FGR) als „das Verhältnis der zu einem Stichtag erbrachten Leistung zur Gesamtleistung eines Arbeitspakets oder Projekts" und geben zur Ermittlung folgende Formel an:

$$FGR_{ist} = \frac{Aufwand_{ist}}{Aufwand_{ist} + Restaufwand} \tag{8.6}$$

Pfetzing und Rohde heben insbesondere hervor, dass die zentrale Frage diejenige nach dem Aufwand ist, der noch erforderlich ist, um ein Arbeitspaket abzuschließen. Sie weisen auch darauf hin, dass der Fertigstellungsgrad sinken kann, etwa wenn der Funktions- oder Leistungsumfang erhöht wird. Sinnvoll ist es daher, die Fortschrittskontrolle in einer Weise durchzuführen, die einerseits eine präzise Ermittlung des aktuellen Status erlaubt, die gleichzeitig jedoch auch eine Abschätzung der zukünftigen Entwicklung ermöglicht. Hierzu können dann beispielsweise Soll-Ist-Analyse oder Techniken wie die Meilenstein-trendanalyse zum Einsatz kommen.

Beispiel

Sei ein Artefakttyp *User Story* gegeben. Über die Projektlaufzeit werden viele Exemplare diese Typs angelegt und im Rahmen der Entwicklung in die Zustände überführt. Im Rahmen der Überwachung sind nun regelmäßig die Artefakte in den jeweiligen Zuständen zu zählen und auszuwerten. Eine mögliche Form der Visualisierung zeigt Abb. 8.5. Ein umfangreiches Beispiel hierzu findet sich im Abschn. 8.5.1.

Das Beispiel der Aggregation über die Zustände von Artefakttypen liefert keine präzisen Kennzahlen wie eine aufwandsbasierte Überwachung des Fertigstellungsgrades. Dafür liefert sie dem Management andere wichtige Informationen:

- Wie viele Artefakte eines Typs gibt es zurzeit im Projekt?
- Wie viele Artefakte sind bereits fertig oder noch in Bearbeitung?
- Ist mit einer pünktlichen Fertigstellung aller Artefakte zu Rechnen?
- Gibt es unerwartete Kurvenverläufe und was sind deren Ursachen?

Hinweis

Diese Form der Fortschrittskontrolle liefert einen schnellen Überblick über den Projektstatus. Sie ist auf viele verschiedene Metriken im Projekt anwendbar, zum Beispiel Fertigstellungsgrade, Test-, Fehler- oder Änderungsstatistiken und Projektperformanz (Velocity). Insbesondere in den agilen Methoden findet diese Art der Fortschrittskontrolle großen Zuspruch, beispielsweise im Scrum als *Burndown Chart*. Zu beachten ist jedoch: Die Aussagekraft der Diagramme hängt von der Gültigkeit der dargestellten Werte ab.

8.2.2.5 Unterstützung durch Werkzeuge

Durch moderne Entwicklungswerkzeuge ist über den „klassischen" Bericht hinaus auch eine weiter gehende, zeitnahe Kontrolle möglich. Die Idealvorstellung ist die Einrichtung eines Projektcockpits (Abschn. 10.3.2), das durch Instrumente stets aktuell die wesentlichen Projektkennzahlen aufzeigt. Abbildung 8.6 zeigt am Beispiel einer Abfrage einer Liste von Arbeitsaufträgen (Work Items) im Visual Studio. Diese sind klassifiziert, priorisiert und mit einem Status versehen. Die Liste von Arbeitsaufträgen steht jedem Projektmitarbeiter zur Verfügung und kann nach verschiedenen Kriterien gefiltert werden, zum Beispiel auch nach dem Fertigstellungsgrad. Dies gibt einerseits dem jeweiligen Mitarbeiter einen Überblick über seine Arbeiten. Gleichzeitig können diese Informationen auch für die Ermittlung des Gesamtprojektstatus aggregiert werden, wie Abb. 8.5 zeigt.

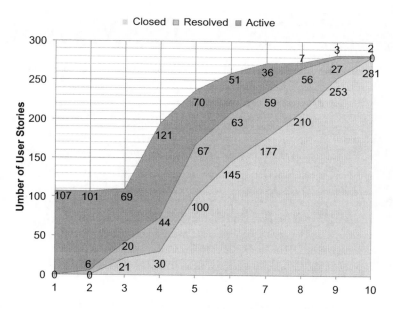

Abb. 8.5 Beispiel für die Visualisierung der Fertigstellungsgrade von Artefakten

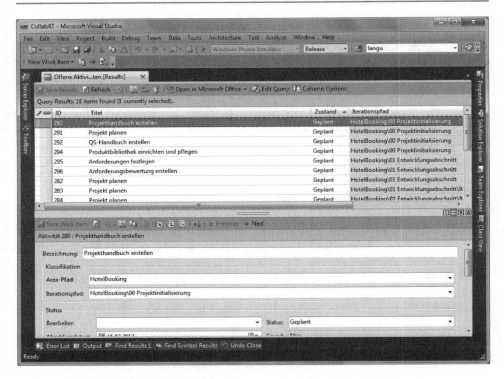

Abb. 8.6   Überblick über offene Aktivitäten am Beispiel eines Work Item Tracking Systems

---

Hinweis

Empfehlenswert sind standardisierte Vorgehensweisen bei der Dokumentation des Arbeitsfortschritts und der Meilensteine für einsehbare Arbeitspakete, beispielsweise die Fertigstellung von Komponenten. Wichtig ist es dabei auch, die Autoren (Leistungserbringer) und den erbrachten Aufwand zu vermerken.

8.2.3   Kostenerfassung und -kontrolle

Bei der Durchführung des Projekts fallen Kosten und Aufwände an, die für die Kostenüberwachung und die Projektabrechnung zu erfassen sind (zum Beispiel durch Ermittlung des *Cash Flows* oder durch Bilanzierung [82]). Die Kostenerfassung erfolgt durch:

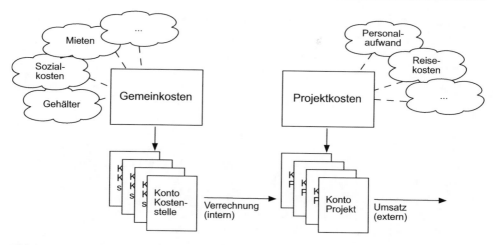

Abb. 8.7 Gemein- und Projektkosten im Überblick

- Tätigkeitsberichte für Personalkosten
- Kosten für Unteraufträge
- Interne Berechnung für Materialkosten, Dienstleistungen und ähnliches
- Umlagen der Allgemeinkosten (zum Beispiel Werkzeugnutzung, Sekretariate)

Dieser Liste ist zu entnehmen, dass es in Unternehmen und Projekten unterschiedliche Kostenarten gibt. Burghardt [40] unterscheidet hierzu in *Gemeinkosten* (GK) und *Projektkosten* (Abb. 8.7).

Gemeinkosten umfassen beispielsweise die Gehälter von Mitarbeitern einer Abteilung, unabhängig davon, in welchen Projekten sie gerade beschäftigt sind oder die Mietkosten eines Unternehmens. Dazu kommen noch sämtliche materiellen und Verbrauchsgüter. In den Projektkosten sind die projektbezogenen Kosten, etwa Personalaufwandskosten, enthalten. Der Personalaufwand wird durch die geleisteten und kontierten Stunden eines Mitarbeiters (Abschn. 8.2.2.3) und einem Plankostensatz errechnet. Burghardt gibt hierfür die folgende Formel an:

$$\text{Plankostensatz} = \frac{\sum \text{Gemeinkosten}_{\text{Kostenstelle}}}{\text{Stunden}_{\text{produktiv}}} \tag{8.7}$$

Der Plankostensatz errechnet sich somit aus der Summe geplanten Gemeinkosten für eine Kostenstelle (zum Beispiel einer Abteilung) und den produktiven (kontierbaren) Stunden aller Mitarbeiter der Abteilung. Diese Berechnung erfolgt nach Burghardt einmal jährlich zu Beginn eines Geschäftsjahres. Auf dieser Grundlage können sowohl die *Produktivität* als auch die *Profitabilität* eines Projekts und auch eines Unternehmens ermittelt werden:

$$\text{Ergebnis}_{\text{Gemeinkosten}} = \text{Verrechnung}_{\text{intern}} - \text{Gemeinkosten} \tag{8.8}$$

$$\text{Ergebnis}_{\text{Projekt}} = \text{Umsatz}_{\text{extern}} - \text{Projektkosten} \tag{8.9}$$

$$\text{Ergebnis}_{\text{gesamt}} = \text{Ergebnis}_{\text{Gemeinkosten}} + \text{Ergebnis}_{\text{Projekt}} \tag{8.10}$$

> **Hinweis**
> Oft ist es sinnvoll mit *Personalvollkosten* zu arbeiten, in denen neben den eigentlichen Gehaltskosten sämtliche Infrastrukturkosten einschließlich der Verwaltungskosten und Marge pauschal eingerechnet werden. Typischerweise belaufen sich dann Entwicklervollkosten auf 100.000–175.000 Euro pro Jahr. An der Höhe der Personalvollkosten im Verhältnis zu den Bruttogehältern kann man dann den Overhead einer Entwicklungseinheit ablesen.

Kostenerfassung Für die Erfassung der Kosten ist es erforderlich entsprechende Schätz- und Messgrößen zu haben. In Softwareprojekten ist daher eine arbeitspaketbezogene Kostenerfassung ratsam. Dabei sollten abzurechnende Arbeitspakete so strukturiert sein, dass sie folgende Anforderungen erfüllen:

- Einfache Beschreibung
- Klare Abtrennung der Kostenpositionen
- Zulassen von Aussagen zum Projektverlauf
- Bereitstellung statistischer Daten für zukünftige Projekte

Eine transparente Kostenerfassung liefert auch die Grundlage für Maßnahmen zur Kostenreduzierung. Je nach zur Verfügung stehender (technischer) Infrastruktur kann die Kostenerfassung automatisiert erfolgen, indem die Personalkosten (zum Beispiel Stunden-, oder Tagessätze) in der Projektplanung oder in der Ressourcenverwaltung hinterlegt sind. Kontieren die Mitarbeiter Zeiten für bestimmte Tätigkeiten auf die Projektkonten, können die entstandenen Kosten einfach bestimmt werden. Dies setzt natürlich ein entsprechend etabliertes Verfahren voraus, in dem die Kontierung nachvollziehbar geregelt ist.

> **Hinweis**
> Nicht vergessen werden darf an dieser Stelle: Erfassen Mitarbeiter ihre erbrachten Leistungen, zum Beispiel geleistete Stunden, so ist dies auch mit Aufwand verbunden. Ein Mitarbeiter, der beispielsweise in zwei Projekten eingebunden ist und in diesen in 10 Arbeitspaketen mitwirkt kann bei der Abrechnung leicht auf 20–30

(oder mehr) Buchungspositionen pro Woche kommen. Die entstehenden Daten müssen eingearbeitet, ausgewertet und geprüft werden. Dies erfordert zusätzlichen Verwaltungsaufwand (siehe auch Abschn. 8.2.2.3).

Kostenkontrolle mit der Earned Value Analyse   Für die Kostenkontrolle eignen sich verschiedene Methoden und Darstellungsformen. Burghardt [40] nennt als mögliche Methoden beispielsweise die *Bestellwertfortschreibung* oder die *Restkostenabschätzung* und gibt als Möglichkeit zur Visualisierung ein *Kosten-Termin-Diagramm* an. Tatsächlich orientiert sich die Kostenkontrolle an den verfügbaren und auswertbaren Daten sowie an den Anforderungen an das Berichtswesen. Wir stellen im Folgenden eine Methode zur Kostenkontrolle vor: Die *Earned Value Analysis Method* (vgl. Linssen [131], Barth [163]) und orientieren uns bei der Darstellung an [90, 158]. Diese Methode wurde in den 1960er-Jahren von der US-Luftwaffe entwickelt und dient dazu, im Rahmen einer Abweichungsanalyse den aktuellen Stand der Projektausführung mit der Planung zu vergleichen. Dabei werden die Istkosten der Istleistung mit den Plankosten der Istleistung verglichen. Die Earned Value Methode benötigt nur eine kleine Anzahl Kennzahlen, um Aussagen hinsichtlich der Termin- und Kostensituation eines Projekts zu treffen:

Planned Value (PV)   Der Planwert gibt an, was ein Arbeitspaket laut Plan (Schätzung, Kostenplanung) hätte kosten sollen.

Actual Cost (AC)   Die aktuellen Kosten geben an, was ein Arbeitspaket laut Abrechnung (kontierte Stunden der Mitarbeiter) tatsächlich gekostet hat.

Earned Value (EV)   Der Earned Value gibt den Wert der geleisteten Arbeit an, also die geplanten Kosten bezogen auf die anteilig tatsächlich geleistete Arbeit (Fertigstellungsgrad) zum Messzeitpunkt:

$$\mathrm{EV}(a) = \mathrm{Plankosten}(a) \cdot \mathrm{Fertigstellungsgrad}(a)$$

Absolute Kennzahlen   Mit diesen drei Größen lassen sich für die Kostenkontrolle weitere Kennzahlen ableiten, die Aussagen zur Kosteneinhaltung oder zu Termintreue erlauben:

Kostenvarianz   Die Kostenvarianz (Cost Variance, CV) ist ein Maß für die Kosteneinhaltung in Bezug auf die Planvorgaben bzw. Schätzungen. Sie errechnet sich wie folgt: $\mathrm{CV} = \mathrm{EV} - \mathrm{AC}$. Gilt $\mathrm{CV} > 0$ liegt das Projekt im Budgetrahmen.

Planungsvarianz   Die Planungsvarianz (Schedule Variance, SV) ist ein Maß für die Termintreue und über den Fortschritt in Bezug auf den Projektplan. Sie errechnet sich wie folgt: $\mathrm{SV} = \mathrm{EV} - \mathrm{PV}$. Gilt $\mathrm{SV} > 0$ ist das Projekt dem Zeitplan voraus. Bei erfolgreicher Projektfertigstellung ist $\mathrm{SV} = 0$, da dann für alle a gilt $\mathrm{PV}(a) = \mathrm{EV}(a)$.

		Plan (Schedule)		
		SV = 1 und SPI > 1	SV = 0 und SPI = 1	SV < 0 und SPI < 1
Kosten (Cost)	CV > 0 und CPI > 1	vor Plan *und* unter Budget	im Plan *und* unter Budget	hinter Plan *und* unter Budget
	CV = 0 und CPI = 1	vor Plan *und* im Budget	im Plan *und* im Budet	hinter Plan *und* im Budget
	CV = 0 und CPI < 1	vor Plan und über Budget	im Plan *und* über Budget	hinter Plan *und* über Budget

Abb. 8.8 Ermittlung des Projektstatus mithilfe der Kennzahlen der Earned Value Analyse

Relative Kennzahlen Beide Kennzahlen sind absolute Größen, die sich in Euro-Beträgen oder Zahlen abbilden lassen. In manchen Situationen ist es jedoch gewünscht relative Aussagen treffen zu können, um beispielsweise Abweichungen in Prozent auszudrücken. Dazu können in der Earned Value Methode die folgenden beiden Kennzahlen ermittelt werden:

Cost Performance Index   Der Cost Performance Index (CPI) ist das Verhältnis zwischen dem Wert der geleisteten Arbeit und den tatsächlich entstandenen Kosten:

$$CPI = \frac{EV}{AC}$$

Ein CPI > 1 zeigt hierbei an, dass die geleistete Arbeit günstiger als geplant war, während ein CPI < 1 anzeigt, die die Arbeit mehr als geplant gekostet hat. Gilt CPI = 1 ist das Projekt genau im Plan.

Schedule Performance Index   Der Scheduled Performance Index (SPI) ist das Verhältnis zwischen dem Wert der geleisteten Arbeit und den geplanten Kosten:

$$SPI = \frac{EV}{PV}$$

Analog zum CPI ist bei einem SPI > 1 der Arbeitsfortschritt größer (das Projekt ist dem Plan voraus) als erwartet und bei einem SPI < 1 entsprechend geringer als erwartet.

Diese beiden Kennzahlen lassen sich auch miteinander kombinieren und unterstützen hierbei Aussagen, die sowohl die Kosten, als auch die Zeit erfassen (Abb. 8.8). Beispielsweise könnte eine kombinierte Betrachtung von CPI und SPI ergeben, dass das Projekt zwar im Kostenplan ist, jedoch dem Zeitplan hinterherhinkt. Ein umfassendes Beispiel für die Anwendung der Earned Value Methode beschreibt Linssen in [131].

8.2.4 Änderungskontrolle

Im Laufe der Durchführung eines Projektes ändern sich viele Voraussetzungen und Rahmenbedingungen. Dies erfordert ein gezieltes Management der Änderungen (Abschn. 7.3.2). Eine wesentliche Voraussetzung für den Erfolg eines Projektes ist eine sehr konsequent ausgeführte Änderungskontrolle, zum Beispiel im Rahmen der regelmäßigen Projektbesprechungen. Ziele der Änderungskontrolle sind es Arbeitsgrundlagen und abgenommene Artefakte nicht ohne Zustimmung und Wissen der Beteiligten zu ändern und darüber hinaus willkürliche und nicht ausreichend gerechtfertigte Änderungen an gemeinsamen Arbeitsgrundlagen zu vermeiden. Das Problem- und Änderungsmanagement liefert hierzu klare Absprachen, ob eine Änderung durchgeführt wird oder nicht und beschreibt klare und schnelle Entscheidungsverfahren für Änderungsvorschläge.

Hinweis
Ein wichtiger Nebeneffekt der Änderungskontrolle ist der Zwang, die Arbeitsgrundlagen stets vollständig zu erstellen, da alle Änderungen infolge von Nachlässigkeiten bei der Änderungskontrolle sofort sichtbar werden.

Gegenstand der Änderungskontrolle sind alle Ergebnisse der Entwicklungszyklen, die als gültige Arbeitsgrundlage verwendet werden, insbesondere:

- Systemanforderungen
- Architektur- und Schnittstellenfestlegungen
- Komponentenanforderungen
- Komponentenentwürfe
- Testdaten
- Code

Diese Artefakte oder Teile davon werden nach ihrer Fertigstellung zum Ende der entsprechenden Entwicklungsabschnitte im Rahmen der Qualitätssicherung gemäß der Vorgaben kritisch überprüft. Sie sind somit eine gültige Arbeitsgrundlage, die nicht mehr „einfach so" verändert werden darf. Änderungen an diesen Artefakten müssen ab dem Zeitpunkt der Fertigstellung durch alle Beteiligten der Änderungssteuerungsgruppe (auch Change Control Board) genehmigt werden. Man spricht dann auch vom *formalen Änderungsmanagement*. Im Rahmen der Projektdefinition sind die Regelungen dafür zu treffen, ab wann dieses formale Änderungsmanagement greift und welche Verfahren und (Abstimmungs-) Prozesse zu durchlaufen sind.

Beispiel

Zur Illustration ein Zitat aus einem Fortschrittsbericht zum Thema ad-hoc-Änderungen: *„Damit werden seit Jahren gültige Konzepte zu unpassender Zeit umgeworfen. Dabei sollte man sich klar sein, dass durch laufende Konzeptänderung während der Konstruktion größere Schäden entstehen, als durch konsequente Realisierung eines beschränkten Konzepts."*

8.2.4.1   Änderungsforderungen und Änderungsentscheidungen

Den Vorgaben zum Problem- und Änderungsmanagement folgend ist die Änderungskontrolle Teil eines umfassenden Entscheidungsprozesses. Ergebnisse, die diesen Prozess auslösen sind Problemmeldungen oder Änderungsforderungen. Diese sind durch ein entsprechend autorisiertes Gremium zu überprüfen und zu bewerten.

Gründe für Änderungen   Für Problemmeldungen und Änderungsforderungen gibt es (mehr oder weniger gute) Gründe. Viele davon finden sich im Projektverlauf und sind in der Regel durch den Wissenszuwachs im Projekt oder durch sich ändernde Rahmenbedingungen begründet. Typische Beispiele für Änderungsforderungen sind:

- Änderung der Anwenderanforderungen
- Unklarheiten in den Anforderungen oder im Entwurf
- Fehler im Entwurf oder im Softwaresystem
- Nichterfüllung der Anforderungen (fehlende oder fehlerhafte Funktionalität)
- Qualitätsmängel (hinsichtlich Tests, Leistung, Stabilität)
- Optimierungsbedarf oder -optionen (Performance, Skalierbarkeit)

Beispiel

Unabhängig vom Vorliegen triftiger Gründe für eine Änderungsforderung ist in jedem Fall zu prüfen, wer der Verursacher des zugrunde liegenden Problems ist und ob die Einarbeitung der Änderungsforderung im gegebenen Projektkontext überhaupt möglich ist. Im Folgenden sind drei exemplarische Szenarien hierzu skizziert:

Szenario 1 Während der Prüfung einer Lieferung werden durch den Kunden Qualitätsmängel festgestellt. So stürzt ein Programm beim Anwendertest reproduzierbar ab. In diesem Fall handelt es sich um einen Fehler in der Entwicklung, den der Auftragnehmer ohne weitere Vergütung beheben muss.

Szenario 2 Der Kunde wünscht sich anstelle einer vertraglich vereinbarten Funktion eine andere Funktion in der Software. Grundsätzlich ist dies eine Änderung des vereinbarten Funktionsumfangs. Hier ist der Auftragnehmer nicht verpflichtet, die Änderungsforderung kostenneutral durchzuführen. Es muss eine Einigung zwischen beiden Vertragsparteien getroffen und in einem Vertragszusatz dokumentiert werden.

Szenario 3 Der Kunde wünscht eine zusätzliche Funktion im System, um die Anwenderakzeptanz zu steigern. Sofern diese Zusatzfunktionalität nicht schon im Vorfeld vereinbart war, handelt es sich um eine Ergänzung des vereinbarten Leistungsumfangs des Systems, das einer Ergänzung des Vertrags bedarf.

Bewertung von Änderungen Die Bewertung von Änderungsforderungen ist mitunter schwierig, da viele einzelne Faktoren abgewogen werden müssen. Insbesondere müssen Änderungsforderungen immer im Hinblick auf die Projektkennzahlen analysiert werden. Änderungen an einem System verursachen Aufwand und in Folge Kosten und gegebenenfalls Terminverzögerungen und letztlich Risiken. Des Weiteren ist zu berücksichtigen, dass Änderungen nicht zwingend seiteneffektfrei sind. Eine Änderung an einer (zentralen) Komponente kann weit reichende Auswirkungen auf abhängige Komponenten haben. Daher sind die Gründe für oder gegen die Umsetzung einer Änderung stets gegeneinander abzuwägen.

Gründe für eine Änderung Für die Durchführung einer Änderung sprechen verschiedene Punkte. So ist es denkbar, dass eine Änderung (messbare) Vorteile erzeugt, etwa die Verbesserung der späteren Erweiterbarkeit des Systems, die Erhöhung der Übersichtlichkeit oder kleinere Programme/Komponenten, sowie effizientere Abläufe. Weiterhin kann es sein, dass eine durch den Kunden gewünschte Änderung ohnehin im vorgesehenen Entwicklungsplan liegt, beispielsweise in einem späteren Release. Hier kann dann geprüft werden, ob das entsprechende Arbeitspaket vorgezogen werden kann. Darüber hinaus muss auch berücksichtigt werden, dass die Erfüllung einer Änderungsforderung auch die Marktchancen verbessern kann, indem beispielsweise durch eine Investition die Kundenzufriedenheit gesteigert oder der Funktionsumfang des Systems ausgebaut und somit ein Wettbewerbsvorteil erzielt werden kann.

Gründe gegen eine Änderung Zu berücksichtigen sind aber auch die Gründe, die gegen die Durchführung einer Änderung sprechen. Primär sind hier drei Aspekte zur berücksichtigen:

- Zusätzlicher Aufwand (möglicherweise nicht abschätzbar)
- Risiken für die Qualität des Systems
- Risiken für für die Einhaltung des Projektplans

Am kritischsten hierbei ist wohl der Aufwand, der sich allerdings als eine in der Regel schlecht abschätzbare Größe darstellt, weil eine Änderung in einem in Teilen fertiggestellten System stattfindet. Je zentraler die Komponente ist, die geändert werden soll, desto höher ist das Risiko, dass wegen dieser Änderung Folgeänderungen an weiteren Komponenten durchgeführt werden müssen. Darüber hinaus müssen aber auch die Tests (Einzel- und Integrationstests) erneut durchgeführt sowie die Dokumentation angepasst werden. In Folge kann ein kleiner Änderungswunsch das gesamte Projekt destabilisieren. Eine zu

optimistische Planung und eine hierfür nicht vorbereitete Architektur verschärfen dieses
Risiko noch.

8.2.4.2   Konfliktpotenzial

Gerade im Zusammenhang mit dem Änderungsmanagement treten leicht Konflikte im
Entwicklungsteam und auch im Gesamtprojekt auf. Gewisse Entscheidungen belasten bestimmte Teammitglieder und entlasten andere. Deshalb sind gerade in diesem Zusammenhang ein offenes Kommunikationsklima und ein gemeinsames Teamverständnis für die
Projektziele erforderlich. Wichtig sind auch schnelle, effektive Entscheidungswege, um offene Änderungsvorschläge entweder schnell abzulehnen oder anzunehmen. Ist dies nicht
gewährleistet, sind möglicherweise Leerläufe und Unsicherheiten über die Konsequenzen
von Änderungen bei Mitarbeitern, die von der Änderung betroffen sein könnten, zu befürchten.

▶   **Achtung!** Eine hohe Änderungsrate kann eine indirekte Beeinflussung der Ar-
        beitsmoral darstellen, wenn im Projektteam der Eindruck entsteht, dass es sich
        gar nicht lohnt etwas fertig zu machen, wenn die nächste Änderung schon vor-
        hersehbar ist.

Ein weiterer Aspekt, der nicht vergessen werden darf, ist die Art, wie Problemmeldungen und Änderungsforderungen in das Team kommuniziert werden. Änderungen gehen
immer auf Kosten des Erstellers der zu ändernden Komponente. Aus psychologischer Sicht
ist das eine Kritik an seiner Arbeit, weil sie den Anforderungen nicht genügt hat. Hier ist es
wichtig die grundsätzliche Wertschätzung der Arbeit im Projekt zu zu kommunizieren und
das Ändern nicht als wertende Aussage zu verstehen. Auf keinen Fall darf eine Problem-
meldung oder eine Änderungsforderung mit Schuldzuweisungen kombiniert werden. Das
kann dazu führen, dass ein Projektteam aus dem Takt gerät. Dies zu vermeiden und eine
entsprechend konstruktive Änderungskultur im Projekt zu etablieren ist eine der Aufgaben
für das Management in einem Projekt.

8.2.4.3   Änderungskontrolle

Die Änderungskontrolle umfasst eine Reihe „weicher" Faktoren, die durch eine Systemati-
sierung des Änderungsmanagements durch entsprechende Vorgaben im Rahmen der Projektdefinition adressiert werden können. Darüber hinaus sind in der Änderungskontrolle
jedoch auch Kennzahlen zu erfassen, um die Entwicklung des Projekts im Auge zu behalten. Hierbei gibt es Kennzahlen, die sich direkt aus dem Änderungsmanagement ablesen
lassen (Tab. 8.3) und solche, die durch die Änderungskontrolle indirekt beeinflusst werden,
zum Beispiel Kostenverbrauch oder Terminsituation.

Tab. 8.3 Inhalte der Änderungskontrolle in der Projektüberwachung (Auswahl)

Inhalt	Projektüberwachung von …
Häufigkeit	Häufigkeit von Problemmeldungen und Änderungsforderungen im Bezug auf das Projekt, einzelne Arbeitspakete, einzelne Komponenten oder Funktionen
Verweildauer	Zeit bis eine eingegangene Problemmeldung/Änderungsforderung bearbeitet wird (Effizienz des Änderungsentscheidungsprozesses)
Durchlauf	Wie viele Änderungen werden pro Messzeitraum umgesetzt und wie lange dauert die Umsetzung
Nachhaltigkeit	Messung, wie viele umgesetzte Änderungen durch den Kunden akzeptiert werden und wie viele erneut geändert werden (müssen)
Kosten/Aufwand	Messung, welche Kosten/welchen Aufwand Änderungen verursachen

8.2.5 Berichtswesen

Sprichwörtlich für Projekte ist das „90 %-fertig"-Syndrom. Entwickler erklären dabei wiederholt, dass ihr Arbeitsergebnis zu 90 % fertiggestellt ist. Trotzdem kommen sie der Fertigstellung nicht näher. Nicht nur deshalb ist eine objektive, transparente und gut dokumentierte Fortschrittskontrolle wichtig. Die Vorgabe, Aussagen zum Stand des Projekts schriftlich niederzulegen zwingt das Management und die anderen am Projekt Beteiligten, sich über den Stand des Projektes bewusst zu werden und Rechenschaft abzulegen. Es ist Aufgabe des Empfängers des *Projektstatusberichts*, dass ein Bericht gezielt ausgewertet wird, Rückkopplung gegeben wird und gegebenenfalls notwendige Korrekturschritte eingeleitet werden. Andernfalls lässt die Bereitschaft zu sorgfältigen Berichten schnell nach.

Hinweis

Die schriftliche Ausarbeitung von (turnusmäßigen) Projektstatusberichten stellt eine zusätzliche zeitliche Belastung der Projektleitung dar. Allerdings wird der Projektleiter durch die Erstellung und Übermittlung eines Projektstatusberichts an seine Vorgesetzten dazu angehalten, sich selbst Klarheit über den Projektstand zu verschaffen. Die Projektleitung wird entlastet, sobald auf Basis der Statusberichte ein Projektfortschritt festgestellt wird. Dies ist essenziell, da dadurch Aktivitäten im letzten Berichtszeitraum zur Kenntnis genommen wurden und ihnen (rückwirkend) zugestimmt wurde.

Im Berichtswesen fließen *alle* Informationen aus der Projektfortschrittskontrolle zusammen. Über das Berichtswesen werden alle am Projekt Beteiligten über den aktuellen Fortschritt informiert. Der Projektstatusbericht fasst die ursprüngliche Planung, den ak-

tuellen Fortschritt und gegebenenfalls aufgetretene Abweichungen zusammen. Er erlaubt
es darüber hinaus über Trends auch Aussagen zur weiteren Entwicklung des Projekts zu
treffen. Im Wesentlichen müssen im Berichtswesen folgenden Kernfragen beantwortet
werden:

- Was ist der aktuelle Gesamtprojektstatus?
- Ist das Projekt noch im Kosten-/Zeitplan?
- Was ist der fachliche Fortschritt?
- Was sind aktuelle Problem und Risiken?
- Sind in Zukunft Probleme zu erwarten?

Die hierfür erforderlichen Informationen erhält das Management aus den zum Projekt erfassen Kennzahlen, welche angemessen aufzubereiten sind. Hierbei ist es besonders wichtig, objektiv und neutral zu berichten *und* keinesfalls Statistiken zu „frisie-
ren".

> **Hinweis**
> In den Projektstatusberichten soll auch auf ungelöste oder zu erwartende Probleme
> hingewiesen werden. Mögliche Gegenmaßnahmen, die vorgeschlagen oder eingelei-
> tet wurden, können aufgeführt werden. Dass Probleme in einem Projekt auftreten
> ist normal, aber ein Vorwurf an den Projektleiter entsteht, wenn er die Probleme
> zu spät erkennt und nicht entschlossen oder nicht kompetent reagiert, oder sogar
> versucht, Probleme zu verschleiern oder kleinzureden.

8.2.5.1 Beispiel: Inhalt des Projektstatusberichts

Der Projektstatusbericht ist eine Darstellung des Status des Projekts nach einer festgelegten Systematik. Er enthält alle relevanten Aussagen für jedes Teilprojekt, die erforderlich
sind, um eine Aussage hinsichtlich des Projektfortschritts zu treffen. Durch die Etablierung
einer tragfähigen Projektüberwachung und Steuerung gehen wir davon aus, dass alle Informationen schnell durch die Auswertung von Kennzahlen beschaffbar sind. Im Folgenden
beschreiben wir die Inhalte und Möglichkeiten zur effektiven Darstellung und Präsentation.

Meilensteinliste für den Berichtszeitraum In diesem Abschnitt des Projektstatusberichts
werden alle Meilensteine, die für den Berichtszeitraum geplant waren, aufgelistet und –
wenn sie erreicht wurden – der wirkliche Fertigstellungstermin oder der neue geplante
Fertigstellungstermin angegeben. Das Nichterreichen von Meilensteinen muss begründet
werden, die Angabe der Gründe und Ursachen sind soweit möglich mit Vorschlägen und
Gegenmaßnahmen zu versehen. Zur Aufbereitung der Daten und zur Präsentation bieten
sich an:

- Einfache Terminliste
- Ampelliste für die Kennzeichnung der Nicht-/Erreichung (rot/grün)
- Meilensteintrendanalyse

Meilensteinliste für den nächsten Berichtszeitraum   In diesem Abschnitt wird eine Terminliste der für den nächsten Berichtszeitraum geplanten Meilensteine zusammengefasst. Zur Aufbereitung der Daten und zur Präsentation bieten sich an:

- Einfache Terminliste
- Meilensteintrendanalyse

Soll/Ist-Vergleiche   Es werden Soll-Ist-Vergleiche für Termintreue, Personaleinsatz und Ressourcenverbrauch angefertigt. Wo immer sinnvoll, müssen auch Soll-Ist-Vergleiche aller Betriebsmittel und insbesondere der Projektkosten durchgeführt werden. Die Ermittlung der Soll- und Ist-Aufwände erfolgt mit Methoden, wie sie beispielhaft im Abschn. 8.2.2.3 dargestellt wurden. Da Soll-/Ist-Vergleiche in der Regel auf einfachen Zahlen beruhen, bieten sich zur Aufbereitung der Daten und zur Präsentation an:

- Einfache Tabellen
- Diagramme, zum Beispiel Balken- oder Tortendiagramme

Bei Abweichungen zwischen dem Soll und dem Ist, muss eine neue Abschätzung (Forecast) erfolgen.

Fehlerstatistik   In der Fehlerstatistik wird zusammengefasst, welche Fehler im Projekt aufgetreten sind, welche Schwere sie haben und welche Kosten die Behebung verursacht. Fehlerstatistiken können, in Abhängigkeit der zur Ermittlung herangezogenen Daten sehr schnell komplex werden. Hier bieten sich daher Darstellungen an, wie beispielsweise in Abb. 8.10. Moderne Build- und Testsysteme generieren solche Darstellungen bei Bedarf und in der Regel in Echtzeit.

Probleme   Hier sollten besondere Probleme, die im Berichtsmonat aufgetreten sind, behandelt werden. Insbesondere sollte dieser Abschnitt auch Aussagen darüber enthalten, ob die aufgetretenen Problem gelöst wurden. Es biete sich auch an, die Probleme auszudifferenzieren, etwa nach fachlichen, technischen oder personenbezogenen Problemen.

Weitere Informationen   Zusätzlich zu den gerade genannten essenziellen Informationen sollten im Projektstatusbericht auch Aussagen zu folgenden Punkten getroffen werden:

- Aktuell bekannte Risiken und zugeordneten Maßnahmen
- Qualitätsbewertung der bislang erarbeiteten Ergebnisse

Diese Informationen geben zusätzlich zum Planungstand und dem Status einen Überblick, mit welchen Problemen das Projekt aktuell zu kämpfen hat und welche Schwierigkeiten möglicherweise erwartet werden. Die Qualitätsbewertung gibt Aufschluss darüber, ob und in wie weit die mit dem Projekt verfolgten Qualitätsziele bereits erreicht wurden. Aussagen hierzu sind besonders wertvoll, da es in der Regel immer besser ist, einen Fehler selbst zu entdecken und die Fehlersuche nicht dem Kunden zuzumuten. Wird die Qualitätssicherung eigenständig implementiert, wie zum Beispiel im V-Modell XT, bietet sich neben dem eigentlichen Projektstatusbericht ein eigenständiger QS-Bericht an, der das Projekt aus Sicht der Qualitätssicherung regelmäßig bewertet.

8.2.5.2   Beispiel: Projektstatusbericht des V-Modell XT

Abschließend gibt dieser Abschnitt noch ein konkretes Beispiel für den Aufbau eines Projektstatusberichts. Im V-Modell XT ist das Produkt *Projektstatusbericht* wie folgt strukturiert:

1. Managementübersicht
2. Projektergebnisse
3. Problem- und Änderungsstatistik
4. Qualitätsbewertung
5. Aktuelle Risiken und Risikomaßnahmen
6. Planungsabweichungen
7. Planung für den nächsten Berichtszeitraum
8. Gesamtprojektfortschritt (bei mehreren Teilprojekten)

Wie im letzten Abschnitt bereits besprochen, stellt dieser Statusbericht den aktuellen Stand des Projekts dar. Zu jedem der hier aufgeführten Punkte sind durch das Management entsprechende Aussagen zu treffen und durch konkrete Kennzahlen zu belegen. Hingegen schreibt das V-Modell XT nicht vor, in welcher Form der Projektstatusbericht erstellt werden soll.

Hinweis

In der Praxis hat es sich bewährt, Projektstatusberichte – wenn nicht anders gefordert – als Präsentation anzufertigen. Hierzu enthält die Präsentation die Struktur des Projektstatusberichts und fasst kurz und prägnant den Status zusammen. Damit bildet die Präsentation gleichzeitig den Rahmen für ein Projektstatustreffen.

8.3   Qualitätskontrolle und -steuerung

Die Qualitätssicherung in der Softwareentwicklung umfasst alle Maßnahmen und Techniken, die die angestrebte Qualität des Softwareproduktes sicherstellen und dokumentieren. Wir unterscheiden die *konstruktive* Qualitätssicherung, die die Qualität durch systematische und vorausschauende Entwicklungsschritte sicherstellt, und die *analytische* Qualitätssicherung, die nach Fertigstellung das (Teil-)Ergebnis eines Entwicklungsabschnitts auf seine Qualität überprüft. Die Qualitätssicherung ist eine sehr zeitintensive Aufgabe im Projekt. Deshalb ist es zwingend, effiziente Verfahren dafür zu identifizieren und diese im Projekt zu vereinbaren. Dies muss bereits während der Projektdefinition geschehen (Abschn. 7.4), damit die festgelegten Maßnahmen in der Planung berücksichtigt werden können. Essenziell ist es dabei, festzulegen, welche Prüfgegenstände im Projekt existieren und welche Methoden, Techniken und Verfahren auf diesen Artefakten sinnvoll anzuwenden sind. Während des Projekts ist dann sicherzustellen, dass die definierten Prüfgegenstände mit den zugeordneten Methoden geprüft werden.

> **Hinweis**
> Neben der Qualitätssicherung im Sinne der Qualitätsüberprüfung muss auch die Qualitätsverbesserung ein Ziel sein. Insgesamt ist darauf zu achten, dass die Qualitätssicherung nicht zur bürokratischen Routine verkommt, sondern Ausdruck eines lebendigen Qualitätsbewusstseins ist.

8.3.1   Qualitätssicherung im Projekt

Die Qualitätssicherung und die Kontrolle auf Fehler muss bereits für jeden Abschnitt eines Projekts etabliert werden, da in jedem Abschnitt mit dem ersten Auftreten von Fehlern und Qualitätsproblemen gerechnet werden muss. Neben den erwünschten und erwarteten Systemabläufen und Reaktionen treten in Softwaresystemen auch fehlerhafte Reaktionen auf. Wir sprechen von *Systemfehlern*, deren Ursachen sein können:

- Fehler in der Entwicklung (Spezifikation, Entwurf, Programmierung)
- Fehler in den Daten, den Nachrichten oder in den Parametern
- Fehler in Algorithmen (Überlauf der Arithmetik, Speicherüberlauf)
- Geräte- und Hardwarefehler
- Inkonsistenzen in der Konfiguration

Nutzerfehler (Bedienfehler) sind keine Systemfehler. Sie sind in der Anforderungsdefinition (Benutzerschnittstelle) als mögliches Verhalten zu berücksichtigen. Jedoch kann ein verstärktes Auftreten von Nutzerfehlern auf Schwächen in den Mensch-Maschine-Konzepten hindeuten. Fehler und Qualitätsprobleme haben ihre Ursachen oft in Schwächen im Entwicklungsprozess.

Gefahren und Auswirkungen von Fehlern Systemfehler können bei ihrem Auftreten katastrophale Auswirkungen haben. Das Gesamtsystem kann abstürzen, was zur Zerstörung oder zur Verfälschung von Daten und Programmen und in sicherheitskritischen Anwendungen zu katastrophalen Auswirkungen führen kann. Ebenso können Systemfehler nicht korrekte Systemreaktionen verursachen – man denke an einen fehlgezündeten oder einen gar nicht gezündeten Airbag. Dies zeigt, dass auch die Gefährdung von „Leib und Leben" eine mögliche Konsequenz aus dem Fehlverhalten eines Systems sein kann, sofern es eine entsprechende Kritikalität besitzt, zum Beispiel ein Flugkontrollsystem. Solche Fehler (Produktrisiken) betreffen den Komplex der funktionalen Sicherheit [10].

Es ist Aufgabe der Qualitätssicherung und der Fehlerbehandlung, umfassend alle denkbaren Systemfehler zu berücksichtigen, diese möglichst frühzeitig zu entdecken, zu begrenzen und „weich" abzufangen. Im Idealfall sollen Fehler vollständig abgefangen und ausgeglichen werden, um ein Wiederanlaufen des Systems zu ermöglichen. Alle möglichen potenziellen aber auch bereits entdeckte Systemfehler sind als Vorbereitung der Fehlerkorrektur zu dokumentieren.

Fehlermodelle Fehlermodelle treffen Aussagen dazu, welche Fehler auftreten können und wie sich diese auswirken oder abgefangen werden können. Typischerweise werden Fehler (genauer Fehlermeldungen) durch die Schichten eines Systems durchgereicht, bis zu der Stelle, wo der Fehler behandelt wird. Heutige Programmiersprachen sehen dafür spezielle Konzepte zur Ausnahmebehandlung vor (Exception Handling). Bei der Fehlererkennung und der Ermittlung der Ursachen sprechen wir von der *Diagnose*. Dafür werden Fehler, etwa in Fehlerspeichern, festgehalten und Verfahren entwickelt, die von Fehlerbildern auf die Fehlerursache schließen lassen.

Die Erstellung eines Fehlermodells sollte bereits im Rahmen der konstruktiven Qualitätssicherung durchgeführt werden und während der Projektdefinition vorgegeben werden. Fehlermodelle sind dann Teil der Spezifikation und des Entwurfs. Auf dieser Grundlage lässt sich ermitteln, welche Prüfverfahren geeignet sind, um die erwarteten Fehlerklassen zu erfassen. Oftmals lassen sich diese während der Projektdefinition auf Basis von Erfahrungswerten schon gut bestimmen. Es ist jedoch wesentlich, das initial erstellte Fehlermodell während der Projektlaufzeit kontinuierlich zu prüfen und gegebenenfalls fortzuschreiben.

8.3.2 Fehlermanagement

Das Fehlermanagement ist ein grundlegender Teil der analytischen Qualitätssicherung. Es ist darauf ausgerichtet, auf technische Fragestellungen im Sinne der Kontrolle und Qualität des zu entwickelten Systems und weniger auf Änderungen in den Anwenderanforderungen. Praktisch werden im Fehlermanagement sogenannte Defekte (*Bugs*) aufgenommen (zum Beispiel im Rahmen des (automatisierten) Testens aber auch im Produktiveinsatz) und deren Behebung organisiert. Das Fehlermanagement ist bei ausgelieferten Systemen, insbesondere solchen, die einer weiteren Entwicklung unterliegen und von vielen Benutzern eingesetzt werden, unabdingbar. Aber schon während der Entwicklung ist ein internes Fehlermanagement vorzusehen. Es empfiehlt sich insbesondere, das Fehlermanagement mit dem Problem- und Änderungsmanagement (Abschn. 5.3) abzustimmen und, soweit möglich, einheitliche Verfahren für die Dokumentation und Nachverfolgung festzulegen. Folgende wichtige Einzelaufgaben sind dafür in der Projektdefinition festzulegen und während der Projektdurchführung umzusetzen:

- Verfahren zur Erfassung von Fehlern und zur Erstellung von Fehlermeldungen
- Filterung der Fehlermeldungen
- Fehlerlokalisierung (Diagnose)
- Vorläufige (provisorische) Fehlerkorrekturen (Patches)
- Endgültige Fehlerkorrekturen
- Umsetzen der Fehlerbehebungskontrolle inklusive einer Fehlerstatistik

Der geschickte und entschlossene Umgang mit aufgetretenen Fehlern ist für die Nutzbarkeit und Verfügbarkeit von Systemen und somit für den Erfolg eines Projekts unverzichtbar.

Erfassung der Fehlermeldungen   Fehler können in unterschiedlichster Weise entdeckt werden. Dies kann systematisch im Rahmen von Qualitätssicherungsmaßnahmen (zum Beispiel in sogenannten Daily oder Nightly Builds mit automatisierten Tests) erfolgen oder eher zufällig im Rahmen der Nutzung. Treten Fehler auf, müssen sie strukturiert erfasst und dokumentiert werden. Dabei kann wieder ein Werkzeug verwendet werden, wie zum Beispiel das Formular in Abb. 8.9.

> **Hinweis**
> Grundsätzlich ist die Behandlung von Fehlern in fertigen Arbeitsergebnissen von solchen in halbfertigen Arbeitsergebnissen zu unterscheiden, die noch nicht vom Entwickler zur Nutzung freigegeben worden sind. Im ersten Fall erfolgt eine formale Fehlerverfolgung, im zweiten Fall ist das Teil der internen Arbeitsorganisation im Team.

Bei der Erfassung eines Fehlers wird beschrieben, um welchen Fehler es sich handelt und wie er sich darstellt. Gegebenenfalls ist zu erläutern, warum es sich bei dem entdeckten „Phänomen" um einen Fehler handelt.

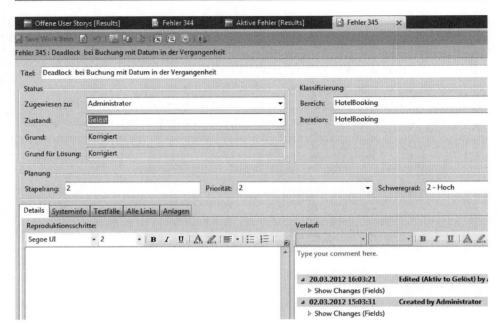

Abb. 8.9 Strukturiertes Erfassen von Bugs am Beispiel Visual Studio

Filterung und Klassifizierung der Fehlermeldungen Wegen der Anzahl möglicherweise auftretender Fehler, ist es sinnvoll, eine Filterung vorzusehen und nicht alle Fehlermeldungen sofort zur Korrektur an die zuständigen Entwickler zu geben. Die Folge wäre eine unnötig hohe Belastung der Entwickler, da sie zunächst die für sie relevanten Fehler identifizieren müssten. Daher ist es wichtig, die Fehler zu klassifizieren und zu filtern, um eine effiziente Verteilung auf die Entwickler zu ermöglichen. Insbesondere ist hierbei zu prüfen, ob es sich bei der Meldung wirklich um einen Fehler handelt und, falls es ein Fehler ist, ob er schon einmal (in ähnlicher Form) aufgetreten ist. Des Weiteren ist es wichtig, den Fehler hinsichtlich seiner Schwere zu klassifizieren und damit eine Priorisierung für die Fehlerbehebung vorzunehmen.

In gewissen Fällen – etwa wenn die Fehlerbeseitigung umfangreiche, kaum überschaubare Änderungen erfordert – kann es günstiger sein, einen aufgetretenen Fehler zu umgehen, als diesen sofort und gegebenenfalls sehr aufwendig zu beseitigen (Hot Fix), bzw. eine vorläufige Korrektur bereitzustellen (Work Around). In diesem Fall muss aber auch eine entsprechende Dokumentation erfolgen, damit dieser Fehler und seine Korrektur nicht vergessen werden, nur weil der Work Around funktioniert.

Fehlerlokalisierung und -diagnose Die Fehlerlokalisierung, insbesondere in Software, die sich im Einsatz befindet, setzt eine genaue Beschreibung des aufgetretenen Fehlers und der Umstände seines Auftretens voraus. Einer Fehlermeldung sind also möglichst exakte

Beschreibungen hierzu beizulegen, wie etwa die verwendete Plattform, Systemkonfiguration und Programme, Ablaufprotokolle, Screenshots und gegebenenfalls Speicherabzüge, etwa Variablenbelegungen bis hin zu einem sogenannten Core Dump.

In der Regel wird es aufgrund solcher Unterlagen allein nicht möglich sein, den Fehler zu lokalisieren und zu analysieren. Es wird eher notwendig sein, den Ablauf, der zum Fehler führte, zu wiederholen. Ein Fehler muss dazu *reproduzierbar* sein. Damit ist eine schärfere Forderung an Fehlermeldungen: Es ist möglichst zu beschreiben, wie der Fehler reproduzierbar erzeugt werden kann. Nichtreproduzierbare Fehler können in der Regel nur unter großen Schwierigkeiten lokalisiert werden und erfordern besondere Maßnahmen. Ziel ist letztlich eine Fehlerdiagnose und die Ermittlung der Fehlerursachen. Dies liefert den Ansatzpunkt für die Fehlerkorrektur.

Fehlerkorrekturen Bei Fehlern, die eine Anwendung stark behindern oder ernstzunehmende Sicherheitsrisiken nach sich ziehen, ist oft eine *sofortige* Fehlerbehebung notwendig. Da eine endgültige Behebung oft erst zusammen mit einer neuen Softwareversion erfolgen und das mehrere Monate dauern kann, ist eine vorläufige Fehlerkorrektur notwendig. Diese vorläufige Korrektur kann durchaus so konzipiert sein, dass sie „Flickwerk" (Patch) darstellt und nur das Auftreten des Fehlers verhindert oder das Umgehen des Fehlers für spezielle Kunden ermöglicht.

Oft ist es ratsam, Fehler in ausgelieferter Software nicht sofort zu beheben, selbst wenn das einfach möglich sein sollte. Es kann nämlich sein, dass gewisse Systemteile den Fehler „nutzen" und somit nach der Korrektur des Fehlers nicht mehr funktionieren. Zudem würde eine ständige Flut von Änderungen den Nutzer verunsichern und unnötig belasten. Deshalb werden in der Regel Fehlermeldungen und dazu ermittelte Korrekturen über einen gewissen Zeitraum gesammelt. Die Korrektur erfolgt dann auf einen Schlag in der Freigabe einer neuen Systemversion (Release, siehe auch Versions- und Konfigurationsmanagement).

Beispiel

Beispielhaft sei hier der „berühmte" Microsoft *Patchday* aufgeführt. Fehlermeldungen werden, sofern sie eine gewissen Kritikalität nicht überschreiten, gesammelt und die Korrekturen dem Anwender dann als integriertes Update einmal im Monat zur Verfügung gestellt. Der Vorteil dieses Verfahrens ist es, zusammen mit Fehlerbehebungen gleichzeitig auch reguläre Verbesserungen, zum Beispiel die Verbesserung der Performance von Programmteilen, zu verteilen. Ferner vereinfacht ein solch regelmäßiges Vorgehen auch die Organisation – sowohl der Pflegeprojekte beim Hersteller (es gibt feste Zeitpläne) als auch bei den Anwendern (zum Beispiel können Administratoren planen, wann sie das System aktualisieren müssen und können dies mit den Zeitfenstern geringer Auslastung abstimmen).

Tab. 8.4 Beispielhafte Zustände für eine Fehlermeldung

Num- mer	Zustand	Beschreibung	Nachfolger
1	Erkannt	Der Fehler ist erkannt aber noch nicht analysiert	2
2	Analysiert	Der Fehler ist analysiert	3, 6
3	In Bearbeitung	Die Fehlerkorrektur ist eingeleitet	4
4	Eingearbeitet	Die Fehlerkorrektur ist eingearbeitet und kann überprüft werden (Qualitätssicherung der Fehlerkorrektur, bevor sie in das System übernommen wird).	5, 6
5	Geschlossen	Die Fehlerkorrektur wurde durchgeführt und geprüft. Die Korrektur erzielt den gewünschten Effekt, sodass der Fehler abgeschlossen werden kann.	(1)
6	Zurückgestellt	Eine Fehlerkorrektur ist zum aktuellen Zeitpunkt nicht möglich oder nicht sinnvoll.	2, 3

8.3.3 Fehlerbehebungskontrolle

Im Rahmen der Fehlerbehebungskontrolle ist für die Sicherstellung und Verfolgung der Fehlerbeseitigung analog zum Problem- und Änderungsmanagement (Abschn. 7.3.2) ein Mechanismus zur Speicherung der Fehlermeldungen mit Bearbeitungszuständen ratsam. In Tab. 8.4 sind beispielhafte Bearbeitungszustände von Fehlermeldungen aufgeführt. Diese bilden einen Zustandsautomaten ab, der insbesondere im Rahmen eines artefaktbasierten Controllings (Abschn. 8.2.2.4) ausgewertet werden kann. Tabelle 8.4 zeigt nur ein sehr einfaches Beispiel. Je nach Domäne können solche Fehlerkorrekturprozesse sehr umfangreich werden. Insbesondere in sicherheitskritischen Anwendungsfällen werden Fehlerkorrekturen ebenso akribisch getestet, wie die „normale" Software. Dies kann bis zur Anwendung formaler Beweistechniken reichen.

Aufgaben des Managements Eine zentrale Erfassung aller eingegangenen Fehlermeldungen, ihre Bearbeitungszustände und der von der Korrektur betroffenen Komponenten ist wichtig, um Kunden und weitere Betroffene zu informieren und die Behebung des Fehlers zu überwachen. Dazu ist es eine der Aufgaben der Projektorganisation und des Managements, die Fehlerbehebungskontrolle in die Projektüberwachung zu integrieren. Die Überwachung und Umsetzung der Fehlerkorrekturen betrifft häufig nicht nur eine Entwicklungsgruppe allein. Dies kann die Analyse eines Fehlers erschweren, sodass in solchen Fällen häufig ein Hin- und Herschieben der Verantwortung für die Analyse und Korrektur zu beobachten ist. Dasselbe gilt im Übrigen auch für die Umsetzung der Fehlerkorrektur.

Den Eingang von Fehlern, ihre Analyse und die Behebung des Fehlers sind Informationen, die in einer Projektdatenbank abgelegt und ausgewertet werden sollten. In Abhängigkeit vom Adressatenkreis können solche Auswertungen beispielsweise als Produkt- oder als Projektmetrik (Abschn. 10.2) aufbereitet werden. Dabei sind vielfältigen Informationen nützlich und aussagekräftig, wie zum Beispiel:

- Zahl der im Berichtszeitraum eingegangenen Fehlermeldungen
- Zahl der im Berichtszeitraum behobenen Fehlermeldungen
- Zahl der insgesamt schon behobenen/noch offenen Fehlermeldungen
- Durchschnittliche Zeit von der Meldung bis zur Behebung eines Fehlers
- Zahl der als nicht reproduzierbar eingestufter und daher nicht weiterverfolgbarer Fehler
- Altersverteilung der noch nicht erledigten Fehlermeldungen
- …

Interessant sind auch Zahlen über den Aufwand für die Fehlerbehebung. Aus den Fehlerstatistiken können dann eine Reihe von Konsequenzen gezogen werden wie etwa:

- Entsprechen die Anforderungen den Kundenerwartungen?
- Ist die die Nutzbarkeit (Usability) des Systems ausreichend?
- Sind die Benutzer zufrieden?
- Ist das System stabil?
- Ist die Qualität der Implementierung gut?
- Sind der Testumfang und die Testüberdeckung ausreichend?
- Wie effizient ist der Fehlerbehebungsprozess?
- Wie viel % der Funktionen wird von den Anwendern überhaupt genutzt?
- …

Diese Kennzahlen werden in der Projektüberwachung erfasst und in der Regel während der Implementierung mit dem Quellcode in Beziehung gesetzt und mit diesem zusammen ausgewertet (vgl. Tab. 8.9). Weitere Schlüsse können aus einer kunden- und komponentenspezifischen Fehlerstatistik (Abb. 8.10) gezogen werden. Diese Form der Darstellung bricht die vielschichtigen Informationen aus dem Projektverlauf herunter, sodass schnell ein Überblick über das Projekt und den Stand der Fehlerkorrekturen möglich ist.

Rückwirkung auf den Entwicklungsprozess Das verstärkte Auftreten von Fehlern kann auch auf Probleme im Entwicklungsprozess oder in der Qualifikation der Mitarbeiter hinweisen. Für die Verbesserung des Entwicklungsprozesses ist es daher sinnvoll, die Fehlerursachen zu ermitteln. Dabei lassen sich Fehler wie folgt klassifizieren:

Spezifikationsfehler   Unzutreffend erfasste Anforderungen oder missverständliche Formulierungen deuten auf Schwächen im Anforderungsmanagement und davon abhängigen Prozessen hin.

Architekturfehler   Die Architektur wird nicht ausreichend beschrieben oder die Beschreibung enthält Fehler.

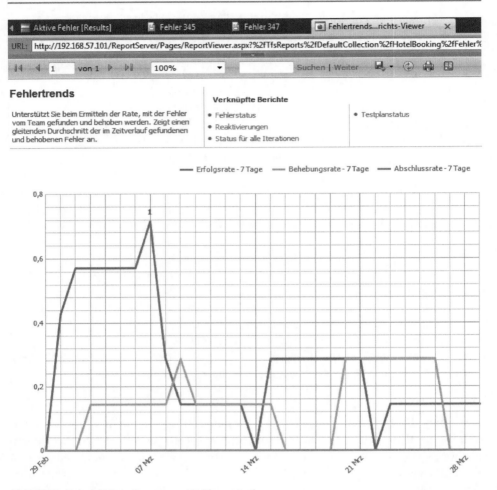

Abb. 8.10 Beispiel eines Reports zur Fehlerstatistik

Implementierungsfehler Anforderungen und Teilsysteme werden nicht korrekt realisiert. Diese Fehler lassen sich weiter unterteilen:

– Fehler im Design
– Fehler in der Komponentenrealisierung
– Fehler in der Systemumgebung

Eine zu hohe Zahl von Implementierungsfehlern kann darauf hindeuten, dass die Programmierer nicht in der Lage sind, eine Anforderungsspezifikation zu lesen und korrekt umzusetzen, entweder, weil es Qualifikationsdefizite gibt oder weil die Qualität der Spezifikation unzureichend ist.

Managementfehler | Arbeiten werden im Projekt nur nachlässig und unkoordiniert erledigt. Dies deutet auf Qualifikationsdefizite im Team oder beim Management hin. Es kann aber auch ein Indiz dafür sein, dass die Entwicklungsprozesse des Unternehmens nicht funktionieren.

Besonders schwierig und kritisch sind Probleme mit nichtfunktionalen Anforderungen. Hier handelt es sich weniger um Fehler im strengen Sinn sondern um quantitative Schwierigkeiten wie zu lange Antwortzeiten oder Fehlverhalten und Ausfall bei hoher Auslastung. Diese Arten von Unzulänglichkeiten lassen sich oft nicht einfach durch punktuelle Änderungen beseitigen, sondern erfordern oft aufwendige Änderungen, Neuimplementierungen und gegebenenfalls ein Redesign. Aus diesem Grund ist frühes und möglichst häufiges Testen notwendig, da spät entdeckte Fehler zu großen Zusatzkosten für ihre Behebung führen.

Hierbei entstehen natürlich hohe Kosten, sodass bei einer Häufung solcher Fehlerbilder in Erwägung gezogen werden sollte, die Entwicklungsprozesse und das Personal einem kritischen Review zu unterziehen. Dies kann beispielsweise im Rahmen eines *Prozessverbesserungsprogramms* (Kap. 11) erfolgen.

8.4 Systementwicklung

Die bislang vorgestellten Prinzipien und Methoden der Projektorganisation und des Managements finden in den einzelnen Entwicklungsphasen ihre individuelle Ausprägung. Für die Software- bzw. Systementwicklung wird dies nun im Folgenden vertieft.

> **Hinweis**
> Dieser Abschnitt des Produkt- und Systemlebenszyklus wird im Folgenden aus der Sicht der Projektorganisation und des Managements betrachtet. Konkrete Methoden, Techniken und Werkzeug der Software- und Systementwicklung sind indes nicht Gegenstand dieses Buchs.

8.4.1 Systemanalyse und -spezifikation

Die Systemanalyse (Requirements Engineering [156, 66]) dient der Erfassung des Problembereichs und der Aufgabenstellung, der Abgrenzung des Leistungsumfangs und der groben Festlegung der Systemkonzeption. Ziel der Analyse ist die Erfassung der Anforderungen und ihre Umsetzung in einer Systemspezifikation[2]. Bei umfangreicheren Softwareprojek-

---

[2] **Achtung**: Je nach Unternehmen und eingesetztem Vorgehensmodell unterscheidet sich an dieser Stelle die Terminologie.

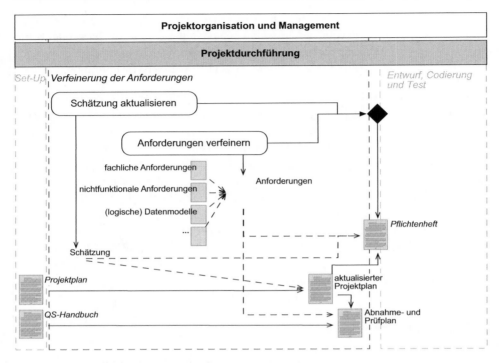

Abb. 8.11 Übersicht: Projektdurchführung in der Anforderungsfestlegung

ten bereitet insbesondere dieser Teil der Entwicklung große Schwierigkeiten, da die genaue Zielsetzung, die Abgrenzung, die Festlegung und die Erfassung der Aufgabenstellung in der Regel Abstimmungsprobleme mit sich bringen und Entscheidungsprozesse zwischen unterschiedlichen Projektbeteiligten und eine komplexe Anforderungserfassung und Modellbildung erfordern.

▶   **Anmerkung** Die softwaretechnischen Fragestellungen und Anforderungen sind dabei naturgemäß nicht von den organisatorischen und wirtschaftlichen Fragestellungen zu trennen. Nur wenn Softwarelösungen zu einer betrieblichen Gesamtlösung adäquat beitragen und sich dieser unterordnen, erfüllen sie ihre Zielsetzung.

   In vielen Anwendungen ist der Einsatz von Software mittlerweile strategisch entscheidend. Moderne Organisationsformen und betrieblichen Abläufen werden nur durch massiven Einsatz von Software möglich. Dies erfordert eine enge Zusammenarbeit zwischen Informatik- und Anwendungsfachleuten.

Aufgaben Die Zielstellung dieses Projektabschnitts ist die Entwicklung eines *Pflichtenhefts* (oder eines äquivalenten Artefakts, siehe Abb. 8.11). Aus der fachlichen Sicht umfasst diese Tätigkeit im wesentlichen:

- Abgrenzung des Gegenstandsbereichs (Scope)
- Erfassung der problemrelevanten Rahmenbedingungen
- Erarbeitung der fachlichen Anforderungssammlung
- Festlegung der nichtfunktionalen Anforderungen (Technik, Qualität)
- Erstellung eines logischen Datenmodells
- Festlegung der Funktionalität (Use Cases)
- Erstellung einer funktionalen Spezifikation (Dienstleistungsbeschreibung)
- Festlegen der Benutzerschnittstellen

Neben diesen sind bereits wieder Aufgaben aus der Projektorganisation und des Managements durchzuführen, insbesondere im Bereich der Risikoermittlung und -abschätzung oder die Klärung organisatorischer Rahmenbedingungen. Eine weitere wichtige Aufgabe, die das Management wahrnehmen muss, ist die Organisation und die Verfügbarmachung der Informationsquellen für die Analysten. Neben den Informationsquelle aus der Literatur sind insbesondere die Gesprächspartner vor Ort beim Kunden verfügbar zu machen. Je nach Projekt sind die folgenden Kommunikationspfade durch das Management zu öffnen:

- Experten und Anwender für Interviews gewinnen
- Beratung des Kunden oder des Projektteams organisieren
- Entwickler beim Kunden einsetzen
- Kundenbesuche organisieren

Aufgaben des Managements Die Projektleitung sollte die Erfassung des Problembereiches ernst nehmen. Mangelnde Sorgfalt kann hier zu grundlegenden Missverständnissen bei der Erfassung und Lösung der Aufgabenstellung führen. Dies stellt ein kritisches Projektrisiko dar und kann den Gesamterfolg des Projekts gefährden. Die Erfahrung zeigt für Softwaresysteme häufig folgende Symptome:

- bis zu 50 % aller erfassten Probleme sind Bedienfehler
- bis zu 80 % der Systemfunktionen werden nicht genutzt

Dies sind Hinweise darauf, dass die Anwenderanforderungen, -bedürfnisse, und die Erwartungen nicht angemessen umgesetzt wurden. Die Realisierung überflüssiger Funktionalität stellt nicht hierbei nur einen vermeidbares Kostenfaktor dar. Sie macht Systeme auch unnötig komplex und birgt die Gefahr zusätzlicher Fehlerquellen. Auch die Akzeptanz der Anwender leidet darunter, wenn ein System Funktionen anbietet, die sie eigentlich nicht benötigen, da dadurch die Komplexität aus Sicht der Anwender unnötig erhöht wird.

Tab. 8.5 Inhalte der Projektvorstudie und Einbettung in die Projektüberwachung

Inhalt	Projektüberwachung von …
Marktpotenzial	Gewinnerwartung, Return on Investment
Anforderungen	Kosten, Aufwand und entsprechende Kontrolle, Erfüllungsgrad
Kosten-/Aufwandsschätzungen	Kosten-, Aufwandskontrolle
Planung	Zeitplanung, Fortschrittskontrolle
Rahmenbedingungen	Kontrolle von Risiken
Kundennutzen	Kundenanforderungen

8.4.1.1   Projektvorstudie

Ein größeres Softwareprojekt kann mit einer Projektvorstudie (auch Systemstudie) begonnen werden. Der Auslöser für die Erstellung einer solchen Studie ist neben der eigentlichen Projektidee der Bedarf einer umfassenden Untersuchung hinsichtlich fachlicher, wirtschaftlicher oder strategischer Potenziale (Abschn. 6.2). Durch die Erstellung einer Projektvorstudie soll eine Entscheidungsgrundlage geschaffen werden, auf der über die Durchführung eines Projekt entschieden werden und ein *Projektauftrag* erteilt werden kann (Abschn. 6.2.3).

Aufgaben des Managements   Eine Projektvorstudie enthält im Wesentlichen eine grobe Skizze der Lösungsarchitektur, eine Abschätzung von Chancen und die Untersuchung der grundsätzlichen technischen und organisatorischen Machbarkeit. Zu Beginn der Analyse muss das Management daher zunächst sicherstellen, dass alle diese Informationen auch wirklich vorhanden sind. Darüber hinaus muss festgelegt werden, wie die Informationen aus dem Projektvorlauf im Rahmen des Projektmanagements überwacht werden.

Tabelle 8.5 setzt ausgewählte Inhalte der Projektvorstudie mit ihren Möglichkeiten zur Einbettung in die Projektüberwachung in Verbindung. Zu jeder der genannten Größen sind im Rahmen der Überwachung und Steuerung entsprechende Kennzahlen (Kap. 10) und Steuerungsmaßnahmen festzulegen, falls die Kennzahlen eine Schieflage im Projekt anzeigen.

> **Hinweis**
> Da die Anforderungen aus der Projektvorstudie in der Regel noch unscharf sind und erst im Rahmen der Software- und Systemspezifikation präzisiert werden, ist insbesondre darauf zu achten, dass die ausgewählten Kennzahlen den Wissenszuwachs auch widerspiegeln.

8.4.1.2   Systemanforderungen

Nachdem die grundsätzliche Entscheidung für die Entwicklung eines Systems getroffen worden ist, gilt es, die genauen Anforderungen an ein System zu fixieren. Häufig wird der

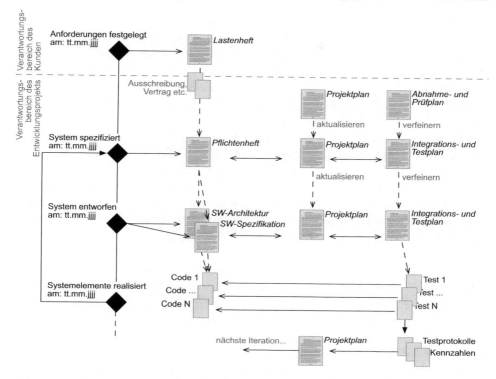

Abb. 8.12 Der Weg von den Anforderungen des Kunden (Lastenheft) zum Pflichtenheft, zum Entwurf und zur Realisierung der Software

genauen Erfassung der Anforderungen zu wenig Sorgfalt gewidmet. Stattdessen wird in dem Bestreben, der Realisierung der Software schnell näher zu kommen, zu früh mit dem Entwurf oder der Implementierung begonnen. Die Aufgabe der Projektorganisation und des Managements ist es hier, dafür zu sorgen, dass die Analyse und die Verfeinerung der Anforderungen weit genug fortgeschritten ist, bevor die Realisierung begonnen wird.

Von der Projektvorstudie zum Pflichtenheft In den Projektabschnitten, die sich mit Schwerpunkt der Analyse widmen, ist festzulegen, auf welchem Weg die Anforderungen gefunden werden, die für die Realisierung bindend sind. In Abb. 8.12 ist eine ausschnittweise Verfeinerung des Projektlebenszyklus, die sich am V-Modell XT orientiert, gezeigt.

▶ **Erkenntnis** Die erste wichtige Erkenntnis ist, dass die Anforderungen, die für das Projekt in Sinne der Realisierung, wichtig sind, im *Pflichtenheft* dokumentiert werden. Das Lastenheft stellt üblicherweise die Anforderungen aus Sicht des Kunden dar, während das Pflichtenheft das Verständnis der Anforderungen aus Sicht des Entwicklungsprojekts widerspiegelt.

Nicht in allen Projekten wird sauber zwischen Lastenheft und Pflichtenheft unterschieden. Oftmals bereitet hier die Terminologie der Unternehmen bereits erste Schwierigkeiten. So wird das Lastenheft machmal auch als Fach- oder Grobkonzept bezeichnet und das Pflichtenheft als Feinkonzept. Unabhängig von der Terminologie gilt jedoch: Die Erstellung des Lastenhefts ist in der Regel Aufgabe des Kunden, denn es enthält seine Anforderungen. Allerdings kann die Erstellung eines Lastenhefts auch in einem eigenständigen Projekt unter Mitwirkung des Kunden erfolgen. Letztlich ist die im letzten Abschnitt beschriebene Projektvorstudie, sofern sie nicht erst im Rahmen des Projekts durchgeführt wird, in der Regel bereits Bestandteil des Lastenhefts. Die im Lastenheft enthaltenen Anforderungen werden in das Pflichtenheft übernommen und im Rahmen der Erstellung des Pflichtenhefts weiter verfeinert. Erst wenn diese Tätigkeiten hinreichend weit fortgeschritten sind und eine Spezifikation vorliegt, welche die geforderte Funktionalität und die Qualitätsanforderungen beschreibt, macht es Sinn, eine Architektur im Detail zu entwerfen, welche dann die Grundlage für die Realisierung ist.

Agiles Vorgehen   Insbesondere in den agilen Vorgehensweisen ist es üblich, diese Phasen nicht strikt zu trennen, sondern zuzulassen, dass sie sich auch überlappen. Die Grundvoraussetzung hierfür ist ein iterativ/inkrementelles Vorgehen (Abschn. 4.2.2) unter Berücksichtigung der Tatsache, dass Änderungen an den Anforderungen (hierzu zählen auch Verfeinerungen) Auswirkungen auf die Architektur und auf bereits erstellten Programmcode haben. Dies kann besonderes in den frühen Phasen eines Projekts hilfreich sein, insbesondere dann, wenn Anforderungen noch in Teilen unklar oder sogar unbekannt sind. Ein *Prototyping*-Ansatz kann hier Klarheit schaffen und helfen, offene Fragen zu klären.

Präzisierung der Anforderungen   Ziel dieses Abschnitts der Projektdurchführung ist es, Klarheit über die tatsächlichen Anforderungen zu erhalten und eine grobe Realisierungsidee soweit zu konkretisieren, dass sie umsetzbar ist. Dazu sind in der Regel verschiedene Aufgaben zu bearbeiten, oder bereits zuvor durchgeführte Aktivitäten zu wiederholen, um folgende Fragen zu beantworten:

- Was sind die Ziele, die mit dem Projekt verfolgt werden?
- Sind die Ziele in „diesem" Projekt vollumfänglich erreichbar?
- Was ist der Ist-Zustand des Unternehmens/des Altsystems?
- Was ist der Soll-Zustand des Unternehmens/des Systems?
- Welche Dienste (Services) sollen erbracht werden (fachlich)?
- Unter welchen Bedingungen sollen Services erbracht werden (technisch)?
- Welche Risiken sind mit der Konzeption/Realisierung verbunden?
- Was von all dem ist im abgesteckten Projektrahmen realistisch möglich?

Diese Fragen helfen hierbei nicht nur dabei, das fachliche und technische Verständnis des Projekts zu vertiefen, sondern sie legen auch die Grundlage für die weitere Organisation und das Management des Projekts.

Tab. 8.6 Projektüberwachung im Bezug zur Zielerreichung

Ziele	Projektüberwachung von ...
Ziele des Kunden	Grad der Zielerreichung, Customer Satisfaction, Kostenersparnis
Ziele des Dienstleisters	Aufwands- und Kostenkontrolle, Reputation
Ziele des Projekts	Funktionsumfang, Qualität, Termintreue

Tab. 8.7 Projektüberwachung im Bezug zur Zielerreichung

Ziele	Projektüberwachung von ...
Funktionen des Altsystems	Erfüllungsgrad der Funktionen im Neusystem
Soll-Zustand (Anforderungen)	Umsetzungsgrad der Anforderungen
Qualität (Anforderungen)	Güteprüfung der Realisierung (fachlich, technisch)
Management	Kostenverbrauch bei der Umsetzung, Termintreue, Änderungs-häufigkeit, Trends hinsichtlich der Umsetzungsperformanz

Aufgaben des Managements Die Beantwortung der oben stehenden Fragen ist in weiten Teilen Aufgabe der jeweiligen Fachexperten (Domänenexperten, Anforderungsanalytiker, Architekten). Aus Sicht des Managements ist es jedoch wichtig bei der Beantwortung dieser Fragen mit eingebunden zu werden, weil die Antworten wesentliche Erfolgskriterien für das Projekt festlegen:

Ziele und Zielerreichung Bei Verfeinerung der Anforderungen sind die Ziele des Projekts stets im Auge zu behalten. Aus den Zielen heraus müssen Kriterien abgeleitet werden, aus denen die Zielerreichung ablesbar ist. In Tab. 8.6 sind einige ausgewählte Größen zusammengefasst, die für das Management im Sinne der Zielerreichung relevant sind.

Ist-/Soll-Zustand des Systems Bei der Ermittlung des Ist- und der Definition des Soll-Zustands des Systems muss das Management eingebunden sein, um die erforderlichen Messgrößen festlegen zu können, welche Aussagen hinsichtlich der Erreichung des Soll-Zustands zulassen. Hierzu sind insbesondere auch die fachlichen Anforderungen (fachlicher Funktionsumfang) sowie die Nebenbedingungen (nichtfunktionale Anforderungen) in die Überlegungen mit einzubeziehen. In Tab. 8.7 sind einige Messgrößen zusammengefasst, die das Management beim Aufbau der Überwachung der Entwicklung hinsichtlich der Ist- und Soll-Zustände unterstützen.

Projektrahmen und Risiken Erst bei der Verfeinerung der Anforderungen zeichnet sich schrittweise ein klares Bild vom Zielsystem ab. Dem entsprechend können neue Projektrisiken identifiziert werden oder bereits bekannte Risiken müssen neu bewertet werden. Hier sind durch das Projektmanagement grundlegende Informationen für das Risikomanagement zu ermitteln. Die Kernfrage, die durch das Projektmanagement mit dem neuen (zusätzlichen) Wissen beantwortet werden muss ist aber: *Kann das Projekt auf Basis der neuen Erkenntnisse erfolgreich abgeschlossen werden?* Sollte sich bereits bei der Verfeinerung der Anforderungen zeigen, dass bestimmte Sachverhalte im Projektvorlauf durch den Kunden unterschätzt wurden, muss dies an den Kunden kommuniziert und in die Nachverhandlung eingetreten werden. Insbesondere sind folgende Maßnahmen auszuarbeiten und in Gang zu setzen, wenn sich in der Verfeinerung der Anforderungen Verzerrungen in den Projektrahmenbedingungen zeigen:

- Aktualisierung der Risikolisten und gegebenenfalls Eskalation
- Anpassung der Schätzungen
- Anpassung der Planungen
- Anpassung der Anforderungen (Systemumfang)
- Neuausrichtung des Projekt (neue Zielstellung)

Kommunikation und Koordination Während der Verfeinerung der Anforderungen arbeiten in der Regel Fachexperten zusammen. Eine wesentliche Aufgabe der Projektorganisation und des Managements ist es, diese Fachexperten zusammenzubringen. Das Management nimmt eine wesentliche Rolle in der Koordination der Fachexperten ein, indem es beispielsweise die Kommunikationspfade öffnet, die Informationen verteilt oder für die Einbindung der Anwender sorgt. Weiterhin muss das Management die frühzeitige Einbindung der Qualitätssicherung in das Projekt gewährleisten, insbesondere um die Kriterien festzulegen, die erfüllt sein müssen, damit das System abnahmefähig wird. Diese Kriterien sind dabei auch essenzielle Messgrößen für die Projektüberwachung und -steuerung.

8.4.1.3 Zentrale Artefakte für Anforderungen

Die oben gemachten Ausführungen werden nun exemplarisch für das V-Modell XT präzisiert (siehe auch Friedrich et al. [79]). Den Projektstart bzw. den Projektvorlauf nimmt die Erstellung einer (optionalen) Projektvorstudie ein, die für die Erstellung eines *Projektvorschlags* (Projektauftrag, Abschn. 6.5.1) verwendet wird. Üblicherweise wird der Projektvorschlag in einem Projekt des Auftraggebers erstellt, eine Projektvorstudie kann auch als eigenständiges (Studien-)Projekt separat beauftragt werden. Der Projektvorschlag beinhaltet bereits alle wesentlichen, bekannten Ziele und Anforderungen, die mit einem Projekt verfolgt werden. Ferner ist dieser Projektvorschlag die Grundlage für den Aufbau des Projekts (in seinen Organisationsstrukturen) und die Erfassung der Anforderungen.

Das Lastenheft Die Anforderungsfestlegung erfolgt organisatorisch zweistufig. Zuerst erstellt der Auftraggeber das V-Modell-Produkt: *Anforderungen (Lastenheft)*, das die Inhalte von Projektvorstudie und Projektvorschlag aufgreift und präzisiert. Folgende Themen werden durch das Lastenheft adressiert:

- Ausgangssituation und Zielsetzung
- Funktionale Anforderungen
- Nichtfunktionale Anforderungen
- Skizze des Lebenszyklus und der Gesamtsystemarchitektur

- Sicherheitsrelevante Anforderungen, Risikoakzeptanz und Sicherheitsstufen
- Lieferumfang
- Abnahmekriterien

Dabei werden die Anforderungen in der Regel lösungsunabhängig erstellt, da das Lastenheft Gegenstand einer Ausschreibung ist und die Erstellung einer optimalen Lösung dem Auftragnehmer überlassen werden soll.

Das Pflichtenheft Die lösungsorientierte Verfeinerung der Anforderungen hin zu einem realisierbaren System übernimmt der Auftragnehmer im V-Modell-Produkt *Gesamtsystemspezifikation (Pflichtenheft)*. Hier werden die Anforderungen so aufbereitet und verfeinert, dass auf ihrer Grundlage mit dem Systementwurf begonnen werden kann. Der Systementwurf zieht im V-Modell XT die Erstellung verschiedener weiterer Produkte nach sich, die jeweils spezialisierte Sichten auf die Anforderungen und Entwürfe des Systems bieten. So werden auf Grundlage des Pflichtenhefts beispielsweise System- und SW-Spezifikationen erarbeitet, die einzelne Aspekte (hierarchisch) präzisieren. Aus den Spezifikationen werden dann im Rahmen des Systementwurfs entsprechende System- und SW-Architekturen abgeleitet. Stets werden dabei die Anforderungen zurückverfolgbar gehalten um zu ermitteln, warum eine bestimmte Anforderungen relevant ist und wie sie umgesetzt wurde (Stichwort: Tracing).

Hinweis
Bereits während der ersten umfassenden Aufnahme der Anforderungen im Lastenheft sieht das V-Modell XT eine Qualitätssicherung in Form einer *Anforderungsbewertung* sowie der Einbindung in die Qualitätssicherung zum Erreichen des Entscheidungspunkts *Anforderungen festgelegt* vor.

8.4.2 Systementwurf und -architektur

Ein System besteht aus einer Zahl von Komponenten, die über gewisse Verbindungen (Konnektoren) interagieren [171, 92, 172, 194]. Diese bilden die Architektur eines Systems. Man kann mit sehr unterschiedlichen Komponentenkonzepten arbeiten. Beispiele sind Datenflusskomponenten und Methoden-/Prozeduraufrufkomponenten. Abhängig von ihrer physikalischen Realisierung unterscheiden wir folgende Komponentengruppen:

- Nachgeordnete Programmkomponenten
- Andere Systeme
- Personen
- Hardware

Im Rahmen eines Systementwurfs werden diese unterschiedlichen Komponenten in einen organisatorischen Gesamtrahmen – beschrieben durch eine Architektur – eingeordnet.

Qualitätsmerkmale von Architekturen Es gibt sehr unterschiedliche Muster für System- und Softwarearchitekturen. Weit verbreitet sind Schichtenarchitekturen [61], wie zum Beispiel auch für Übertragungssysteme (ISO/OSI-Schichtenmodell). Die geschickte Wahl der Architektur ist entscheidend für die Beherrschbarkeit, Änderbarkeit, der einfachen Erweiterbarkeit und Anpassbarkeit von Systemen. Die Architektur und ihr Entwurf müssen als wesentlich und erfolgskritisch für größere Softwareprojekte angesehen werden. Die Architektur hat dabei eine Vielzahl von Anforderungen zu erfüllen: Sie ist zentral für das Verständnis der Arbeitsweise eines Softwaresystems und stellt die Zerlegung einer größeren Entwurfsaufgabe in eine Anzahl von kleineren Entwicklungsaufgaben dar.

Somit macht die Architektur auch Vorgaben für die Organisation der Arbeit im Softwareprojekt. Die Arbeit kann in einem Projekt aber nur dann erfolgreich auf Teams und Personen verteilt werden, wenn die Anforderungen und Schnittstellen an die Systemteile hinreichend präzise spezifiziert sind. Ist das nicht der Fall, passen die einzelnen Systemteile nicht plangemäß zueinander und es entstehen höhere Aufwände für das Änderungsmanagement und Fehlerbehebung [31] in der Integration. Die Architektur ist die zentrale Festlegung für die Systemintegration und hat damit direkte Konsequenzen auf das Test- und das Release-Management [141].

Wiederverwendung und Kostenkontrolle Innerhalb der Architektur wird unter anderem auch vorgegeben, welche Teile etwa durch vorgefertigte wiederverwendbare, und somit im Vergleich zu einer Neuentwicklung günstigere Komponenten abgedeckt werden können. Auch auf weitere Qualitätsmerkmale [167, 168] eines Softwaresystems hat die Architektur entscheidende Auswirkungen, beispielsweise die Performanz. Aufgrund der Architektur, gerade bei hoher Last auf dem System, wird festgelegt, welche Systemteile wann und wie oft aktiviert werden und ob Performanzengpässe entstehen. Die Architektur schafft auch die Voraussetzung für die Abbildung des Softwaresystems auf das Hardwaresystem (Deployment). Die in der Architektur festgelegten Systemteile laufen unter Umständen auf verschiedenen Rechnern, die über ein Netzwerk verbunden sind. Auch hier wird deutlich, dass durch die Aufteilung der Architektur und insbesondere die Verteilung auf einem Hardwaresystem mit spezifischen Eigenschaften im Hinblick auf Kommunikationszeiten und Kommunikationsbandbreiten die Performanz entscheidend beeinflusst wird. Besonders wichtig ist die Architektur aber für die langfristige Wartung und Evolution von Softwaresystemen. Hier sind die wichtigen Prinzipien des Information Hidings, der Verkapselung und der Modularität von entscheidender Bedeutung. Alle angesprochenen Aspekte wirken sich unmittelbar auf den Aufwand eines Projekts aus. Die Auswirkungen sind entweder unmittelbar, beispielsweise durch die Komplexität der Programmierung, oder mittel- bis langfristig spürbar, etwa durch unnötig hohen Aufwand für Wartung und Pflege. Eine ungeschickte oder mangelhafte Architektur wirkt sich zwangsläufig nachteilig auf die Projektkosten aus.

Tab. 8.8 Projektüberwachung im Bezug zur Zielerreichung

Ziele	Projektüberwachung von …
Tragfähigkeit	Evaluation der Architektur, zum Beispiel hinsichtlich der Angemessenheit, der Flexibilität, Klarheit, Redundanzfreiheit und so weiter
Dokumentation	Kontrolle, dass die Architektur und die Architekturbeschreibung und ihre Dokumentation konsistent sind und sich auch im Programmcode wieder finden
Organisation	Angleichung der Architektur und der Projektorganisation zur Schaffung von Komponenten, die arbeitsteilig oder parallel entwickelt werden können
Management	Fortschrittskontrolle hinsichtlich der Umsetzung, der dazu verbrauchten Ressourcen

Hinweis

Wird bei der Festlegung der Architektur fehlerhaft gearbeitet, wirkt sich das im Projekt in vielfältiger Hinsicht nachteilig aus. Einerseits entstehen unzureichende Vorgaben für das Ausarbeiten der Teilsysteme und daraus potenziell Fehler in der Integration. Andererseits sind in der Architektur getroffene Entscheidungen der Strukturierung nur schwer rückgängig zu machen und entsprechende Performanzengpässe nur mit hohem Aufwand zu beseitigen. Letztlich aber ist eine ungeschickt festgelegte Architektur auch mit einer Erhöhung der Komplexität im Projekt verbunden, da die Systemteile in sich nicht eigenständig verständlich sind und damit der Aufwand für die Implementierung und die spätere Wartung der Architektur entsprechend hoch ist.

Aufgaben des Managements Wie bereits zuvor dargestellt, können sich Aufgaben der Systemspezifikation und Aufgaben des Architekturentwurfs in Abhängigkeit vom gewählten Vorgehen überlappen. Dies muss das Management im Auge behalten und entsprechende Überwachungs- und Steuerungsmaßnahmen im Wissen um die zentrale Rolle der Architektur kombinieren (Tab. 8.8).

Insbesondere der organisatorische Aspekt der Architektur im Sinne einer Arbeitsteilung und der entsprechenden Ausrichtung des Projektteams ist für Managementaufgaben wesentlich. Eine gute Architektur zeichnet sich unter anderem dadurch aus, dass es klar dokumentierte Schnittstellen zwischen den Komponenten einer Architektur gibt. Diese Schnittstellen sollten sich auch in den Entwicklungsteams widerspiegeln, damit einerseits eindeutige Verantwortungsbereiche festgelegt werden, andererseits aber auch die Kommunikationspfade in und zwischen den Teams klar sind.

Qualitätssicherungsmaßnahmen für die Architektur sind gleichermaßen für die Überwachung und die Steuerung des Projekts relevant. Unsaubere Schnittstellen können zu unnötigen Abstimmungsaufwendungen führen und Kommunikationsprobleme hervorrufen, die sich direkt auf den Entwicklungsaufwand und die Qualität der Software auswirken können.

> **Achtung!** Insbesondere in (global) verteilten Projekten ist es erforderlich, dass die Architektur auf eine arbeitsteilige Entwicklung hin ausgerichtet wird. Hierbei kann die Organisationsstruktur (Kommunikationsstruktur) des verteilten Projekts wichtige Hinweise auf eine geschickte Aufteilung geben. Darüber hinaus ist es in verteilt durchgeführten Projekten umso wichtiger, möglichst präzise Anforderungen und Spezifikationen zu schaffen, da eine direkte Kommunikation (Nachfragen) oft nur eingeschränkt möglich ist und somit Unklarheiten im Projekt nicht einfach beseitigt werden können.

8.4.3 Implementierung und Test

In der Implementierung (auch Codierung, Realisierung) wird der Systementwurf durch das Ausprogrammieren der Komponenten und Module gemäß der Entwürfe und Schnittstellenspezifikation realisiert. Ausgangspunkt ist die Systemarchitektur mit Datenmodell und Komponentenspezifikationen. Ziel der Implementierung ist, sofern erforderlich, eine weitere Zerlegung der Komponenten, die Festlegung der Implementierungsarchitektur und schlussendlich die Erstellung der Programme sowie Implementierung des Datenmodells. Je nach gewähltem Vorgehen kann auch schon frühzeitig mit der Implementierung begonnen werden. Insbesondere in den agilen Vorgehensweisen wird von oft nur grob erfassten Anforderungen ausgehend direkt implementiert und die Architektur (oft auch die Anforderungen) iterativ auf Grundlage der Codebasis entwickelt.

Qualitätsmerkmale des Codes Bei der Codierung werden in der Regel, gerade von großen Unternehmen mit umfangreichen Programmieraufgaben Konventionen vorgeschrieben. Diese betreffen

- die Wahl (Namensgebung) für Identifikatoren
- die Vermeidung risikobehafteter Sprachelemente
- die Dokumentation
- die Form/Schreibweise/Stil der Codierung

Werden diese Vorgaben überprüft und erzwungen (etwa durch Werkzeuge wie FxCop oder Checkstyle), werden Lesbarkeit, Fehleranfälligkeit, Überprüfbarkeit und die Eignung zur Qualitätssicherung von Code beträchtlich verbessert.

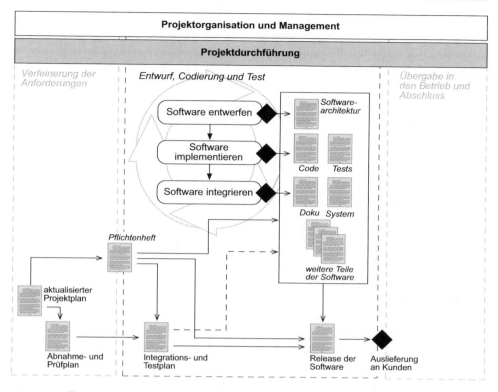

Abb. 8.13 Übersicht: Projektdurchführung während der Implementierung

Hinweis

Große Softwaresysteme werden selten von Grund auf neu entwickelt oder gar in allen Einzelheiten neu codiert. Wo immer möglich werden vorgefertigte Teile eingebunden (Beispiel: Datenbanken). Andere Teile wie grafische Nutzerschnittstellen werden mithilfe von Werkzeugen generiert. Weitere Teile können mithilfe von Frameworks durch Erweiterung und Anpassung erstellt werden. Diese Wiederverwendung ist bereits bei der Entwicklung einer Architektur vorzusehen und stellt darüber hinaus einen wesentlichen Gesichtspunkt bei der Planung eines Projekts dar.

Programmiersprache und Produktiviät In jedem Fall sind soweit möglich höhere Programmiersprachen, wie etwa Java, C++ oder C#, zu verwenden. Diese werden heutzutage von umfangreichen Entwicklungsumgebungen unterstützt (Abschn. 12.4), die signifikante Produktivitätssteigerungen ermöglichen. Ist der Gebrauch höherer Programmiersprachen nicht möglich, ist bei der Verwendung maschinennaher Sprachen besondere Disziplin angebracht. Ratsam ist dann der Einsatz von Makrotechniken und Makrogeneratoren, die selbst in ihrer primitivsten Form entscheidenden Einfluss auf Produktivität und Qualität haben können.

Codedokumentation Ein nicht zu unterschätzender Teil der Implementierung ist die Dokumentation von Quellcode. Sie erfordert besondere Disziplin und besteht in der Regel aus den folgenden Angaben:

- Spezifikation (formal oder informell) mit
  - Vor- und Nachbedingungen eines Funktionsaufrufs
  - Rolle und Typ von Parametern
  - Fehlerfälle
  - Fehler-/Ausnahmebehandlung
- Angabe der durch eine Funktion aufgerufenen weiteren Funktionen
- Laufzeiten und Speicherbedarf

In der Dokumentation können die Techniken der Komponentenspezifikation eingesetzt werden. Die Dokumentation sollte stets sorgfältig und bereits zum Codierzeitpunkt erstellt werden. Eine „Nachdokumentation" ist aufwendig und gibt die Implementierungsüberlegungen oft nicht hinreichend wieder. Die Vorgaben des Unternehmens sollten dabei berücksichtigen, welche Werkzeuge im Projekt eingesetzt werden und die dort bereits (üblicherweise) verfügbaren Dokumentationsfähigkeiten berücksichtigen.

> **Hinweis**
> Eine gute Dokumentation kann die Implementierung und die Wartungsaufwände positiv beeinflussen. Implementierungsüberlegungen gehen dabei direkt in die Dokumentation ein. Ferner sind aktuelle Werkzeuge überwiegend in der Lage, aus dokumentiertem Quelltext umfangreiche API-Dokumentationen, zum Beispiel für Entwickler für die Wartung und Pflege zu generieren.

Aufgaben des Managements Die Aufgaben des Managements richten sich in der Implementierung insbesondere auf die Erzielung hoher Codequalität. Produktmetriken (Abschn. 10.2.1) für Quellcode sind in der Regel nützlich und zu großen Teilen automatisch zu ermitteln. Sie liefern wertvolle Informationen für das Management hinsichtlich des Projektfortschritts, der Projektperformanz und auch zur Qualität. In Tab. 8.9 sind einige Messgrößen aufgeführt, die im Rahmen der Projektüberwachung während der Implementierung relevant sind.

Gerade in der Implementierung treffen hier alle Aussagen zur Fortschrittskontrolle (Abschn. 8.2.2) in besonderem Maße zu.

Tab. 8.9 Projektüberwachung im Bezug zur Implementierung

Ziele	Projektüberwachung von ...
Umfang	Umfang des Programmsystems, zum Beispiel in Lines of Code
Testaufwand	Zu erwartender Aufwand für den Test, zum Beispiel Anhand der zyklomatischen Komplexität
Testdichte	Wie viel Code wird von Tests überhaupt erfasst (Testfallabdeckung)
Performanz	Produktivität der Entwickler, zum Beispiel LOC/PT
Qualität des Codes	Wie „gut" ist der Code, zum Beispiel hinsichtlich der Kommentardichte, Clone-Rate oder bezüglich der Einhaltung von Codierrichtlinien (Namenskonvention)

Hinweis

Besonders wichtig ist, dass Projektmanagement und Qualitätssicherung bei der Implementierung Hand in Hand gehen. Die Entwicklung und der Test des Programmcodes greifen direkt ineinander. Jedes einzelne Modul muss getestet sein, bevor es in ein umfangreicheres Teilsystem integriert wird, denn je später ein Fehler gefunden wird, desto kostspieliger ist seine Korrektur. Es bietet sich daher durchaus auch an, Ansätze des *Test-driven Development* für die Implementierung in Erwägung zu ziehen. Da bei diesem Vorgehen die Anforderungen direkt in (automatisch ausführbare) Testfälle überführt werden, kann zumindest die grundsätzliche Erfüllung der (funktionalen) Anforderungen in weiten Teilen sichergestellt werden.

8.4.4   Integration und Test

Sind alle Teilsysteme und Module eines Softwaresystems ausprogrammiert und getestet, gilt es diese in der Integration zu einem funktionsfähigen System zusammenzufügen. Dabei empfiehlt es sich, nicht alle Teile in einem Schritt (Big-Bang-Integration) zu integrieren und zur Ausführung zu bringen, sondern in Stufen vorzugehen (inkrementelle Integration). Dies hat im Vergleich zur Big-Bang-Integration folgende Vorteile:

- Die Fehlerlokalisierung wird einfacher, wenn man in ein bereits ausgetestetes, teilintegriertes System ein weiteres Teilsystem integriert.
- Mit der Integration kann bereits begonnen werden, wenn noch nicht alle Teilsysteme fertiggestellt sind.

Allerdings erfordert die Teilintegration Testtreiber und Platzhalter (sogenannte Mock Ups) für noch nicht integrierte Teilsysteme.

Hinweis
Nur hinreichend ausgetestete und qualitätsgesicherte Systeme sollten in die Integration eingebracht werden, da in der Integration entdeckte Fehler deutlich aufwendiger zu lokalisieren und zu korrigieren sind.

Auch in der Integration werden Fehler gefunden. Die Lokalisierung der Fehler ist dabei oft schwieriger, da nun sowohl Architekturfehler als auch Teilsystem- oder Modulfehler auftreten können. Auch die Fehlerbeseitigung ist schwieriger, da nun Architekten oder Zulieferer von Systemteilen eingebunden werden müssen und nach der Fehlerbeseitigung die Tests wieder durchlaufen werden müssen (Regressionstest) und auch erneut Integrationstests anstehen.

Bei großen Softwaresystemen erfolgt die Integration oft auch hierarchisch. Module werden zu Komponenten integriert und diese dann zum Gesamtsystem. Die Qualität der Architektur und ihrer Beschreibung wirkt sich direkt darauf aus, wie glatt eine Integration durchgeführt werden kann.

8.4.5   Transition in die Einsatzumgebung

In der Transition wird das fertiggestellte Softwaresystem in die Einsatzumgebung eingebracht und funktionsbereit gemacht. Hierbei sind abhängig vom Systemtyp unterschiedliche Prinzipien zu beachten. Manche Systeme, wie Software für den PC, werden vom Nutzer oftmals selbst installiert. Dies erfordert eine höhere Produktreife, erreicht durch ein umfangreiches Testen und eine sorgfältige Dokumentation der Installationsaufgabe. Wird das System vom Entwickler installiert, schließt sich in der Regel ein Testbetrieb an die Erstinstallation an. Beim Auftreten von Fehlern sind diese zu lokalisieren und zu beheben. Dazu ist ein Konzept für die Fehlerbehebung ist zu erarbeiten und umzusetzen.

Hinweis
Die Systeminstallation ist in der Regel Teil des Abnahmetests. Gegebenenfalls ist eine entsprechende Schulung und Einarbeitung der Mitarbeiter zu berücksichtigen und einzuplanen. Dies kann auch Änderungen und Anpassungsaufgaben für die Software zur Folge haben.

Aufgaben des Managements In der Transition ergeben sich für die Projektorganisation und das Management insbesondere die folgenden Aufgaben:

- Organisation der Lieferungen
- Organisation der Abnahmeprozeduren
- Abstimmung mit dem IT-Betrieb des Kunden
- Organisation der Abrechnung

Diese Aufgaben werden bereits sehr früh im Projekt angegangen. Die Modalitäten für die Lieferungen und Abnahmen sind in der Regel bereits Bestandteil der vertraglichen Vereinbarung und stehen somit schon unmittelbar nach Beginn des Projekts fest. Die Aufgabe des Managements ist es sicherzustellen, dass die Termine eingehalten werden (Metrik: Plan- und Termintreue), das der vereinbarte Funktionsumfang (Soll-/Ist-Analyse hinsichtlich der Anforderungen) und das Budget eingehalten werden. Da während des Projekts Änderungen auftreten können, müssen Änderungen, insbesondere Änderungen mit Bezug zu den vertraglichen Vereinbarungen, bei der Lieferung und der Abnahme entsprechend berücksichtigt werden (siehe hierzu Abschn. 7.3.2).

Releasemanagement Essenziell für die Planung der Lieferungen und insbesondere auch für die Bereitstellung lauffähiger Versionen einer Software (inklusive der finalen Version) ist ein funktionierendes Versions- und Konfigurationsmanagement (Abschn. 7.3.3) und darauf aufbauend ein Releasemanagement. Nur dann ist es möglich nachvollziehbar festzuhalten, welche Versionen beim Kunden im Einsatz sind/waren und auf welche Versionen sich mögliche Änderungsforderungen oder Problemmeldungen beziehen. Des Weiteren wird insbesondere im Rahmen des Releasemanagements festgelegt, welcher der gefundenen Fehler/welche der (zusätzlich) geforderten Funktionen in welchem Release umgesetzt werden. Die Änderungskontrolle gibt dem Management dann darüber Auskunft, in wie weit die Umsetzung fortgeschritten ist, welche Budgets und Aufwände dafür verbraucht wurden oder noch zur Verfügung stehen und wie die terminliche Situation im Projekt ist. Somit unterliegt auch die Transition den allgemeinen Prinzipien der Fortschrittskontrolle (Abschn. 8.2.2), insbesondere dadurch, dass Lieferungen und Abnahmen in der Regel auch Abrechnungen zur Folge haben.

> **Hinweis**
> Durch den Ansatz des „Continuous Delivery" [95] werden agile Vorgehensweisen auch auf das Releasemanagement angewendet. Veränderungen in der Software werden in kleinen Paketen durchgeführt und dann sehr schnell, teilweise mehrmals täglich, veröffentlicht. In [42] führt Carsten Bernhard am Beispiel der Web-Software des Online-Automarkts *AutoScout24* praktisch in dieses Thema ein.

Teststrategien für die Abnahme Bei der Transition in die Einsatzumgebung und bei ihrer Vorbereitung, sind umfangreiche Tests durchzuführen, die über einfache Unit Tests hinausgehen. Zunächst muss sichergestellt sein, dass dem Kunden nur ein (voll) funktionsfähiges System geliefert wird. Dazu sind üblicherweise bereits auf der Seite des Auftragnehmers umfangreiche System- und Anwendertests vorzusehen. Kunden sind eher weniger an technischen Finessen des Tests interessiert, sondern sorgen sich voranging darum, dass sie ein System erhalten, das den Anforderungen genügt (Akzeptanztest).

Hinweis

Der Akzeptanztest ist einer der zentralen Gründe dafür, dass das Lastenheft durch den Kunden zu erstellen ist. Das Lastenheft ist als Leistungsbeschreibung üblicherweise Bestandteil einer Ausschreibung und damit auch eines Vertrags. Eine Abnahme erfolgt immer auf Grundlage einer solchen Vereinbarung, sodass ein Akzeptanztest sind in der Regel auf die Anforderungen aus dem Lastenheft bezieht. Erstellt der Kunde sein Lastenheft nicht selbst und wirkt er dabei nicht ausreichend mit, erhält er unter Umständen zwar ein Produkt, das den im Lastenheft beschriebenen Anforderungen genügt, jedoch nicht notwendigerweise seine Erwartungen erfüllt.

Bei umfangreichen Softwaresystemen ist es darüber hinaus auch üblich, den Test und die Übergabe stufenweise zu gestalten. Dazu werden verschiedene Testumgebungen aufgebaut, die sich schrittweise der Produktivumgebung annähern. Man spricht hier vom *Staging*. Der Aufbau solcher Umgebungen ist aufwendig und kostenintensiv. Manchmal hat der Kunde selbst bereits entsprechende Testumgebungen installiert. In diesem Fall muss die Projektorganisation und das Management dafür sorgen, dass geeignete Umgebungen aufgebaut und, falls vorhanden, verwendet werden. Dies muss mit der Projektplanung und insbesondere mit dem Releasemanagement und der Qualitätssicherung abgestimmt werden.

Übergabe in den Betrieb Werden alle Tests erfolgreich durchgeführt ist die letzte Hürde, die zu nehmen ist, die Freigabe einer Software für die Produktivbetrieb zu erhalten. Dies ist eine ernstzunehmende Herausforderung, da der Kunde in der Regel als fachlicher Auftraggeber auftritt, während der IT-Betrieb des beauftragenden Unternehmens in der Regel eine eigenständige Organisationseinheit ist. Wird für eine gelieferte Software eine (fachliche) Abnahme erteilt, heißt das noch lange nicht, dass der IT-Betrieb diese auch tatsächlich zum Einsatz bringt. Hier muss die Projektorganisation und das Management frühzeitig aktiv werden und folgende Punkte abklären:

- Sind technologischen Rahmenbedingungen sind eingehalten?
- Sind Dienstgütevereinbarungen gegeben?

Wenn ein neu entwickeltes System sicherheitskritisch ist, muss der Kunde dies in der vertraglichen Vereinbarung zum Ausdruck bringen. Der Auftragnehmer muss dazu, zum Beispiel im Rahmen einer dokumentierten Architektur nachweisen, dass die Anforderungen hinsichtlich der funktionalen Sicherheit erfüllt werden (beispielsweise durch eine ausfallsichere Architektur, die Replikation unterstützt). Analoges gilt im Bereich des Datenschutzes, in dem der Auftragnehmer nachweisen und dokumentieren muss, dass die Software, die personenbezogene Daten verarbeitet, den Vorgaben des Datenschutzes entspricht. Entsprechende Nachweise sind im Projekt zu erarbeiten und mit dem Kunden abzustimmen und ihm im Rahmen der Lieferung auch zu übergeben.

Ebenso wichtig ist die Berücksichtigung von technischen Rahmenbedingungen und Dienstgütevereinbarungen, die der Kunde bereits im Vertrag angeben sollte. Der Auftragnehmer muss die entsprechenden Rahmenbedingungen einhalten und deren Einhaltung auch nachweisen. Insbesondere Nachweise der Dienstgütevereinbarungen (Service Level Agreements) muss der Auftragnehmer etwa durch entsprechende Tests, etwa Lasttests, die Erfüllung der Anforderungen erbringen.

Der Vorbereitung der Übergabe einer Software in den IT-Betrieb ist deshalb besonderes Augenmerk zu widmen. Die Lebensdauer eines Softwaresystems inklusive der Evolution durch Maintenance-Versionen beträgt nicht selten 10–15 Jahre. Rechnet man die Entwicklung mit 3–5 Jahren davon ab, beträgt die Zeitspanne zwischen erstem Konzept und Ende der Lebensdauer etwa 13–20 Jahre, wovon etwa 25 % der Zeit auf die Entwicklung fallen und die verbleibenden 75 % der Zeit auf Wartung und Pflege entfallen. Daraus ergibt sich, dass etwa 50–75 % der Kosten eines über einen längeren Zeitraum betriebenen Softwaresystems Maintenance-Kosten sind.

8.4.6 Bemerkungen zur Wartung

Die Aufgabe der Wartung [36] von Softwaresystemen – man spricht auch von der weiteren Evolution eines Softwaresystems – wird in der Regel von dem eigentlichen Entwicklungsprojekt abgetrennt. In der Regel wird die Wartung auch nicht mehr als ein Projekt gesehen, sondern als eine langfristige, zeitlich nicht von vornherein begrenzte Aufgabe. Die Wartung wird deshalb nicht klassisch wie ein Projekt organisiert. Allerdings können bestimmte Wartungsschritte, beispielsweise der Umstieg auf eine andere Datenbank, als Projekt durchgeführt werden. In jedem Fall ist jedoch schon während der Entwicklung eines Systems dafür Sorge zu tragen, dass Software entsteht, die mit vertretbarem Aufwand wartbar ist [53].

Hinweis

Wird die Wartung nicht von den Mitgliedern des Projektteams übernommen, die die Software erstellt haben, wird nach Ende des Projektes die Software in Betrieb genommen und zur Wartung an ein eigens dafür eingerichtetes Team übergeben. Alternativ dazu werden umfangreichere Wartungsaufträge auch wieder als eigenständige Projekte ausgeschrieben und vergeben.

Als Faustregel kann man sagen, dass die Wartung von Software etwa 10–20 % der ursprünglichen Entwicklungskosten pro Jahr erfordert. Dies zeigt auch, dass für länger laufende Projekte, die nach ihrer Entwicklung 20 oder gar 30 Jahre im Einsatz sind, die Wartungskosten ein Vielfaches der Entwicklungskosten bilden. Deshalb ist auf eine hohe Wartbarkeit von Softwaresystemen besonders zu achten.

Beispiel

Typische Größenordnungen bei der Wartung sind, dass 20.000 bis 50.000 Zielen Quellcode (LOC) von einem Softwareentwickler gewartet werden. Somit muss man für eines Software mit einem Umfang von einer Million LOC ein Wartungsteam von 20 bis 50 Mitgliedern kalkulieren. Geht man davon aus, dass in der Entwicklung Kosten von etwa 20 bis 50 Euro pro LOC zu kalkulieren sind, kostet die Entwicklung eines Softwaresystems mit etwa einer Million LOC 20 bis 50 Millionen Euro. Das Wartungsteam besteht dann aus 20 bis zu 50 Mitarbeitern, was größenordnungsmäßig 2 bis 5 Millionen Euro pro Jahr an Wartungskosten bedeutet.

8.5 Beispiele

Im Folgenden werden einige Beispiele für die Bewältigung von Aufgaben in der Projektdurchführung gegeben.

8.5.1 Beispiel: Fortschrittskontrolle und Soll-Ist-Vergleich

Sie sind Projektleiter eines Projekts, das nun schon einige Tage läuft und sie verwenden ein Werkzeug, welches die umzusetzenden Features mithilfe von Zuständen erfasst. Das technische System erfasst die Features in den Zuständen „Eingegangen", „Zurück gestellt", „In Bearbeitung", „Umgesetzt" und „Abgenommen". Am Ende jedes Arbeitstages wird die Anzahl der Features in den Zuständen erfasst. Für die ersten 8 Arbeitstage im Projekt liegen Ihnen die folgenden Daten vor:

Abb. 8.14 Fotschrittskontrolle
für Features mithilfe eines
Burn-Up-Charts

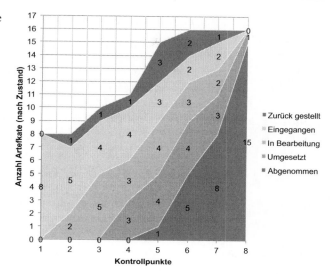

Kontrollpunkt/ Tag	Abgenommen	Umgesetzt	In Bearbeitung	Eingegangen	Zurück gestellt
01	0	0	0	8	0
02	0	0	2	5	1
03	0	0	5	4	1
04	0	3	3	4	1
05	1	4	4	3	3
06	5	4	3	2	2
07	8	3	2	2	1
08	15	1	0	0	0

Die Aufgabe ist, aus diesen Daten eine grafische Auswertung im Rahmen der Projekt-fortschrittskontrolle zu erstellen. Dazu soll ein sogenannter *Burn-Up-Chart* (Abb. 8.14) verwendet werden.

Vorgehen Ein Burn-Up-Chart wird in einem zweidimensionalen Koordinatensystem erstellt. Dazu werden:

- Auf der X-Achse werden die Kontrollzeitpunkte abgetragen.
- Auf der Y-Achse wird die Anzahl der jeweiligen Artefakte nach Zustand abgetragen.

Zum Erstellen einer Grafik wie in Abb. 8.14 ist dabei die Anordnung der Zustände wichtig. Im Gegensatz zu einem *Burn-Down-Chart*, in dem X-Achse selbst das Ziel der Trendlinie ist (alle Arbeit ist erledigt), ist es das Ziel des Burn-Up-Charts, zu visualisieren, wie viele

Artefakte aktuell gerade im Projekt erstellt sind und welchen Zustand sie haben. Dazu ist wie folgt vorzugehen:

Schritt 1	Ermitteln, in welcher „natürlichen" Reihenfolge die einzelnen Zustände erreicht werden. In diesem Beispiel wird der Zustand „Abgenommen" zuletzt erreicht, der Zustand „Umgesetzt" davor, und so weiter.
Schritt 2	Ermitteln der Werte für die einzelnen Zustände.
Schritt 3	Eintragen der Werte in das Koordinatensystem für den Zustand, der zuletzt erreicht wird.
Schritt 4 – n – 1	Das Vorgehen aus Schritt 3 wird für jeden Zustand wiederholt, bis alle Zustände und alle Werte aus der Tabelle eingetragen sind.
Schritt n	Im letzten Schritt verbinden wir die einzelnen Datenpunkte und erhalten pro Zustand eine Trendlinie.

Analyse Die Analyse des Burn-Up-Charts aus Abb. 8.14 erfolgt durch einfaches Nachverfolgen der Kurvenverläufe. Das Diagramm zeigt zum Beispiel ein kontinuierliches Abarbeiten der eingegangenen Features. Ab dem vierten Kontrollpunkt ist jedoch auch zu sehen, dass einige Features zunächst zurückgestellt später jedoch umgesetzt wurden. Dies könnte auf eine Neupriorisierung der Features hindeuten. Ebenso ist ersichtlich, dass acht Features eingeplant, tatsächlich jedoch 16 Features umgesetzt wurden. Dies kann auf ein Szenario hinweisen, in dem die Anforderungen anfänglich noch nicht vollständig bekannt waren und erst im Laufe des Projekts schrittweise ermittelt oder verfeinert wurden.

Soll-Ist-Vergleich Auf diesen Daten können wir gleichzeitig einen Soll-Ist-Vergleich durchführen. Die oben stehende Datentabelle enthält die Ist-Daten, welche im Rahmen der Messung des Projektfortschritts ermittelt wurden. Im Rahmen eines Soll-Ist-Vergleichs sind diese Daten nun mit den Planungsdaten (Soll-Vorgaben) gegenüberzustellen.

Vorgehen Für den Soll-Ist-Vergleich dient wieder ein einfaches Koordinatensystem (Abb. 8.15). Die Vorgaben (Soll) werden hierbei als Datenpunkte im Koordinatensystem eingetragen und mit einer Linie verbunden. In dasselbe Koordinatensystem werden nun die Ist-Daten eingetragen. Ein fertiggestelltes Feature ist im Zustand „Abgenommen". Die Daten aus der Tabelle werden nun eingetragen und ebenfalls mit einer Linie verbunden. Es ergibt sich ein Diagramm, das den geplanten und den tatsächlichen Verlauf gegenüberstellt und gleichzeitig Aussagen darüber zulässt, was der Projektfortschritt (bezogen auf das analysierte Kriterium) ist.

Analyse Auch beim Soll-Ist-Vergleich erfolgt die Analyse durch Nachvollziehen des Kurvenverlaufs. In Abb. 8.15 ist beispielsweise zu erkennen, dass sich das Projekt bis zum siebten Kontrollpunkt langsamer als erwartet voranbewegt hat. Zum achten Kontrollpunkt ist die ermittelte Performanz des Projekts hingegen besser als ursprünglich geplant. Des

Abb. 8.15 Soll-Ist-Vergleich für die Fertigstellung von Features

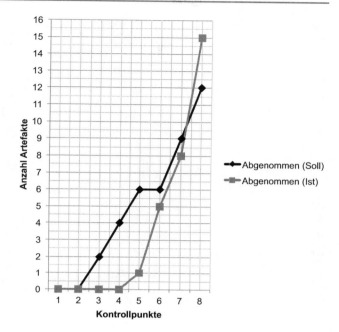

Weiteren ist auch zu sehen, dass die Produktivität teilweise höher ist als erwartet, da die Steigungen der Ist-Kurve in einigen Bereichen größer ist, als die der Soll-Kurve.

8.5.2 Beispiel: Meilensteintrendanalyse

Im Rahmen der Meilensteintrendanalyse wird angestrebt, neben der Feststellung des aktuellen Planungsstands die zeitliche Entwicklung von Meilensteinen abzuschätzen. In diesem Beispiel gehen wir im Detail auf die Methode zur Erstellung einer Meilensteintrendanalyse ein.

Tabelle 8.10 zeigt die Terminplanung für die drei Meilensteine *M1*, *M2* und *M3*. In der Spalte *(neu) definiert am* sind die jeweiligen Kontroll- bzw. Messzeitpunkte angegeben. Zu jedem dieser Kontrollzeitpunkte wird ein neuer Termin für einen Meilenstein festgelegt (Spalte *zum Termin*) sofern eine Umplanung erforderlich ist. Solange einem Meilenstein nicht explizit ein neuer Termin zugewiesen wird, ändert sich sein geplanter Termin nicht.

Vorgehen Die Meilensteintrendanalyse wird in einem zweidimensionalen Koordinatensystem durchgeführt.

- Auf der X-Achse werden die Kontrollzeitpunkte abgetragen.
- Auf der Y-Achse werden Fälligkeitstermine abgetragen.
- Die Diagonale ist die Ziellinie.

Tab. 8.10 Termin- und Umplanungsliste für drei Meilensteine

Meilenstein	(neu) definiert am	zum Termin
M1	01.07.2012	01.10.2012
M2	01.07.2012	01.12.2012
M3	01.07.2012	01.02.2013
M1	15.09.2012	15.10.2012
M1	01.10.2012	01.11.2012
M1	01.11.2012	15.11.2012
M2	01.11.2012	15.01.2013
M3	01.11.2012	15.04.2013
M1	15.11.2012	01.12.2012
M2	01.12.2012	01.02.2013
M3	01.12.2012	01.04.2013
M1	01.12.2012	15.12.2012
M3	01.03.2013	15.04.2013
M3	01.04.2013	01.05.2013
M3	01.05.2013	15.05.2013

Ein Meilenstein ist erreicht, wenn die Trendlinie die Ziellinie schneidet, wobei der Schnittpunkt dann das tatsächliche Fertigstellungsdatum anzeigt. Anhand von Abb. 8.16 zeigen wir nun das Vorgehen.

Schritt 1   Im ersten Schritt tragen wir die ersten verfügbaren Planungsdaten der drei Meilensteine in das Diagramm ein. Der erste verfügbare Kontrollpunkt ist für alle drei Meilensteine der 01.07.2012. Diesen Zeitpunkt nehmen wir als Null-Punkt des Diagramms und tragen für jeden Meilenstein das Datum aus der Spalte *zum Termin* auf der Y-Achse ab.

Schritt 2   Wir arbeiten nun die Tabelle schrittweise ab. Der nächste Eintrag betrifft *M1*, der am 15.09.2012 umgeplant wird. Diese Veränderung tragen wir in das Diagramm ein.

Schritt 3   Am 01.10.2012 wird der Meilenstein *M1* erneut verschoben (auf den 01.11.2012). Auch dies wird in das Diagramm eingetragen.

Schritt 4 – n – 1 Das Vorgehen aus den Schritten 2 und 3 wird wiederholt, bis die Tabelle abgearbeitet ist.

Schritt n Im letzten Schritt verbinden wir die einzelnen Messpunkte und erhalten pro Meilenstein eine Trendlinie.

▸   **Achtung!** Auch wenn Meilensteine nicht umgeplant werden, tragen Sie pro Kontrollpunkt immer den aktuellen Wert ein!

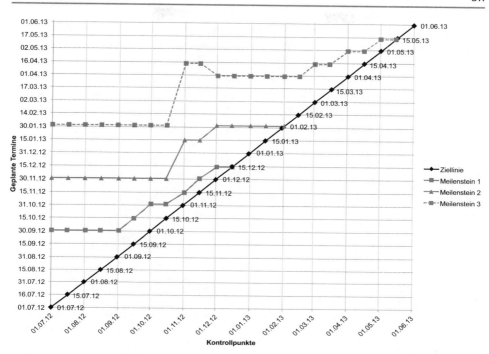

Abb. 8.16 Meilensteintrendanalyse für die Meilensteine und ihre Termine aus Tab. 8.10

Analyse Das Ergebnis des Eintragens sind die Trendlinien, die wie folgt interpretiert werden: Eine horizontale Linie zeigt eine stabile Planung an. Das heißt, dass ein Meilenstein zum geplanten Termin fertig gestellt wird. Eine steigende Linie zeigt eine zu optimistische Planung und somit eine Verzögerung des Meilensteins an, während eine fallende Linie eine zu pessimistische Planung zeigt, womit ein Meilenstein früher als ursprünglich geplant erreicht werden kann.

Für die Analyse aus Abb. 8.16 ergibt sich somit folgende Interpretation: Der Meilenstein *M1* hat sich nach zwei Monaten immer wieder nach hinten verschoben (90 %-Syndrom). *M2* musste zwei Mal neu geplant werden, konnte dann aber plangemäß abgeschlossen werden. Der Meilenstein *M3* war zunächst zu optimistisch und nach der Umplanung zu pessimistisch geplant. Nach etwa zwei Monaten Stabilität musste auch *M3* mehrfach neu geplant werden. Das ursprüngliche Fertigstellungsdatum für *M3* war der 01.02.2013. Das tatsächliche Fertigstellungsdatum für *M3* ist der 15.05.2013 – eine Verzögerung von über 3 Monaten.

Zusammenfassung

Als wesentliches Ziel der Projektdurchführung wird das Projektergebnis, gegebenenfalls das Softwaresystem, entwickelt. Die Aufgaben der Organisation und des Managements eines Projekts bestehen dabei schwerpunktmäßig in der Kontrolle und der

Steuerung des Projektfortschritts. Im zurück liegenden Kapitel wurden diese Aufgaben in den verschiedenen Projektabschnitten vorgestellt. Darüber hinaus wurden verschiedene Techniken zur Bestimmung des Projektfortschritts vorgestellt. Im Rahmen einer Soll-Ist-Analyse wird der aktuelle Projektstatus mit den ursprünglichen Vorgaben aus der Planung verglichen. Die Meilensteintrendanalyse erlaubt auf Basis regelmäßiger Kontrollen frühzeitige Abschätzungen, ob geplante Termine eingehalten werden können und ob sich aus scheinbar lokalen Verzögerungen Auswirkungen auf das Gesamtprojekt ergeben.

Der Kontrolle und der frühzeitigen Reaktion auf die Entwicklungen im Projekt kommt eine entscheidende Rolle zu. Je früher auf sich abzeichnende Verzögerungen oder sich ändernde Projektrahmenbedingungen reagiert wird, desto geringer ist das Risiko, das Projekt zu gefährden.

8.6   Übungsaufgaben

Übung 8.1 (Meilensteintrendanalyse – Grundlagen)

In einem Projekt finden jeweils zu Monatsbeginn und Monatsmitte Projektmeetings statt, bei denen unter Anderem die Meilensteine überprüft werden. In der nachfolgenden Tabelle steht eine Liste von Meilensteinen mit Terminzuordnungen und Terminänderungen über die Laufzeit eines Projektes zur Verfügung. Erstellen Sie hieraus eine Meilensteintrendanalyse in grafischer Darstellung.

Meilenstein	(neu) definiert am	zum Termin
M1	01.07.2012	01.10.2012
M2	01.07.2012	01.12.2012
M3	01.07.2012	01.02.2013
M1	15.09.2012	15.10.2012
M1	01.10.2012	01.11.2012
M1	01.11.2012	15.11.2012
M2	01.11.2012	15.01.2013
M3	01.11.2012	15.04.2012
M1	15.11.2012	01.12.2012
M2	01.12.2012	01.02.2013
M3	01.12.2012	01.04.2013
M1	01.12.2012	15.12.2012
M3	01.03.2013	15.04.2013
M3	01.04.2013	01.05.2013
M3	01.05.2013	15.05.2013

Übung 8.2 (Meilensteintrendanalyse – Umplanung)

Folgender Projektplan ist als Liste von Vorgängen gegeben:

Vorgang	Dauer in t	Vorgänger
A	2	
B	5	A
C	4	B
D	3	
E	5	D
F	2	
G	3	F
H	4	G
I	2	E, H
J	2	C, I
K	2	
L	4	K

Darüber hinaus sind folgende Meilensteine definiert:

- M1: Vorgang E ist abgeschlossen
- M2: Vorgang I ist abgeschlossen
- M3: Vorgang J ist abgeschlossen

Aufgaben: Folgende Aufgaben sind zu bearbeiten:

a) Stellen Sie den Plan als Netzplan (MPM) inklusive der kritischen Pfade dar.
b) Stellen Sie den Projektplan als Gantt-Diagramm (Balkenplan) dar.
c) Im Projektverlauf wird eine Fortschrittskontrolle durchgeführt. Dabei wurden bereits Abweichungen sichtbar. Erstellen Sie auf Grundlage des Netzplans aus Teilaufgabe a) oder des Gantt-Diagramms aus Teilaufgabe b) einen zweiten Netzplan/Balkenplan unter Berücksichtigung der folgenden Verzögerungen. Machen Sie die Änderungen kenntlich.

Messung am Tag	2	3	5
Verzögerung bei Vorgang	D	L	L
Verzögerung um Tage	+1	+1	+2

d) Erstellen Sie eine Meilensteintrendanalyse in grafischer Darstellung auf Basis aller bislang (siehe unten stehende Tabelle) ermittelten Verzögerungen.

Messung am Tag	2	3	5	6	11	12	15
Verzögerung bei Vorgang	D	L	L	E	I	I	J
Verzögerung um Tage	+1	+1	+2	+1	+2	+1	−1

Übung 8.3 (Soll-Ist-Analyse)

Für das Projekt „Code & Talk" wurden mehrere Arbeitspakete festgelegt. In einer ersten Schätzung wurde für die interne Entwicklung ein Aufwand von etwa 75 Personenmonaten veranschlagt, der sich wie in der folgenden Tabelle dargestellt verteilt.

AP-Nummer	Name	Aufwand (geplant)	Dauer (geplant)	Aufwand (Ist)	Kontrolle (Ist)
01	Gesamtsystem	15	3	12	3
02	Project Wall	30	5	17	3
03	Anbindung IDEs	10	5	6	3
04	Infrastrukturanbindung	15	5	9	3
05	Kommunikation	5	5	3	3

Die Spalte *Aufwand* (geplant/ist) gibt die Planung das Aufwands in Personenmonaten an, während die Spalte *Dauer* (geplant) die Dauer des Arbeitspakets in Monaten angibt. In der Spalte *Kontrolle (Ist)* ist der Zeitpunkt angegeben, zu dem die Überprüfung durchgeführt wird. Für die Verteilung von Dauer und Aufwand nehmen wir eine Gleichverteilung an, also beispielsweise für das AP 02: 30 PM auf 5 Monate Laufzeit ergibt 6 PM/Monat. Nach dem dritten Monat seit dem Start der internen Entwicklung wird nun eine Soll-/Ist-Analyse durchgeführt.

Aufgaben: Führen Sie die Soll-/Ist-Analyse durch und bearbeiten Sie dazu die folgenden Aufgaben:

a) Ermitteln Sie auf Basis der Plan- und der aktuellen Zahlen den Projektfortschritt. Stellen Sie diesen grafisch und tabellarisch dar.
b) Berechnen Sie die Restaufwände (pro Arbeitspaket und insgesamt).
c) Unter der (vereinfachten) Annahme, dass ein Personenmonat mit 10.000,- Euro kalkuliert wird, berechnen Sie die Gesamtkosten, die bereits verbrauchten Kosten und das verbleibende Projektbudget.

Übung 8.4 (Artefaktbasiertes Controlling)

Um eine effiziente Fortschrittskontrolle für Ihr Projekt einzuführen, haben Sie eine Software eingeführt, welche die Features (im Sinn bestimmter Funktionalität), die im Projekt umgesetzt werden sollen (vgl. Scrum), als Work Items vom Typ „Feature" in einer Datenbank speichert. Zur Kontrolle und für weitere Auswertungen verfügen Sie über einen Zustand. Den Fortschritt bei der Umsetzung der Anforderungen kontrollieren Sie wöchentlich und erhalten hierbei folgende tabellarische Auswertung:

Kontroll-punkt/ Woche	Geplant	In Bearbei-tung	In QS	Fertig gestellt	Zurück gestellt
01	25	3	0	0	1
02	22	6	0	0	1
03	24	7	2	0	2
04	18	9	4	3	1
05	12	14	4	4	1
06	24	12	6	9	1
07	16	18	7	10	1
08	9	14	5	22	2
09	3	9	10	29	1
10	1	3	3	45	0

Aufgaben: Folgende Aufgaben sind zu bearbeiten:

a) Erstellen Sie eine grafische Auswertung, welche die Zustände der Features über den angegebenen Projektzeitraum kontinuierlich widerspiegelt. Diskutieren Sie verschiedene Visualisierungsoptionen.

b) Diskutieren Sie verschiedene Möglichkeiten, Metriken zu definieren und zu nutzen. Wählen Sie eine Metrik aus, mittels derer Sie auf Grundlage der oben stehenden Tabelle den Gesamtfertigstellungsgrad des Projekts abschätzen können. Diskutieren Sie die Zuverlässigkeit und Aussagekraft einer solchen Metrik.

Projektabschluss

9

Zusammenfassung

Den Projektabschluss festzustellen und dabei festzuhalten, dass alle vereinbarten Leistungen erbracht wurden und das Projekt formal beendet ist, ist die Aufgabe des Managements. Darüber hinaus gilt es das Wissen, welches im zurückliegenden Projekt gesammelt wurde, zu sichern. Der Projektabschluss ist rechtzeitig zu planen und sollte integraler Bestandteil des Projektplans sein. In diesem Kapitel werden die zentralen Aufgaben für den Projektabschluss behandelt. Dazu gehören insbesondere die Abnahme der Projektergebnisse und die Abrechnung des Projekts.

9.1 Einleitung

Der definierte Abschluss eines Projekts ist eine wichtige, jedoch oft vernachlässigte Aufgabe. Im Projektabschluss wird sichergestellt, dass die Projektergebnisse an den Kunden übergeben und durch diesen akzeptiert werden. Weiterhin werden im Abschluss die Erfahrungen aus dem Projekt gesammelt, strukturiert und dem Wissensmanagement zugeführt, sodass die Erfahrungen zwischen den Projekten ausgetauscht werden können (Abb. 9.1). Gerade das Strukturieren, Bewerten, Ablegen und Nutzen der gemachten Erfahrungen – und somit das Vermeiden, einmal gemachte Fehler zu wiederholen – sind wesentliche Merkmale sogenannter „lernender Organisationen". Hindel et al. [90] geben dazu an, dass die Projektabnahme *vor* dem Projektabschluss erfolgen soll. Wir definieren diese beiden Begriffe nach [90] wie folgt:

▸ **Definition 9.1 (Projektabnahme)** Die Projektabnahme (acceptance) dient der formalen Akzeptanz der Projektergebnisse durch den Auftraggeber.

M. Broy, M. Kuhrmann, *Projektorganisation und Management im Software Engineering*,   317
Xpert.press, DOI 10.1007/978-3-642-29290-3_9, © Springer-Verlag Berlin Heidelberg 2013

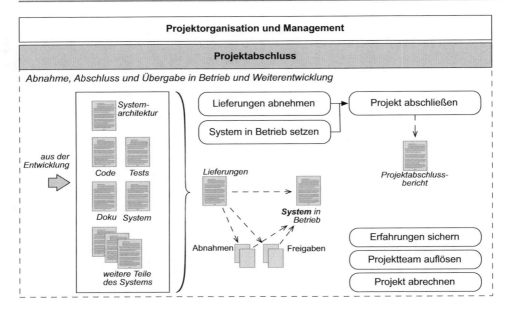

Abb. 9.1   Übersicht: Projektabschluss

▶ **Definition 9.2 (Projektabschluss)**   Der Projektabschluss (closure) dient dazu, eventuell notwendige Nach- bzw. Aufräumarbeiten durchzuführen und der Nachkalkulation/Abrechnung des Projekts, sowie formal das Ende des Projekts zu erklären.

Auch in PRINCE2 [147] wird dem Projektabschluss eine zentrale Rolle zugewiesen. PRINCE2 sagt aus, dass ein definiertes Projektende deutliche Vorteile gegenüber einem gleitenden Übergang in den Betrieb bringt. Als Gründe werden unter anderem aufgeführt:

- Bestätigung, dass alle Ziele erreicht wurden.
- Bestätigung, dass das Projekt zu Ende ist und keine Kosten mehr anfallen.
- Bestätigung, dass das Projektteam aufgelöst werden kann.

Insbesondere bietet der Projektabschluss die Gelegenheit zur Identifikation nicht erreichter Ziele und in Folge die Möglichkeit, Überlegungen anzustellen, wie diese Ziele gegebenenfalls in Folgeprojekten (noch) erreicht werden können.

Zum Projektabschluss gehört auch, dass den Mitgliedern des Projektteams rechtzeitig neue Aufgaben übertragen werden und die Projektressourcen (Räume etc.) zurückgegeben werden. Bei erfolgreichen Projekten sollte auch eine besondere Anerkennung für das Projektteam erfolgen.

Arten eines Projektabschlusses Ein Projektabschluss fällt im Wesentlichen in eine der beiden Kategorien[1] „ordentlich" und „außerordentlich". Ein ordentlicher Projektabschluss ist die wünschenswerte Variante. Das Projekt wird innerhalb der gesetzten Rahmenbedingungen abgeschlossen. Der Einfachheit halber ordnen wir dieser Kategorie auch Projekte zu, die aufgrund von Umplanungen, Anforderungsänderungen und so weiter verspätet abgeschlossen wurden. Ein außerordentlicher Projektabschluss liegt vor, wenn ein Projekt die gesetzten Ziele nicht erreicht hat oder bereits während der Projektdurchführung offensichtlich wird, dass es diese Ziele nicht mehr erreichen kann. PRINCE2 spricht hier von einem *vorzeitigen Abschluss* – gemeint ist ein Projektabbruch. Unabhängig davon, ob ein Projekt erfolgreich beendet oder vorzeitig abgebrochen werden soll, ist in jedem Fall ein strukturierter Projektabschluss durchzuführen.

9.2 Projektabnahme

Die Projektabnahme ist im Fall eines ordentlichen Projektabschlusses die Eingangsbedingung für den Abschluss. In der Projektabnahme werden die Projektergebnisse an den Kunden übergeben und durch diesen abgenommen. Der Vorgang der Abnahme kann, in Abhängigkeit vom Projektgegenstand, sehr komplex werden und sich in eine Reihe von Teilabnahmen, etwa für eigenständige Projektausbaustufen oder fachliche und technische Abnahmen, gliedern.

9.2.1 Abnahmeverfahren

Im Abnahmeverfahren werden die Regeln und Verantwortlichkeiten für die Abnahme von Liefereinheiten, also durch den Auftraggeber abzunehmende Zwischen- und Endergebnisse, festgelegt. Dies umfasst die Einführung eines Verfahrens für die Abnahme einschließlich:

- Bereitstellung zur Abnahme (durch den Auftragnehmer)
  - Befugnis zur Bereitstellung und
  - Vorbereitung der Abnahme
- Abnahmeprozedur (des Auftraggebers)
  - Wer ist zur Abnahme befugt?
  - Abnahme (formal oder still[2])
  - Abnahmeperiode und Korrekturperiode
  - Teilabnahme

---

[1] Wir verzichten an dieser Stelle auf eine weiter ausdifferenzierte Kategorisierung wie sie beispielsweise der Chaos Report [178] verwendet.

[2] Unter einer stillen Abnahme versteht man ein Verfahren, in dem eine Lieferung automatisch als abgenommen gilt, wenn der Empfänger nicht binnen einer gesetzten Frist widerspricht.

- Inhalt und Format des Abnahmedokuments
- Berichtswesen zum Abnahmestatus

Das Abnahmeverfahren muss von allen Vertragsparteien, sowohl kunden- als auch auftrag-nehmerseitig, festgelegt werden. Einen großen Teil des Abnahmeverfahrens sollte bereits der Vertrag (Abschn. 1.2.5.2) regeln, auf dem das Projekt basiert. Zumindest sollte er eine präzise Beschreibung von Lieferterminen und Liefereinheiten enthalten. Je nach Vertrags-gestaltung sind bereits auch weitere Regelungen etwa zu Zahlungsmodalitäten enthalten. In jedem Fall ist es empfehlenswert, bereits im Rahmen der Projektdefinition (Kap. 7) die Regeln für die Abnahme festzulegen, da diese für die Arbeit im Projekt zu berücksichtigen sind.

> **Hinweis**
> Beachtet werden sollte in jedem Fall, dass eine Abnahme immer insofern formalen Charakter hat, als dass bei einer erklärten Abnahme rechtlich eine *Beweislastumkehr* stattfindet. Änderungsforderungen, die sich auf abgenommene Lieferungen bezie-hen, bedürfen in der Regel eines formalen Änderungsprozesses (vgl. Abschn. 7.3.2) und sind meistens mit Vertragszusätzen und zusätzlichem Budget verbunden. Daher sollte eine Abnahme weder „leichtfertig" oder „still" erteilt werden, sondern immer mit einer eingehenden Prüfung erfolgen.

9.2.2   Durchführung der Abnahme

Die Durchführung der Abnahme findet zu den vereinbarten Terminen statt. In einem Pro-jekt können mehrere Teilabnahmen vereinbart sein, beispielsweise um eine umfangreiche Software schrittweise zu entwickeln und gegebenenfalls schon in Betrieb zu nehmen. Unge-achtet dessen, muss zum Projektende eine Gesamtabnahme erfolgen, die das gesamte Pro-jekt und alle für den Auftraggeber erstellten Projektergebnisse umfasst. Dieser Abschnitt gibt einen Einblick in entsprechende Abnahmeprozeduren und zeigt außerdem, mit wel-chen Schwierigkeiten das Management im Problemfall umgehen muss.

9.2.2.1   Aufgaben in der Abnahme
In der Abnahme führen die unterschiedlichen Projektbeteiligten bestimmte Aufgaben durch. Diese Aufgaben gliedern sich grob in die folgenden drei Arten der Abnahmeprü-fung (vgl. Hindel et al. [90], IEEE 1012-2004 [8]):

Prüfung auf Vollständigkeit der Lieferung   Die Prüfung auf Vollständigkeit soll die fol-gende Frage beantworten: „*Wurde die Software vollständig geliefert?*" Die Prüfung der Voll-ständigkeit ist eine eher formale Aufgabe, da hier geprüft wird, ob der vereinbarte Leistungsumfang (Software, Dokumentation oder sonstige Dienstleistungen) im Sinne des Vertrags erbracht wurde, und wenn nicht, warum sie nicht erbracht wurde. Da Projekte jedoch in der Regel sich ändernden Rahmenbedingungen unterworfen sind, kann die Vollständigkeit nicht nur ausschließlich auf der Grundlage des Vertrags festgestellt werden. Insbesondere sind hier zu berücksichtigen:

- Vertrag
- etwaige Änderungsverträge und Zusatzvereinbarungen
- Elemente des Problem- und Änderungsmanagements
- Dokumentierte Entscheidungen in der Projektdurchführung

Üblicherweise ist die Vollständigkeit einer Lieferung eines der grundsätzlichen Kriterien für die Abnahme durch den Auftraggeber.

Verifikation der Projektergebnisse Die Verifikation wird üblicherweise beim Auftragnehmer durchgeführt, *bevor* die Projektergebnisse an den Kunden übergeben werden [90]. Die Verifikation soll hierbei im Wesentlichen die Frage beantworten: *„Wurde die Software der Spezifikation folgend richtig entwickelt?"* Hierzu werden neben verschiedenen Tests auch Konformitätsprüfungen (beispielsweise standardisierte Konformitätstestsuiten, Prüfungen der Compliance) durchgeführt.

Prüfung auf Erfüllung der Anforderungen Die Prüfung auf die Erfüllung der Anforderungen (Hindel et al. [90] sprechen von Validierung) soll die folgende Frage beantworten: *„Wurde die richtige Software entwickelt?"* Die Validierung soll sicherstellen, dass alle am Projekt Beteiligten – auch der Kunde – sich über das Ziel im Klaren sind, um auf dieser Grundlage zu bewerten, ob mit der Lieferung dieses Ziel erreicht wurde. Daher sollte die Erfüllung der Anforderungen bereits frühzeitig sowohl durch den Auftragnehmer als auch durch den Kunden geprüft werden. Falsch oder nicht erfasste Anforderungen, sowie falsch verstandene Anforderungen können auf diese Weise identifiziert und korrigiert werden. Insbesondere die agilen Methoden (Abschn. 4.2.4) sehen dafür eine frühzeitige und gegebenenfalls permanente Einbindung der Kunden in die Entwicklung vor.

9.2.2.2 Voraussetzungen für die Abnahme

Die Voraussetzungen für eine Abnahme ergeben sich einerseits aus den vereinbarten Lieferungen und andererseits aus dem festgelegten Abnahmeverfahren. Grundsätzlich sind die folgenden vorbereitenden Maßnahmen zu treffen:

- Durchführen einer Verifikation *vor* der Lieferung
- Prüfkriterien festlegen (Validierung)
- Abnahmekriterien festlegen (zum Beispiel Vollständigkeit)
- Prüfverfahren festlegen

- Verfahren zur Sammlung und Kategorisierung von Mängeln (etwa Fehler oder Change Requests) festlegen
- Art und Weise der Dokumentation der Abnahme festlegen

Zentral sind hierbei die Prüf- und Abnahmekriterien. Diese sind festzulegen, bevor eine Lieferung erfolgt. Üblicherweise ergeben sich die Prüfkriterien aus den Anforderungen, indem festgestellt wird, ob eine Anforderung umgesetzt wurde oder nicht. In Abb. 9.2 sind beispielsweise die entsprechenden V-Modell-Produkte für die Abnahme zu sehen. In der Prüfspezifikation Lieferung sind genau die Prüffälle enthalten, die im Rahmen der Lieferung durchlaufen werden müssen. Mängel, die bei der Prüfung einer Lieferung auftreten müssen gesammelt, dokumentiert und kategorisiert werden. Hierbei kommt üblicherweise das Problem- und Änderungsmanagementverfahren zum Einsatz.

9.2.2.3   Fachliche und technische Abnahme

Die Abnahme einer Software durch den Kunden ist, insbesondere bei umfangreichen oder geschäftskritischen Systemen, ein komplizierter Prozess, der viele weitere Stakeholder einbindet. Die Begründung hierfür findet sich in der IT-Infrastruktur der Kunden. Gerade bei großen Softwaresystemen ist nicht davon auszugehen, dass eine Software auf CD geliefert und durch den Kunden einfach auf seinem Rechner installiert wird. Vielmehr finden sich in der Regel IT-Abteilungen, die den Betrieb der Software planen, koordinieren, durchführen und überwachen (Stichwort: Compliance). Eine Abnahmeprozedur schließt in einem solchen Szenario daher immer mindestens eine *fachliche* Abnahme durch den fachlichen Auftraggeber und eine *technische* Abnahme (man spricht hier auch von einer betrieblichen Freigabe) durch den IT-Betrieb ein.

> **Beispiel**
>
> Abbildung 9.2 zeigt einen Ausschnitt aus dem V-Modell XT Bund [39], welches detaillierte Regelungen zur Abnahme und zur betrieblichen Freigabe einer Software seitens des Auftraggebers enthält. Grundlage für diese Regelungen sind folgende Feststellungen:
>
> - Systeme sind in der Regel kritisch hinsichtlich Verfügbarkeit, Datenschutz, etc.
> - Die Projektdurchführung erfolgt nach V-Modell XT Bund.
> - Der IT-Betrieb ist eine eigenständige Organisationseinheit.
> - Der IT-Betrieb ist nach ITIL [148] organisiert.
>
> In der Abbildung sind für die Abnahme zwei zentrale Wege gezeigt. Der erste Weg ist die fachliche Abnahme des fachlichen Auftraggebers. Das V-Modell XT Bund sieht hierfür die V-Modell-Produkte *Prüfspezifikation Lieferung*, *Prüfprotokoll Lieferung* und *Abnahmeerklärung*, welche durch die Rolle *Prüfer* erstellt werden, vor. In diesen Produkten wird die Prüfung einer Lieferung geplant und dokumentiert. Die Abnahmeerklärung ist die formale Akzeptanzerklärung des Auftraggebers gegenüber dem Auftragnehmer.

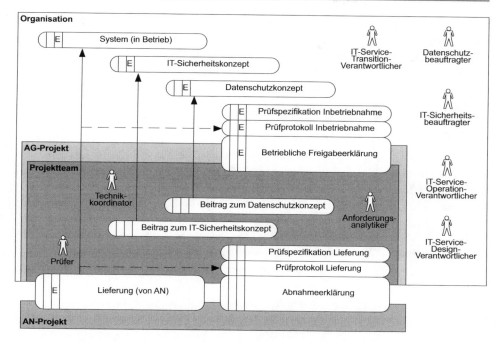

Abb. 9.2 Fachliche Abnahme und betriebliche Freigabe im V-Modell XT Bund

Der zweite Weg adressiert weniger die Fachlichkeit denn die organisatorische und technische Einbettung der Lieferung des Auftragnehmers. Die Lieferung wird an den Betrieb übergeben, welcher eigene Prüfungen durchführt, etwa hinsichtlich der Einbettung in die bestehende IT-Infrastruktur oder die Erfüllung von Sicherheitsanforderungen (V-Modell-Produkte *Prüfspezifikation Inbetriebnahme* und *Prüfprotokoll Inbetriebnahme*). Aus dem IT-Betrieb heraus erfolgt dann eine Freigabe für den Produktivbetrieb (Produkt: *Betriebliche Freigabeerklärung*).

Des Weiteren ist in der Abbildung zu sehen, dass noch weitere Stakeholder in die Abnahme involviert sein können. Stellt eine Software beispielsweise besondere Anforderungen hinsichtlich Datenschutz oder IT-Sicherheit, sind im Rahmen der Abnahme auch die entsprechenden Stakeholder, zum Beispiel der *Datenschutzbeauftragte* des Unternehmens, mit einzubeziehen. Folglich werden die V-Modell-Produkte *Beitrag zum Datenschutzkonzept* und *Beitrag zum IT-Sicherheitskonzept* erstellt, welche die bereits bestehenden Konzeptdokumente des Unternehmens ergänzen.

Konsequenzen Die mögliche Verteilung der Verantwortlichkeiten für die Software beim Kunden kann zur Folge haben, dass der fachliche Auftraggeber zwar eine Abnahme erteilt, der IT-Betrieb die Freigabe für den Produktiveinsatz jedoch verweigert. Naiv könnte man nun annehmen, dass dies ein internes Problem des Kunden ist. Praktisch jedoch wird auch der fachliche Auftraggeber in einer solchen Situation die Abnahme verweigern oder nur unter Auflagen aussprechen und Nachforderungen an den Auftragnehmer stellen. Daher ist es essenziell, bereits von Anfang an *alle* Stakeholder im Projekt zu berücksichtigen und den Abnahmeprozess und alle beteiligten Rollen zu klären.

9.2.2.4   Probleme und Fehler in der Abnahme

Die gerade skizzierte Situation zeigt auf, dass es im Rahmen der Abnahme zu Problemen kommen kann. Diese Probleme als Risiken zu erkennen, zu vermeiden und, falls sei eintreten, mit ihnen umzugehen ist eine wichtige Aufgabe für das Projektmanagement. Ein Teil der möglichen Probleme kann durch das Problem- und Änderungsmanagement (Abschn. 5.3) behandelt werden. In jedem Fall sind erwartete Probleme jedoch mindestens im Risikomanagement (Abschn. 5.2) zu behandeln. Einige typische Probleme und Maßnahmen sind im Folgenden aufgeführt:

Auftreten von Fehlern während der Abnahme. Bei der Abnahme können Fehler gefunden werden, was zu Problemen bei der Abnahme, bis hin zur Verweigerung der Abnahme führen kann. Die Fehler sind aufzunehmen und im Rahmen der vereinbarten Verfahren des Problem- und Änderungsmangements zu beheben. In Abhängigkeit von Art, Schwere und Auswirkung eines Fehlers muss dann in der Regel noch entschieden werden, wer für die Fehlerbeseitigung aufkommt. Um diese Situation zu vermeiden ist es ratsam, so früh wie möglich mit dem Testen der Software zu beginnen.

Verzögerung der Abnahme. Verzögerungen bei der Abnahme können unterschiedliche Gründe haben, die auch beim Kunden liegen können. Im Extremfall möchte der Kunde die Abnahme nicht erteilen, um beispielsweise Zahlungen hinauszuzögern oder auf der Seite des Kunden stehen nicht genügend Ressourcen für eine Abnahmeprüfung zur Verfügung. Hier sind zwei Vorgehensweisen hilfreich: Erstens ist bei der Planung des Projekts zu berücksichtigen, dass es bei jedem Kunden Zeitfenster gibt, in denen die Wahrscheinlichkeit sehr hoch ist, dass niemand Zeit für Abnahmeprüfungen hat. Beispiele hierfür sind Urlaubszeiträume oder der Abschluss eines Fiskaljahres. Abnahmen oder Projektphasen, die eine hohe Kundeninteraktion erfordern, sollten nicht in diesen Zeiträumen geplant werden. Um eine Verzögerung der Abnahme zu kompensieren empfiehlt es sich darüber hinaus, in der Abnahmeprozedur Fristen zu vereinbaren, nach deren Ablauf eine Lieferung, der nicht widersprochen wurde, als abgenommen gilt.

Verweigerung der Abnahme. Der Kunde kann die Abnahme verweigern, wenn die gelieferte Software nicht den im Vertrag festgelegten Anforderungen entspricht. Schwieriger wird der Fall, wenn erst in der Abnahme nicht entdeckte Missverständnisse in den Anforderungen sichtbar werden, etwa weil Spezifikationen fehlerhaft, unvollständig oder uneindeutig sind. In beiden Fällen muss eine Klärung angestrebt werden. Eine Abnahmeverweigerung kann aber auch noch andere Gründe haben. Hindel et al. [90] führen hier beispielsweise den Aufschub von Zahlungen oder das Hinauszögern des Projektendes im Hinblick auf das

Eintreten der Gewährleistung an. Ein anderer Grund kann ein interner Konflikt zwischen fachlichem Auftraggeber und dem IT-Betrieb sein, wie im letzten Abschnitt beschrieben.

Abnahme mit Auflagen. Der Kunde spricht in diesem Fall zwar die Abnahme aus, erteilt aber Auflagen. Diese Auflagen sind zu prüfen und einzuordnen: Handelt es sich um Entwicklungsfehler (siehe oben) sind die Auflagen im Rahmen des Problem- und Änderungsmanagements zu behandeln. Umfassen die Auflagen Punkte, die sich eher als neuartige Anforderungen klassifizieren lassen, muss zwischen Auftraggeber und Auftragnehmer vereinbart werden, wer die zusätzlichen Kosten trägt.

Zahlung und Abrechnung. Je nach vertraglicher Vereinbarung ist eine Abnahme in der Regel mit einer Teil-/Endabrechnung verbunden. Verweigert ein Kunde die Abnahme, fließt kein Geld. Besteht Uneinigkeit zwischen Auftraggeber und Auftragnehmer über die erfolgreiche Abnahme, bleibt in der Konsequenz nur der Weg zum Gericht oder zum Schiedsrichter (wenn dies entsprechend im Vertrag geregelt ist).

9.3 Projektabschluss

Der Projektabschluss dient dazu, das Projekt strukturiert zu Ende zu bringen. Die Aufgaben, die im Projektabschluss zu erledigen sind, finden sich auch bei Phasenübergängen wieder. PMBoK [158] fasst die Aufgaben daher auch in einem Prozess (Close Project or Phase) zusammen. Wir sprechen im Folgenden jedoch nur vom Projektabschluss. Obwohl dieser Teil eines Projekts wichtige Aufgaben enthält, wird er oft nur nachlässig durchgeführt. In diesem Abschnitt werden daher die wichtigsten Aufgaben im Projektabschluss beschrieben.

9.3.1 Aufgaben im Projektabschluss

Im Wesentlichen werden im Projektabschluss zwei Arbeitspakete bearbeitet: Das Aufräumen der Projektinfrastruktur und das Sichern der Erfahrungen und des Wissens. In Abhängigkeit von Unternehmen, Art und Größe des Projekts erfordern diese Aufgaben unterschiedlich viel Aufwand. Trotzdem ist ihre Durchführung wichtig, sowohl für das Unternehmen als auch für die Mitarbeiter in den Projekten.

9.3.1.1 Aufräumen

Im Projektabschluss werden Aufräumarbeiten durchgeführt. Hierzu gehören der Abschluss der Planung sowie die Abschlusskalkulation im Rahmen der Abrechnung. Die tatsächlichen Projektdaten werden hinsichtlich Projektdauer, Aufwand, Kosten und so weiter den ursprünglichen Planungsdaten gegenübergestellt. Ziel ist es, herauszuarbeiten, wie präzise die Planung war und ob ein Projekt den erwarteten Wert erwirtschaftet hat.

Zu den Aufräumtätigkeiten gehören aber auch die Sicherung der Projektergebnisse im Sinne einer Archivierung oder als Vorbereitung auf Folgeprojekte. Insbesondere wenn sich an ein Entwicklungsprojekt Projekte für die Wartung, Pflege und Weiterentwicklung anschließen, ist es wichtig, einen definierten Projektzustand an die Folgeprojekte zu übergeben um zeitaufwendige und kostenintensive Einarbeitungszeiten zu vermeiden. Dazu ist unter anderem auch eine gut strukturierte und nachvollziehbare Systemdokumentation erforderlich. Sollte diese nicht schon bereits während der Durchführung des Projekts entstanden sein, muss sie im Nachgang erstellt werden.

Hinweis

Die Nachdokumentation eines Systems ist zeitaufwendig und sollte vermieden werden. Auch wenn die kontinuierliche Dokumentation während der Projektdurchführung eine eher „lästige" Tätigkeit ist, ist sie in der Regel günstiger als eine Nachdokumentation (Stichwort „Technical Debt"). Aus der Erfahrung heraus lässt sich hier noch ergänzen, dass eine Nachdokumentation einige Jahre nach Abschluss eines Projekts nahezu unmöglich ist, insbesondere dann, wenn das ursprüngliche Projektteam nicht mehr verfügbar ist.

Ebenfalls zum Aufräumen gehört das Auflösen des Projektteams. Die Mitarbeiter können sich nun wieder anderen Aufgaben zuwenden. Hierbei ist die Auflösung des Projektteams wichtig, damit die Mitarbeiter wissen, dass das Projekt zu Ende ist. Gleichzeitig ist die Auflösung der Teams für die Führungskräfte, beispielsweise die Linienvorgesetzten der Mitarbeiter, wichtig, da sie die Personen wieder anderen Projekten zuweisen können. Ferner ist auch die Projektinfrastruktur aufzulösen und zurückzugeben. Für den Projektleiter ist der Abschluss insbesondere deshalb bedeutsam, weil er mit dem Abschluss des Projekts entlastet wird. Leistungen einzelner Mitarbeiter im Projekt sind ebenfalls zu dokumentieren und den zuständigen Personalverantwortlichen deutlich zu machen.

9.3.1.2 Wissen sichern

Der zweite große Aufgabenbereich im Projektabschluss ist die Sicherung des Wissens, welches im Projekt gewonnen wurde. Erfahrungen aus einem Projekt hinsichtlich Techniken und Methoden, die sich bewährt oder nicht bewährt haben, müssen anderen Projekten zugänglich gemacht werden. Nur so kann verhindert werden, dass einmal gemachte Fehler in anderen Projekten wiederholt werden. Darüber hinaus können sogenannte *Best Practices* bewährte Vorgehensweisen in Projekten als Methodenpool zusammenfassen. Erfolgt die Sammlung und Aufbereitung der Erfahrungen in einem strukturiertem Wissensmanagement, kann dieses zentral verwaltet allen Mitarbeitern eines Unternehmens zur Verfügung gestellt werden.

Exkurs (Wissensmanagement)

Das Wissensmanagement (Knowledgemanagement [111, 78]) umfasst die Einrichtung von Prozessen im Projekt, welche die Bereitstellung, Nutzung, Wiederverwendung und Archivierung (eventuell mit geeigneten Modifikationen) von für das Projekt relevantem Wissen regeln. Dies umfasst die Erstellung, Dokumentation und Einführung eines Verfahrens zur Bereitstellung, Nutzung, Wiederverwendung und Archivierung von Wissen im Projekt. Insbesondere sollte sichergestellt sein, dass Entscheidungen begründet und langfristig nachvollziehbar dokumentiert werden. Sie sollten Bestandteil einer Wissensbasis für das Projekt werden.

Beispiel

Im V-Modell XT gibt es das Produkt *Projekttagebuch*, das der nachvollziehbaren Dokumentation von Projektentscheidungen dient. Aber auch andere Formen, wie etwa ein Projekt-Wiki, unterstützen das Wissensmanagement.

Wird im Projekt eine Wissensbasis aufgebaut, sollte diese auch anderen Projekten zur Verfügung stehen. Dies erfordert eine entsprechende Regelung auf der projektübergreifenden Managementebene und die Etablierung eines passenden Rückflussverfahrens. Mögliche Gegenstände einer solchen Wissensbasis können weit gestreut sein und zum Beispiel aus Glossaren, Textmustern, Beispielschätzungen oder Beispielkalkulationen oder auch Architekturwissen (etwa Design Patterns) bestehen.

Neben der Sicherung fachlichen Wissens ist auch die Sammlung persönlicher Erfahrungen der Mitarbeiter nicht zu unterschätzen. Mitarbeiter sind in der Regel gute Indikatoren dafür, ob ein Projekt „gesund" ist und ob die Projektleitung ihren Aufgaben nachkommt. Daher ist es auch empfehlenswert mit dem Projektabschluss eine Feedbackrunde im Projektteam zu organisieren. Es empfiehlt sich auch, im Rahmen des „Project Debriefing" einen „Lessons Learned" Workshop in strukturierter Form durchzuführen. Dies kann das gegenseitige Lernen befördern, indem Führungskräfte Feedback von den Mitarbeitern erhalten, die ihnen mitteilen können, wo sie sich mehr oder andere Unterstützung erhofft hätten. Führungskräfte haben auf der anderen Seite die Möglichkeit, den Mitarbeitern Feedback zu geben und dadurch ihre Erwartungen an das Projektteam für künftige Projekte deutlicher herauszuarbeiten.

Hinweis

Feedbackrunden in Projekten erfordern Fingerspitzengefühl: Sie bedingen eine entsprechende Kommunikationskultur im Unternehmen und insbesondere fähige Führungskräfte. Kritik muss in solchen Runden grundsätzlich konstruktiv und frei von Vorwürfen sein. Darüber hinaus muss sichergestellt sein, dass den Mitarbeitern die Möglichkeit der offenen Kommunikation nicht durch Befürchtungen um negativer Konsequenzen genommen wird. Gegebenenfalls ist es sinnvoll, eine moderierte Feedbackrunde zu organisieren, in der ein außenstehender Moderator die Leitung hat.

9.3.2   Der Projektabschlussbericht

Der Projektabschluss muss dokumentiert werden. Genügt es beispielsweise für einen Projektfortschrittsbericht eine Präsentation zu erstellen und einen entsprechenden Workshop mit dem Kunden durchzuführen, hat der Projektabschluss jedoch höhere formale Anforderungen. Das Projekt soll einen definierten Abschluss haben. Dieser Abschluss ist dementsprechend sorgfältig zu dokumentieren. Entsprechende Vorgaben für die Dokumentation werden üblicherweise durch das im Projekt eingesetzte Vorgehensmodell getroffen. Das V-Modell XT schlägt beispielsweise die folgende Gliederung für einen schriftlich zu erstellenden Projektabschlussbericht vor:

1. Managementübersicht
2. Ausgangslage und Ziele
3. Projektergebnisse
4. Qualitätsbewertung
5. Projektverlauf

Dieses Beispiel macht deutlich, auf welche Punkte im Projektabschluss mindestens Bezug genommen werden muss: Ergebnisse, die Qualität der Ergebnisse und der Projektverlauf (sowohl Erfahrungen als auch quantitative Daten). Ähnliche Vorgaben finden sich auch in anderen Vorgehensmodellen. PRINCE2 beschreibt einen Projektabschlussbericht (End Project Report, [147], A.16) welcher zum Projektabschluss zusammen mit einem Erfahrungsbericht (Lessons Report, A.4) zu erstellen ist. Zusammen bilden sie die Grundlage für die Vorlage des Projekts beim Lenkungsausschuss, welcher den Projektabschluss empfehlen kann.

9.4 Organisation des Projektabschlusses

Der Projektabschluss muss organisiert werden. In größeren, iterativen Projekten kann dies auch phasen- bzw. stufenweise erfolgen. In den agilen Methoden, insbesondere in Scrum (Abschn. 4.3.1) wird sogar pro Sprint ein *Sprint Review* durchgeführt, welches das kontinuierliche Lernen unterstützen soll. Die gerade genannten Tätigkeiten bezüglich des Aufräumens und der Wissenssicherung werden auch dann durchgeführt, meist jedoch in verkürzter Form. Weiterhin muss unterschieden werden, ob ein Projektabschluss nur intern oder zusammen mit dem Kunden durchgeführt wird.

Interner Projektabschluss Der interne Projektabschluss dient dem Aufräumen und der Manöverkritik. Das Team hat die Möglichkeit Feedbacksitzungen zu machen, Erfahrungen auszutauschen und Wissen aus dem Projekt aufzunehmen und zu strukturieren. Bei umfangreicheren Projekten wird dieser Vorgang weiter formalisiert und kann in einem Workshop oder einem formalen Projektreview münden.

Großer Projektabschluss Der Projektabschluss mit dem Kunden findet statt, um das Projekt formal zu beenden. Hierzu werden üblicherweise Abschlusspräsentationen, Workshops und gegebenenfalls sogar Festveranstaltungen vorbereitet. Ebenso wie beim internen Projektabschluss sollte auch in der großen Runde die Möglichkeit zum Erfahrungsaustausch bestehen. Verbesserungspotenzial und Probleme, die der Auftragnehmer auch intern schon festgestellt hat, können auch beim Kunden sichtbar geworden sein. Hier ist es hilfreich, einen weiteren Standpunkt in die Rückschau und Bewertung des Projekts mit einfließen zu lassen.

Hinweis

Beim Abschluss eines erfolgreichen Projekts sollte auch nicht vergessen werden, den Beitrag der Projektmitarbeiter entsprechend zu würdigen. Die Bewertung der Leistung und ihre Berücksichtigung in der weiteren Förderung der Karriere sind wesentliche Bestandteile einer erfolgreichen Projektdurchführung.

Zusammenfassung

Der Abschluss eines Projekts setzt sich im Wesentlichen aus der Abnahme und dem eigentlichen Projektabschluss zusammen. Aus Sicht der Organisation und des Managements stellt die Abnahme der Projektergebnisse durch den Auftraggeber eine wichtige Zielmarke dar. Aber auch der Projektabschluss darf hierüber nicht vernachlässigt werden, da hier die koordinierte Auflösung des Projektteams erfolgt und die gewonnene Erfahrung strukturiert, aufbereitet und für zukünftige Projekte abgelegt wird. Im zurück liegenden Kapitel wurden sowohl die Abnahme (fachlich und technisch) als auch die Verfahren für den Projektabschluss dargestellt.

Teil III
Weiterführende Themen

Metriken und Messung

10

Zusammenfassung

Eine projektübergreifende Aufgabe der Projektorganisation und des Managements ist die allgemeine Bewertung und Verbesserung des Standes, der Qualität und des Reifegrads von Software und der Prozesse zur Softwareentwicklung. Dazu gehören die Etablierung, Nutzung und Weiterentwicklung von Vorgehensmodellen, von standardisierten Methoden und Werkzeugen der Softwareentwicklung und die Weiterbildung der Mitarbeiter. Dieses Kapitel behandelt die Bewertung von Software und Softwareprozessen durch Kennzahlen und Metriken.

10.1 Einleitung

Zur Beurteilung der Qualität von Software, der Softwareentwicklung und von Softwareentwicklungsprozessen ist es hilfreich, *Kennzahlen* und Maßfunktionen (Metriken) einzuführen und zu erheben (oft als Key Performance Indicator, KPI bezeichnet). Dies ist auch in anderen Ingenieurdisziplinen üblich wie beispielsweise in der Hardwareentwicklung, in der gewisse Kenngrößen wie Abmessungen, Anzahl der Transistoren und Schaltgeschwindigkeit recht gut brauchbare Vergleichszahlen für Hardwareprodukte bieten.

In der Softwareentwicklung sind wir an analogen Kennzahlen interessiert, die es erlauben, die Güte und Leistungsfähigkeit von Software, die Produktivität und Qualität der Softwareentwicklung sowie von Softwareentwicklungsteams und Firmen zu beurteilen. Das Gebiet der *Softwaremetriken* beschäftigt sich vornehmlich mit der Festlegung solcher Kennzahlen.

▶ **Definition 10.1 (Metrik)** Eine Softwaremetrik (nach [7]) ist eine Funktion, die eine Softwareeinheit auf einen Zahlenwert abbildet. Dieser berechnete Wert ist interpretierbar als der Erfüllungsgrad einer Qualitätseigenschaft der Softwareeinheit.

M. Broy, M. Kuhrmann, *Projektorganisation und Management im Software Engineering*,
Xpert.press, DOI 10.1007/978-3-642-29290-3_10, © Springer-Verlag Berlin Heidelberg 2013

Die Erfassung und Verfolgung von Kennzahlen und Metriken muss immer einem konkreten Zweck dienen. Die Wahl der Metriken hängt vollständig davon ab, was erreicht werden soll. Nur wenn wir Zielsetzung und Fragestellungen genau kennen, können die Metriken angemessen gewählt werden. Dabei ist zu berücksichtigen, wie einfach und wie genau die Werte ermittelt werden können, welcher Aufwand dafür erforderlich ist, und wie die Daten interpretiert werden können.

Dieses Themengebiet wird seit Jahren intensiv bearbeitet und es existiert eine Vielzahl an Kennzahlen, zum Beispiel für Aufwandsschätzungen [22], Controlling und Management [126], sowie eher allgemeine Metriken, die sich der Qualitätsmessung von Software widmen, wie zum Beispiel [108, 104, 130].

10.1.1   Sichten auf Metriken

Metriken dienen dazu, bestimmte Eigenschaften einer Software (eines Produkts), eines Entwicklungsprozesses (als Teil eines Vorgehensmodells) oder von Projekten zu erfassen – meistens im Hinblick auf die Erfüllung von Anforderungen, die entweder vom Kunden oder aus dem (internen) Management selbst kommen. Durch solche Zielstellungen entstehen auch verschiedene Sichten auf Software und Softwareprozesse, sodass eine bestimmte Metrik nicht alle Stakeholder eines Projekts betrifft oder interessiert. Die wesentlichen Sichten auf Software und Softwareprozesse sind:

- Managementsicht (zum Beispiel: Kundenzufriedenheit, Kosten, Produktivität)
- Entwicklersicht (zum Beispiel: Effizienz, Wartbarkeit)
- Kundensicht (zum Beispiel: Termintreue, Kosteneinhaltung, Produktqualität)

Für jede dieser Sichten gibt es eine Vielfalt unterschiedlicher Metriken, die alle eines gemein haben: Eine Metrik bildet eine Eigenschaft eines Systems oder eines Prozesses im Sinne einer Messgröße auf eine Zahl ab. Dazu müssen in den Softwareprojekten geeignete Messgrößen und Metriken dafür festgelegt werden.

10.1.2   Messbare Merkmale von Software und Softwareprozessen

Eine Softwaremetrik definiert, wie eine Messgröße eines Softwaresystems oder eines Entwicklungsprozesses gemessen wird. Die Hauptaufgabe von Metriken ist es, über Kennzahlen den Stand und die Auswirkung von Einflussfaktoren auf Softwareprojekte, Prozesse und Produkte sichtbar, vergleichbar, bewertbar und verfolgbar zu machen („You can't control what you can't measure", DeMarco [56][1]). Es gibt kaum einen Aspekt von Software, den man nicht durch Kennzahlen bewerten möchte. Typische Beispiele sind:

---

[1] Diese Aussage hat DeMarco in [59] wieder relativiert, da es sehr wohl Projekte gibt, die auch ohne komplexe Messungen gute Software erstellen. Er geht sogar noch weiter: Er kritisiert, dass ein un-

- Umfang und Leistung
- Komplexität
- Effizienz
- Strukturiertheit
- Wartbarkeit
- Qualität (in den unterschiedlichen Teilaspekten)

Ähnliches gilt auch für die Bewertung der Entwicklungsprozesse (Vorgehensmodelle, Kap. 4) und der Unternehmen. Typische Kennzahlen sind hier:

- Produktivität
- Effizienz und Effektivität
- Kommunikationsintensität
- Änderungsrate (Zahl CR)
- Termintreue

Dies sind alles komplizierte, vielschichtige Begriffe. Um eine Vergleichbarkeit zu erreichen, wird daher oft versucht, einfache Kennzahlen dafür einzuführen. Eine Metrik ordnet einem Softwaresystem (oder einem Unternehmen) im Hinblick auf einen bestimmten Aspekt im einfachsten Fall eine Zahl zu. Ein einfaches Beispiel für eine Metrik, die den Umfang eines Softwaresystems abschätzen hilft, ist die *Lines of Code* (LOC) Metrik (Anzahl der Zeilen Programmtext).

10.1.2.1 Aussagekraft von Metriken am Beispiel LOC

Bereits das einfache Beispiel *Lines of Code* zeigt, wie unzulänglich Metriken sind. Der Umfang eines Programms in LOC hängt von der textuellen Anordnung ab (zusätzliche Zeilenumbrüche ändern den Wert der Metrik), von der Programmiersprache (oder sogar von der Version einer Programmiersprache, etwa C# 2.0 im Vergleich zu C# 4.0) oder vom Einsatz gewisser Programmkonstrukte (Makros, Methoden). In der Regel kann man die gleiche Aufgabenstellung auch mit Programmen sehr unterschiedlicher Länge lösen. Programme gleicher Länge können hingegen eine sehr unterschiedliche Komplexität aufweisen. Trotzdem wird die Länge des Programmtextes als eine der häufigsten Metriken verwendet, da sie zumindest einen Anhaltspunkt für den Umfang eines Softwaresystems darstellt.

10.1.2.2 Metriken als Basis für die Messung der Produktivität

Andere Metriken stützen sich beispielsweise wiederum auf die LOC-Metrik ab. So wird die Produktivität (Abschn. 6.3) in der Softwareentwicklung häufig in LOC/PT (erzeugte Programmzeilen pro Personentag) gemessen. Alle Unzulänglichkeiten der Messung des Programmumfangs durch LOCs schlagen dann auch auf die Messung der Produktivität durch.

---

reflektiertes Bewerten und Steuern nach Metriken kontraproduktiv ist, da die Gefahr besteht, dass Projekte auf gute Messwerte getrimmt werden, ohne dass das Projekt tatsächlich so positiv dasteht.

Eine etwas geschicktere Methode der Messung des Programmumfangs im Sinne des Leistungsumfangs liefert die *Function Point Methode* (FP, Abschn. 6.3.3.3). In der FP-Methode wird der Funktionsumfang eines Programms durch Ermittlung funktionsspezifischer Kennzahlen bestimmt [155]. Natürlich liefert auch die FP-Methode nur eine ungefähre Abschätzung für den Leistungsumfang eines Softwaresystems. Deshalb werden auch Modifikationen der FP-Methode bei der Ermittlung der Kennzahlen eingesetzt. Vorteilhaft ist, dass mithilfe der FP-Methode die Kennzahlen für den Leistungsumfang eines Programms bereits am Ende der Anforderungsdefinition beziehungsweise am Anfang der Entwurfsphase bestimmt werden können. Dann kann versucht werden, die Produktivität in FP/PT zu messen.

10.1.2.3 Werkzeugunterstützte Erfassung von Kennzahlen

Es gibt eine Reihe von Werkzeugen, die für Softwaresysteme einen ganzen Satz von Metriken berechnen und darstellen. Dies unterstützt das Management bei der Identifizierung von Schwachpunkten in der Software und im Entwicklungsprozess. Am konsequentesten ist eine Sammlung von Kennzahlen in Statistiken und die Fortschreibung dieser Werte über längere Zeiträume (Sammeln von Erfahrungsdaten). Dies erlaubt einerseits Aussagen über die Situation der Softwareentwicklung in Unternehmen und deren Veränderung über die Zeit. Zusätzlich ist der Aufbau und die Pflege einer solchen Erfahrungsdatenbasis ein wichtiger Bestandteil zu Justierung von Verfahren für die Aufwandsschätzung, etwa COCOMO II (Abschn. 6.3.3.2).

10.1.3 Prinzipielles zu Metriken

Es existiert eine Vielzahl unterschiedlicher Metriken, die in der praktischen Softwareentwicklung eingesetzt werden. Bei der Verwendung von Metriken sind eine Reihe grundlegender Prinzipien zu berücksichtigen. Metriken sollten immer folgenden Anforderungen genügen:

- Objektivität
- Messgenauigkeit
- Aussagekraft und Tauglichkeit
- Vergleichbarkeit
- Angemessenheit des Aufwands
- Nützlichkeit

Bei der Festlegung einer Metrik und der Erfassung der Kennzahlen sind die Schritte aus Abb. 10.1 zu durchlaufen.

Die Beteiligten – insbesondere die Personen, die die Daten ermitteln – müssen ein klares Verständnis haben, was mit den Daten geschieht. Sie sollten auch Feedback zur Verwen-

Abb. 10.1 Prozess zur Festlegung, Messung und Interpretation von Kennzahlen

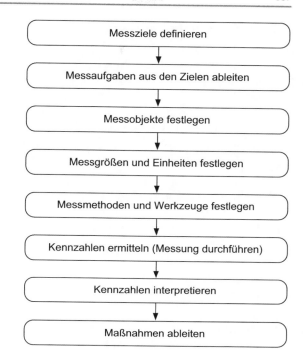

dung der Daten erhalten und zu den daraus abgeleiteten Maßnahmen. Nur so können die Sorgfalt und die Motivation bei der Datenermittlung gesichert werden.

Hinweis

Bei der Erfassung von Metriken ist immer zu beachten, dass man nicht in einen „Metrikwahn" verfällt. Das Erfassen von Kennzahlen ist ein gutes Hilfsmittel zur Bestimmung der Leistungsfähigkeit einer Software, eines Prozesses oder eines Unternehmens. Das Erfassen aller nur denkbaren Kennzahlen ist indes nicht sinnvoll und bringt keinen Gewinn. Bei jeder Metrik steht zu allererst das Ziel im Vordergrund – was soll mit dem Erfassen bestimmter Daten erreicht werden. Messen, nur um die Zahlen verfügbar zu haben, bedeutet Aufwand ohne einen Nutzen zu bringen. Damit sinkt die Akzeptanz (auch da der Eindruck der Überwachung entstehen kann) und die Gefahr nachlässig erhobener oder „frisierter" Werte steigt.

10.2 Beispiele für Metriken

Nach Kan [108], Schneider [168] und Liggesmeyer [130] können Metriken in solche für Software (Produkte), Prozesse und Projekte gegliedert werden. Weiterhin grenzt Kan von den Softwaremetriken noch *Softwarequalitätsmetriken* ab, welche ebenfalls die Dimensionen Produkt, Prozess und Projekt haben, sich jedoch mehr auf die Qualitätsaspekte konzentrieren, wobei der Fokus hier mehr auf Produkten (*end-product quality metric*) und auf den Entwicklungsprozessen (*in-process quality metric*) liegt.

10.2.1 Metriken für Produkte

Produktmetriken beschreiben das Produkt – die Software – anhand verschiedener Größen wie:

- Umfang/Größe des Produkts
- Komplexität
- Design
- Performanz
- Qualität (zum Beispiel ISO [99, 100])

Hierbei gebräuchliche Metriken sind beispielsweise die bekannte *Mean Time To Failure* (MTTF) zur Messung der Zuverlässigkeit oder die *Customer Satisfaction*. Die wohl bekannteste, wenn auch umstrittenste, Produktmetrik ist *Lines of Code* (LOC). LOC werden insbesondere in Schätzmodellen (Abschn. 6.3) verwendet, da aus ihnen unter anderem die *Gearing Factors* (siehe Laird und Brennan [128], 36ff.) errechnet werden, die angeben, wie viele Zeilen Quellcode einem Function Point entsprechen. Eine ebenso bekannte Produktmetrik ist die zyklomatische Komplexität nach McCabe [137]. Diese Metrik gibt die Komplexität eines Softwaremoduls über Kontrollflussgraphen an (siehe auch [128], 58ff.). Auch diese Metrik steht in der Kritik, jedoch wird ihr von ihren Protagonisten eine Eignung in der Abschätzung des Test- und Wartungsaufwands bescheinigt.

▶ **Achtung!** Auch wenn eine Metrik komplizierte Formeln verwendet, sagt das nichts über die Gültigkeit der dadurch ermittelten Zahlen im Hinblick auf die Messgröße aus.

Neben diesen beiden exemplarischen Metriken gibt es eine Vielzahl weiterer Metriken, welche in Tab. 10.1 auszugsweise aufgeführt sind. Von besonderer Bedeutung sind darüber hinaus die Fehlerleistungskosten (Non Conformance Costs, NCC). Dies sind Kosten, die in Folge von Fehlern für Korrektur, Kulanz, Gewährleistung, Vertragsstrafen oder Haftung entstehen. Diese sind wichtige Indikatoren für die Qualität der Projektdurchführung.

Tab. 10.1 Beispiele bekannter und gebräuchlicher Produktmetriken

Metrik	Beschreibung
Halstead Metrik	Vorhersage für Wartungsaufwand anhand der Anzahl der Operatoren und Operanden in einem Programm, [128], 63ff.
Fehlerdichte (Defect Density)	Anzahl der Fehler pro KLOC oder FP [108]
Maintainability Index	Kennzahl für Entwickler zu Bestimmung, ob gewarteter Code verbessert oder eher verschlechtert wurde, [128], 69ff.
Testfallabdeckung	Variiert nach technischen oder nach fachlichen Aspekten, zum Beispiel Anzahl der durch Testfälle erfassten Zeilen Quelltext, Anzahl der Testfälle pro Anforderung. Diese Verfahren die Abdeckung des Codes durch Tests (Coverage), etwa Anweisungsüberdeckung C_0 oder Pfadüberdeckung C_2 [176]

10.2.2 Metriken für Prozesse

Prozessmetriken drücken im Wesentlichen die Performanz oder die Reife des Entwicklungsprozesses (Vorgehensmodells) aus. Je nach Art des verwendeten Vorgehensmodells können zum Beispiel die folgenden Kennzahlen erfasst und ausgewertet werden:

- Zeitbedarf für Fehlerkorrekturen
- Zeitbedarf für die Einarbeitung von Änderungen
- Prozessreife, zum Beispiel nach CMMI (Abschn. 11.3)

Prozessmetriken sind insbesondere dann interessant, wenn die Projektfähigkeit eines Unternehmens aus Sicht der Softwareprozesse festgestellt werden soll. Wallmüller [196] gibt hierzu, basierend auf Kulpa und Johnson [125], Kandidaten für Prozessmetriken aus dem CMMI-Umfeld an (Tab. 10.2). Diese Metriken orientieren sich an den Prozessbereichen von CMMI.

Insbesondere bei den Projekt- und bei den Prozessmetriken gibt es Überschneidungen, sodass bestimmte Kennzahlen sowohl den Projekt- als auch den Prozessmetriken zugeordnet werden können. Solche Metriken werden auch als *In-Process Quality Metric* bezeichnet [108]. Daher betrachten wir sie zusammen mit den für das Management besonders interessanten Projektmetriken im folgenden Abschnitt.

10.2.3 Metriken für Projekte

Projektmetriken beschreiben die Performance eines Projekts selbst. Hierbei werden wichtige Parameter des Projekts in Kennzahlen erfasst, wie zum Beispiel:

Tab. 10.2   Beispiele gebräuchlicher Prozessmetriken nach [125]

Metrik	Beschreibung
CMMI-Stufe	Im Bereich der Prozessverbesserung kann das erreichte CMMI Level gemessen werden.
Assessments	Ebenfalls im Bereich der Prozessverbesserung können aktuelle Assessments mit früheren Assessments verglichen werden.
Projekte	Es kann zum Beispiel die Anzahl oder der Anteil der Projekte gemessen werden, die einen Standardprozess des Unternehmens verwenden. Hierauf könnten Rückschlüsse aufgebaut werden, ob diese Prozess Vorteile bieten.
Kosten	Es können die Kosten für die Prozessverbesserung gemessen werden. Hier könnten Abschätzungen gemacht werden, ob Investitionen in ein Prozessverbesserungsprogramm weiterhin Nutzen generieren.
Trends	Es wird gemessen, ob Prozessverbesserungen auch eine tatsächlich messbare Wirkung haben, etwa durch eine Verkürzung von Reaktionszeiten auf Änderungsanträge oder eine allgemeine Steigerung der Qualität.

Tab. 10.3   Beispiele bekannter und gebräuchlicher Projektmetriken

Metrik	Beschreibung
Termintreue	Ermittlung, ob vereinbarte Termine eingehalten werden. Dient der Ermittlung der Präzision der Zeit- und Terminplanung.
Budgettreue	Ermittlung, ob das vereinbarte Budget plangemäß eingesetzt/abgerufen wird. Dient der Ermittlung der Präzision der Kostenschätzung.
Entwicklungszeit/-fortschritt	Dient der Ermittlung, ob die Entwicklung gemäß Plan voranschreitet (Präzision der Abreist- und Terminplanung).
Meilensteintrendanalyse	Dient der Abschätzung, ob Meilensteine pünktlich erreicht werden und was die Verzögerungen im Gesamtprojekt sind, falls ein Meilenstein nicht wie geplant erreicht wird.
Produktivität	Dient der Ermittlung der Produktivität im Projekt und somit der Abschätzung, ob die gesetzten Ziele mit den verfügbaren Ressourcen erreichbar sind.

- Termintreue (pünktliches Erreichen von Meilensteinen)
- Kosten- und Ressourcenverbrauch
- Produktivität

In Tab. 10.3 sind einige ausgewählte Projektmetriken aufgeführt, auf die wir auch in diesem Buch bereits zurückgegriffen haben (zum Beispiel Kennzahlen zur Kostenkontrolle, siehe Abschn. 8.2.3: *Earned Value Analyse*).

Die Projektmetriken sind für die Projektorganisation und das Management deshalb von zentraler Bedeutung, da sie im Rahmen des Regelkreises des Projektmanagements Kennzahlen liefern, die im Rahmen der Soll-Ist-Analyse die Einleitung von Steuerungsmaßnahmen begründen.

So wird beispielsweise in PRINCE2 [147] das Konzept des *Management by Exception* vorgeschlagen. Diese Konzept beinhaltet für die wesentlichen Aspekte eines Projekts Wertebereiche für Kennzahlen, in denen das Management agieren kann. Dazu werden unter anderem auch Management- und Entscheidungskompetenzen zwischen den Hierarchieebenen der Organisationsstruktur verschoben (Delegation von Befugnissen). Werden die Wertebereiche verlassen, muss das Management eskalieren und zuvor vereinbarte Steuerungsmaßnahmen einleiten. Beispiele für solche Wertebereiche sind:

- Termine: Pufferzeiten für Termine
- Kosten: Puffer für den Verbrauch des Budgets
- Umfang: Abstriche/Abweichungen vom vereinbarten Funktionsumfang

Werden die festgelegten Puffer überschritten, muss dies an die nächsthöhere Entscheidungsebene eskaliert werden, sodass dort unverzüglich Entscheidungen zur Problemlösung getroffen werden können. Dieses Konzept setzt den konsequenten Einsatz von Kennzahlen und Metriken in den Softwareprojekten zwingend voraus.

10.3 Metriken erfassen und auswerten

Wallmüller [196] fasst seine Erfahrungen aus verschiedenen Messprogrammen in zwei Erkenntnissen zusammen:

1. Was nicht vorher gemessen wurde, kann nicht gesteuert oder geregelt werden.
2. Nicht so genau wie möglich messen, sondern so genau wie nötig.

In den vorangegangenen Abschnitten wurden grundsätzliche Fragen hinsichtlich Metriken diskutiert und einige ausgewählte Metriken dargestellt. Die Kernfragen, welche Metriken erfasst werden sollten, wie man zu einer Metrik kommt, wie man sie dann misst und welche Aussagen aus den Ergebnissen hergeleitet werden können, müssen in Unternehmen und in Softwareprojekten kritisch untersucht und beantwortet werden.

10.3.1 Der Goal-Question-Metric Ansatz

Goal-Question-Metric (kurz: GQM) ist eine Methode zur Planung und Durchführung von zielorientierten Messungen. Dieser Ansatz wurde von Basili und Rombach [27] entwickelt und hat sich mittlerweile gut bewährt. Der GQM-Ansatz geht von Messzielen und benötigen Informationen aus leitet daraus Metriken ab, mit denen sie die gestellten Fragen beantworten lassen. GQM wird nach einem Top-Down-Ansatz umgesetzt. Die initialen Ziele werden Fragen bis auf die Ebene konkreter Metriken verfeinert. Die Interpretation der ermittelten Werten (Kennzahlen) erfolgt dann im Bottom-Up-Verfahren. Aus der Analyse

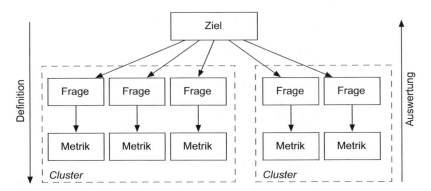

Abb. 10.2 Struktur des Goal-Question-Metric Ansatzes

der Messdaten heraus werden die anfänglich gestellten Fragen beantwortet. Auf Grundlage der beantworteten Fragen lässt sich die Erreichung der Messziele ableiten.

An dieser Stelle wird der Vorteil des GQM-Ansatzes deutlich: Durch die definierte Vorgehensweise (Abb. 10.2) bei der Ermittlung der Fragenkataloge und der Zuordnung geeigneter Metriken wird in der Regel nur das gemessen, was im Rahmen der gesetzten Messziele sinnvoll ist. Weiterhin wird der gesamte Prozess durch die schrittweise Verfeinerung dokumentiert, sodass auch nach Jahren noch nachvollziehbar ist, warum und mit welchen Zielen eine Messung durchgeführt wurde.

Hinweis
GQM ist ein universell einsetzbares Verfahren, das nicht nur dazu verwendet werden kann, um etwa die Erfassung und Bewertung von Kennzahlen zu armöglichen. Dieser Ansatz kann beispielsweise auch dazu verwendet werden, Umfragen zu gestalten (siehe Metrik *Customer Satisfaction*).

10.3.2   Software Cockpits

Metriken zu definieren und im Anschluss die tatsächlichen Kennzahlen zu ermitteln macht nur dann Sinn, wenn die Ergebnisse der Messung in den Unternehmen oder in den Projekten verwertbar sind. Gerade für die Projektorganisation und das Management ist es wichtig, die Kernkennzahlen eines Projekts vor Augen zu haben. Nur so lassen sich schnell der aktuelle Projektstatus und Trends ermitteln, die auf zukünftig mögliche Probleme hinweisen.

Diese Aufgabe übernehmen heutzutage *Dashboards*. Sie basieren in der Regel auf dem Konzept der Software Project Control Centers (SPCC; [145]). Dashboards sammeln, aggregieren und visualisieren Daten aus verschiedenen Datenquellen und geben dem Mana-

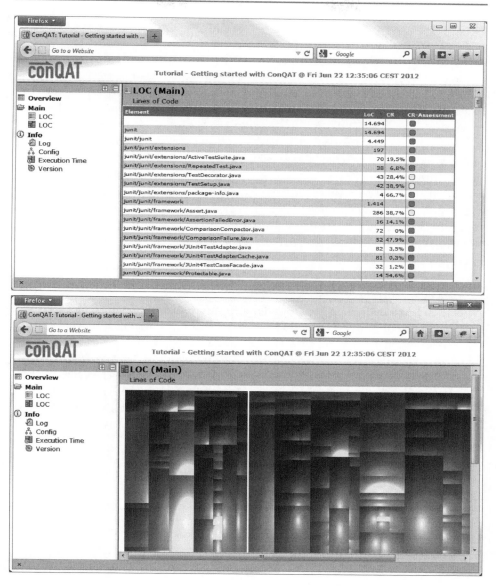

Abb. 10.3 Von ConQAT generiertes Dashboard zur Auswertung und Visualisierung einer Metrik

gement einen Überblick über den aktuellen Stand des Projekts. Dabei sind die Dashboards
in der Regel sehr flexibel konfigurierbar, um alle relevanten Informationen zu erfassen und
darzustellen. Je nach Anwenderkreis können sich die Metriken und die erfassten Kennzahlen deutlich unterscheiden, zum Beispiel sind in der Managementperspektive andere Informationen von Interesse als in der Entwicklerperspektive. Dashboards sind heute

State-of-the-Art und insbesondere in den Werkzeugumgebungen für die verteilte Software-entwicklung (Abschn. 12.5) sind bereits vielfältige Funktionen eingebunden, um ein Dashboard zu erzeugen. Beispielhaft sei an dieser Microsoft Team Foundation Server [139] genannt, der entsprechende Informationen aus einem Data Warehouse herausgeneriert, welches direkt an die Projektdatenbanken angebunden ist. In diesen Projektdatenbanken werden alle Informationen bzgl. Arbeitsaufträgen (Work Items), Risiken, Bugs oder Test-statistiken abgelegt. Diese Informationen werden im Dashboard dazu verwendet, um über Berichte den Projektstatus zu ermitteln und Trends aufzuzeigen. Vergleichbare Fähigkei-ten finden sich auch in anderen Werkzeugen, wie zum Beispiel IBM's Jazz oder der Open Source Software Trac.

Die Abb. 10.3 zeigt ein beispielhaftes Dashboard, welches von der ConQAT-Plattform [54, 53] generiert wird. An dieser Abbildung ist auch die Ausrichtung auf die unterschiedlichen Adressaten zu sehen. Beide Teile der Abbildung erfassen dieselbe Metrik. Während jedoch die obere Sicht eher für Entwickler oder die Qualitätssicherung geeignet ist, richtet sich der untere Teil der Abbildung eher an das Management.

Zusammenfassung

Insbesondere die Messung des Projektfortschritts erfordert passende Kennzahlen, die einerseits die Messung erlauben und andererseits auch für das Management verwert-bare Aussagen darstellen. Im zurückliegenden Kapitel wurde in die Themen Messung und Metriken eingeführt. Insbesondere wurden die Grundlagen und die Prinzipien zur Festlegung und Wahl von Metriken und zur Messung vorgestellt. Neben einer kurzen Einführung zu Produkt-, Prozess- und Projektmetriken wurde mit der GQM-Methode auch ein Verfahren vorgestellt, mit dem sich Metriken entwickeln lassen. Weiterhin hat dieses Kapitel auch einen Einblick in die Anwendung von Metriken gegeben und hierzu Software-Cockpits als Analyseinstrument vorgestellt.

Reifegradmodelle und Prozessverbesserung

Zusammenfassung

Aktuelle Softwareprojekte sind komplex, umfangreich und werden arbeitsteilig – möglicherweise global verteilt – durchgeführt. Somit stellen Softwareprojekte hohe Anforderungen an die beteiligten Unternehmen. Nicht selten scheitern Softwareprojekte, weil sich ein Unternehmen verhoben hat, z. B. indem es die eigene Projektfähigkeit überschätzt und das Projekt unterschätzt hat. Zur Feststellung und zur Verbesserung der Projektbefähigung eines Unternehmens im Hinblick auf die Softwareentwicklung gibt es eine Reihe von Ansätzen, die Prinzipien und Strukturen zur Bewertung und Verbesserung des Reifegrads des Unternehmens bereitstellen. In diesem Kapitel werden Qualitäts- und Reifegradmodelle für Unternehmen und Softwareprojekte vorgestellt. Insbesondere wird in diesem Kapitel CMMI als ein defacto Standard für die Feststellung von Reifegraden in der Softwareentwicklung näher besprochen.

11.1 Einleitung

Die grundsätzliche Projektfähigkeit eines Unternehmens ist eine wesentliche Größe für die Einschätzung der Erfolgsaussicht eines Projekts. Oftmals wird die eigene Projektfähigkeit überschätzt, was ein erhöhtes Risikopotenzial für Projekte bedeutet. Allein die Aussage *„Wir machen Scrum"* genügt nicht für die Einschätzung des Reifegrads. Vielmehr kommt es unter anderem darauf an, ob beispielsweise Prozesse für ein Änderungsmanagement etabliert sind, ob es einen geregelten, nachvollziehbaren Entwicklungsprozess gibt oder ob ein systematisches Requirements Engineering etabliert ist. Dies festzustellen und zu bewerten ist die Aufgabe von *Reifegradmodellen*.

Reifegradmodelle gehen in der Regel von der Grundannahme aus, dass die Prozessqualität Einfluss auf die Produktqualität hat – oder kurz: Bessere Prozesse garantieren bessere Produkte, was ein Trugschluss sein kann, wie Ebert und Keil [67] darstellen. Dabei zielt ein Reifegradmodell oft nicht nur auf die punktuelle Evaluierung der Projektfähigkeit oder

M. Broy, M. Kuhrmann, *Projektorganisation und Management im Software Engineering*,   345
Xpert.press, DOI 10.1007/978-3-642-29290-3_11, © Springer-Verlag Berlin Heidelberg 2013

kurzfristige Anpassung von Prozessen ab, sondern adressiert die mittel- und langfristige Verbesserung bzw. Optimierung von Prozessen. Dies finden in der Regel auf der Organisationsebene und somit außerhalb von Projekten statt. Meistens sind die entsprechenden Unternehmungen in das organisationsweite *Qualitätsmanagement* eingebettet und werden üblicherweise von einer eigenen Organisationseinheit getrieben. Im Kontext der Softwareentwicklung werden solche Vorhaben auch als *Prozessverbesserungsprojekte* (Software Process Improvement, SPI [196]) bezeichnet.

Hinweis

Der Bereich der (Software-)Prozessverbesserung umfasst viele Themen der Organisations- und Projektanalyse, die wir in diesem Buch nicht behandeln können. Wesentliche Elemente hierbei finden sich unter anderem in der methodischen Entwicklung von Vorgehensmodellen (Abschn. 4.4) aber auch im grundsätzlichen Prozessmanagement [75, 73]. Wichtig ist an dieser Stelle nur ein Punkt: SPI-Projekte sind für Softwareprojekte in der Regel „störend", da die Projektteams nicht nur mit der Projektdurchführung betraut sind, sondern gleichzeitig als Interviewpartner für Auditoren zur Verfügung stehen müssen oder, schlimmstenfalls, als „Versuchskaninchen" für neu entworfene Prozesse. DeMarco [58] S. 141 stellt hierzu fest: *„Bei Programmen, die auf die Verbesserung mehrerer Fähigkeiten abzielen [...], ist die Wahrscheinlichkeit besonders groß, dass Projekte später abgeschlossen werden, als das ohne das Verbesserungsprogramm der Fall gewesen wäre."*

11.2   Der kontinuierliche Verbesserungsprozess

Die Grundlage für viele Prozessverbesserungsprogramme ist ein *kontinuierlicher Verbesserungsprozess* (KVP [73], engl. Continuous Improvement Process). Der KVP ist in erster Linie eher eine Unternehmensphilosophie denn eine formale Methode. Die Zielstellung ist die Einbindung aller Beteiligten im ganzen Unternehmen, um eine stetige Verbesserung der Organisation und der Prozesse zu erreichen. Im Gegensatz zu Verbesserungsprogrammen wie CMMI (Abschn. 11.3) oder SPICE (Abschn. 11.4.2) zielt der KVP darauf ab, eine Verbesserung in kleinen, dafür aber stetigen Schritten vorzunehmen. Da der KVP ein integraler Bestandteil eines Unternehmens ist, ist die Bereitschaft des Unternehmens, etwa Mitarbeiter abzustellen oder Ideen und Verbesserungsvorschläge zu beachten und umzusetzen, eine grundlegende Voraussetzung für die Etablierung des KVP.

Grundkonzept des KVP   Der KVP basiert auf dem sogenannten *Demingkreis* [60], der auch als *PDCA-Zyklus* bekannt ist. PDCA ist ein iterativer Problemlösungsprozess:

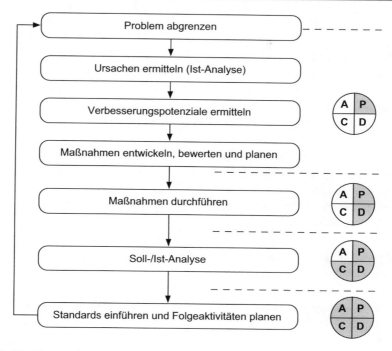

Abb. 11.1 Vorgehen im kontinuierlichen Verbesserungsprozess und Einordnung des PDCA-Zyklus

Plan   In dieser Stufe wird ein zu verbessernder Prozess auf Verbesserungspotenzial hin untersucht. Weiterhin wird ein Verbesserungskonzept entwickelt.

Do   Das Verbesserungskonzept wird zunächst im Kleinen umgesetzt, ähnlich einem experimentellen Prototyp.

Check   Der prototypisch umgesetzte, verbesserte Prozess wird evaluiert. Bei positiver Evaluierung wird der Prozess dann für die Breiteneinführung freigegeben.

Act   Der freigegebene Prozess wird nun in der Breite eingeführt und im Anschluss kontinuierlich überwacht. Gegebenenfalls sind die Mitarbeiter im neuen Prozess zu schulen oder Anschaffungen, zum Beispiel neue Werkzeuge zu tätigen.

Nach dem Abschluss eines PDCA-Zyklus, kann in einen neuen PDCA-Zyklus eingetreten werden. Je nach Aufbau und Ausrichtung eines Unternehmen kann es auch mehrere parallele PDCA-Zyklen geben. Jedoch ist dies mit Vorsicht zu genießen, da zu viele parallele Aktivitäten auch dazu führen können, dass die übergreifende Verbesserungsstrategie wenig zielgerichtet und somit nur bedingt effizient ist.

Vorgehen im KVP Der KVP gliedert sich in verschiedene Schritte. Der Grundsätzliche Ablauf in Abb. 11.1 orientiert sich an Kostka [114].

11.3   CMMI

Eine etablierte, weit verbreitete Methode zur Beurteilung des Reifegrads eines Unternehmens in Hinblick auf seine Fähigkeit Software zu entwickeln, ist das Softwarereifegradmo-
dell CMMI (Capability Maturity Model Integration [113, 102]), das vom Software Engineering Institut (SEI) in Pittsburgh entwickelt worden ist[1]. Es erfasst in Fragebögen und
Interviews die relevanten Aspekte der Softwareentwicklung in einem Unternehmen oder
einer Abteilung und bewertet sie. CMMI verfolgt den Ansatz, dass aus besseren Prozessen
bessere Produkte entstehen. Hauptanliegen von CMMI ist es somit, Prozesse zu bewerten
und insbesondere Schwächen aufzudecken. Dazu bündelt CMMI bewährte Praktiken zur
Verbesserung der Prozesse eines Unternehmens. CMMI wird manchmal auch als Referenzmodell unter anderem für die Produktentwicklung angesehen. Der Einsatz von CMMI soll
Unternehmen darin unterstützen:

* Stärken und Schwächen objektiv und systematisch zu analysieren
* Verbesserungspotenzial und -maßnahmen zur Optimierung zu identifizieren

CMMI umfasst mehrere Referenzmodelle zu Themen wie Akquisition, Entwicklung und
Dienstleistung.

11.3.1   Bestandteile des Reifegradmodells CMMI

CMMI setzt sich aus Bestandteilen zusammen, auf die im Folgenden näher eingegangen
wird. Betrachtet werden Prozessgebiete, Fähigkeitsgrade und abschließend Reifegrade.

11.3.1.1   Prozessgebiete
Um erfolgreich am Markt zu bestehen, müssen Unternehmen eine Reihe kritischer Erfolgs-
fakturen beachten. Erfolgsfaktoren in der Softwareentwicklung sind im Besonderen – abhängig von den Anwendungsbereichen – die Betonung und Beherrschung der folgenden
Punkte:

* Requirements Engineering
* Nutzerorientierung
* Vorkehrungen zur Systemintegration (Stichwort: Architektur)
* Geschäftsprozessoptimierung
* Migrationsstrategien

---

[1] 1986/87 enstand das *Software Process Maturity Framework* aus dem 1991 die erste Version des CMM
hervorging. Über die Zeit sind die verschiedenen entstandenen CMM-Derivate in das CMMI integriert worden.

Zu jedem dieser Punkte sollte ein Unternehmen einen Standpunkt und einen Lösungsansatz haben. Zur Unterstützung der Feststellung gruppiert CMMI solche Aspekte in *Prozessgebiete* (Process Areas, siehe Anhang 15, Tab. 15.2). Ein Prozessgebiet ist eine Zusammenfassung von ähnlichen Praktiken in einem Gebiet bzw. zu einem Thema. Ein Prozessgebiet besteht aus mehreren Prozessen, wobei einzelne Prozesse mehreren Prozessgebieten zugeordnet sein können. Für das CMMI-Derivat for Development (CMMI-DEV) sind zum Beispiel 22 solcher Prozessgebiete definiert, die unter anderem Konfigurationsmanagement, Messung und Analyse, Produktintegration, Projektplanung oder Risikomanagement umfassen.

Prozessgebiete sind selbst wieder untergliedert in *erforderliche, erwartete* und *informative Prozessgebietskomponenten*. Erforderliche Komponenten dienen spezifischen und generischen Ziele. Die spezifischen Ziele beschreiben eindeutige Merkmale, die vorhanden seien müssen, um das zugeordnete Prozessgebiet zu erfüllen. Die generischen Ziele sind Merkmale, die mehreren Prozessgebieten zugeordnet sind. Sie beschreiben Merkmale, die vorhanden seien müssen, um die Prozesse zur Umsetzung des Prozessgebietes zu institutionalisieren. Anhand der erforderlichen Komponenten wird entschieden, ob ein Prozessgebiet einen bestimmten Reifegrad erfüllt oder nicht. Für die Erfüllung des Reifegrads eines Prozessgebietes müssen alle zugeordneten Ziele umgesetzt sein. Bezogen auf die erforderlichen Komponenten gibt es spezifische und generische Praktiken. Um ein Ziel zu erreichen, müssen die Tätigkeiten bzw. gleichwertige umgesetzt worden sein. Informative Komponenten bieten Zusatzinformationen zu den anderen Prozessgebietskomponenten. Dies können zum Beispiel Subpraktiken oder Querverweise zwischen den Prozessgebieten sein.

11.3.1.2 Fähigkeitsgrade

Ein Fähigkeitsgrad (capability level) kennzeichnet den Grad der Institutionalisierung eines einzelnen Prozessgebiets, also ob Aufgaben auf der Organisationsebene definiert und gelebter Teil der Arbeit sind, etwa ein standardisiertes Vorgehensmodell. Es gibt 4 Fähigkeitsgrade:

Grad 0 (Incomplete, auch unvollständig) – gibt ein Vorgehen an, das gar nicht oder nur teilweise definiert wird.

Grad 1 (Performed, auch durchgeführt) – kennzeichnet einen Prozess, der alle spezifischen (fachlichen) Zielstellungen erfüllt.

Grad 2 (Managed, geführt) – kennzeichnet einen Prozess, der nach Vorgaben und Leitlinien durchgeführt wird und in dem alle relevanten Stakeholder eingebunden sind. Die Prozessdurchführung und die Ergebnisse werden kontrolliert.

Grad 3 (Defined, auch definiert) – ähnlich zu Grad 2 wird ein Prozess kontrolliert durchgeführt. Darüber hinaus wird dieser Prozess mithilfe eines Tailorings aus einem organisationsweiten Standardprozess abgeleitet.

11.3.1.3 Reifegrade

Mit Reifegraden (maturity levels) werden die Leistungen eines Unternehmens bewertet. Um das Unternehmen differenziert zu bewerten, sind den einzelnen Reifegeraden jeweils Prozessgebiete zugeordnet. Wird durch das Unternehmen ein Reifegrad angestrebt, müssen hierfür alle zugeordneten Prozessgebiete erfüllt werden. CMMI unterscheidet fünf Reifegrade:

Level 1 (Initial, auch: ungeregelt, chaotisch) – hier gibt es keine Vorgaben und Anforderungen an die Entwicklung und die Organisation.

Level 2 (Managed, auch: wiederholbar, geordnet) – Managementgrundsätze sind etabliert und die Arbeit wird so durchgeführt, dass auch ähnliche Projekte erfolgreich geführt werden können.

Level 3 (Defined, auch: standardisiert) – Zusätzlich zu 2 gibt es ein festgelegtes Vorgehen in Projekten, möglicherweise auf Basis eines angepassten Standardprozesses. Eine organisationsweite, kontinuierliche Prozessverbesserung ist etabliert.

Level 4 (Qualitatively Managed, auch: organisiert, gesteuert) – Zusätzlich zu 3 wird die Performanz der Projekte gemessen (siehe Metriken).

Level 5 (Optimizing, auch: optimierend) – Zusätzlich zu 4 wird die Projektarbeit auf Grundlage von Messungen kontinuierlich verbessert/optimiert.

Heutige Softwareentwicklungsunternehmen liegen in aller Regel um 2,0 oder etwas höher in der Skala des CMMI.

Hinweis

Hohe CMMI-Level benötigen ausreichende Personalressourcen, um alle erforderlichen Rollen der einzelnen Prozessgebiete zu besetzen. Ein hoher CMMI-Level ist somit in der Regel mit entsprechend hohen Personal- aber auch Zertifizierungskosten verbunden.

11.3.2 CMMI-Derivate

CMMI besteht aus einem Grundmodell (Anhang 15, Tab. 15.1) und mittlerweile vier Derivaten. Das Grundmodell ist für alle Derivate gleich, ebenso wie die generischen Praktiken und die Fähigkeitsgrade.

CMMI-DEV Das CMMI-Derivat für die Entwicklung (Development) ist auf die Verbesserung von Entwicklungsprozessen (auch für Softwareprojekte) ausgelegt [47].

CMMI-ACQ Das CMMI-Derivat für die Beschaffung (Acquisition) bewertet Prozesse, die sich mit dem Management von Zulieferern und Beschaffungsketten, befassen [46].

CMMI-SVC   Dieses CMMI-Derivat eignet sich für Unternehmen, die als Kerngeschäft
           Dienstleistungen (Services) anbieten [48].
People CMM People CMM ist das neueste CMMI-Derivat. Die Prozesse, die hier unter-
           sucht werden, beziehen sich auf den Umgang mit den eigenen Mitarbeitern
           (People) [50].

Auch die Reifegrade sind für alle CMMI-Derivate gleich. Aufgrund der unterschiedlichen
Ausrichtung der einzelnen Derivate ist die konkrete Zuordnung jedoch spezifisch, da jedem
Derivat unterschiedliche Prozessgebiete zugeordnet sind.

11.3.3   CMMI Appraisals

Zur Bestimmung der Reife eines Unternehmens oder zur Überprüfung der Erfüllung der
Anforderungen des Vorgehensmodells werden Appraisals (Assessments) durchgeführt. Be-
gleitend zu CMMI hat das SEI die Appraisal-Methode SCAMPI (Standard CMMI Appraisal Method for Process Improvement [166]) entwickelt. SCAMPI kann neben CMMI auch
noch für SPICE-Assessements (Abschn. 11.4.2 eingesetzt werden.

Hinweis

Neben dem Begriff Appraisal wird häufig auch der Begriff Assessment in SCAM-
PI verwendet – oftmals auch in derselben Bedeutung. In der Terminologie des SEI
ist Appraisal der Oberbegriff, während Assessment nur solche Appraisals meint,
die im Rahmen einer Prozessverbesserung durchgeführt werden. Darüber hinaus
gibt es noch den Begriff Evaluation, welcher ein kundenseitiges Appraisal zur Überwachung und Einschätzung der Auftragnehmer meint. Diese Unterscheidung hat
historische Gründe, sodass heute in der Regel nur noch von Appraisals geredet wird.

Die SCAMPI-Methode definiert drei Appraisal-Typen (siehe Wallmüller [196] S. 46 ff.
und Kneuper [113]), von denen insbesondere das Klasse-A-Appraisal [166] nur von einem entsprechend ausgebildeten und autorisierten *Lead Appraiser* durchgeführt werden
darf. Die Anforderungen an Appraisals werden in den *Appraisal Requirements for CMMI*
(ARC; [165]) aufgestellt.

Klasse A Umfangreichstes Appraisal, welches zwar zuverlässig und genau ist, jedoch auch
          viel Aufwand für die Durchführung erfordert. Das Ergebnis eines A-Appraisals
          dient dem SEI dazu, den Reife- oder Fähigkeitsgrad zu bestimmen und zu bestä-
          tigen.
Klasse B Weniger umfangreiches Appriasal, das im Wesentlichen dazu dient, Stärken und
          Schwächen zu analysieren bzw. die Prozessverbesserung zu unterstützen.

Klasse C Appraisal mit geringem Aufwand, das häufiger oder kontinuierlich durchgeführt
werden sollte. Das C-Appraisal dient im Wesentlichen der Beobachtung und Kontrolle eines laufenden Prozessverbesserungsprogramms.

Die SCAMPI Appraisals werden von Experten durchgeführt, die vom SEI autorisiert sind.

11.4   Weitere Ansätze zur Prozessverbesserung

Zur Verbesserung der Projektfähigkeit von Unternehmen gibt es neben dem grundsätzlichen Konzept des KVP (Abschn. 11.2) und dem gerade vorgestellten, konkreten CMMI
noch eine Reihe weiterer Ansätze. Ein erster Ansatzpunkt für die Prozessverbesserung ist
die Sammlung von „Best Practices". Darunter wird einerseits die Sammlung und Strukturierung von prozessrelevantem Wissen und bewährten Vorgehensweisen innerhalb eines
Unternehmens verstanden, andererseits wird hierbei Wissen von anderen Unternehmen
mit ähnlich gelagerten Aufgabenstellungen gesammelt. Berücksichtigt werden dabei insbesondere Unternehmen, die mit ihren Projekten besonders gut zurechtkommen und von
den Vorgehensweisen, Strukturen und Lösungsansätze in die eigenen Prozesse übernommen werden können. Das gesammelte Wissen wird in der Regel als Vorbild und Vorlage
für Änderungen und Prozessverbesserungsprogramme im eigenen Unternehmen genommen. Die etablierten Ansätze zur Prozessverbesserung enthalten solche Praktiken, zum
Beispiel in Form der CMMI-Prozessgebietskomponenten (Abschn. 11.3.1.1) oder in Form
von Standardvorgehensmodellen wie dem V-Modell XT. Die Standardansätze strukturieren somit schon Wissen vor, welches von Unternehmen bereits genutzt werden kann. Im
Folgenden werden einige weitere dieser Ansätze vorgestellt, jedoch ohne Anspruch auf
Vollständigkeit.

Neben den im Folgenden beschriebenen Ansätzen zur Prozessverbesserung ist auch ein
Bench Marking mit anderen Unternehmen sinnvoll. Dabei werden vergleichbare Unternehmen mit besonders guten Prozessen gewählt, um sich mit ihnen zu vergleichen und daraus
zu lernen.

11.4.1   Die ISO 9000'er Serie

Das ISO-9000-Normenwerk (zum Beispiel [43]) legt einen allgemeinen organisatorischen
Rahmen für Qualitätsmanagementsysteme und die Qualitätssicherung von materiellen
und immateriellen Produkten fest (zunächst nicht softwarespezifisch). Der prozessua-
le Rahmen für die Qualitätsmanagementsysteme basiert hierbei auf dem PDCA-Zyklus
(Abschn. 11.2).

- ISO 9000-1 Überblick und Allgemeines
- ISO 9000-3 Anwendung von ISO-9001 auf Software

- ISO 90001 Modelle zur Dokumentation der Qualitätssicherung in Design, Entwicklung, Produktion, Montage und Kundendienst

Die ISO-Normen schreiben eine Reihe von Dokumenten vor, die im Entwicklungsprozess erstellt werden. Typischerweise können sich Unternehmen nach ISO 9000 zertifizieren lassen. Die Zertifizierer kommen von außen und müssen akkreditiert sein.

11.4.2   SPICE

Das Reifegradmodell *Software Process Improvement and Capability Determination* (SPICE, ISO/IEC 15504; [198]) ist eine weitere Möglichkeit, den Reifegrad einer Organisation zu bestimmen. Analog zu CMMI definiert SPICE Reifegradstufen:

Stufe 0 Die Stufe „unvollständig" (incomplete) gibt an, dass ein Prozess nicht umgesetzt ist oder die Art der Umsetzung nicht zielführend ist. Ergebnisse in Projekten werden in der Regel allein durch die Leistungen der Mitarbeiter erbracht.

Stufe 1 Die Stufe „durchgeführt" (performed) gibt an, dass ein implementierter Prozess grundsätzlich seinen Zweck erfüllt.

Stufe 2 Die Stufe „gesteuert" (managed) gibt an, dass die Entwicklungsprozesse ausreichend geplant, überwacht und gesteuert werden. Außerdem sind grundlegende Techniken, etwa des Konfigurationsmanagements oder der Qualitätssicherung umgesetzt.

Stufe 3 Die Stufe „etabliert" (established) gibt an, dass Projekte ein unternehmesweit eingeführtes Standardvorgehensmodell verwenden und dieses bedarfsgerecht auf Projektsituationen anpassen.

Stufe 4 Die Stufe „vorhersagbar" (predictable) gibt an, dass die etablierten Prozesse gemessen werden, um die Prozessleistung bestimmen und vorhersagen zu können.

Stufe 5 In der Stufe „optimierend" (optimizing) werden kontinuierliche Prozessverbesserungsprogramme zur Leistungssteigerung eines Unternehmens durchgeführt.

Die Bewertung der Prozessperformanz erfolgt über eine Bewertung von auszuwählenden *Prozessattributen* (vgl. Wallmüller [196], S. 35ff.). Analog zu CMMI ist es erforderlich, dass für jede Reifestufe eine Menge von Prozessattributen (inklusive der enthaltenen Praktiken, Ressourcen und Arbeitsergebnisse) erfüllt werden muss. Ebenfalls wie bei CMMI gilt, um eine Reifestufe i zu erreichen müssen auch alle Anforderungen an die Reifestufe $i-1$ erreicht werden.

SPICE-Derivate SPICE ist selbst wieder ein *Referenzmodell*, aus dem unterschiedliche Derivate abgeleitet werden können. Hierbei werden *Prozessreferenzmodelle* (PRM) und *Prozessassessmentmodelle* (PAM) unterschieden, sodass ein breites Feld von Anpassungsoptionen für die Anwendung in unterschiedlichen Domänen existiert.

Am bekanntesten ist die Anwendung des Derivats *Automotive SPICE* [144] (PRM, PAM). Dieses dient insbesondere dazu, die Fähigkeit und den Reifegrad der Lieferanten in der Automobilindustrie festzustellen. Aktuell werden (zumindest in der deutschen Automobilindustrie) in der Zusammenarbeit mit Lieferanten nur noch Automotive-SPICE-Zertifizierungen akzeptiert.

11.4.3   Six Sigma

Six Sigma [187] ist eine statistische Methode zur Messung, Analyse und Verbesserung von Geschäftsprozessen. Erfunden in den USA (Anwendung bei Motorola) wurde es später im japanischen Schiffbau sowie in der Elektronikindustrie verwendet. Zentral bei der Anwendung von Six Sigma ist die Erreichung von Zielen, die sowohl auf Basis von (finanziellen) Kennzahlen der Unternehmen aber auch auf Basis von Kundenwünschen definiert werden.

Der Kernprozess von Six Sigma ist der sogenannte „DMAIC"-Zyklus (Define – Measure – Analyze – Improve – Control). Hierbei handelt es sich um einen Projekt- und Regelkreisansatz, in dem einzelne Zielstellungen definiert und schrittweise erreicht werden sollen. Zur Durchführung der Verbesserungstätigkeiten definiert Six Sigma eine Toolbox, die verschiedene Werkzeuge und Methoden (zum Beispiel das Kano-Modell [109], Netzplantechnik (Abschn. 7.6.4), Fehlerbaumanalyse [193]) umfasst. In den einzelnen Stufen sind diese Werkzeuge und Methoden dann anzuwenden, etwa Flowcharts in den Definitionsphasen.

Zusammenfassung

Für sich kontinuierlich optimierende Unternehmen ist die Verbesserung der Prozesse ein zentrales Thema, welches auch die Organisation und das Management von Projekten einschließt. Im zurückliegenden Kapitel wurde ein Überblick über den Themenbereich der Softwareprozessverbesserung (Software Process Improvement, SPI) gegeben. Inhalt des Kapitels waren der kontinuierliche Verbesserungsprozess (KVP) sowie das Capability Maturity Model Integration (CMMI). Weiterhin wurde ein Überblick über weitere verwandte Ansätze wie zum Beispiel SPICE gegeben.

Werkzeuge

12

Zusammenfassung

Große Hoffnungen für die Steigerung von Produktivität und Qualität werden in den Einsatz von rechnergestützten Werkzeugen in der Softwareentwicklung gesetzt. Für die handwerklichen Tätigkeiten in der Programmierung werden diese Hoffnungen in immer größerem Maße durch moderne Entwicklungsumgebungen erfüllt. Von mächtigen Entwicklungswerkzeugen bis hin zu unscheinbaren Assistenzwerkzeugen gibt es für Entwickler, Tester und Modellierer umfangreiche Unterstützung. Auch die Projektorganisation und das Management können von Werkzeugen profitieren. In diesem Kapitel geben wir einen Überblick über wichtige Werkzeuge für das Management von Softwareprojekten.

12.1 Einleitung

Durch die Einführung umfangreicher Werkzeuge wurde im Software Engineering schon früh damit angefangen, Aufgaben der Modellierung und Entwicklung zu unterstützen. Unter dem Begriff *Computer Aided Software Engineering* Tools (CASE-Tools) werden seitdem Werkzeuge zusammengefasst, die bestimmte Aufgabenbereiche, etwa die Erfassung der Anforderungen, die Modellierung der Architektur, die Codierung oder das Testen, unterstützen.

Werkzeuge und Produktivität Untersuchungen zeigen, dass durch den geschickten und zielgerichteten Einsatz von CASE-Tools in geeigneten Fällen enorme Verbesserungen in Qualität und Produktivität erzielbar sind. Der Einsatz von Werkzeugen erzielt jedoch nur dann die gewünschte Wirkung im Bezug auf die Verbesserung der Produktivität in der Softwareentwicklung und der Qualität der Softwaresysteme, wenn der Einsatz von Werkzeugen sorgfältig in ein methodisches Konzept eingefügt wird und eine gewisse Durchgängigkeit mit wenigen oder besser gar keinen Medienbrüchen erreicht wird.

M. Broy, M. Kuhrmann, *Projektorganisation und Management im Software Engineering*,
Xpert.press, DOI 10.1007/978-3-642-29290-3_12, © Springer-Verlag Berlin Heidelberg 2013

Die Kunst in der Projektorganisation und im Management besteht darin, eine Werkzeuginfrastruktur für Projekte aufzubauen, die Projektteams bei ihrer Arbeit optimal unterstützt und den Bedarf der Projektteams umfassend abdeckt.

Übersicht In der Praxis finden sich Werkzeuge für unterschiedlichste Aufgaben in der Softwareentwicklung. In Tab. 12.1 sind die wesentlichen Werkzeugklassen zusammengetragen (vgl. auch [118]), die in Projekten zu finden sind. Aktuelle *integrierte Entwicklungsumgebungen* (Integrated Development Environment, IDE) fassen viele solcher Werkzeuge zusammen. Damit bilden sie bereits einen großen Teil des technischen (handwerklichen) Teils des Softwareentwicklungsprozesses ab, zum Beispiel beginnend bei der grafischen Modellierung der Systemarchitektur, der daraus resultierenden Generierung von Quellcode oder Testfällen, bis hin zum Build- Ausführungs- und Debuggingsystem. Nichts desto trotz gibt es neben den standardmäßig angebotenen Werkzeugen in den IDEs noch eine Vielzahl weiterer kleinerer Tools. Diese sind oft hoch spezialisiert, bieten dafür aber ein Vielfaches an technischer Raffinesse.

12.2 Projektmanagementwerkzeuge

Für die Projektorganisation und das Management sind die *Projektmanagementwerkzeuge* (PM-Werkzeuge) hilfreich. Diese Werkzeuge dienen der Projektleitung dazu, alle wichtigen Daten und Zahlen für ein Projekt oder mehrere Projekte im Auge zu behalten. Relevante Informationen, die solche Werkzeuge erfassen und verwalten sind zum Beispiel:

- Aktuelle Planungsdaten (Erfassung, Speicherung und Aufbereitung)
- Ressourceninformationen
- Trends bei Maßzahlen

Die Streubreite der PM-Werkzeuge richtet sich in der Regel nach Projektgröße und -komplexität, aber auch nach organisatorischen Vorgaben. Beispiele für PM-Werkzeuge sind:

- Microsoft Project (und ähnliche wie OpenProj, Merlin oder Omni Plan)
- Webbasierte (Spezial-)Systeme wie Projektron BCS
- Komplexen Umgebungen wie SAP, IBM Jazz oder Microsoft TFS

Angemessenheit der PM-Werkzeuge Da es sehr viele unterschiedliche PM-Werkzeuge gibt, stellt sich zwangsläufig die Frage nach dem „richtigen" Werkzeug. Diese Frage lässt sich aber nicht pauschal beantworten, da der Einsatz eines bestimmten Werkzeugs von vielen Faktoren, wie zum Beispiel verfügbare Hard- und Softwareinfrastruktur, verfügbare Lizenzen und nicht zuletzt von der Art und Größe eines Projekts abhängt.

Tab. 12.1 Eine Auswahl von Werkzeugen für die Softwareentwicklung

Werkzeugklasse	Beschreibung
Repositories (Ablagen)	Projektdatenbanken zur Ablage aller projektrelevanten Informationen. Repositories sind oft bereits schon in Versionskontroll- sowie Problem- und Änderungsmanagementsysteme integriert. Beispiele sind Subversion, CVS oder Git.
Planung und Management	Werkzeuge zur Erstellung von Projektplänen, Statistiken, Überwachung und Steuerung. Solche Werkzeuge gibt es in verschiedenen Ausführungen, entweder als kleine Individuallösung oder als komplexes Produkt, welches sich zum Beispiel auch in ein Enterprise Ressource Planning System (ERP-System) einfügt.
Browser	Browser (Achtung: kein Web Browser) dienen zum schnellen Auffinden von Informationen, von Begriffen in Data Dictionaries oder das Auffinden vorgefertigter Module. In der Regel sind solche Browser bereits in IDEs zum Beispiel als Solution Explorer oder als Class Browser (im Microsoft Visual Studio) integriert.
Grafische Editoren	Erstellung von grafischen Dokumenten (Diagrammen) und Texten und deren strukturierte Ablage. Diese Klasse von Werkzeugen ist üblicherweise bei den Modellierungswerkzeugen, etwa zur UML-Modellierung zu finden.
Strukturorientierte Editoren	Unterstützung der Erstellung von Programmen im Hinblick auf: kontextfreie/kontextabhängige Syntax, semantische Eigenschaften (Beispiel: Model Checker, Abstrakte Interpretation), Analyse von Softwarearchitekturen auf Vollständigkeit, Konsistenz, Minimalität, Verständlichkeit (Einhalten von Strukturmerkmalen), Modifizieren von Architekturen (Auswechseln von Modulen, Refactoring)
Compiler/Interpreter	Überführung von Code in ausführbare Formate (zum Beispiel C++), bzw. Interpretation zur Laufzeit und zur Ausführung bringen von Code (zum Beispiel Visual Basic).
Debugger und Profiler	Debugger sind Werkzeuge zur Testunterstützung, gegebenenfalls zur Unterstützung bei der Ermittlung von Testfällen. Werkzeuge zur Messung des Leistungsverhaltens eines Programms, etwa hinsichtlich des Laufzeitverhaltens oder des Ressourcenverbrauchs. Beide sind heutzutage in der Regel in IDEs integriert.
Buildsystem	Integration verschiedener Programmteile zum Softwaresystem (Code, Ressourcen, Dokumentation). Buildsysteme gibt es in verschiedenen Ausprägungen. Meistens sind sie bereits in IDEs integriert (lokale Buildumgebung), können aber insbesondere auch in zentralen Kollaborationsplattformen als Infrastrukturdienst (Buildserver) eingesetzt werden. Bekannte Vertreter von Buildsystemen sind Ant, Maven oder MSBuild.
Refactoring-Tools	Werkzeuge zur Analyse, zum Reverse Engineering und Reengineering von Altsystemen. Aktuelles IDEs wie Eclipse oder das Visual Studio bieten bereits eine Reihe von (einfachen) Refactoringoptionen standardmäßig an.

Hinweis
Das am weitesten verbreitete Projektmanagementwerkzeug ist wohl (immer noch) Microsoft Excel.

Grundsätzlich gilt das Prinzip der Angemessenheit. So gibt es auch Szenarien, in denen selbst solch allgemeinen Werkzeuge wie Excel sinnvoll sind. Beispielsweise eignen sich Werkzeuge wie Excel hervorragend in frühen Phasen, wenn erste Kostenplanungen oder Schätzungen durchzuführen sind oder in eher kleinen Projekten zur Verwaltung von Arbeitsaufträgen und ähnlichem. Jedoch ist zu beachten, dass nur spezifische PM-Werkzeuge für die Projektleitung auch eine umfassende Hilfe und Entlastung darstellen. In „selbst gebauten" Lösungen sind in der Regel mit zunehmender Projektdauer und Größe erhöhte Aufwände zu erwarten, die ausschließlich der Beherrschung der Werkzeuge zuzuschreiben sind. Langfristig sind solche proprietären Werkzeuge in der Regel nicht konkurrenzfähig und nicht kostengerecht weiter zu entwickeln.

12.3   Repositories

Der Einsatz einer (zentralen) Datenablage ist für Projekte, insbesondere für (global) verteilte Projekte essenziell. Kaum ein Projekt funktioniert heutzutage noch ohne ein *Repository*, welches die wesentlichen Daten eines Projekts aufnimmt, etwa:

- Modell, Quellcode, Tests
- Anforderungen
- Projektdokumentation

Repositories sind *grundlegende Kernkomponenten* in (verteilten) Projekten. Daher muss ihr Einsatz durch die Projektorganisation und das Management beinahe schon „penibel" geplant und durchgesetzt werden. Bei der korrekten Anwendung eines Repositories ist es möglich, *arbeitsteilig* an den Projektartefakten zu arbeiten und dabei jederzeit wieder alte Versionen wiederherstellen zu können. Die Festlegung, welches Repository eingesetzt wird, welche Client-Software (ein Beispiel einer Client-Software ist in Abb. 12.1 zu sehen) verwendet wird und wie der Umgang mit einem Repository organisiert ist, wird im Rahmen der Projektdefinition (Abschn. 7.3.3) festgelegt.

Einsatz von Repositories   Beim Einsatz von Repositories sind einige Kriterien zu beachten. Diese variieren für die verschiedenen Repositories und müssen daher spezifisch für die Projekte geprüft werden. Einige grundlegende Richtlinien gelten aber für alle Repositories und betreffen im Wesentlichen methodische Fragen, die im Rahmen der Definition eines PM-Verfahrens (Abschn. 7.3.3) festgelegt werden müssen. Folgende Regeln bieten sich an:

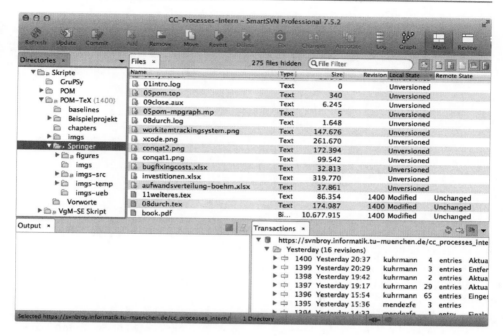

Abb. 12.1 Beispiel eines Repositories aus Sicht einer Client-Software

Struktur Es sollte *eine* Struktur entwickelt werden, wie Projekte im Repository organisiert werden. Es hat sich beispielsweise im Kompetenzzentrum *Development Processes*[1] am Lehrstuhl *Software & Systems Engineering* bewährt, die Projekte nach Auftraggebern zu organisieren und innerhalb der Projektordner eine Standardstruktur für Management, Entwicklung, Lieferungen und so weiter zu etablieren. Der Vorteil, in jedem Projekt sind Informationen schnell auffindbar, da sie immer an der gleichen Stelle zu finden sind.

Rechte Es ist zu regeln, wer im Repository welche Rechte hat. Es muss klar feststehen, wer in welchen Verzeichnissen Lese- und/oder Schreibrechte hat. Gegebenenfalls muss die Struktur des Repositories daraufhin angepasst werden.

Bearbeitungsregeln Es sind Regeln für die Arbeit im Repository festzulegen. Die wichtigsten Regeln betreffen neben der Einhaltung der festgelegten Struktur die Benennung der Artefakte im Repository. So können beispielsweise Datumsinformationen in Form einer ISO-Benennung dem Namen eines Artefakts mitgegeben werden (zum Beispiel „2012-05-15 Protokoll.docx"), um Artefakte zu kennzeichnen, die einen offensichtlichen Bezug zu einem Datum haben. Für Artefakte, die im Projekt kontinuierlich fortgeschrieben werden,

---

[1] In diesem Subversion-Repository arbeiten etwa 30 Personen der Arbeitsgruppe unter Einbindung externer Partner. Es enthält etwa 20 GB Daten.

Abb. 12.2 Beispiel einer
Check-In-Policy des Team
Foundation Servers

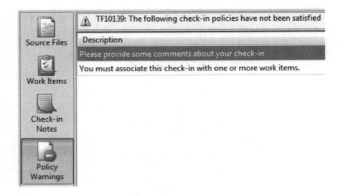

wird indessen keine Datumsinformation mitgeführt (zum Beispiel „Projektplan.xml“).
Diese Artefakte unterliegen streng der Versionskontrolle des Repositories, welches über
einen Check-Out immer die aktuellste Version liefert.

Ebenso wie Namenskonventionen muss geregelt werden, welche Dateitypen im Repository abgelegt werden dürfen. Dies richtet sich in der Regel nach den Tools, die dem
Projektteam zur Verfügung stehen.

Eine weitere Regelung ist die Angabe von Check-In-Kommentaren. Es kommt leider
häufig vor, dass zu Check-Ins in das Repository kein Kommentar angegeben ist. Dies macht
es sehr aufwändig (bis fast unmöglich), herauszufinden, was genau geändert wurde und –
vor allem – warum. Moderne Entwicklungsplattformen, insbesondere solche für die verteilte Arbeit (Abschn. 12.5) können dies in Ansätzen unterbinden. Abbildung 12.2 zeigt
dies am Beispiel des Team Foundation Servers [139], welcher beispielsweise so konfiguier-
bar ist, dass ein Check-In ohne einen entsprechenden Kommentar nicht ausgeführt wird.
Entsprechend ist festzulegen, dass Check-Ins kommentiert werden müssen und welche Informationen die Kommentare liefern müssen.

Verantwortung Es ist klar festzulegen, wer die Verantwortung für das Repository hat. Der
Verantwortliche muss sich darum kümmern, dass die Struktur eingehalten wird und dass
alle Benutzer des Repositories sich an die Regeln halten. Dies betrifft insbesondere die gerade genannten Namenskonventionen. Werden diese nicht strikt durchgesetzt, entsteht in
einem Repository binnen kürzester Zeit Chaos. Darüber hinaus ist es auch sehr sinnvoll,
von Zeit zu Zeit im Repository aufzuräumen, beispielsweise abgeschlossene Projekte zu
archivieren oder bei Restrukturierungen von Teams oder Projektportfolios die festgelegte
Struktur des Repositories kritisch zu überprüfen.

Software für Repositories Es gibt eine Reihe von Software, die ein Unternehmen oder ein
Projekt beim Aufbau eines Repositories unterstützen. Neben kommerziellen Angeboten,
die teilweise bereits in integrierten Entwicklungsumgebungen wie dem Team Foundation

Name	Beschreibung
CVS	Concurrent Versions System [12]
SVN	Apache Subversion [11]
GIT	GIT [13]
Mercurial	Mercurial [14]

Tab. 12.2 Ausgewählte Open Source Software für Repositories

Server oder IBM Jazz integriert sind, gibt es auch offene Systeme (Tab. 12.2) mit sehr hoher Reife und Verbreitung.

12.4 Entwicklungswerkzeuge

Bei der Wahl der Implementierungsumgebung ist berücksichtigen, dass es bereits eine Fülle vorkonfigurierter Systeme gibt. Die Breite der verfügbaren Systeme reicht von generischen Systemen wie Eclipse oder Microsoft Visual Studio bis zu Spezialsystemen, zum Beispiel für die Entwicklung von Oracle oder SAP-Anwendungen.

Bei der Verwendung einer integrierten Entwicklungsumgebung sollte diese zunächst genau untersucht werden, ob die mitgelieferten Bibliotheken bereits alle erforderlichen Funktionen beinhalten, sodass kostspielige und pflegeaufwändige Eigenentwicklungen vermieden werden. Weiterhin sollten die verwendeten Entwicklungsumgebungen daraufhin untersucht werden, welche weiteren Werkzeuge bereits eingebunden sind bzw. welche der im Unternehmen bereits vorhandenen Werkzeuge ein-/angebunden werden können. Auch der Softwareentwicklungsprozess sollte daraufhin abgestimmt werden. Gegebenenfalls ist auch eine Rücksprache mit dem Kunden erforderlich, um zum Beispiel festzustellen, ob dieser auch eine durch die Entwicklungsumgebung generierte Dokumentation der Komponenten akzeptiert.

12.4.1 Integrierte Entwicklungsumgebungen

Integrierte Entwicklungsumgebungen (Integrated Development Environment, IDE) sind Softwarewerkzeuge, die mindestens Texteditoren, Compiler, Linker, Debugger und diverse Hilfsfunktionen wie Quelltextformatierung oder Assistenten zusammenfassen. Historisch begann die Entwicklung der IDEs 1975 mit *Maestro I* von Softlab. Heutzutage gibt bereits eine Fülle von integrierten Entwicklungswerkzeugen. In zunehmendem Maße steigt auch die Integrationsdichte der IDEs. Waren zu Beginn lediglich die oben genannten Editoren, Complier und so weiter in eine IDE integriert, integrieren aktuelle IDEs eine (beinahe unüberschaubare) Vielzahl von Tools und Assistenten, etwa für das Testen oder den Entwurf grafischer Benutzerschnittstellen (Abb. 12.3). Tools, die bis vor wenigen Jahren noch als eigenständige Erweiterung des „Software Zoos" betrieben wurden, sind heute bereits standardmäßig integriert oder lassen sich nahtlos integrieren.

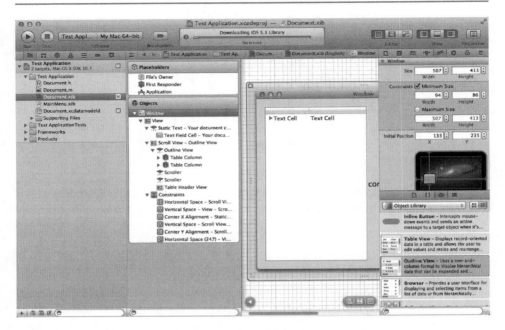

Abb. 12.3 Apple's Xcode als Beispiel einer integrierten Entwicklungsumgebung

Erkenntnis

Durch die schiere Menge an verfügbaren Werkzeugen und die hohe Integrationsdichte der integrierten Entwicklungsumgebungen ist es erforderlich, das Projektteam kontinuierlich auf dem aktuellen Stand zu halten. Hierzu muss das Management dafür sorgen, dass die verwendeten Werkzeuge geschult werden, sodass keine
Einbußen der Performanz durch neue, noch nicht vollständig erfasste Werkzeuge
auftreten. Darüber hinaus muss das Management dafür Sorge tragen, dass die Hygie-
ne in der Entwicklungsumgebung stimmt. Damit ist gemeint, dass derart komplexe
Systeme wie IDEs über die Zeit zum „verfetten" neigen. Ergänzend kommt hinzu,
dass Entwickler auch gerne einmal dieses oder jenes Add-On installieren. Dies kann
dazu führen, dass eine Entwicklungsumgebung nicht mehr voll einsatzfähig ist.

Wie bereits Eingangs dargestellt, gibt es generische oder *general purpose* Entwicklungsumgebungen aber auch solche für spezifische Anwendungszwecke. Es wäre müßig, hier
alle aufzuzählen, daher fasst Tab. 12.3 die gängigsten IDEs zusammen.

Tab. 12.3 Ausgewählte integrierte Entwicklungsumgebungen (IDEs)

Name	Beschreibung	Art	Sprache(n)
Eclipse	Freie Entwicklungsumgebung der Eclipse Foundation [69]. Eclipse ist für verschiedene Programmier- und Modellierungssprachen verfügbar und ist die Grundlage für eine Vielzahl von Entwicklungswerkzeugen. Die Plattform enthält ein umfangreiches Framework für die Entwicklung von Anwendungen.	frei	Fokus auf Java
KDevelop	Das KDE Development Environment [1] ist eine freie Plattform, die insbesondere mit dem KDE Desktop auf Linux bekannt wurde.	frei	C, C++, PHP
MonoDe-velop	MonoDevelop [3] ist eine freie Entwicklungsumgebung für .NET, die auf dem Mono Framework (Open Source Implementierung von .NET) aufbaut und diese Plattform für verschiedene Plattformen wie Linux und MacOS verfügbar macht.	frei	Fokus auf .NET
NetBeans	NetBeans [4] ist eine freie, mit Eclipse vergleichbare, von Oracle gesponserte Entwicklungsumgebung.	frei	Java, C, C++, Ruby, PHP
Xcode	Xcode [5] ist die für MacOS konzipierte Entwicklungsumgebung von Apple. Sie unterstützt nur die MacOS- und die iOS-Plattformen.	kostenlos	C, C++, Objektive C
Visual Studio	Visual Studio ist die Entwicklungsumgebung von Microsoft für die Microsoft-Plattform. Visual Studio adressiert die Entwicklung von Desktop- und Server- aber auch mobile Anwendungen. Es gibt verschiedene Editionen, von denen die Express-Versionen kostenfrei sind, die maximale Ausbaustufe jedoch mit mehreren Tausend Euro zu Buche schlägt.		Fokus auf .NET

12.4.2 Modellierungswerkzeuge

Zum Repertoire einer Entwicklungsumgebung gehöre insbesondere auch Modellierungswerkzeuge. Hier ist die Anzahl noch größer als bei den integrierten Entwicklungsumgebungen. Ein Grund hierfür mag sein, dass sich *domänenspezifische Sprachen* (DSL, zum Beispiel Fowler [76] oder Greenfield und Short [85]) immer größerer Beliebtheit erfreuen. DSLs verfolgen die Zielstellung, domänenspezifisch und bedarfsgerecht benutzerspezifische Modellierungssprachen und passende Werkzeuge zu erstellen. Diese Vorgehensweise stellt eine andere Sicht auf die Modellierung dar, als sie mit Standardmodellierungstools verfolgt wird, die auf einem Notationsstandard wie der UML [149, 151] aufbauen.

Für die UML-Modellierung gibt es eine Vielzahl von Werkzeugen, mit denen sich zum Teil auch UML-basierte DSLs erstellen lassen. Für die Modellierung von DSLs und der anschließenden Generierung spezifischer Modellierungstools gibt es im Wesentlichen das *Eclipse Modeling Framework* (EMF; [179]) und ergänzend dazu das *Graphical Editing Fra-*

mework (GEF), die Visual Studio DSL Tools von Microsoft [49] und seine Erweiterungen (zum Beispiel [122]), sowie einige spezialisierte Anbieter in diesem Bereich (zum Beispiel MetaCase mit MetaEdit+ [2]). Auf der anderen Seite integrieren auch die IDEs, insbesondere die kommerziellen, in zunehmendem Maße Modellierungswerkzeuge. Insbesondere die Modellierung von Datenbanken (Tabellen und Schemata), Klassenmodellen und ähnliches ist sehr verbreitet zu finden.

12.5 Werkzeuge für Teamarbeit und Kollaboration

In heutigen Projekten, die auch über den ganzen Globus verteilt sein können, stellen Kollaborationswerkzeuge einen essenziellen Bestandteil der Werkzeuginfrastruktur eines Projekts dar. Kollaborationswerkzeuge versorgen (verteilte) Projektteams mit der notwendigen Ausstattung, um auch über große Distanzen und Zeitzonen hinweg miteinander Arbeiten zu können. Im wesentlichen fallen in diese Werkzeugkategorie:

- Kommunikationssysteme (Email, Chat, Telefon- und Videokonferenzsysteme)
- Teamkalender
- Repositories für die Projektablage/Projektdatenbank
- Entwicklungs- und Buildserver
- Work Item Tracking bzw. Ticket-Systeme, zum Beispiel für Tasks, Bugs

12.5.1 Kommunikationssysteme

Dreh- und Angelpunkt in verteilten Projekten sind die Kommunikationsinfrastrukturen. Sie erlauben es dem Team auch ohne direkten persönlichen Kontakt zu kommunizieren und sich im Projekt abzustimmen. Neben den üblichen Kommunikationsmedien Telefon und Email werden zunehmend auch Videokonferenzsysteme oder die Möglichkeiten sozialer Netzwerke genutzt.

Für die Projektorganisation und das Management ist es essenziell, eine für das Projekt tragfähige und funktionierende Kommunikationsinfrastruktur bereitzustellen. Insbesondere in Projektkonstellationen, in denen regelmäßige Präsenztreffen nicht realisierbar sind, müssen für die Projektteams Möglichkeiten geschaffen werden, zu kommunizieren und zu interagieren. Die heute verfügbaren Technologien stellen hierfür bereits alle erforderlichen Werkzeuge zur Verfügung. Ein prominentes Beispiel ist *Skype*, mit dem sich umfangreiche Konferenzen flexibel organisieren lassen.

Obwohl alle wesentlichen technischen Voraussetzungen geschaffen sind, ist bei der Auswahl und Etablierung einer Kommunikationsinfrastruktur mit Augenmaß vorzugehen. So können beispielsweise völlig unerwartete Probleme auftreten, wie etwa eine abgelaufene Lizenz, die eine Kommunikationsinfrastruktur lahm legt. In [55] wird über ein solches Szenario berichtet. Ein anderes Problem, das berücksichtigt werden muss, ist die Verfügbarkeit von Kommunikationswerkzeugen für die eingesetzten Plattformen, also ob das Videokonferenztool der Wahl auch von allen im Projekt beteiligten Personen installiert und betrieben werden kann.

12.5.2 Work Item Tracking Systeme

Durch Software wie *Mantis*, *Bugzilla* oder *Trac* sind die bereits lange im Service-Bereich bekannten Ticket-Systeme auch in die Toolbox der Entwickler aufgenommen worden. Insbesondere in Szenarios in denen viele Entwickler und Tester zusammenarbeiten, haben sich Ticket-Systeme bewährt. Fehler werden entweder von Testern oder von Kunden erkannt und gemeldet. Sie werden dann geprüft und an Entwickler zu Korrektur weitergegeben, wobei die Umsetzung durch das Ticket-System verfolgt werden kann. Dasselbe Verfahren ist auch für allgemeine Problemmeldungen oder für Änderungsforderung bzw. neue Anforderungen einsetzbar (ein Ticket entspricht dann beispielsweise einer Änderungsforderung oder einem Arbeitsauftrag). Es ist darüber hinaus denkbar, das Konzept der Ticket-Systeme auch auf das Projektmanagement als solches anzuwenden.

Work Item Tracking Systeme sind die konsequente Weiterentwicklung der Ticket-Systeme und nehmen die Überführung dieses Konzepts auf andere Disziplinen des Software Engineerings vor. Abbildung 8.6 zeigt beispielsweise eine Liste von Work Items im Team Foundation Server, die alle anstehenden Arbeitspakete (hier als grobgranulare V-Modell-Aktivitäten modelliert) wiedergibt. Jedes einzelne Work Item ist einem Bearbeiter zugewiesen, verfügt über einen Workflow und einen Zustandsautomaten und wird historisiert. Alle Work Items liegen in einer zentralen Projektdatenbank und sind somit auch Gegenstand der Projektplanung, der Fortschrittskontrolle und des Berichtswesen. Der Vorteil von Work Item Tracking Systemen liegt in der flexiblen Konfiguration von sogenannten *Work Item Types*. Damit können für Unternehmen oder für einzelne Projekt flexibel die Artefakte festgelegt werden, die in der Projektdatenbank abgelegt und verwaltet werden.

12.5.3 Team-Portale

Die Verwaltung von Projekten und die Unterstützung der Teamarbeit kann auch durch sogenannte Team-Portale erfolgen. Ein Team-Portal ist in der Regel als zentrale Webseite im Intranet des Unternehmens realisiert. Eine mögliche Form der Umsetzung eines Team-Portals findet sich im Microsoft Sharepoint-Server, welcher einem Team die folgenden Funktionen anbietet:

- Zentrale Dokumentenablage
- Aufgabenlisten
- Benachrichtigungsfunktionen

- Workflow-Unterstützung (zum Beispiel Genehmigungsprozesse, Dokumentprüfung)
- Benutzerdefinierte Formulare, zum Beispiel für Aufgaben des Projektmanagements

Diese Funktionen sind sehr nützlich, da dem Projektteam beispielsweise standardisierte Vorlagen für die Projektartefakte auf dem Server zur Verfügung gestellt werden können. Darüber hinaus sind solche Team-Portale in der Regel weitreichend konfigurierbar und können, geeignete Werkzeuge vorausgesetzt, auch aus Vorgehensmodellen heraus generiert werden [120].

Zusammenfassung

Werkzeuge sind kein Garant für das Gelingen eines Projekts. Sie erleichtern jedoch die Arbeit im Projekt, da sie insbesondere das Management von zeitintensiven Aufgaben entlasten. Auch die operative Arbeit im Projekt, wie etwa die Softwareentwicklung selbst, profitiert nachgewiesenermaßen von einer guten Werkzeugunterstützung. Im zurückliegenden Kapitel wurde ein grober Überblick über gängige Projektwerkzeuge gegeben. Die dargestellten Werkzeuge stellen jedoch nur einen Ausschnitt aus der Fülle der verfügbaren Werkzeuge und der möglichen Kombinationen dar. Die Organisation und das Management eines Projekts sollte daher auch dem Aufbau der Werkzeuginfrastuktur Beachtung schenken.

Teil IV
Anhang

Projektunterlagen Code & Talk

13

13.1 Einleitung

Dieses Kapitel enthält die Unterlagen des Beispielprojekts „Code & Talk", auf dem die Übungsaufgaben des Buchs schwerpunktmäßig basieren. Bei diesem Beispielprojekt handelt es sich um ein *Übungsbeispiel*, das eigens für die Vorlesung „Projektorganisation und Management im Software Engineering" entwickelt und für dieses Buch erweitert und angepasst wurde. Jede Ähnlichkeit zu existierenden Projekten, Produkten und Personen ist rein zufällig. Markennamen werden in der Regel ohne explizite Kennzeichnung verwendet. Das Beispielprojekt erhebt darüber hinaus keinen Anspruch auf tatsächliche Realisierbarkeit. Alle Aspekte des Projekts wurden explizit so gewählt, dass sie der Demonstration und Vertiefung der Inhalte dieses Buchs dienen.

13.2 Projektauftrag

Der Projektauftrag ist eines der zentralen Ergebnisse des Projektvorlaufs, siehe Kap. 6. Dieses Ergebnis ist die Voraussetzung dafür, dass ein Projekt gestartet werden kann. Für das Projekt „Code & Talk" liegt der im Folgenden abgedruckte Projektauftrag zugrunde.

M. Broy, M. Kuhrmann, *Projektorganisation und Management im Software Engineering*,
Xpert.press, DOI 10.1007/978-3-642-29290-3_13, © Springer-Verlag Berlin Heidelberg 2013

Projektauftrag

Projekt	Code & Talk
Ersteller	Geschäftsleitung: We implement IT
Erstellt am	01.09.09 18:39
Dokumentablage	../Projektauftrag.pdf

Technische Universität München
Fakultät für Informatik

1   Ausgangslage und Projektziele

Die Firma *We implement IT* ist Generalauftragnehmer für das Projekt „Code & Talk". Dieses Projekts hat die Entwicklung einer Software, welche die Kollaboration von verteilten Entwicklungsteams in einem Softwareprojekt unterstützt, zum Ziel.

1.1   Auftraggeber

Auftraggeber dieses Projekts ist das international tätige Systemhaus *Global Solutions*. *Global Solutions* hat im Bereich der verteilten Softwareentwicklung zwei Angebote für seine Kunden, die im Kontext dieses Projekts von Bedeutung sind. Im ersten Geschäftsfeld bietet *Global Solutions* Projekt- und Projektmanagementberatung an. Im zweiten Geschäftsfeld vertreibt *Global Solutions* Entwicklungswerkzeuge für verteilte Projekte. In der Abteilung *Development Environments* hat die Firma zusammen mit der internen Forschungs- und Entwicklungsabteilung ein Konzept entwickelt, wie soziale Netzwerke direkt mit einem verteilten Softwareprojekt verbunden werden können. Dieses Konzept hat dazu geführt, das *Global Solutions* ein Projekt ausgeschrieben hat, in dem ein **Soziales Teamnetzwerk** aufgebaut werden soll.

Ideengeber und fachlicher Ansprechpartner ist die Forschungs- und Entwicklungsabteilung von *Global Solutions*. Projektträger und Vertreter des kundenseitigen Managements ist die Abteilung *Development Environments*. Ansprechpartner sind jeweils die stellvertretenden Abteilungsleiter.

1.2   Problembeschreibung

Die Kunden von *Global Solutions* führen Softwareprojekte in Zusammenarbeit mit verschiedenen, global verteilten Partnern durch. Die Partner kommen einerseits aus über viele Jahre aufgebauten Netzwerken von Dienstleistern. Hinzu kommen Dienstleister, die entsprechend spezifischer Anforderungen über Ausschreibungen und entsprechende Unterbeauftragungen in die Projekte eingebunden werden. Die Partner werden innerhalb Deutschlands aber auch international gesucht und in die Projekte (teilweise ad-hoc) eingebunden. Hierbei kommen auch unterschiedliche Modelle wie Near- und Offshoring zum Einsatz. Durch diese Verteilung ist es schwierig, immer zu wissen, welche Projektteilnehmer gerade woran arbeiten und welche Probleme sie dabei möglicherweise haben. Für das Management ist es darüber hinaus schwierig, den Überblick über den Gesamtprojektstatus zu behalten, da sich neben den Projektkonstellationen auch die konkreten Vorgehensweisen in den Projekten unterscheiden können.

Als Lösungsidee wurde durch die Forschungs- und Entwicklungsabteilung vorgeschlagen, soziale Netzwerke in Projektteams zu integrieren und somit Statusmeldungen, Postings, etc. in Projekten als Kommunikationsmedium sowohl zwischen den Entwicklern als auch für das Management zu etablieren. Für diese Lösungsidee konnte *Global Solutions* im Rahmen einer Vorstudie und einer Marktevaluierung keine direkt nutzbare oder adaptierbare Lösung finden.

1.3 Projektziele

Um die Kommunikation zwischen unseren Mitarbeitern zu verbessern und speziell den Transfer von Wissen über Standorte und Organisationsgrenzen hinweg zu unterstützen, wünscht sich *Global Solutions* ein digitales soziales Teamnetzwerk für Softwareprojekte. Über eine „Project Wall" soll so jederzeit die Aktivität im Projekt sichtbar sein und ein schneller Kommunikationsweg für die Projektteams zur Verfügung gestellt werden.

Ziel ist eine Software, die ähnlich wie bekannte soziale Netzwerke (XING, Twitter, Facebook, …) funktioniert, aber speziell auf die Durchführung verteilter Softwareprojekte abgestimmt ist. Die Anwendung soll verschiedenste Zugänge bieten, insbesondere:

- eine Integration in die *Global Solutions* Entwicklungsumgebungen für verteilte Projekte,
- eine Integration in die Standardentwicklungsumgebungen: Microsoft Visual Studio und Eclipse,
- einen Webzugang,
- einen Zugang für Mobile Endgeräte (Tablets und Smartphones),
- Schnittstellen zu üblichen Projektmanagementwerkzeugen, insbesondere Microsoft Project (solche Funktionen sind zum Teil bereits durch die *Global Solutions* Werkzeuge abgedeckt),
- Schnittstellen zu üblichen Werkzeugen der Unternehmensorganisation, insbesondere SAP (solche Funktionen sind zum Teil bereits durch die *Global Solutions* Werkzeuge abgedeckt)

Die zu erstellende Software soll sich insgesamt in bestehende Arbeits- und Kommunikationsinfrastrukturen integrieren lassen, z.B. Mailserver wie Exchange, oder Videokommunikation via Skype.

Zu beachten ist hierbei, dass die Software konfigurierbar sein muss, um u.a. die Sicherheitsanforderungen der Kunden hinsichtlich IT-Sicherheit und Datenschutz zu gewährleisten.

Obwohl sich das soziale Teamnetzwerk vom Anwendergefühl her nicht von bekannten sozialen Netzwerken unterscheiden soll, dürfen projektinterne Informationen unter keinen Umständen in öffentliche soziale Netzwerke gelangen.

Ein weiterer Sicherheitsaspekt ist, dass die Projektkonstellationen der Kunden nicht statisch sind und somit immer wieder neue Partner in die Projekte eingebunden werden. Hier muss die Software sicherstellen, dass kein unbefugter Zugriff auf sensible Daten erfolgt.

2 Systemvorstellungen und Rahmenbedingungen

Folgenden Funktionen und Vorstellungen sind für die Umsetzung der Software relevant.

2.1 Fachliche Funktionen des Systems

➢ *Zugang zum System sollen nur registrierte Nutzer haben.*

Jeder Nutzer soll für sich ein eigenes Profil erstellen können, in dem er sich anderen Nutzern vorstellt, etwa mit einem Foto, seinen Kompetenzen, seinem Standort und der Organisation, zu der er gehört. Andere Nutzer soll er als seine Kontakte angeben können. Diese Kontakte können dann weiterführende Informationen im Profil betrachten. Innerhalb des Profils sollen auch die Kontakte des Nutzers aufgelistet werden; ein solcher Kontakteintrag soll dann zur Profilseite des Kontakts führen.

2.1.1 Grundfunktionen

➢ *Nutzer sollen sich zu Gruppen zusammenschließen und gemeinsame Arbeit in Projekten organisieren können.*

So könnte es bspw. die Gruppen *Finanzbuchhaltung* und *Personalwesen* geben, die gemeinsam ein internes Projekt im Bereich der Geschäftsprozessoptimierung organisieren und durchführen. Sowohl Gruppen als auch einzelne Nutzer können Mitglieder eines Projekts sein. Mitglieder von Gruppen und Projekten können andere Nutzer in diese einladen.

2.1.2 Kernfunktionen

➢ *Auf der Hauptseite der Anwendung sollen Nutzer kurze Textblöcke (Statusupdates) veröffentlichen können, die dann allen Kontakten des Nutzers ebenfalls auf der Hauptseite angezeigt werden.*

Jeder Nutzer hat die Statusupdates seiner Kontakte abonniert und bekommt sie aufgelistet. Die Statusupdates eines einzelnen Nutzers sollen über die Profilseite des Nutzers einsehbar sein. Einzelne Statusupdates sollen durch andere Nutzer kommentiert werden können. Auch Gruppen und Projekte sollen Statusupdates veröffentlichen können.

➢ *Es soll implizite, nicht durch einen Nutzer direkt eingegebene Statusupdates geben.*

So soll bspw. ein Statusupdate für einen Nutzer erzeugt werden, wenn er bspw. einen anderen Nutzer als Kontakt hinzufügt („M. Mustermann hat nun C. Hoch als Kontakt") oder einer Gruppe beitritt.

➢ *Statusupdates anderer Nutzer soll ein Nutzer an seine eigenen Kontakte weiterreichen können, bspw. durch eine eigene „Zitieren"-Schaltfläche.*

Optional soll er noch einen eigenen Kommentar anfügen können. Dieses neue Statusupdate soll dann eindeutig als Zitat erkennbar sein und den Originalautor verlinken.

➢ *Die „Hauptseite" soll in verschiedenen Tools direkt zugreifbar sein.*

Entwickler sollen beispielsweise direkt aus ihrer Entwicklungsumgebung auf das Teamnetzwerk zugreifen können. Weiterhin soll ein Zugriff über mobile Endgeräte (Smartphones, Tablets, etc.) und über einen Webbrowser möglich sein.

➢ *Entwicklungsartefakte sollen auf der „Project Wall" verlinkbar sein.*

Sollten sich beispielsweise Anforderungen ändern, soll das Management in der Lage sein, die Änderung unmittelbar z.B. an die Entwicklungs- und Testteams zu posten.

➢ *Die „Project Wall" soll stets den aktuellen Projektstatus in konfigurierbaren Ansichten wiedergeben.*

Insbesondere für das Management ist es wichtig, den aktuellen Projektstatus im Blick zu haben. Dazu soll die Software Business Intelligence Systeme anbinden und den Projektstatus auf der „Project Wall" anzeigen. Weiterhin soll stets ein Überblick über die aktuell stattfindende Kommunikation gegeben werden, z.B. in Form eines Kommunikationsgraphen.

2.1.3 Erweiterte Funktionen

➤ *Systeme werden als Teammitglieder behandelt.*

Es ist wünschenswert, wenn externe Systeme wie Wikis, Dateiserver oder Subversion-Repositories als eine besondere Art von Kontakten eingebunden werden könnten. Diese Systeme würden dann die letzten Änderungen als eigene Statusupdates veröffentlichen (z.B.: „Neuer Bug von M. Mustermann angelegt: ‚Fotos werden nicht korrekt skaliert‘"; „C. Hoch hat die Seite ‚FeaturesFuerRC1‘ bearbeitet. ").

➤ *Orientierung im Projekt ermöglichen.*

Um interessante oder gerade benötigte Nutzer/Teammitglieder, Gruppen und (Teil-)Projekte finden zu können, wäre eine Suchfunktion wünschenswert. Ergänzen könnte man diese um Tag Clouds – dann müssten alle „Dinge" entsprechend mit Tags versehen werden können.

➤ *Web-Technologien nutzen.*

Alle (technischen) Artefakte – Nutzer, Gruppen, Projekte, Repositories, Codes, Modelle, Wikis, Statusupdates, Kommentare, … sollen einen eigenen URL haben, den man leicht per Email verschicken kann.

Um das System besser in den Alltag des Nutzers einzubinden, sollte er für verschiedene Geschehnisse (als Kontakt hinzugefügt, Status Update kommentiert, …) einstellen können, dass er über diese per Email benachrichtigt wird. Die Statusupdates seiner abonnierten Kontakte sollte er als Feed (RSS oder Atom) abonnieren können. Um das Schreiben von Statusupdates anzuregen bietet es sich an, einem Nutzer zu erlauben, die Statusupdates eines bereits von ihm genutzten digitalen sozialen Netzwerks einzubinden. Dies könnte am Beispiel von Twitter geschehen.

Alle Teammitglieder, die online sind, sollen sofort via Instant Messaging oder Skype-artige Telefon-/Video Calls kontaktiert werden können (Meeting on Demand).

2.2 Technische Anforderungen und Rahmenbedingungen

Das zu Softwaresystem muss folgenden technischen Anforderungen und Rahmenbedingungen genügen:

- Die Serverinfrastruktur von *Global Solutions* basiert auf Microsoft Technologien (Windows Server 2008). Diese müssen im Projekt optimal eingesetzt werden.
- *Global Solutions* will das System bei gutem Erfolg auch als Cloud-Lösung auf Basis von Microsoft Azure anbieten. Diese Technologie muss bei der Entwicklung berücksichtigt werden.
- Die Implementierungssprachen auf der Serverseite für das Projekt sind: C#, C++ (COM)
- Die Implementierungssprachen auf der Clientseite für das Projekt sind: C#, C++ (COM), Java, Objective C
- Die Entwicklungsumgebungen sind:
  - o Microsoft Visual Studio 2010
  - o XCode
  - o Eclipse IDE

- Für das Projekt wird der von *We implement IT* eingesetzte Team Foundation Server 2010 verwendet. In diesem Tool werden die Entwicklungsaufgaben koordiniert und die Versionskontrolle etabliert.

- Folgende Clients sind zu unterstützen:

  o Entwicklungsumgebungen von *Global Solutions*, Sprache: C#
  o Web-Clients durch ASP.NET Serveranwendung bedient, Sprache: C#
  o Windows Phone/Windows 8 (Tablet), Sprache: C#
  o Microsoft Visual Studio, Sprache: C#, C++ (COM)
  o Eclipse, Sprache: Java
  o iPhone/iPad, Sprache: Objective C

- Folgende Datenbanken sind zu unterstützen:

  o Oracle 10g
  o Microsoft SQL-Server 2008

- Es ist eine Staging-Umgebung für Tests aufzubauen, die sich schrittweise der Produktivumgebung annähert. Die Staging-Umgebung wird kooperativ durch *Global Solutions* und *We implement IT* aufgebaut und betrieben.

3 Projektorganisation und -planung

Dieser Abschnitt beschreibt die Organisation und die Planungsvorgaben für das Projekt.

3.1 Ernennung der Projektteams

Mit diesem Projektauftrag werden **SIE** beauftragt, die Projektleitung für das Projekt „Code & Talk" zu übernehmen. Ihr (internes) Projektteam setzt sich aus folgenden Personen zusammen:

Person	Rolle/Aufgaben/Fähigkeiten	Verfügbarkeit
Fr. Müller	Anforderungsanalyse, Geschäftsprozessmodellierung	Voll
Hr. Heinrich	Anforderungsanalyse, Datenbankdesign	Voll
Hr. Stark	Architektur	Teilzeit
Fr. Dr. Groß	Architektur, Qualitätssicherung	Voll
Hr. Jung	Entwicklung, Test	Voll
Hr. Alt	Entwicklung, Test	Voll
Fr. Klein	Entwicklung, Test	Voll
Hr. Schick	Benutzerschnittstellendesign	Teilzeit
Hr. Gernegroß	Qualitätssicherung, Test	Teilzeit
Fr. Wichtig	Dokumentation, Marketing	Teilzeit
Fr. Klug	Projektassistenz	Voll

Für das Projekt „Code & Talk" ist es erforderlich, dass Sie verschiedene Aufgaben an externe Partner und Dienstleister auslagern, da *We implement IT* nicht alle Entwicklungsleistungen durch eigenes Personal stemmen kann.

Besetzung des Lenkungsausschusses

Für das Projekt „Code & Talk" werden zwei Lenkungsausschüsse gebildet. Der erste Lenkungsausschuss umfasst das Gesamtprojekt (Kunde und Auftragnehmer), das *Global Solutions* an *We implement IT* beauftragt hat. In diesem Lenkungsausschuss sind neben **Ihnen** vertreten:

- Hr. Meier (stellv. Abteilungsleiter *Development Environments* von *Global Solutions*)
- Fr. Dr. Müller (stellv. Abteilungsleiterin *Forschung und Entwicklung* von *Global Solutions*)
- Hr. Dr. Knut (Portfoliomanager *Individualentwicklung* von *We implement IT*)
- Fr. Ditzsche (Leiterin des Bereichs *Qualitätsmanagement* von *We implement IT*)
- Hr. Stark (Chefarchitekt von *We implement IT*)

Weiterhin ist es **Ihre** Aufgabe einen Lenkungsausschuss zu etablieren, der die interne Projektstruktur (Auftragnehmer und Unterauftragnehmer) abbildet. In diesem Lenkungsausschuss sind neben Ihnen folgende Personen vertreten:

- Hr. Dr. Knut als Vertreter des Generalauftragnehmers *We implement IT*
- **Ihr** Verantwortlicher für die Qualitätssicherung im Gesamtprojekt
- Hr. Stark als Chefarchitekt des Gesamtprojekts
- Je Unterauftragnehmer: der Projektleiter, der QS-Verantwortliche und der Chefarchitekt des Unterauftragnehmers

Weitere Personen bzw. Gäste sind je nach Bedarf in den Lenkungsausschuss einzuladen.

3.2   Projektorganisation

Das Projekt wird als verteiltes Entwicklungsprojekt durchgeführt und weist folgende Organisationsstruktur auf:

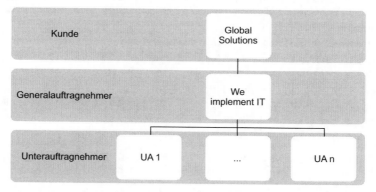

Die Auswahl der Unterauftragnehmer obliegt **Ihnen** im Rahmen Ihrer Projektorganisation und in Abstimmung mit dem Portfoliomanagement. Die Mitarbeiter, die **Ihnen** aus dem Personalstamm von *We implement IT* zur Verfügung gestellt werden, werden für die Dauer des Projekts **Ihrer** Verantwortung (fachlich und disziplinarisch) unterstellt.

3.3   Arbeitspakete und Budgets

3.3.1   Budget

Der vertraglich vereinbarte Umfang für dieses Projekt beträgt (netto): **4.500.000,00 €**

Im Rahmen dieses Budgets stehen Ihnen für die Unterbeauftragung an die externen Dienstleister maximal **2.000.000,00 €** zur Verfügung.

In diesem Budget müssen **Sie** die Personal- und Ressourcenplanung (inkl. Material- und Reisekosten) durchführen.

3.3.2   Arbeitspakete

Für dieses Projekt wurden die folgenden Arbeitspakete vereinbart:

AP Nr.	Kurzbeschreibung	Umfang
AP1	Anforderungsanalyse	25 PM
AP2	Systementwurf	50 PM
AP3	Server-Entwicklung	50 PM
AP4	Entwicklung/Integration Drittsysteme	50 PM
AP5	Client-Entwicklung	75 PM
AP6	Qualitätssicherung	75 PM
AP7	Projektmanagement	25 PM
		350 PM

Im Rahmen der Planung ist es **Ihre** Aufgabe, diese Arbeitspakete noch weiter auszugestalten und hierbei insbesondere auch die Aufgabenverteilung an die Unterauftragnehmer zu organisieren.

3.4   Zeitrahmen

Folgende Rahmendaten sind für die Projektdurchführung geplant:

- Projektstart: **01.05.2012**
- Projektende: **31.10.2014** (Inbetriebsetzung des Systems/Verkaufsstart: 02.01.2015)

3.5   Besonderheiten und spezielle Festlegungen

Im Rahmen dieses Projekts müssen **Sie** folgende Festlegungen/Rahmenbedingungen erfüllen und dem Gesamtprojektlenkungsausschuss zur Entscheidung vorlegen:

1. Erarbeitung der Projektstruktur (grob) inkl. vorläufiger Planung und Detailschätzung bis: 01.06.2012
2. Durchführung des Projekt-Kick-Offs mit dem Kunden bis: 01.07.2012
3. Ausarbeitung des Vergabeplans und Vertragsschluss mit den externen Dienstleistern bis: 30.09.2012

Weitere Ressourcen

- Sofern es das Projektbudget zulässt, können **Sie** über die Personalabteilung weitere Personalressourcen von Zeitarbeitsdienstleistern oder Freiberuflern abrufen. Voraussetzung hierfür ist eine mindestens 4-wöchige Anstellung und eine Verschwiegenheitserklärung.

- Sofern es im Rahmen des Projekts passend ist, können **Sie** (kleinere) Aufgaben an Studenten (z.B. Praktikanten, Werkstudenten) vergeben. Voraussetzung hierfür ist eine mindestens 3-monatige Anstellung und eine Verschwiegenheitserklärung.

Besonderheiten/spezielle Festlegungen   (keine)

4   Chancen und Risiken

4.1   Chancen

Dieses Projekt ist seitens des Kunden als *strategisches Projekt* für *Global Solutions* identifiziert worden. *Global Solutions* verfolgt mit diesem Projekt die Ziele der Festigung und des Ausbaus des Kundenstamms.

Seitens *We implement IT* ist dieses Projekt ebenfalls strategisch wichtig, da (1) *Global Solutions* ein neuer Kunde ist und (2) *Global Solutions* über ein großes Partner- und Kundennetzwerk verfügt. Folgende Chancen bestehen für *We implement IT* mit diesem Projekt:

- Gewinnung eines neuen Großkunden und Zugang zu einem neuen Partner- und Kundennetzwerk
- Entwicklung eines innovativen Produkts
- Festigung im Markt als verlässlicher Projektpartner

4.2   Risiken

Folgende Risiken sind im Projekt zu beachten und im Rahmen des Risikomanagements zu berücksichtigen:

- Verfügbarkeit von: Personalressourcen, fachlicher Ansprechpartner, passender Unterauftragnehmer
- Reibungslose Integration mit den heterogenen Infrastrukturen von „Global Solutions", inkl. im Hinblick auf die Verfügbarkeit dokumentierter Schnittstellen von Dritt-Software.
- Akzeptanz der Anwender bzgl. der neuen Lösung

5   Wirtschaftlichkeit

Die Wirtschaftlichkeit wurde sowohl durch die Geschäftsleitung als auch durch das Portfoliomanagement von *We implement IT* geprüft. Das Projekt wird als wirtschaftlich eingestuft, wenn:

1. (primär) Ein Gewinn von 5% vom Vertragsvolumen (netto) erwirtschaftet wird, und/oder

2. (sekundär) Kundenzufriedenheit wird erzeugt, sodass im Anschluss an „Code & Talk" eine weitere, langfristige Zusammenarbeit mit *Global Solutions* gesichert ist. Hierzu müssen bereits Verhandlungen zu Folgeprojekten aufgenommen worden sein. In diesem Fall dürfen für das Projekt max. 5% des Vertragsvolumens als Investivmittel aus den Mitteln von *We implement IT* zusätzlich zum beauftragten Budget verwendet werden.

13.3   Ausschreibung

Die Ausschreibung macht ein Projekt eines Auftraggebers potenziellen Auftragnehmern bekannt. Im Rahmen des Projekts „Code & Talk" soll eines der identifizierten Teilsysteme extern an einen Auftragnehmer vergeben werden. Die entsprechende Ausschreibungsunterlage ist auf den folgenden Seiten zu finden.

Ausschreibung

Projekt	Code & Talk
Ersteller	Geschäftsleitung: We Implement IT
Erstellt am	11.06.12 08:43
Dokumentablage	../Ausschreibung.docx

Technische Universität München
Fakultät für Informatik

1 Einleitung

Im Rahmen des Projekts „Code & Talk" gibt es ein Teilsystem, in dem eine „Project Wall" entwickelt werden soll. Diese integriert sich in Entwicklungsumgebungen und steht Projektteammitgliedern auch über das Internet zur Verfügung. Die „Project Wall" erlaubt es in Anlehnung an z.B. Facebook oder Twitter Nachrichten im Projekt zu verteilen, einen Projektstatus zu erhalten und generell Kontakt zu anderen Mitgliedern des Projektteams aufzunehmen.

Gegenstand dieser Ausschreibung ist das Teilprojekt „Project Wall" mit folgenden Aufgaben:

- Übernahme und Verfeinerung der Konzeption
- Spezifikation der Anforderungen und Erarbeitung eines Umsetzungskonzepts
- Umsetzung der Komponente „Project Wall"
- Dokumentation und Übergabe an *We implement IT*

2 Allgemeine Informationen zur Ausschreibung

Hinweis. An dieser Stelle folgen, anstelle allgemeiner Informationen zur Ausschreibung, Informationen für die Durchführung einer Übung.

Das Angebot für das Projekt „Project Wall" muss die unten stehenden Bestandteile umfassen (Kontext der Übung, in „echten" Ausschreibungen sind diese Inhalte selbstverständlich wesentlich umfangreicher. → In diesem Kontext ist dieser Abschnitt die **Arbeitsanleitung** für die Erstellung des Angebots.).

2.1 Geforderter Umfang des Angebots

Das Angebot wird in Schriftform (Word/Powerpoint) abgegeben/präsentiert.

- Kostenschätzung basierend auf den Anwendungsfällen
- Liste von geschätzten Arbeitspaketen
- Personallisten und Preisblätter

2.2 Rahmenbedingungen für das Angebot

Für das Angebot gelten folgende Rahmenbedingungen:

1. Das Projekt muss nach Vertragsschluss binnen 4 Monaten abgeschlossen sein.
2. Es müssen 1 GUI-Prototyp, zwei Test-Releases und ein Final-Release geliefert werden.

3   Anforderungen an das zu erstellende (Teil-)System

Der folgende Abschnitt fasst die Anforderungen für das zu erstellende Teilsystem „Project Wall" zusammen.

3.1   Anwendungsfälle (fachliche Anforderungen)

Abbildung 1 zeigt die Anwendungsfälle für die „Project Wall" auf. Es gilt zwischen zwei Nutzergruppen zu unterscheiden: „Projektleitung" und „Teammitglied".

- Die Projektleitung verfügt über die Möglichkeiten sich den Kommunikationsgraphen des Projekts, den Projektstatus, einen Überblick über die einzelnen projektspezifischen Einträge sowie Details zu einzelnen Einträgen anzeigen zu lassen.

- Einzelne Teammitglieder können sich einen Überblick über die Projekteinträge sowie die Details zu den einzelnen Einträgen anzeigen lassen. Weiterhin können Teammitglieder Einträge erstellen, diese ändern und (Projekt-)Artefakte hinzufügen.

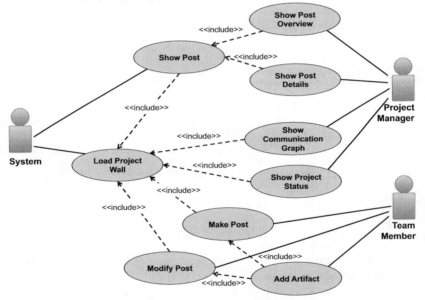

Abbildung 1 Anwendungsfälle (Teilprojekt „Project Wall")

Im Folgenden werden die Anforderungen zu den geforderten Anwendungsfällen beschrieben sowie relevante nichtfunktionale Anforderungen aufgezeigt.

3.1.1 Anwendungsfall: Show Communication Graph

Name	Show Communication Graph
Zielsetzung	Das System soll dem Nutzer für ein ausgewähltes Projekt den Kommunikationsgraph anzeigen.
Vorbedingung	Der Nutzer ist eingeloggt und hat den Dialog Project Wall aufgerufen.
Nachbedingung	Das System zeigt dem Nutzer den Dialog Kommunikationsgraph für ein ausgewähltes Projekt an.
Akteure	Project Manager
Szenario	1. Das System lädt alle verfügbaren Projekte und zeigt diese anhand eines Dialogs auf. 2. Der Nutzer wählt ein Projekt aus. 3. Das System prüft anhand der Projekt-ID und der Nutzerkennung in der Projektdatenbank die Berechtigung auf dieses Projekt zuzugreifen und lädt den Dialog Kommunikationsgraph inklusive des Datensatzes Kommunikationsgraph. 4. Das System schließt den Dialog Projektauswahl und zeigt den Kommunikationsgraph in einem gesonderten Dialog auf.
Alternativszenario	--
Nichtfunktionale Anforderungen	--

3.1.2 Anwendungsfall: Show Post Overview

Name	Show Post Overview
Zielsetzung	Das System soll dem Nutzer einen Überblick über alle einem Projekt zugeordneten Einträge anzeigen
Vorbedingung	Der Nutzer ist eingeloggt und hat den Dialog Project Wall aufgerufen.
Nachbedingung	Das System zeigt den Dialog Project Wall für ein dem Nutzer zugeordnetes Projekt an.
Akteure	Team Member, Project Manager
Szenario	1. Das System lädt alle verfügbaren Projekte und zeigt diese anhand eines Dialogs auf. 2. Der Nutzer wählt ein Projekt aus. 3. Das System prüft anhand der Projekt-ID und der Nutzerkennung in der Projektdatenbank die Berechtigung auf dieses Projekt zuzugreifen und lädt die entsprechende Project Wall. 4. Das System schließt den Dialog „Projektauswahl" und zeigt den Dialog „Project Wall" auf bestehend aus einer Liste mit Titel der Einträge, dem jeweiligen Datum und dem Verfasser.
Alternativszenario	3.a) Der Nutzer ist nicht berechtigt auf die Projektdaten zuzugreifen und das System zeigt in einem gesonderten Dialog eine Meldung auf. 3.b) Der Nutzer schließt den Dialog.
Nichtfunktionale Anforderungen	• Die Anzeige der Project Wall soll ab dem Zeitpunkt der Projektauswahl in maximal 5 Sekunden angezeigt werden. • Die grafische Benutzeroberfläche soll die Richtlinie „Styleguide Code&Talk: Project Wall Style.doc" erfüllen.

3.1.3 Anwendungsfall: Show Post Details

Name	Show Post Details
Zielsetzung	Das System soll dem Nutzer für einen ausgewählten Eintrag in der Project Wall die Details aufzeigen.
Vorbedingung	Der Nutzer ist eingeloggt und der Dialog „Project Wall" wird angezeigt.
Nachbedingung	Das System zeigt im Dialog „Project Wall" die Details für einen ausgewählten Eintrag an.
Akteure	Team Member, Project Manager

Szenario	1. Der Nutzer wählt für einen Eintrag die Funktion „Show Details".
	2. Das System lädt in der Projektdatenbank die Details bestehend aus
	   • Eintrag (Text)
	   • Artefakte (Dokumente, Links, etc.)
	3. Das System zeigt in einem eingebetteten Dialog die Details an. Der Überblick über die weiteren Einträge ist weiterhin sichtbar.

Alternativszenario	--
Nichtfunktionale Anforderungen	--

3.1.4 Anwendungsfall: Show Project Status

Name	Show Project Status
Zielsetzung	Das System soll dem Nutzer für ein ausgewähltes Projekt den Projektstatus aufzeigen.
Vorbedingung	Der Nutzer ist eingeloggt und hat den Dialog Project Wall aufgerufen.
Nachbedingung	Das System zeigt dem Nutzer den Dialog Project Status für ein ausgewähltes Projekt an.
Akteure	Project Manager
Szenario	1. Das System lädt alle verfügbaren Projekte und zeigt diese anhand eines Dialogs auf. 2. Der Nutzer wählt ein Projekt aus. 3. Das System prüft anhand der Projekt-ID und der Nutzerkennung in der Projektdatenbank die Berechtigung auf dieses Projekt zuzugreifen und lädt den Dialog Project Status inklusive des Datensatzes Project Status. 4. Das System schließt den Dialog Projektauswahl und zeigt den Projektstatus in einem gesonderten Dialog auf.
Alternativszenario	--
Nichtfunktionale Anforderungen	--

3.1.5 Anwendungsfall: Make Post

Name	Make Post
Zielsetzung	Der Nutzer erstellt für ein Projekt einen neuen Eintrag.
Vorbedingung	Der Nutzer ist eingeloggt und der Dialog „Project Wall" wird angezeigt.
Nachbedingung	Das System hat einen neuen Eintrag für das Projekt in der Projektdatenbank gespeichert und die Project Wall aktualisiert.
Akteure	Team Member
Szenario	1. Der Nutzer wählt die Funktion „Make Post". 2. Das System öffnet den eingebetteten Dialog zum Erstellen eines neuen Eintrags. 3. Der Nutzer gibt für den Eintrag einen Titel und einen Beschreibungstext ein. 4. Das System speichert alle angegebenen Daten in der Projektdatenbank. 5. Das System aktualisiert die Project Wall.
Alternativszenario	3.a) Der Nutzer gibt für den Eintrag einen Titel und einen Beschreibungstext ein und wählt die Funktion „Artefakt hinzufügen". 3.b) Das System öffnet in einem gesonderten Dialog einen Dateibrowser. 3.c) Der Nutzer wählt die Datei aus und bestätigt. 3.d) Das System speichert den Eintrag und das Artefakt in der Projektdatenbank. 4 a) Das System kann nicht speichern und öffnet einen separaten Dialog „Fehler".
Nichtfunktionale Anforderungen	--

3.1.6 Anwendungsfall: Modify Post

Name	Modify Post
Zielsetzung	Der Nutzer modifiziert ein von ihm erstellten Beitrag.
Vorbedingung	Der Nutzer ist eingeloggt und der Dialog „Project Wall" wird angezeigt.
Nachbedingung	Das System hat für einen bestehenden Eintrag für das Projekt die Aktualisierung in der Projektdatenbank gespeichert und die Project Wall aktualisiert.
Akteure	Team Member
Szenario	1. Der Nutzer wählt für einen in dem Dialog Project Wall aufgelisteten Beiträge die Funktion „Modify Post". 2. Das System gleicht erfolgreich in der Projektdatenbank die Nutzerkennung mit der des Verfassers des Beitrags ab und öffnet einen eingebetteten Dialog mit dem Original-Beschreibungstext. 3. Der Nutzer modifiziert den Beschreibungstext. 4. Das System überschreibt den in der Projektdatenbank gespeicherten Beschreibungstext mit dem aktualisierten Beschreibungstext. 5. Das System aktualisiert die Project Wall.
Alternativszenario	2.a) Die vom System in der Projektdatenbank abgeglichene Benutzerkennung stimmt nicht mit der des Verfassers des Beitrags überein und das System zeigt dem Nutzer in einem gesonderten Dialog eine Meldung auf. 2.b) Der Nutzer schließt den Dialog.
Nichtfunktionale Anforderungen	--

3.1.7 Anwendungsfall: Add Artifact

Name	Add Artifact
Zielsetzung	Der Nutzer fügt für einen ausgewählten Eintrag ein Artefakt hinzu.
Vorbedingung	Der Nutzer ist eingeloggt und der Dialog „Project Wall" wird angezeigt.
Nachbedingung	Das System hat für einen ausgewählten Eintrag für das Projekt ein Artefakt in der Projektdatenbank gespeichert und die Project Wall aktualisiert.
Akteure	Team Member
Szenario	1. Der Nutzer wählt für einen ausgewählten Eintrag die Funktion „Add Artifact ". 2. Das System öffnet in einem gesonderten Dialog einen Dateibrowser. 3. Der Nutzer wählt die Datei aus und bestätigt. 4. Das System speichert den Eintrag und das Artefakt in der Projektdatenbank. 5. Das System aktualisiert die Project Wall.
Alternativszenario	4.a) Das System kann nicht speichern und öffnet einen separaten Dialog „Fehler". 4.b) Der Nutzer schließt den Dialog.
Nichtfunktionale Anforderungen	--

3.2   Technische Anforderungen

Folgende technische Anforderungen muss die Komponente „Project Wall" erfüllen.

3.2.1 Skizze der technischen Architektur

Die Komponente „Project Wall" fügt sich in das Gesamtsystem des Projekts „Code & Talk" ein (Abbildung 2). Folgende technische Architektur liegt dieser Komponente zugrunde und folgende Schnittstellen zum Gesamtsystem sind zu berücksichtigen/umzusetzen.

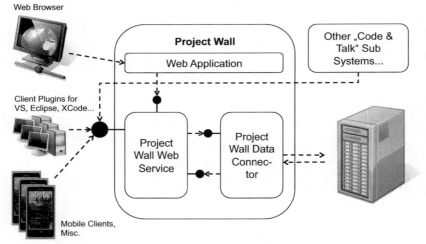

Abbildung 2 High-level Architektur und Positionierung der Project Wall im Projekt Code & Talk

3.2.2 Technische Anforderungen (Backend)

Das Backend muss sich in die Serverinfrastruktur des Gesamtprojekts integrieren. Daher muss die Komponente „Project Wall" folgenden Anforderungen genügen:

1. Die Programmiersprache zur Umsetzung ist C#.

2. Die Kommunikation zu anderen Komponenten von „Code & Talk" erfolgt über Web Services.

3. Die Kommunikation zu Clients von „Project Wall" erfolgt über Web Services.

4. Die Serveranwendung zur direkten Kommunikation mit der „Project Wall" über einen Webbrowser erfolgt mit ASP.NET und verwandten Technologien. Nach außen ist diese Anwendung als Webseite entsprechend den aktuellen W3C-Standards abzurufen.

3.2.3 Technische Anforderungen (Client)

Als Clients für die „Project Wall" kommen verschiedene Tools infrage. Die „Project Wall" in der Ausbaustufe, welche Gegenstand dieser Ausschreibung ist, muss folgende Clients unterstützen:

1. Microsoft Visual Studio: Umsetzung als Plugin in der Programmiersprache C#

2. Eclipse: Umsetzung als Plugin in der Programmiersprache Java

3. Webbrowser: Die Umsetzung der Webanwendung erfolgt (Präsentation) mit Ajax/JavaScript-Technologien und mit C# (Logik-Anteile). Die Umsetzung ist, wo schon möglich, auf Basis von HTML 5 durchzuführen oder zumindest vorzubereiten.

4 Vorgaben für das Projektmanagement

(Auszug)

Das hier ausgeschriebene Projekt ist ein Teilprojekt eines umfangreichen Großprojekts. Daher wird der Auftragnehmer organisatorisch in das Gesamtprojekt eingebunden. Folgende Vorgaben sind daher für den Auftragnehmer beim Projektmanagement zwingend zu beachten.

• Das Projektmanagement des Auftragnehmers ist in das Projektmanagement von „Code & Talk" integriert. Der Auftragnehmer wird dazu in das Berichtswesen und die Projektfortschrittskontrolle integriert und muss die entsprechenden PM-Infra-/Strukturen in seinem Projekt implementieren.

• Dies umfasst im Einzelnen:

  o Wöchentliches, monatliches und arbeitspaketbezogenes Berichtswesen in Schriftform

  o Kontinuierliches Erfassung, Pflegen und Auswerten von Work Items zur Arbeitsplanung, Kontrolle und Steuerung, sowie für das Reporting

  o ...

5   Vorgaben für die Qualitätssicherung

(Auszug)

Das hier ausgeschriebene Projekt ist ein Teilprojekt eines umfangreichen Großprojekts. Daher wird der Auftragnehmer organisatorisch in das Gesamtprojekt eingebunden. Folgende Vorgaben sind daher für den Auftragnehmer bei der Planung und Durchführung der Qualitätssicherung zwingend zu beachten.

- Die Qualitätssicherung (QS) des Auftragnehmers muss intern geplant werden und folgende Anforderungen erfüllen:

    o   Jedes Codeartefakt ist durch Testfälle zu ergänzen

    o   Die Testfallabdeckung darf nicht unter 80% liegen

    o   ...

- Die QS des Auftragnehmers wird organisatorisch in das Qualitätsmanagement von „Code & Talk" eingebettet. Dies betrifft die QS-Ziele und Anforderungen, sowie das Berichtswesen.

- ...

13.4 Vorlage Angebot

Im Rahmen der Übungen zum Kap. 6 soll ein Angebot erstellt werden. Für die Erstellung des Angebots wird die im Folgenden abgedruckte Vorlage empfohlen. Sie enthält einen Gliederungsvorschlag, welcher die inhaltlichen Anforderungen an das geforderte Angebot verdeutlicht.

Angebot

Projekt	Code & Talk – Project Wall
Ersteller	<Anbieter>
Erstellt am	
Dokumentablage	../Angebot.docx

TUM ◑
Technische Universität München
Fakultät für Informatik

1   Allgemeiner Angebotsteil

Bearbeitungshinweis: Der allgemeine Angebotsteil enthält mindestens:

- eine Einleitung
- alle für den Auftraggeber notwendigen Randinformationen
- Benennung/Beschreibung des Projektteams

Oft ist an dieser Stelle auch eine Zusammenfassung für das Management enthalten. Erstellen Sie Inhalte nur in Stichpunktform! Dieser Teil sollte max. (!) ½ Seite umfassen.

2   Leistungsbeschreibung

Bearbeitungshinweis: Hier ist das fachliche Angebot zu beschreiben. Dieser Teil enthält:

- Überblick/Motivation/Problembeschreibung – 2-3 Stichpunkte
- Use Cases und Lösungsidee – in Stichpunkten
- Geplante technologische Umsetzung – in Stichpunkten

3   Projektorganisation

Bearbeitungshinweis: Hier ist die geplante Projektorganisation und die Planung zu beschreiben. Zu berücksichtigen sind hierbei insbesondere:

- Team und Aufgaben im Team
- Planung der Releases
- Aufwands- und Kostenschätzung für die o.g. Leistungspositionen

Führen Sie entsprechende Kalkulationen durch. Inhalte dieses Kapitels können Sie dann bspw. auch aus Excel importieren, z.B. eine Kalkulation für Arbeitspakete und Aufwände...

Allgemeiner Bearbeitungshinweis: *Beachten Sie bei aller Kürze in der Darstellung, dass der potenzielle Auftraggeber auf Basis des ihm vorliegenden Angebots eine Bewertung vornehmen können muss, auf deren Grundlage er ggf. einen Zuschlag/Auftrag erteilt.*

Ergänzungen zu COCOMO und COCOMO II

In diesem Anhang sind ergänzende Informationen zur Aufwandsschätzung mithilfe des COCOMO-Verfahrens zu finden. COCOMO und COCOMO-II sind algorithmische Verfahren, welche bestimmte Parameter zur Justierung verwenden, auf die wir bereits in einigen Beispielen in diesem Buch zurückgegriffen haben. Die entsprechenden Datentabellen dazu finden sich hier:

Tab. 14.1 COCOMO II Skalierungsfaktoren S

Kürzel	sehr klein	klein	nominal	hoch	sehr hoch	extra hoch
PREC	6,20	4,96	3,72	2,48	1,24	0,00
FLEX	5,07	4,05	3,04	2,03	1,01	0,00
RESL	7,07	5,65	4,24	2,83	1,41	0,00
TEAM	5,48	4,38	3,29	2,19	1,10	0,00
PMAT	7,80	6,24	4,68	3,12	1,56	0,00

Tab. 14.2 Werte für Kostentreiber aus COCOMO II (Early Design)

Kürzel	extra klein	sehr klein	klein	nominal	groß	sehr groß	extra groß
RCPX	0,49	0,60	0,83	1,00	1,33	1,91	2,72
RUSE	–	–	0,95	1,00	1,07	1,15	1,24
PDIF	–	–	1,00	1,00	1,00	–	–
PERS	2,12	1,62	1,26	1,00	0,83	0,63	0,50
PREX	1,59	1,33	1,12	1,00	0,87	0,74	0,62
FCIL	1,43	1,30	1,10	1,00	0,87	0,73	0,62
SCED	–	1,43	1,14	1,00	1,00	1,00	–

M. Broy, M. Kuhrmann, *Projektorganisation und Management im Software Engineering*, 389
Xpert.press, DOI 10.1007/978-3-642-29290-3_14, © Springer-Verlag Berlin Heidelberg 2013

Tab. 14.3 Werte für Kostentreiber aus COCOMO II (Post Architecture)

Name	Kürzel	sehr klein	klein	nominal	groß	sehr groß	extra groß
Benötigte Zuverlässigkeit	RELY	0,82	0,92	1,00	1,10	1,26	–
Datenbankgröße	DATA	–	0,90	1,00	1,14	1,28	–
Produktkomplexität	CPLX	0,73	0,87	1,00	1,17	1,34	1,74
Entwicklung zur Wiederverwendung	RUSE	–	0,95	1,00	1,07	1,15	1,24
Dokumentationsaufwand	DOCU	0,81	0,91	1,00	1,11	1,23	–
Ausführungszeit	TIME	–	–	1,00	1,11	1,29	1,63
Hauptspeicherbeschränkung	STOR	–	–	1,00	1,05	1,17	1,46
Veränderlichkeit der Plattform	PVOL	–	0,87	1,00	1,15	1,30	–
Fähigkeiten der Analysten	ACAP	1,42	1,19	1,00	0,85	0,71	–
Fähigkeiten der Programmierer	PCAP	1,34	1,15	1,00	0,88	0,76	–
Kontinuität des Personals	PCON	1,29	1,12	1,00	0,90	0,81	–
Erfahrung in der Doäne	APEX	1,22	1,10	1,00	0,88	0,81	–
Erfahrung mit der Plattform	PLEX	1,19	1,09	1,00	0,91	0,85	–
Erfahrung in der Programmiersprache	LEXP	1,20	1,09	1,00	0,91	0,84	–
Nutzung von CASE-Tools	TOOL	1,17	1,09	1,00	0,90	0,78	–
Multisite-Entwicklung	SITE	1,22	1,09	1,00	0,93	0,86	0,80
Zeitplan	SCED	1,43	1,14	1,00	1,00	1,00	–

Ergänzungen zu CMMI

In CMMI werden Prozesse in Fähigkeits- und Reifegraden eingestuft, um so die Reife eines Unternehmens feststellen zu können. Dazu müssen bestimmte Kriterien, die *Prozessgebiete*, erfüllt werden. Jedes Prozessgebiet ist hierbei einer Kategorie und einem Reifegrad zugeordnet. Tabelle 15.1 zeigt die entsprechende Kategorisierung und Zuordnung für die sogenannten CMMI Kernprozessgebiete.

Tab. 15.1 Die CMMI Kernprozessgebiete (Kategorisierung und Zuordnung zu Reifegraden)

Abkürzung	Prozessgebiet	Kategorie	Reifegrad
CAR	Causal Analysis and Resolution	Support	5
CM	Configuration Management	Support	2
DAR	Decision Analysis and Resolution	Support	3
IPM	Integrated Project Management	Project Management	3
MA	Measurement and Analysis	Support	2
OPD	Organizational Process Definition	Process Management	3
OPF	Organizational Process Focus	Process Management	3
OPM	Organizational Performance Management	Process Management	5
OPP	Organizational Process Performance	Process Management	4
OT	Organizational Training	Process Management	3
PMC	Project Monitoring and Control	Project Management	2
PP	Project Planning	Project Management	2
PPQA	Process and Product Quality Assurance	Support	2
QPM	Quantitative Project Management	Project Management	4
REQM	Requirements Management	Project Management	2
RSKM	Risk Management	Project Management	3

M. Broy, M. Kuhrmann, *Projektorganisation und Management im Software Engineering*, Xpert.press, DOI 10.1007/978-3-642-29290-3_15, © Springer-Verlag Berlin Heidelberg 2013

In Tabelle 15.2 ist die Zuordnung der unterschiedlichen CMMI-Derivate zu den Prozessgebieten gezeigt. Diese Unterscheidung ist erforderlich, da nicht jedes CMMI-Derivat alle Prozessgebiete erfüllen muss, um einen bestimmten Reifegrad zu erreichen.

Tab. 15.2 Zuordnung der CMMI Prozessgebiete zu Reifegraden und CMMI-Derivaten

Abkürzung	Prozessgebiet	DEV	ACQ	SVC
AM	Agreement Management	–	2	–
ARD	Acquisition Requirements Development	–	2	–
CM	Configuration Management	2	2	2
MA	Measurement and Analysis	2	2	2
PMC	Project Monitoring and Control	2	2	–
PP	Project Planning	2	2	–
PPQA	Process and Product Quality Assurance	2	2	2
REQM	Requirements Management	2	2	2
SAM	Supplier Agreement Management	2	–	2
SSAD	Solicitation and Supplier Agreement Development	–	2	–
SD	Service Delivery	–	–	2
WMC	Work Monitoring and Control	–	–	2
WP	Work Planning	–	–	2
ATR	Acquisition Technical Management	–	3	–
AVAL	Acquisition Validation	–	3	–
AVER	Acquisition Verification	–	3	–
CAM	Capacity and Availability Management	–	–	3
DAR	Decision Analysis and Resolution	3	3	3
IPM	Integrated Project Management	3	3	–
IRP	Incident Resolution and Prevention	–	–	3
IWM	Integrated Work Management	–	–	3
OPD	Organizational Process Definition	3	3	3
OPF	Organizational Process Focus	3	3	3
OT	Organizational Training	3	3	3
PI	Product Integration	3	–	–
RD	Requirements Development	3	–	–
RSKM	Risk Management	3	3	3
SCON	Service Continuity	–	–	3
SSD	Service System Development	–	–	3
SST	Service System Transition	–	–	3
STSM	Strategic Service Management	–	–	3
TS	Technical Solution	3	–	–
VAL	Validation	3	–	–
VER	Verification	3	–	–
OPP	Organizational Process Performance	4	4	4
QPM	Quantitative Project Management	4	4	4
CAR	Causal Analysis and Resolution	5	5	5
OPM	Organizational Performance Management	5	5	5

Glossar

Ablauforganisation (↦ Abschn. 2.1) Unter dem Begriff Ablauforganisation verstehen wir die Gliederung der Tätigkeiten und Abläufe der Organisationseinheit in Aktivitäten und Prozesse zur Erfüllung ihrer Aufgaben.

Arbeitspaket (↦ Abschn. 7.6.1.3) Ein Arbeitspaket (auch Vorgang) ist eine in sich abgeschlossene Tätigkeit bzw. Tätigkeitsgruppe zur Erledigung einer spezifizierten Aufgabe mit festgelegter Dauer, Zuordnung von Personal- und Betriebsmitteln (Ressourcen) und logischen oder zeitlichen Abhängigkeiten zu anderen Arbeitspaketen.

Artefakt (↦ Abschn. 1.2.1) Ein Artefakt ist ein dokumentiertes Ergebnis, das in einem Projekt erstellt, bearbeitet oder verwendet wird. Artefakte umfassen hierbei alle Elemente eines Projekts, die als Zwischenergebnis/Ergebnis zum Projekt beitragen, etwa Code, Architekturentwürfe, Spezifikationen, Anforderungen, Modelle, aber auch Pläne und Dokumente. Artefakte sind Gegenstand der Qualitätssicherung, der Versionskontrolle und des Konfigurationsmanagements, haben einen Typ, eine Struktur und einen Inhalt.

Aufbauorganisation (↦ Abschn. 2.1) Unter der Aufbauorganisation verstehen wir die Gliederung der Organisationseinheit insbesondere der Mitarbeiter in Teams und Abteilungen und die Regelung der Verantwortlichkeiten (Rollen) für die Aufgaben. Beispiele für Formen der Aufbauorganisationen werden in Abschn. 2.2 vorgestellt.

Aufgabe (↦ Abschn. 2.1) Eine Aufgabe ist eine im Rahmen eines Projektes zu erzielende Leistung mit festgelegten Ergebnissen (in der Regel Artefakte, die an den Auftraggeber geliefert werden).

Aufgaben-Rollen-Zuordnung (↦ Abschn. 2.1) Die Rollenzuordnung bezeichnet die Zuordnung der Aufgabe zu unter Umständen mehreren Rollen, die von einer oder mehreren Personen wahrgenommen werden. Wenn wir also von Aufgaben sprechen, meinen wir die Artefakte (als Ergebnisse einer Aufgabe) losgelöst vom Bearbeiter. Rollen werden durch Mitarbeiter besetzt (siehe *Verantwortlichkeit*). Durch diese Rollenzuordnung wird der Bezug zwischen der Aufgabe und dem Bearbeiter hergestellt.

Entscheidungspunkt (↦ Abschn. 8.2.1.3) In einem Entscheidungspunkt wird über das Erreichen einer Projektfortschrittsstufe entschieden. Diese Entscheidung wird auf Basis der zum Entscheidungspunkt vorzulegenden, fertig gestellten und qualitäts-

M. Broy, M. Kuhrmann, *Projektorganisation und Management im Software Engineering*, Xpert.press, DOI 10.1007/978-3-642-29290-3, © Springer-Verlag Berlin Heidelberg 2013

gesicherten Produktexemplare (Artefakte) getroffen. Somit entspricht ein Entscheidungspunkt einem *Quality Gate*.

Konfiguration (↦ Abschn. 5.4) Eine Kollektion von Artefakten (Konfigurationselementen) in bestimmten zueinander passenden (kompatiblen) Versionen bildet eine Konfiguration.

Konfigurationsmanagement (↦ Abschn. 5.4) Konfigurationsmanagement umfasst alle Zuständigkeiten (Rollen) und Maßnahmen zur Verwaltung und kontrollierten Änderung von Artefakten und ihrer Konfiguration, insbesondere von Software mit ihren Daten und Komponenten.

Kritischer Pfad (↦ Abschn. 7.6.4.3) Ein kritischer Pfad ist definiert als die Verkettung derjenigen Vorgänge, bei deren zeitlicher Änderung sich der Endtermin des (gesamten) Netzplanes verschiebt. Er gibt die kürzeste Gesamtdauer eines Projekts an. Eine Aktivität a liegt auf dem kritischen Pfad, falls für den Puffer p dieser Aktivität gilt $p(a) = 0$.

Management (↦ Abschn. 1.2.1) Management (engl. to manage → italienisch: maneggiare, „handhaben") kann sowohl als die Durchführung von *Leitungsaufgaben* in Projekten und Unternehmen bezeichnen, als auch die *Gruppe der Personen*, die diese Aufgaben ausüben und entsprechende Managementkompetenzen benötigen. Typische Aufgaben des Managements sind: Planung, Delegation, Organisation, Führung und Kontrolle (im Sinne von Fortschritts- und Erfolgskontrolle).

Meilenstein (↦ Abschn. 7.6.3) Ein Meilenstein ist eine Kennzeichnung am Beginn oder Ende einer Projektfortschrittsstufe und umfasst einen bestimmten Projektstand, gekennzeichnet durch eine Menge von Projektergebnissen (Artefakten) in einem bestimmten Stand. Er beansprucht keine Ressourcen, ist überprüfbar beschrieben (nicht ausreichend ist beispielsweise „Programm zu 90% fertig") und kurzfristig (zum Beispiel 2-4 Wochen). Meilensteine sind optimaler Weise über den Projektverlauf gleich verteilt.

Methode (↦ Abschn. 4.1) Eine Methode ist eine spezifische und wiederholbare Vorgehensweise, bestehend aus Vorgaben und Regeln, die einen bewährten Lösungsansatz für ein definiertes Problem beschreibt. Eine Methode strukturiert das Vorgehen (die Aktivitäten) in einem definierten Problembereich und gibt Hinweise zu den zu erstellenden Artefakten. Beispiele für konkrete Methoden finden sich in diesem Buch unter anderem für:
- COCOMO II ↦ Abschn. 6.3.3.2 (Art: Aufwandsschätzung),
- Function Points ↦ Abschn. 6.3.3.3 (Art: Aufwandsschätzung),
- Netzplantechnik ↦ Abschn. 7.6.4 (Art: Planung),
- Balkenplantechnik ↦ Abschn. 7.6.5 (Art: Planung),
- Meilensteintrendanalyse ↦ Abschn. 8.2.2.2 (Art: Controlling),
- Earned Value Analysis ↦ Abschn. 8.2.3 (Art: Controlling).

Metrik (↦ Abschn. 10.1) Eine Softwaremetrik ist eine Abbildung, die einen Prozess einer Organisation/eines Projekts oder ein Artefakt (insbesondere eine Softwareeinheit) auf einen Zahlenwert abbildet. Dieser berechnete Wert ist interpretierbar als der Erfüllungsgrad einer Qualitätseigenschaft der Softwareeinheit.

Organisation (↦ Abschn. 1.2.1) Dem Begriff Organisation werden drei Bedeutungen zugeschrieben: Struktur, Funktion und Institution:

Struktur – Die Organisation steht für die Gliederung von Institutionen und Arbeitsgruppen (Aufbauorganisation) und von Tätigkeiten (Ablauforganisation).

Funktion – Die Organisation steht für den Prozess des Organisierens, durch den fortlaufende unabhängige Handlungen zu sinnvollen Folgen zusammengefügt werden, so dass vernünftige Ergebnisse erzielt werden.

Institution – Eine Organisation ist ein soziales oder rechtliches Gebilde, das aus dem planmäßigen und zielorientierten Zusammenwirken von Menschen entsteht, sich zur Umwelt abgrenzt und – als kooperativer Akteur – mit anderen Akteuren interagieren kann.

Phase (↦ Abschn. 4.1) Eine Phase (Projektphase) beschreibt ein logisch zusammenhängendes Aufgabenfeld in der Projektdurchführung. Eine Phase kann hierarchisch weiter in Teilphasen und Entwicklungsabschnitte untergliedert sein.

Programm (↦ Abschn. 1.3.3) Ein Programm umfasst eine Menge von inhaltlich zusammengehörenden Projekten (und gegebenenfalls zugehöriger Einzelaufgaben), die dem Erreichen strategischer Unternehmensziele dienen und deren Durchführung für sich allein genommen wenig wirtschaftlich oder nicht projektwürdig sind.

Projekt (↦ Abschn. 1.2.1) Für den Begriff „Projekt" gibt es eine Reihe von Definitionen, die sich in Feinheiten unterscheiden: Ein Projekt ist nach ISO [64] *ein Vorhaben, bei dem innerhalb einer vorgegebenen Zeitspanne ein spezifiziertes Ziel erreicht werden soll und das sich dadurch auszeichnet, dass es im Wesentlichen ein einmaliges (individuelles) zeitlich begrenztes Vorhaben ist.* PRINCE2 [147] definiert ein Projekt als *eine für einen befristeten Zeitraum geschaffene Organisation, die mit dem Zweck eingerichtet wurde, eine oder mehrere Produkte in Übereinstimmung mit einem vereinbarten Business Case zu liefern. Es zeichnet sich darüber hinaus durch eine fortlaufende wirtschaftliche Rechtfertigung aus.* Ein Projekt ist nach PMBOK Guide [158] *eine zeitlich beschränkte Anstrengung zur Erzeugung eines einmaligen Produktes oder Dienstes.*

Projektablaufplan (↦ Abschn. 2.4.1) Ein Projektablaufplan beschreibt die (wesentlichen) prozessualen Abhängigkeiten zwischen den Vorgängen in einem Projekt.

Projektabnahme (↦ Abschn. 9.1) Die Projektabnahme (acceptance) dient der formalen Akzeptanz der Projektergebnisse durch den Auftraggeber.

Projektabschluss (↦ Abschn. 9.1) Der Projektabschluss (closure) dient dazu, eventuell notwendige Nach- bzw. Aufräumarbeiten durchzuführen und der Nachkalkulation/Abrechnung des Projekts, sowie formal das Ende des Projekts zu erklären.

Projektauftrag (↦ Abschn. 6.2.3) Der Projektauftrag stellt eine Fixierung dafür dar, dass das Projekt durchgeführt wird, enthält Ziele, Mittelfreigaben und Auflagen, und schafft die Grundlage für die Nutzung von Ressourcen aber auch für eine Limitierung und Überwachung der Kosten. Der Projektauftrag wird für das Gesamtprojekt, aber auch für einzelne Teilprojekte (Ausbaustufen, Lose) schriftlich erteilt.

Projektfortschrittsstufe ($\mapsto$ Abschn. 4.1) Eine Projektfortschrittsstufe kennzeichnet einen Projektabschnitt und bündelt alle Entwicklungsschritte dieses Abschnitts. Ziel einer Projektfortschrittsstufe ist das Fertigstellen einer Menge von Projektergebnissen (Artefakte, Produkte) zu einem Meilenstein, wobei die erstellenden Aktivitäten, sofern zwischen ihnen keine kausalen Abhängigkeiten bestehen, auch parallel ausgeführt werden können.

Projekthandbuch ($\mapsto$ Abschn. 7.1) Das Projekthandbuch legt die für Management und Entwicklung notwendigen Anpassungen und Ausgestaltungen fest. Somit dokumentiert es Art und Umfang der Anwendung des Vorgehensmodells im Projekt und ist Informationsquelle und Richtlinie für alle Projektbeteiligten.

Projektplan ($\mapsto$ Abschn. 7.6) Ein Projektplan ist das Vorausdenken zukünftigen Vorgehens im Rahmen eines Projekts. Er dient der möglichst guten Annäherung an sich ändernde Ziele durch kontinuierliche Regelung der Projektprozesse. Projektpläne sind Instrumente zur:

• Klarlegung, Konkretisierung und Umsetzung von Projektzielen,
• Feststellung von Abweichungen,
• Festlegung von optimalen Steuerungsmaßnahmen zur Planerreichung.

Projektpläne treten in Projekten in unterschiedlichen Ausprägungen auf, die jeweils bestimmte Aspekte betonen, etwa Projektstrukturplan, Meilensteinplan, Zeit- und Terminplan.

Projektportfolio ($\mapsto$ Abschn. 1.3.3) Ein Projektportfolio ist eine Menge von Projekten, die übergreifend koordiniert werden. Ziel ist die optimierte Nutzung von Ressourcen durch ein übergreifendes Management.

Projektstrukturplan ($\mapsto$ Abschn. 2.4.1) Ein Projektstrukturplan (PSP, engl. Work Breakdown Structure, WBS) beschreibt die hierarchischen Ordnungsbeziehungen im Sinne der Zusammenhänge zwischen Arbeitspaketen.

Projekttyp ($\mapsto$ Abschn. 1.2.5) Ein Projekttyp ist eine Charakterisierung von Projekten, die sich im Hinblick auf ihre Projektgegenstände, Anwendungsdomänen und Projektmerkmale ähneln.

Prozess ($\mapsto$ Abschn. 2.1) Ein Prozess ist nach Hindel et al. [90] ein Folge von Aktivitäten in einer zeitlichen oder kausalen Anordnung mit eventuell parallelen und alternativen Aktivitäten, die Eingangsdaten in Ausgabedaten transformieren. Die einzelnen Aktivitäten werden gegebenenfalls hierarchisch weiter zerlegt. Prozesse werden in diesem Buch in vielfältigen Ausprägungen besprochen, etwa:

• in der Projektplanung allgemein (Abschn. 7.6),
• in der Qualitätssicherung (Abschn. 8.3),
• in der Projektfortschrittskontrolle (Abschn. 8.2),
• im Bereich der Vorgehensmodelle (Abschn. 4).

QS-Handbuch ($\mapsto$ Abschn. 7.1) Das QS-Handbuch legt die für die Qualitätssicherung notwendigen Anpassungen und Ausgestaltungen fest. Somit dokumentiert es Art und Umfang der Qualitätssicherung im Projekt und ist Informationsquelle und Richtlinie für alle Projektbeteiligten.

Qualität (↦ Abschn. 5.5) Qualität ist nach ISO 9000 *der Grad, in dem ein Satz inhärenter Merkmale Anforderungen erfüllt.* Qualität bezieht sich in der Regel auf unterschiedliche Aspekte der Softwareentwicklung, zum Beispiel:
- Qualität des Softwaresystems,
- Qualität der erstellten Entwicklungsartefakte,
- Qualität des Entwicklungsprozesses und eingesetzter Methoden.

Qualitätsmanagement (↦ Abschn. 5.5) Das Qualitätsmanagement (QM) umfasst aufeinander abgestimmte Tätigkeiten zum Leiten und Lenken einer Organisation hinsichtlich Qualität. Das Qualitätsmanagement umfasst als integrierter Prozess üblicherweise die folgenden Teilprozesse:
- Qualitätsplanung,
- Qualitätslenkung,
- Qualitätssicherung,
- Qualitätsverbesserung.

Qualitätssicherung (↦ Abschn. 5.5.1.2) Qualitätssicherung (QS) ist eine Teilaufgabe des Qualitätsmanagements, die dazu dient Vertrauen zu schaffen und die sicherzustellen, dass ein Projekt die Qualitätsanforderungen erreicht. Es wird zwischen konstruktiver und analytischer QS unterschieden, wobei die konstruktive QS sicherstellt, dass Artefakte hoher Qualität erzeugt werden, während die analytische QS der Überprüfung der Qualität der erstellten Artefakte dient. In diesem Buch wird der Begriff Qualitätssicherung für alle Aufgaben verwendet, die in einem Projekt durchgeführt werden.

Ressource (↦ Abschn. 7.6.2) Ressourcen oder Einsatzmittel sind die Mittel, die zur Durchführung von Projekten benötigt werden. Patzak und Rattay [152] unterteilen Ressourcen in *Verbrauchsgüter*, welche einmalig verwendbare Ressourcen darstellen, und *Gebrauchsgüter* bzw. *Kapazitäten*, welche wiederholt einsetzbar sind.

Risiko (↦ Abschn. 5.2) Ein Risiko (nach PRINCE2; [147]) ist ein Ereignis oder eine Gruppe von nicht sicheren Ereignissen, deren Eintreten negative Auswirkungen auf die Erreichung der (Projekt-)Ziele hat.

Risikomanagement (↦ Abschn. 5.2) Risikomanagement (nach PRINCE2; [147]) bezeichnet die systematische Anwendung von Verfahren zur Identifikation und Bewertung von Risiken sowie die anschließende Planung und Umsetzung von Maßnahmen zur Risikobehandlung.

Rolle (↦ Abschn. 2.1) Der Begriff Rolle bezeichnet grundsätzlich eine bestimmte Funktion, die eine Person oder Organisationseinheit wahrnimmt. Eine Rolle definiert ein Aufgaben- und ein Fähigkeitsprofil. Rollen werden von Einzelpersonen, Teams oder Organisationseinheiten ausgeübt. Eine Rolle beschreibt die Menge aller Fähigkeiten, Kenntnisse und Verhaltensweisen, die eine Person benötigt, um eine bestimmte Aufgabe wahrzunehmen.

Tailoring (↦ Abschn. 4.1) Tailoring ist ein Prozess der Anpassung eines gegebenen, generischen Vorgehensmodells auf einen konkreten Projektkontext. Im Rahmen des Tailorings werden anhand von Projektcharakteristiken notwendige Umfänge und die erforderliche Ausgestaltungstiefe des *projektspezifischen* Vorgehensmodells festgelegt.

Verantwortlichkeit (↦ Abschn. 4.3.3.2) Rollen sind verantwortlich (a) für die frist- und qualitätsgerechte Fertigstellung von Artefakten oder (b) für die Durchführung von Aktivitäten (ohne Berücksichtigung der zu erstellenden Ergebnisse). Verantwortlichkeiten werden entweder explizit durch das Vorgehensmodell (zum Beispiel das V-Modell XT) oder durch die Organisation festgelegt.

Vorgehensmodell (↦ Abschn. 4.1) Ein Vorgehensmodell beschreibt systematische, ingenieurmäßige und quantifizierbare Vorgehensweisen, um Aufgaben einer bestimmten Klasse wiederholbar zu lösen.

Literatur

1. KDevelop – KDE Development Environment, Online: http://kdevelop.org

2. MetaEdit+, Online: http://www.metacase.com/de

3. MonoDevelop, Online: http://monodevelop.com

4. NetBeans IDE, Online: http://netbeans.org

5. Xcode, Online: https://developer.apple.com/xcode

6. *IEEE Standard Glossary of Software Engineering Terminology*, Number IEEE Std 610.12-1990, IEEE, (1990)

7. *IEEE Standard for Software Reviews*, Number IEEE Std 1028-1997, IEEE, (1998)

8. *IEEE Standard for Software Verification and Validation*, Number IEEE Std 1012-2004, IEEE, (2004)

9. *ISO 9000:2005. Quality Management Systems – Fundamentals and Vocabulary*, International Organization for Standadization, (2005)

10. *IEC 61508 – Funktionale Sicherheit sicherheitsbezogener elektrischer/elektronischer/programmierbarer elektronischer Systeme*, International Electrotechnical Commission, (2010)

11. Apache Subversion, (2012)

12. Concurrent Versions System, (2012)

13. git SCM, (2012)

14. Mercurial, (2012)

15. A. Gougousoudis, Mit Plan – Ausschreibung von Softwareprojekten der öffentlichen Hand, iX – Magazin für professionelle Informationstechnik (4), 100–103, (2011)

16. W. Achtert, Integration von unterschiedlichen Vorgehensmodellen durch ein Project Management Office auf Basis des PMBok, in *Proceedings des 17. Workshop der Fachgruppe WI-VM der Gesellschaft für Informatik e. V. (GI)*, (Shaker Verlag, 2010)

17. D. J. Anderson, *Kanban: Successful Evolutionary Change for Your Technology Business*, (Blue Hole Press, 2010)

18. O. Armbrust, J. Ebell, U. Hammerschall, J. Münch, D. Thoma, Prozesseinführung und -reifung in der praxis: Erfoolgsfaktoren und erfahrungen, in *Proceedings des 14. Workshop der Fachgruppe WI-VM der Gesellschaft für Informatik e. V. (GI)*, number ISBN: 978-3-8322-6111-5, (Shaker Verlag, 2007), p. 3–15

19. V. Arnold, H. Dettmering, T. Engel, A. Karcher, *Product Lifecycle Management beherrschen: Ein Anwenderhandbuch für den Mittelstand*, 2nd edn. (Springer, 2011)

20. J. D. Aron, *Estimating Resource for Large Programming Systems*, (NATO Science Committee, 1969)

21. R. Auf der Maur, Agiles Requirements Engineering: Ein Erfolgsfaktor für Produktentwicklungen, *OBJEKTspektrum* (2), 71–76 (2012)

22. E. H. B. Boehm, *Software Cost Estimation with Cocomo II*, (Prentice Hall International, 2000)

23. B. Oestereich, C. Weiss, *APM – Agiles Projektmanagement: Erfolgreiches Timeboxing für IT-Projekte*, (dpunkt.verlag, 2007)

24. Balsamiq, Balsamiq Mockups, Online: http://balsamiq.com, (2010)

25. H. Balzert, *Lehrbuch der Softwaretechnik Band 1/2*, 2. Aufl., (Spektrum Akademischer Verlag (2000) ISBN 3-8274-0480-0

26. S. Bartsch-Beuerlein, , Qualitätsmanagement in Software-Projekten in *Projekte erfolgreich managen (Loseblattsammlung)*, (TÜV Rheinland, 2006)

27. V. R. Basili, D. Rombach, *The TAME Project: Towards Improvement-Oriented Software Environments*, (IEEE Transactions on Software Engineering, 1988)

28. J. Bastian, A. Combe, R. Langer, *Feedback-Methoden: Erprobte Konzepte, evaluierte Erfahrungen*, (Beltz, 2012)

29. K. Beck, *Test Driven Development. By Example*, (Addison-Wesley Longman, 2002)

30. K. Beck, *Extreme Programming*, (Addison-Wesley, 2003)

31. T. Bennett, P. Wennberg, Eliminating Embedded Software Defects Prior to Integration Test, *Quality Assurance Institute Journal*, (2006)

32. BfIT, Ergänzende vertragsbedingungen für die beschaffung von informationstechnik (evb-it). Bundesbeauftragter für Informationstechnik, www.cio.bund.de, (2009)

33. W.-G. Bleek, H. Wolf, *Agile Softwareentwicklung – Werte, Konzepte und Methoden*, (dpunkt.verlag, 2008)

34. B. Boehm, *Software Engineering Economics*, (Prentice Hall, 1981)

35. B. Boehm, A spiral model of software development and enhancement, *IEEE Computer* 21(5), 61–72 (1988)

36. C. Bommer, M. Spindler, V. Barr, *Software-Wartung: Grundlagen, Management und Wartungstechniken*, (dpunkt.verlag, 2008)

37. S. Brinkkemper, Method Engineering: Engieering of Information Systems Development Methods and Tools, *Information and Software Technology*, (1996)

38. R. Budde, *Projekt-Controlling & Änderungs-Management*, Pro Business, (2005)

39. Bundesverwaltungsamt, V-Modell XT Bund 1.0, Online, (2010)

40. M. Burghardt, *Einführung und Projektmanagement – Definition, Planung, Kontrolle, Abschluss*, 4. Aufl., (Publics Corporate Publishing, 2002)

41. R. Buschermöhle, H. Eckhoff, B. Josko, *Success – Erfolgs- und Misserfolgsfaktoren bei der Durchführung von Hard- und Softwareentwicklungsprojekten in Deutschland*, (BIS-Verlag der Carl von Ossietzky Universität Oldenburg, 2006) (ISBN 978-3-8142-2035-2)

42. C. Bernhard, Agil bis zum Schluss – Pünktliche Releases mit Continuous Delivery, *iX – Magazin für professionelle Informationstechnik* (11), 84–86 (2011)

43. M. Cassel, *ISO 9001 – Qualitätsmanagement prozessorientiert umsetzen* (Hanser Fachbuchverlag 2007)

44. C. F. C. E. Wilston, A method of programming measurement and estimation, *IBM Systems Journal* 16, 1 (1977)

45. G. Chroust, *Modelle der Software-Entwicklung* (R. Oldenbourg Verlag München Wien, 1992) (ISBN: 3-486-21878-6)

46. CMMI Product Team, *CMMI for Acquisition, Version 1.3*, Technical Report CMU/SEI-2010-TR-032, Software Engineering Institute, Carnegie Mellon University, 2010

47. CMMI Product Team, CMMI for Development, Version 1.3, Technical Report CMU/SEI-2010-TR-033 Software Engineering Institute, Carnegie Mellon University, 2010

48. CMMI Product Team, CMMI for Services, Version 1.3, Technical Report CMU/SEI-2010-TR-034 Software Engineering Institute, Carnegie Mellon University, 2010

49. S. Cook, G. Jones, S. Kent, A. C. Wills, *Domain-Specific Development with Visual Studio DSL Tools* (Addison-Wesley, 2007)

50. B. Curtis, W. E. Hefley, S. Miller, *The People Capability Maturity Model: Guidelines for Improving the Workforce* (Addison-Wesley Longman, 2002)

51. K. Cwalina, B. Abrams, *Richtlinien für das Framework Design* (Addison-Wesley, 2007)

52. A. Dämon, S. W. Ambler, Agile Software-Entwicklung skalieren: Agile Ansätze auch für Groß-projekte, *OBJEKTspektrum* (5), 56–60 (2011)

53. F. Deißenböck, B. Hummel, Kontinuierliches Qualitäts-Controlling: Mittel gegen den Qualitäts-verfall in der Softwarewartung, *OBJEKTspektrum* (5), 34–38 (2011)

54. F. Deissenböck, E. Jürgens, B. Hummel, S. Wagner, B. M. Parareda, M. Pizka Tool Support for Continuous Quality Control, *IEEE Software* 25(5), (2008)

55. C. Deiters, C. Herrmann, R. Hildebrandt, E. Knauss, M. Kuhrmann, A. Rausch, B. Rumpe, K. Schneider GloSE-Lab: Teaching Global Software Engineering, in *Proceedings of 6th IEEE International Conference on Global Software Engineering* (IEEE Computer Society, 2011)

56. T. DeMarco *Controlling Software Projects: Management, Measurement and Estimation* (Yourdon Press, 1983)

57. T. DeMarco *Bärentango: Mit Risikomanagement Projekt zum Erfolg führen* (Hanser, 2003)

58. T. DeMarco *Der Termin* (Hanser Fachbuch, 2007)

59. T. DeMarco Software Engineering: An Idea Whose Time Has Come and Gone? *IEEE Software*, (2009)

60. W. E. Deming *Out of the Crisis*, 2nd edn. (MIT Press, 2000)

61. E. Denert, *Software-Engineering* (Springer Verlag, 1991)

62. Die Beauftragte der Bundesregierung für Informationstechnik (Hrsg.), Saga 5. Technical report, Bundesministerium des Innern, 2011

63. R. Diestel, *Graphentheorie*, 3. Aufl., (Springer, 2006) (ISBN-13: 978-3540213918)

64. DIN, DIN 69901 – Projektmanagement, Technical report, Deutsches Institut für Normung, 2009

65. M. Dowson, The ariane 5 software failure, *SIGSOFT Software Engineering Notes* 22(2), (1997)

66. C. Ebert *Systematisches Requirements Engineering: Anforderungen ermitteln, spezifizieren, analysieren und verwalten* (dpunkt.verlag, 2010)

67. C. Ebert, P. Keil Reifegradmodelle: Denkfallen und Denkanstösse, *OBJEKTspektrum* (5), 47–53 (2010)

68. Eclipse Foundation, Eclipse Process Framework (EPF), Online, http://www.eclipse.org/epf, (2010)

69. Eclipse Foundation, Eclipse Platform, Online, http://www.eclipse.org, (2011)

70. M. Eigner *Product Lifecycle Management: Ein Leitfaden für Product Development und Life Cycle Management* (Springer, 2009)

71. R. S. Engelschall Architektur vs. Lizenzrecht: Lizenzkonforme Verbauung von Open-Source-Software, *OBJEKTspektrum* (3), 21–26 (2012)

72. Federal Court of Auditors, Annual Report on Federal Financial Management – further audit findings, Technical report, Federal Court of Auditors, 2010

73. G. Fischermanns *Praxishandbuch Prozessmanagement*, 9. Aufl. ibo Schriftenreihe, (Schmidt (Götz), 2011)

74. R. Fisher, W. Ury, B. Patton *Das Harvard-Konzept: Der Klassiker der Verhandlungstechnik*, 23. Aufl. (Campus Verlag, 2009)

75. T. Föermann, C. Dammasch, *Prozessmanagement – Anleitung zur Steigerung der Wertschöpfung* (Hanser, 2002) (ISBN-13: 978-3446219168)

76. M. Fowler, R. Parsons, *Domain-Specific Languages*, (Addison Wesley, 2010) (to appear)

77. M. Fowler, K. Beck, J. Brant, W. Opdyke, D. Roberts *Refactoring: Improving the Design of Existing Code* (Addison-Wesley, 1999)

78. R. Franken, A. Gadatsch *Integriertes Knowledge-Management. Konzepte, Methoden, Instrumente und Fallbeispiele* (Vieweg+Teubner, 2002)

79. J. Friedrich, U. Hammerschall, M. Kuhrmann, M. Sihling, Das V-Modell XT – Für Projektleiter und QS-Verantwortliche kompakt und übersichtlich, in *Informatik im Fokus*, 2. Aufl. (Springer, 2009) (ISBN: 978-3-540-76403-8)

80. U. Friedrichsen, S. Johann Agilität jenseits der Lagerfeuer-Romantik: Ein kritischer Blick über den Tellerrand, *OBJEKTspektrum* (3), 78–82 (2012)

81. S. Frohnhoff *Use Case Points 3.0 – Implementierung einer Use Case bezogenen Schätzmethode für das Software-Engineering betrieblicher Informationssysteme*, PhD thesis, Universität Paderborn, 2009

82. A. Gadatsch, E. Tiemeyer, editors, *Betriebswirtschaft für Informatiker und IT-Experten* (Elsevier Spektrum Akademischer Verlag, 2007)

83. M. Gnatz *Vom Vorgehensmodell zum Projektplan*, PhD thesis, Technische Universität München, 2005

84. E. M. Goldratt *Critical Chain* (North River Press, 1997)

85. J. Greenfield, K. Short, *Software Factories* (Wiley & Sons, 2004) (ISBN: 978-0471202844)

86. S. Greter, W. Keller Agilität Skaliert: Ein agiles Projekt in einem internationalen Großkonzern, *OBJEKTspektrum* (2), 44–50 (2012)

87. T. Haar Verbotene Nutzung – Die Tücke mit der Lizenzkette, *iX – Magazin für professionelle Informationstechnik* (1), 82–85 (2011)

88. T. Haar Wendig – Vertragliche Tücken der agilen Softwareentwicklung, *iX – Magazin für professionelle Informationstechnik* (8), 85–87 (2011)

89. J. Highsmith *Agile Project Management: Creating Innovative Products* (Addison Wesley, 2009)

90. B. Hindel, K. Hörmann, M. Müller, J. Schmied *Basiswissen Projektmanagement*, 3. Aufl. (dpunkt.verlag, 2009)

91. H. Holmstrom, E. Conchuir, P. Agerfalk, B. Fitzgerald Global Software Development Challenges: A Case Study on Temporal, Geographical and Socio-Cultural Distance, in *International Conference on Global Software Engineering*, IEEE, (2006)

92. E. Horn, T. Reinke, *Softwarearchitektur und Softwarebauelemente* (Hanser, München, Wien, 2002)

93. R. Hossiep, M. Paschen, O. Mühlhaus *Persönlichkeitstests im Personalmanagement: Grundlagen, Instrumente und Anwendungen* (Verlag für Angewandte Psychologie, 2000) (978-3801710392)

94. G. Hübner *Stochastik* (Vieweg+Teubner, 2009)

95. J. Humble, D. Farley *Continuous Delivery: Reliable Software Releases Through Build, Test, and Deployment Automation* (Addison-Wesley Longman, 2010)

96. O. Hummel *Aufwandsschätzungen in der Software- und Systementwicklung kompakt* (Spektrum Akademischer Verlag, 2011)

97. I. D. C. (IDC). IDC-Studie: Der IT-Markt in Deutschland, 2009–2014, 06 (2010)

98. I. D. C. (IDC). IT-Umsatz erholt sich langsam, 03 (2010)

99. ISO/IEC JTC 1/SC 07, *ISO/IEC 9126*, International Organization for Standardization, (2004)

100. ISO/IEC JTC 1/SC 07, *ISO/IEC 25000*, International Organization for Standardization, (2005)

101. W. Jiamthubthugsin, D. Sutivong, Portfolio management of software development projects using cocomo ii, in *ICSE '06: Proceeding of the 28th international conference on Software engineering* (ACM Press, New York, NY, USA, 2006), p. 889–892

102. L. G. Jones, A. L. Soule, Software Process Improvement and Product Line Practice: Capability Maturity Model Integration (CMMI) and the Framework for Software Product Line Practice, Technical Report CMU/SEI-2002-TN-012, Software Engineering Institute, 2002

103. C. Jones *Estimating Software Costs*, 2nd edn., (McGraw-Hill, 2007)

104. C. Jones *Applied Software Measurement: Global Analysis of Productivity and Quality*, 3rd edn. (Mcgraw-Hill Professional, 2008)

105. T. Kaiser, F. Menden Grosse Reise, Kleine Schritte: Ein Modell zur Realisierung von Großprojekten, *OBJEKTspektrum* (2), 40–43 (2012)

106. G. Kalus, M. Kuhrmann Criteria for Software Process Tailoring – A Systematic Review, in *Proceedings of International Conference on Software & Systems Process (ICSSP)*, (2013)

107. G. F. Kamiske *Handbuch QM-Methoden: Die richtige Methode auswählen und erfolgreich umsetzen* (Hanser, 2012)

108. S. H. Kan *Metrics and Models in Software Quality Engineering*, 2nd edn. (Addison-Wesley Longman, 2002)

109. N. Kano Attractive Quality and Must-be Quality, *Journal of the Japanese Society for Quality Control*, (1984)

110. M. Keeton, *MSF, a pocket guide*, 1st edn. (Van Haren Publishing, 2004) (ISBN: 9-07721-216-7)

111. H. Klingelhöller *Dokumenten Management Systeme: Handbuch zur Einführung* (Springer Verlag, 2001)

112. T. Klingenberg Das Beste aus zwei Welten: Agile Entwicklung und nicht-agile Kundenprojekte verbinden, *OBJEKTspektrum* (6), 12–16 (2011)

113. R. Kneuper, *CMMI: Improving Software and Systems Development Processes Using Capability Maturity Model Integration (CMMI-Dev)*, 1st edn. (Rocky Nook, 2008) (ISBN: 978-3898643733)

114. C. Kostka, S. Kostka *Der Kontinuierliche Verbesserungsprozess*, 3. Aufl. Pocket Power. (Hanser, 2007)

115. P. Kruchten, *The Rational Unified Process: An Introduction*, 3rd edn. (Addison-Wesley Longman, 2003)

116. M. Kuhrmann, *Konstruktion modularer Vorgehensmodelle*, PhD thesis, Technische Universität München, 2008

117. M. Kuhrmann, G. Kalus, Providing Integrated Development Processes for Distributed Development Environments, in *Workshop on Supporting Distributed Team Work at Computer Supported Cooperative Work (CSCW)*, (2008)

118. M. Kuhrmann, G. Kalus, G. Chroust, *Tool-Support for Software Development Process*, chapter 11, ISBN: 978-1-60556-856-7 in Business Science Reference. IGI Global, (2009), p. 213–231

119. M. Kuhrmann, G. Kalus, M. Then, Flexible Process-Tool-Integration, Research Report TUM I-1005, Technische Universität München, (2010)

120. M. Kuhrmann, G. Kalus, M. Then, The Process Enactment Tool Framework – Transformation of Software Process Models to Prepare Enactment, *Science of Computer Programming*, (2012) available at http://dx.doi.org/10.1016/j.scico.2012.03.007

121. M. Kuhrmann, G. Kalus, M. Then, E. Wachtel, From Design to Tools: Process Modeling and Enactment with PDE and PET, in *Proceedings of Third International Workshop on Academic Software Development Tools and Techniques (WASDeTT-3)*, (2010)

122. M. Kuhrmann, G. Kalus, E. Wachtel, M. Broy, Visual Process Model Design using Domain-specific Languages, in *Proceedings of SPLASH Workshop on Flexible Modeling Tools 2010*, (2010)

123. M. Kuhrmann, T. Ternité, J. Friedrich, *Das V-Modell XT anpassen*, Informatik im Fokus (Springer, 2011)

124. M. Kuhrmann, D. Méndez Fernández, R. Steenweg Systematic Software Process Development – Where do we stand today? in *Proceedings of International Conference on Software & Systems Process (ICSSP)*, (2013)

125. M. Kulpa, K. A. Johnson *Interpreting the CMMI* (Auerbach, 2003)

126. M. Kütz *Kennzahlen in der IT: Werkzeuge für Controlling und Management*, 4. Aufl. (dpunkt.verlag, 2010)

127. C. Ladas *Scrumban: Essays on Kanban Systems for Lean Software Development* (Modus Cooperandi Press, 2011)

128. L. M. Laird, M. C. Brennan *Software Measurement and Estimation: A Practical Approach* (Wiley & Sons, 2006)

129. L. P. Leach *Critical Chain Project Management* (Artech House Publishers, 2004)

130. P. Liggesmeyer *Software-Qualität: Testen, Analysieren und Verifizieren von Software*, 2. Aufl. (Spektrum Akademischer Verlag, 2009)

131. O. Linssen Die Earned Value Analyse, in *Projekte erfolgreich managen* (TÜV, 2010)

132. O. Linssen Agile Aufwandsschätzung mit Scrum: Techniken, Erfahrungen und Empfehlungen. Projekt-Sternstunden. Strahlende Erfolge durch Kompetenz, in *28. Internationales Deutsches Projektmanagement Forum*, (2011)

133. H. A. Linstone, M. Turoff *The Delphi Method: Techniques and Applications* (Addison-Wesley, 2002)

134. J. Ludewig, H. Lichter *Software Engineering: Grundlagen, Menschen, Prozesse, Techniken*, 2. Aufl. (dpunkt.verlag, 2010)

135. M. Mah How Agile Projects Measure Up, and Waht This Means to You. Technical report, Cutter Consortium, 2008

136. C. Malorny, T. Hummel *Total Quality Management: Tipps für die Einführung*, 4. Aufl. (Hanser, 2011)

137. T. J. McCabe A Complexity Measure, *IEEE Transactions on Software Engineering*, (1976)

138. D. Mendéz Fernández, B. Penzenstadler, M. Kuhrmann, Broy, M. A Meta Model for Artefact-Orientation: Fundamentals and Lessons Learned in Requirements Engineering, in *Proceedings of the 13th International Conference on Model Driven Engineering Languages and Systems (MODELS 2010)*, Lecture Notes In Computer Science (Springer, 2010)

139. Microsoft Corporation, editor, *Team Development with Visual Studio Team Foundation Server* (Microsoft Press, 2007) (ISBN-13: 978-0735625716)

140. I. Mistrík, J. Grundy, A. Hoek, J. Whitehead, editors, *Collaborative Software Engineering* (Springer, 2010) (ISBN 978-3-642-10293-6)

141. D. Mölle Testsieger – Stabile Software durch Design for Testability, *iX – Magazin für professionelle Informationstechnik* (11), 86–89 (2012)

142. K. Molokken-Ostvold, N. C. Haugen Combining Estimates with Planning Poker–An Empirical Study, in *Proceedings of Australian Software Engineering Conference*, (2007)

143. G. E. Moore, Cramming more components onto integrated circuits. *Electronics Magazine* 38, 8 (1965)

144. M. Müller, K. Hörmann, L. Dittmann, J. Zimmer *Automotive SPICE in der Praxis: Interpretationshilfe für Anwender und Assessoren* (dpunkt.verlag, 2007)

145. J. Münch, J. Heidrich Software Project Control Centers: Concepts and Approaches, *The Journal of Systems and Software*, (2004)

146. P. B. Myers, I. Briggs Myers *Gifts Differing: Understanding Personality Type* (Nicholas Brealey Publishing, 1995)

147. Office of Government Commerce, *Erfolgreiche Projekte managen mit PRINCE2* (The Stationary Office, 2009) (ISBN: 9780113312146)

148. Office of Government Commerce, *ITIL Lifecycle Suite 2011* (The Stationery Office Ltd., 2011)

149. OMG. Unified Modeling Language (UML): Infrastructure Version 2.1.1, Technical report, Object Management Group, 2007

150. OMG, Software & Systems Process Engineering Metamodel Specification (SPEM) Version 2.0, Technical report, Object Management Group, 2008

151. OMG. Unified Modeling Language (UML): Superstructure Version 2.2, Technical report, Object Management Group, 2009

152. G. Patzak, G. Rattay *Projektmanagement: Leitfaden zum Management von Projekten, Projektportfolios und projektorientierten Unternehmen*, 5. Aufl. (Linde Verlag, 2008)

153. K. Pfetzing, A. Rohde *Ganzheitliches Projektmanagement*, 4. Aufl. (Verlag Dr. Götz Schmidt, 2011)

154. H.-J. Plewan, B. Poensgen *Produktive Softwareentwicklung* (dpunkt.verlag, 2011)

155. B. Poensgen, B. Bertram, *Function-Point-Analyse – Ein Praxisbuch* (dpunkt.verlag, 2005)

156. K. Pohl *Requirements Engineering: Grundlagen, Prinzipien, Techniken* (dpunkt.verlag, 2008)

157. G. Popp *Konfigurationsmanagement mit Subversion, Maven und Redmine: Grundlagen für Softwarearchitekten und Entwickler*, 3. Aufl. (dpunkt.verlag, 2009)

158. Project Management Institute, *A Guide to the Project Management Body of Knowledge*, 4th edn. (Project Management Institute, 2009)

159. D. Rombach, Integrated Software Process and Product Lines, in *Unifying the Software Process Spectrum, International Software Process Workshop, SPW 2005*, Lecture Notes in Computer Science, (Springer, 2005)

160. C. Roth Reverse-Tailoring: Ein Verfahren zur Projektplanung und Aufwandsschätzung, *OBJEKTspektrum* (2), 26–32 (2012)

161. P. Röthig WiBe 4.1 – Empfehlung zur Durchführung von Wirtschaftlichkeitsbetrachtungen in der Bundesverwaltung, insbesondere beim Einsatz der IT, Technical report, Bundesministerium des Innern, 2007

162. W. Royce, Managing the development of large systems, *IEEE Wescon*, (1970)

163. S. Barth, Kostensprung – Earned-Value-Analyse: Kostenkontrolle in agilen Projekten, *iX – Magazin für professionelle Informationstechnik* (7), 114–116 (2012)

164. R. Sangwan, N. Mullick, D. J. Paulish, *Global Software Development Handbook (Applied Software Engineering)* (Auerbach Publishers Inc., 2006) (ISBN: 978-0849393846)

165. SCAMPI Upgrade Team, Appraisal Requirements for CMMI, Version 1.3 (ARC, V1.3), Technical Report CMU/SEI-2011-TR-006, Software Engineering Institute, Carnegie Mellon University, 2011

166. SCAMPI Upgrade Team, Standard CMMI Appraisal Method for Process Improvement (SCAMPI) A, Version 1.3: Method Definition Document, Technical Report CMU/SEI-2011-HB-001, Software Engineering Institute, Carnegie Mellon University, 2011

167. R. Schmitt, T. Pfeifer *Qualitätsmanagement: Strategien, Methoden, Techniken* (Hanser, 2010)

168. K. Schneider *Abenteuer Softwarequalität: Grundlagen und Verfahren für Qualitätssicherung und Qualitätsmanagement* (dpunkt.verlag, 2007)

169. M. Schulte-Zurhausen *Organisation* 5. Aufl. (Vahlens Handbücher, Vahlen, 2010)

170. K. Schwaber, *Agile Project Management with Scrum* (Microsoft Press, 2004)

171. M. Shaw, D. Garlan, *Software Architecture – Perspectives on an emerging discipline* (Prentice Hall, 1996)

172. J. Siedersleben, *Moderne Software-Architektur – Umsichtig planen, robust bauen mit Quasar* (dpunkt.verlag, 2004) (ISBN-13: 978-3898642927)

173. H. M. Sneed *Software-Projektkalkulation* (Hanser Fachbuchverlag, 2005)

174. H. M. Sneed, M. Baumgartner, R. Seidl *Der Systemtest: Anforderungsbasiertes Testen von Software-Systemen* (Hanser, 2006)

175. Software Quality Systems (SQS), Die spektakulärsten Software-Fehler des Jahres 2010, Januar (2011)

176. A. Spillner, T. Linz *Basiswissen Softwaretest* (dpunkt.verlag, 2005)

177. A. Spillner, K. Vossberg, M. Winter, P. Haberl Qualitätssicherung im Wandel: Was sich in den letzten 15 Jahren getan hat, *OBJEKTspektrum* (6), 54–58 (2011)

178. Standisch Group International, Chaos reports, Online: http://www.standishgroup.com, (2006)

179. D. Steinberg, F. Budinsky, M. Paternostro, E. Merks, *EMF: Eclipse Modeling Framework*, 2nd edn. (Addison-Wesley Professional, 2008)

180. E. Stelzmann, C. Kreiner, G. Spork, R. Messnarz, F. Koenig, Agility Meets Systems Engineering: A Catalogue of Success Factors from Industry Practice, in *Proceedings of EuroSPI 2010*, (2010)

181. M. Steyer *Agile Muster und Methoden: Agile Softwareentwicklung maßgeschneidert* (entwickler.Press, 2010)

182. W. Struckmann, D. Wätjen, *Mathematik für Informatiker – Grundlagen und Anwendungen* (Elsevier Sprektrum Akademischer Verlag, 2006)

183. B. Stumm *Änderungsmanagement in großen Informationssystemen* (Dr. Hut, 2010)

184. P. E. Teichreber *Praktische Software-Qualitätssicherung: Leitfaden für Testorganisation und -dokumentation* (Symposium Publishing, 2008)

185. T. Ternité, M. Kuhrmann, Das V-Modell XT 1.3 Metamodell, Research Report TUM-I0905, Technische Universität München, 2009

186. A. Tomer, L. Goldin, T. Kuflik, E. Kimchi, S. R. Schach Evaluating Software Reuse Alternatives: A Model and Its Application to an Industrial Case Study, *IEEE Transactions on Software Engineering* 30(9), 601–612 (2004)

187. H. Toutenburg, P. Knöfel, I. Kreuzmair *Six Sigma: Methoden und Statistik für die Praxis* (Springer Verlag, 2009)

188. B. W. Tuckman Development sequence in small groups, *Psychological Bulletin*, (1965)

189. M. Turner, *Microsoft Solutions Framework Essentials* (Microsoft Press, 2006)

190. M. Üztürk, A. Meyn, Function-point-messungen und standardisierte aufwandschätzverfahren, *Objekt Spektrum* (September/Oktober 2006-5), 76–82 (2006)

191. A. Välimäki, J. Kääriäinen, K. Koskimies Global Software Development Patterns for Project Management, in *Proceedings of EuroSPI 2009*, Lecture Notes In Computer Science, (2009)

192. E. van Veenendaal Standard glossary of terms used in Software Testing, Technical report, International Software Testing Qualifications Board, 2010

193. W. E. Vesely, F. F. Goldberg, N. H. Roberts, D. F. Haasl Fault Tree Handbook, Technical Report NUREG-0492, U.S. Nuclear Regulatory Commission, 1981

194. O. Vogel, I. Arnold, A. Chughtai, E. Ihler, U. Mehlig, T. Neumann, M. Völter, U. Zdun, *Software Architektur: Grundlagen – Konzepte – Praxis* (Elsevier Spektrum Akademischer Verlag, 2005)

195. S. Wagner, K. Lochmann, S. Winter, A. Goeb, M. Klaes Quality Models in Practice. A Preliminary Analysis, in *Proceedings of International Symposium on Empirical Software Engineering and Measurement (ESEM)*, (2009)

196. E. Wallmüller *Software-Qualitätsmanagement in der Praxis: Software-Qualität durch Führung und Verbesserung von Software-Prozessen*, 2. Aufl. (Hanser Fachbuch, 2001)

197. S. Weißleder, B. Güldali, M. Mlynarski, A.-M. Törsel, D. Faragó, F. Prester, M. Winter Modellbasiertes Testen: Hype oder Realität? *OBJEKTspektrum* (6), 59–65 (2011)

198. P.-R. Wentzel, J. Schmied, U. Hehn, M. Gerdom *SPICE im Unternehmen einführen: Ein Leitfaden für die Praxis* (dpunkt.verlag, 2010)

199. A. Weuster *Unternehmensorganisation: Organisationsprojekte & Aufbaustrukturen*, 3. Aufl. (Hampp, Mering, 2008)

200. C. Zahrnt *IT-Projektverträge: Rechtliche Grundlagen* (dpunkt.verlag, 2008)

Sachverzeichnis

Printed by Publishers' Graphics LLC